日置麗香

近代天皇制国家の青年団

山形県及位村「塩根川向上会」の組織と活動

敬文舎

近代天皇制国家の青年団

山形県及位村「塩根川向上会」の組織と活動

日置麗香

敬文舎

装丁　竹歳明弘
地図　蓬生雄司
編集協力　阿部いづみ

凡例

・旧漢字は、固有名詞および引用文を除き、常用漢字に改めた。
・註は、各章ごとに分け、巻末に掲出した。
・『塩根川向上会記録群』表記

掲載方式

例①〔『記録群』No１「礎」〕―〔表４―１〕「塩根川向上会記録群一覧表」

No１「礎」―（注：〔表４―１〕は本書第四章参照）。

例②〔『記録群「文書往復綴」のNoは、本書第四章〔表４―１〕に対応させた。

昭和○○年○月○日付標題〕。

例③その他の史資料・図・表〔図１―１〕―第一章一番目に掲載した史資料・

図・表の掲載番号の意。

なお、引用は〔「　」〕で示し、説明は（「　」）で示した。
・本文中には「部落」という言葉が頻出するが、当時の用語としてそのまま用いた。
・「満洲（中国東北部）」という用語については「満州」で統一した。

はじめに

一、問題の所在

本書の研究対象である山形県最上郡及位《のぞき》村（現、真室川町及位）塩根川向上会（以下、「向上会」と略称）というのは、大正末期から当村塩根川部落在住の佐藤孝治（以下、「孝治」と略称）を中心とした若者数名が、独自の会則を作成し昭和三年に創設した青年団の名称で、「自治ヲ本領トシ会員相互ノ向上弥栄ヲ理想トス」という理念を掲げて活動を開始した（＊1）。それは、大正四年に内務省および文部省が連名で訓令を発令し、「健全ナル国民善良ナル公民タルノ素養ヲ得シムル」ための修養機関であり、被指導団体であることを内外に宣言して全国の行政市町村に設立が推進された（＊2）、いわゆる官製青年団のものとは異なっていた。

また、「向上会」設立当時、当地には旧来の若者組織の存在が認められる（＊3）。それとともに上記政府の訓令発令後の同六年には「山形県訓令第一号」（＊4）・「山形県訓令第二号」が発令され（＊5）、それに「山形県青年団体規約準則」（＊6）が付されて県下青年団の官製化が図られると、村にも青年会が設立され、ここにはその支部が設置されていた。つまり、昭和三年時点では、塩根川部落には異なる三種の若者組織が併存したことになる。

「向上会」は、その前史である及位村青年会塩根川支部当時の大正一四年から昭和三〇年代初めまで諸活動を展開し、それを記録した。筆者はそれらを『塩根川向上会記録群』（以下、『記録群』と略称〈＊7〉）と名付け、分析を試みた。

本書の課題は、「向上会」の「自治」と「会員相互の向上弥栄」の実態を究明するとともに、退会後の会員が実社会のなかでその理念を具現化する過程を、主として彼らが遺した諸記録を分析・検証することによって明らかにすることである。

二、研究視点・研究方法について

本書の研究視点の第一は、大正初期、軍事的国家体制への再編が必要になった政府が着手した青年団の官製化が、義務教育を修了しかつ追加の教育が受けられない多数の青少年を国家に有用な教育主体として位置づけた、換言すれば、学校教育体系の整備にともない、青年団はその枠外の庶民教育ないし社会教育機関としての位置づけが付与されたという見解に立つ。

第二に、若者の側からは、青年団の官製化を肯定的に受容して「向上会」を設立・運営し、脱退後の満州への移民と戦後の国内開拓は、戦前期の「社会構造の実像的意味をひとつの極限値において」「体現した」（＊8）と把握すること。

第三に、戦前期の東北の若者たちの経験には、日常生活のなかに戦争を受容し参加する歴史的過程が内包されていたのではないかという視点に立脚すること。

最後に、現在に連なる視点として、青少年教育はもっとも有効な国民教化手段であり、体制維持・強化が必要となったときには真っ先にその改革に着手されたこと。すなわち、「逆コース」ということばに象徴された、戦後の民主化、非軍事化に逆行する社会の動きの最大の事件が、再軍備化の開始および教育部門の再統制だったことである。

大正期、日本資本主義の矛盾の激化と無理な軍拡、その過程における青年団の全国組織化、そして迎えた敗戦、国民の多くは日本帝国主義に加担しアジア諸国の人びとに甚大な苦痛と損害を与えたというきびしい現実を共有している。いま、日本国民が無自覚のうちに権力の尖兵となってしまったという過去の事実に考察を加え、国民レベルで納得できる結論の共有が必要だろう。それは、E・サイードがいうように、人びとの歴史的経験の物語によってしかもたらされえないのではないだろうか（＊9）。その観点から、可能な限り生活者の視点に立脚して標記の課題を論究していく。

標記課題究明のため、以下各章ごとに課題を設定する。

第一章では、明治末期、政府が地方青年団の銃後活動に注目し、それを地方行政組織の末端に組み込むと同時に、全国的な系統化が推進される過程を概観する。

明治政府は、日露戦後における国家財政再建のための、「地方自治」への協力という役割を青年団に付与し、日本資本主義の帝国主義段階に対応すべき社会基盤の確立を企図した（＊10）。したがって、必然的に本来共同体における年齢集団だった若者組織を再編し、政治的指導のもとに半官半民的行政補助機関としての性格を付与して地方行政組織の末端に位置づけ、さらに国の指導が可能なようにそれらを系統化しなければならなかった。

こうして明治末から大正期にかけて、青年団は全国津々浦々の自治体に設置され、義務教育を修了したほとんどの男子がこれに加入して国家体制に組み込まれるという経緯をたどった。

第二章の課題は、政治主導により全国の行政自治体に再編または新設された青年団が、地方ではどのように組織化され事業が展開されたのか、また末端に位置する単位青年団はどのような対応をしたのか、その実態を本書の調査地である山形県を事例に究明することである。

第三章は、「向上会」が設立された自然的、歴史的、社会的背景を究明する。

本章は、本書の課題究明のための基礎資料として「向上会」を設立させた東北農村、とりわけ及位村の自然と歴史を概観しておくことが重要な作業であると考え、設定した。

第四章は本書の中心であり、『記録群』の分析をとおして「向上会」の「会員相互の向上弥栄」を「自治」によって追求したその実態を究明することを課題の中心に据えた。

しかし、二〇〇〇枚に及ぶ記録の分析を行うためには、筆者は力量不足だしその余裕もない。したがって本章では、「向上会」が掲げた活動理念に注目し、さしあたって二つの作業仮説を設定し、それを基本に『記録群』の分析・検証を行う。

また、上述したように本会が設立された昭和三年当時、塩根川部落には別の二つの若者組織の存在が認められた。当地の若者たちは、そのうえに新たな青年団を創設したのである。それはなぜか、この理由を究明することも本章の重要な課題である。そこで、第三の仮説の設定が必要になる。これは、筆者の当地での聞き取り調査の結果から推測し、それを『記録群』の分析・検証によって確認するという二重の作業を経て推論し設定した。

第五章の中心課題は、満州事変以降の『記録群』のなかに、戦争や満州に関する文書が出現しそれが次第に増加する様子と、若者たちがそれらを受容する過程を明らかにすることである。

本章は、政治の関与を極力回避し、「会員相互の向上弥栄」を「自治」によって追求していた本会の会員や退団者の一部が、戦争を受容し無自覚のうちにそれに加担する過程のひとつを示すと思われる記録を抽出し、課題に沿って再構成する作業が中心になる。

ここでは、「向上会」を創設し初代会長を務めた佐藤孝治が、満州事変の翌昭和七年、国家の事業として推進された満州への移民を選択し、当地からも後続する若者が出現した事実を重視した。この理由と経緯を究明するため、本章でも前章と同じ作業によって仮説を設定した。

また、次章との関連から、その予備作業として日本政府の満州移民政策の変遷を概観する。

第六章の中心課題は、「向上会」が追求した理念が、会員のその後の生活でどのように実現されたのか、その実態を究明することである。

ここでは孝治の体験を事例に、侵略戦争を遂行する日本の、矛盾に満ちた政策のうちに自己の立身出世のチャンスを見出し、それに積極的に参入する庶民の姿を描写することを中心においた。具体的には、孝治が満州「弥栄村」から分村の形で創設した「大八洲《おおやしま》開拓団」の経営理念が、「向上会」のそれと同じ、「自治」による成員福利の追求だったと仮定し、その運営はどのようなものだったのか、その実態の究明を試みる。そのため、孝治自身や他の移住者による記録・メモ・著作など、また先行の研究者による聞き取り調査結果などに依拠しつつ論述する。それによって本書の課題に対する推論に、強い説得性が付与されることが期待される。

それに際して明確にしておかなければならない方法論上の限界は、第一に、本書の課題究明が、『記録群』の分析を中心に展開されざるをえなかったということである。後述するように、大正期に発令された青年団に関する訓令には、若者の自主性を重視したものがあったが、その自主性はどのように喚起・発動されたのか、若者ひとりひとりの精神面にまで踏み込んだ議論が必要になるだろう。しかし、訓令から一世紀を経た今では、不可能に近い。

第二に、孝治や他の関係者の多くが故人であり、存命の方も高齢のため聞き取りが困難であること。

第三に、敗戦後の混乱のなかで、孝治の満州「弥栄村」北大営区（＊11）時代の記録が失われたこと。

最後に、戦後の研究成果やインタビューをつうじてまとめられた記録が、先行の研究者や当事者が戦後のある時期において自らの過去を振り返り、人生の意味を自分自身が納得できるように再構成したものであり、歴史的事実そのものではないということ。

換言すれば、本章で使用する記録類は、孝治自身の手によるものも含めて「解釈主義的な様式」をもつものであり、彼の歴史的な経験は、語られ記録された時点で数度の変形を受け、筆者はその変形された記録をもとに孝治の体験を再構成しなければならない、つまり本書は何重ものバイアスがかかった資料を使用せざるをえないということになる（＊12）。

しかし、記録の内容が個人の主観的世界を語ったものであり、その構成に当時の研究者のレトリックが挿入されているかもしれない危険を差し引いても、体験者の語りは彼らの生きられた生活そのものであったと考えると（＊13）、本章で設定した課題の回答をえるためには有効なデータとなりうるものと期待される。

三、先行研究について

（一）青年団研究

①イエや村落構造、婚姻形態との関連など、民俗学の領域で若者組織を究明した文献

大日本聯合青年團編『若者制度の研究――若者条目を通じてみたる若者制度』（昭和一一年）。

本著の主題が、明治末期以降再編され大正初期に官製化が推進された青年団の活動であるため、近代以前の研究成果は必要に応じて若干引用するにとどめた。本著は、大日本連合青年団創立一〇周年を記念して、日本青年館内に郷土資料陳列所を設置し、そこに御條目・諸文書・記録・報告資料など各地の青年団関係の沿革史料を蒐集し、それらの「内容を明らかにしながら若者制度を説明しようとした」もので（＊14）、昭和初期、日本全国の若者組に関する文書を中央に集中させ、個人研究の範囲を大きく超える分析を行った貴重な研究書である。

ただ残念なのは、本著に掲載された御條目一二一点のうち、概して東北地方のものは少なく、山形県のものは一点も蒐集されなかったことである。

②青年団の正史としての性格が強い文献

熊谷辰治郎編『大日本青年團史』（昭和一八年、日本青年館）。

本著は青年団の起源から説き起こし、上記『若者制度の研究―若者条目を通じてみたる若者制度』を参考・引用しながら、「江戸時代」「明治時代」「大正時代」「昭和時代」に区切ってそれぞれの時代の青

年団の動向を詳細に記録している。とりわけ明治初期における若者組から近代青年団への改編過渡期、地方に遺された記録を用いての記述には説得力があり、明治初期の若者組が青年団に改編される経緯などは本書でも参考・引用した。

しかし、明治期以降、しばしば指導的立場からの記述が多いため、通史を知るうえでは参考になったが、この引用には細心の注意を払わなければならなかった。

③各自治体やそれに準ずる団体が編纂した青年団の記録

1、『谷保村青年団活動記録』（＊15）および『谷保村青年団下谷保支部活動記録付・下谷保講中共有文書目録』（昭和六〇年、くにたち中央図書館〈＊16〉）。

本著は地域の古文書・古記録の収集・保存を目的に、調査・目録作成・翻刻・発行されたものである。本著は時の経過と自治体の合併・統合の進展とともに歴史的史料が失われることに対する危機感が編纂への原動力になったという。

本記録は、資料的性格の強い著作で、前者は、大正七年から昭和一五年が対象で、「北多摩郡青年団団則」（大正七年三月）、「谷保村青年団団則」（昭和一一年三月）、および「公文書往復書綴り（抄）」（大正七年～昭和六年）、「青年団書類（通知書抄）」（大正七年～昭和一五年）、「青年団日誌」（昭和一三年、同一五年）などがほぼ時系列に分類・掲載されている。後者は谷保村の支部である下谷保青年団、つまりムラの青年団記録である。

本著「解題」は、ムラと青年団との関係を次のように説明している。すなわち、明治以前の国立市には四カ村の行政村落があり、下谷保村はそのひとつだった。また、谷保地区には近世以来、行政村とは別に八つの村組があり、これらは甲州街道に沿って西から東に並ぶ集落で、講中とか町内あるいは単に組と称された。「村組は、村鎮守の祭礼、冠婚葬祭、消防・道普請・青年団といった各種自治活動への集団的協力、あるいは村民の生活物資や労働力の不足を相互に補い合うといった、さまざまな互助的、共同的機能を備えたもの」だった。

そして明治三九年から昭和三〇年代までのものを含む、これら「下谷保講中共有文書」総数二三六点のうち、「講中を母体として成り立っていた青年会（団）関係の書類が圧倒的に多く」、本文書群の中核をなしているという（＊17）。

以上の記述から、近代以前、ここにはムラとは別の自治組織のなかに若者組織が組み込まれ、人びとの生活に必要な諸活動を展開した歴史的事実が記録されているという点で興味深い。

2、長野県下伊那郡青年団史編纂委員会編『下伊那青年運動史』（昭和五二年、国土社）。

本著は、地方に残された若者組や青年団に関する記録から独自の視点でその歴史的変遷をまとめた研究書である。本著編纂の経緯は、昭和の合併に際し、「下伊那郡青史（郡青年団史）が単なる下伊那地方郷土史の一環にとどまるものではなく、日本の青年が戦前天皇制下において有していた可能性を解きあかす稀有の文献としてこれを世に問いたいという野心にかられた」教育事務所と戦後歴代の郡青（郡青年団）代表者が委員会を組織した（＊18）。次に本プロジェクトに賛意を示した東京大学宮原誠一教授のもとに、東大社会教育研究室に「下伊那班」が編成され、ここに国民教育研究所員木下春雄、駒沢大学講師宮坂広作、国学院大学講師堀恒一郎および同研究室助手渡辺亮ら四名が協力し完成された。本著は、後述の平山和彦による研究の対象になった。

本書でも、当該青年団の自主活動の歴史的経緯の記録という意味では共通の課題でもあり興味を持ったが、後述の平山が指摘しているとおり、ムラ青年会の動態についてはほとんど言及されていないことから、本著を充分活用することができなかった。平山は、「当書はこれという分析視角をもたない反体制運動史ということになろうか」と手厳しく批評した（＊19）。

3、萩原進『群馬県青年史』（昭和五五年、国書刊行会）、初版は昭和三二年（＊20）。

本著は、自治体が発行したものではないが、群馬県内の青年史を扱った著作である。本著でも、当地に遺された文書からその内容を近代以前と近代以降に分け、「『若者仲間』より青年会への転換」も一項を設定しての記述がみられる。ただ、若者組という組織的な若者集団と「若者仲間」とを区別せずに使用していることから、若者組織に関する歴史学・民俗学の研究成果を充分把握していないという印象をぬぐえなかった。

しかし、「青年会と若者中《（ママ）》が同じ青年によって二つに使い分けられていたという極めて過渡的な例」の紹介があり（＊21）、本書の研究対象である『記録群』の分析に際して有力な証例になった。

④主として日本の近代化や軍国主義のなかの青年または青年団という視点からの研究

1、平山和彦『青年集団史研究序説』（一九八八年、新泉社）。

平山によれば、本著を貫く主題ないし視点は、「若者組ならびに青年団における自治性の所在とその実態、およびその諸条件を明らかにすること」である（＊22）。本著作の上巻は「明治期から昭和初期を中心とする若者組および青年団（青年会）の民俗学的・歴史学的研究」であり（＊23）、下巻第二部では、「青年団の中央指導機関成立の経緯と、明治末から大正初期にかけての青年団指導方針の実態」が明らかにされ、後半の第三部では「長野県下の下伊那地方として展開された青年団自主化の運動、ならびび自主的青年団とその外郭団体による諸活動」を考察の対象として設定したという（＊24）。そして、第三部の目的・狙いは、著者自身の問題関心と視点に沿って『下伊那青年運動史』を「書き改め」たものであるとした。

本書との関連で近代青年団の自治を把握するならば、「地方行政の代替としての〈自治〉」という限定された自治であることは、平山自身が明確にしているとおりである（＊25）。長野県では、各町村青年会や県連合青年団の運営費の半分は町村や県当局からの補助金で賄われていたといい、平山はこの状態を「彼らの自治意識の欠陥」と指摘した（＊26）。政治的な指導で設立した青年団が補助金で運営されるのは当然だと考えるか、自分たちの必要から設立した青年団の運営は自弁するのが当然と考えるか、両者の自治意識の違いの解明を新たな課題として顕在化させた。

本著は、「青年会内外の構造」から官製青年団の矛盾を析出した。このような著者の優れた方法と考察は、本書に多くの示唆を与えた。

2、佐藤守著『近代日本青年集団史研究』（昭和四五年、御茶の水書房）。

著者は地方の若者組を調査し、「村落における若者組が明治中期から大正期にかけて、いかにして青年団に再編成されていったか」ということに焦点をあて、「明治初期から今日に至るおよそ一世紀にわたる青年集団の変容過程を村落構造との相互連関のもとで分析し」「日本における青年集団が果たしてきた歴史的役割を」本書で問うたと述べる（＊27）。

本研究の特色は、著者自身が全国各地の若者組織の実態を調査し、それを「東北・北陸」型、「東海地方」型、「西南地方」型の三類型に分類したことである。そして、それぞれの型の分析方法として、まず、若者組の構造・機能・社会的基盤の組み合わせによってその原型が設定される。次に、その原型が明治中・後期以降どのような変容過程をたどったか、その変質・再編のメカニズムを追求した。こうして、若者組の変容を規定する外在的要因を具体的に把握することで、村落内における若者組変容の内在的要因（構造・機能・社会的基盤）を究明することが可能であるとする。最後に、以上の方法にもとづいて、村落内での変容過程における若者組と青年団との関係を類型化した。

その結果、仮説的にではあるとしながら、①断絶型――若者組の完全な消滅のうえに青年団が組織される。②並列型――村落レベルで並列し、それぞれが異なる機能を担う、③包摂型――村落段階で若者組が青年団組織を包摂するか、逆に青年団が若者組を抱え込むという、若者組と青年団との関係の類型を導き出した（＊28）。

本書との関連で注目されるのは、市町村レベルにおける青年団は二重構造を担った、と指摘したことである（＊29）。つまり、行政自治体レベルの青年団が村落共同体の支部による連合体であるゆえに、村落・行政自治体どちらの青年団も二重構造をもった、と主張する。青年団の二重構造の把握が私のそれとは異なり興味深い。

3、芳井研一「日本ファシズムと官製青年団運動の展開――石川県の事例を通して」藤井忠俊編「日本軍国主義の組織的基盤――在郷軍人会と青年団」（『季刊現代史』一九七八―9、現代史の会）。

藤井忠俊は本誌誌上で、青年団は、在郷軍人会・日中戦争期の婦人会とともに、日本軍国主義の組織的基盤であり、権力による民衆組織の包括的・代表的モデルであると評した（＊30）。上掲論文は、石川県下の青年団の官製化過程の事例研究であるという点で興味深い。

本論文は、まず次の二側面、①「日本ファシズムへの民衆の内面的支持はいかにして獲得されたか、またはされなかったのか」、②「太平洋戦争敗戦直後における思想上の真空状態のなかで」「戦後思想出発の前提をどうとらえるか」という問題を重視し、以下の課題が設定され論究された。第一は、「天皇制国家がそれら膨大な青年層をどのような形で組織化したのか、それはどの程度成功し、また失敗したのかについて具体的に明らかに」すること。第二は、「ファシズム期における官製青年団運動の思想を青年団指導者と青年団員両者について明らかに」することだとされる（＊31）。

本書との関連では、まず、青年団の官製化を、明治末の「地方改良運動」や大正初期の「民力涵養運動」などと同列の運動としてダイナミックに捉え、地方の青年団の官製化過程に重点をおいて論究されたこと。次に、行政市町村の青年団とその指導者に焦点を当てたこと。最後にそれと関連して、該運動を担う青年の精神面の官製化、すなわち天皇制国家への忠誠心醸成・獲得のプロセス――が研究対象になったこと。それゆえ、官製化が完了すると、青年団は組織および精神両面から「天皇制国家を地域社会において支える社会集団としての役割」が強化されることになる（＊32）、という結論に逢着したことなどである。

本書では、実質的な青年団の官製化は、論理的に無理があるということを、事例を挙げて究明した。このように、前提が異なっていながら、青年団が天皇制を支える集団だったという認識は共通しており、筆者にとって官制青年団および天皇制の意味理解が、さらに重要な課題となった。

（二）満州移民関係

①**満州開拓史刊行会編『満洲開拓史』**（昭和四一年〈＊33〉）

本著は満州移民史の正史的な性格が強い著作で、同著刊行会の顧問として編集にかかわったのは、満州移民の強力な推進者である加藤完治とそのグループのメンバーである。したがって、満州移民の指導的な立場からの記述が多く、満州移民政策を俯瞰することができる資料として参照した。とくに「資料編」所収の「開拓関係法規」は、本書にとって重要な資料だった。

②**浅田喬二「満州農業移民政策の立案過程」満州移民史研究会『日本帝国主義下の満州移民』および「満州農業移民政策史」山田昭次編『近代民衆の記録』6満州移民（昭和五三年、新人物往来社）**

「満州農業移民政策の立案過程」では、満州移民政策が丁寧にまとめられており、当該事業の全体像が俯瞰できる資料が提供されていて、本書の執筆にあたって参考になる点が多かった。また本著作には満州国最高検察庁による「満州国開拓地犯罪概要」（昭和一六年）が所収されており、一般開拓民や満蒙開拓青少年義勇軍の少年犯罪に至るまで詳細が記録され、移住者の生活の負の側面、また移民政策の現地の住民に与えた影響を知りうる貴重な記録である（＊34）。

③**喜多一雄『満洲開拓論』（昭和一九年、明文堂）**

本著は、山田編「満州農業移民史研究の基礎資料」として紹介されたうちのひとつである。著者が満州拓殖公社という、もっとも移民に近いところに位置した部署の参事という経歴を有する人物であり、「満州移民政策の展開過程、移民農業経営、移民農家経済、農業移民金融、農業移民教育、等農業移民全般の問題が豊富な資料を駆使して系統的に論じられ」ている。また、その職務柄から か満洲拓植公社の内部資料が掲載されており（＊35）、政策面から見た移民史の全体像を知るための資料として重要である。そのため本書は多くを本著に依拠して論述した。

④西田勝・孫継武・鄭敏『中国農民が証す「満洲開拓」の実相』（二〇〇七年、小学館）

本著は、日中両国の研究者による共同研究の成果で、現地住民の証言が数多く収録されている。また、これまで明らかにされてこなかった日本政府の移民事業の裏側を中国側の視点から記録した稀有な資料が収録されている。その意味で、本著は日本人移民当事者が語らなかった実態を知るうえで貴重なものである（＊36）。

⑤松下光男編『彌榮村史・満洲第一次開拓団の記録』（昭和六一年、彌榮村史刊行委員会〈＊37〉）

個別の開拓団の記録は膨大な数に上るが、本書の関心からとくに本著を挙げておきたい。「弥栄村」というのは日本がはじめて国の事業として満洲に建設した開拓団の名称であり、後続の移民団のモデルケースのひとつとなった。

本書の主要テーマである「向上会」の創設者である佐藤孝治は第一次武装移民として本団の建設に従事した。本著は、初期の開拓団ならではの、団員の体験記録が収録されているという意味で貴重である。

第一章■近代日本青年団の生成と全国組織化過程

問題の所在

本章の主題は、明治期に生成・再編されつつあった若者組織に政府が着眼し、それに統制を加えて全国組織化する過程を、関係各省の役割期待の違いに留意しながら究明することである。課題究明のため、本章の構成を次のように設定した。

第一節では、明治政府が若者組織の諸機能に注目し、政治的に有用な団体として関与を深めていく歴史過程を確認する。

第二節では、第一次世界大戦に際会し、それに見合った国家体制に変革すべく国民教化が図られる過程のなかで、青年団が官製化される過程を、各省の対策に焦点をあてて究明する。

第三節では、青年団の中央指導機関の組織化および全国的系統化の経緯を詳述する。

第一節　近代日本青年団生成の契機

(一) 近代青年団のルーツとしての報徳思想

幕末の農本主義者である二宮尊徳は、農本思想について次のように説いた（＊1）。すなわち、「是《これ》民は国の元なる証なり、扨《さて》諸職業中、又農を以て元とす。如何《いかん》となれば、自作て食ひ、自織て着るの道を勤ればなり」と。また、明治末から大正期にかけて活躍した農学者である横井時敬《よこいときよし》は、「農は国の大本なり」と唱えたのは継体《けいたい》天皇だとしたうえで次のように述べた。「歴代天皇は何《いず》れも農を以て立国の基礎とさせ給ひ、御即位後に於《おい》て、必ず大嘗《だいじょう》の祭典を行はせられ、天神地祇《てんじんちぎ》を祭り、広く国民に農業の大切なることを宣《せん》し給《たも》ふた」と（＊2）。いかにも熱烈な天皇崇拝者である農本主義的学者らしい言葉で、彼は農を中核に天皇と報徳思想を連結したのだった。

明治維新期の一連の改正は、政府の第一目的である富国強兵・殖産興業政策を遂行するための財政的基盤の確保を目的としたものだが、これらの改革は地主・小作という封建的な関係が温存されたまま推進された。この日本資本主義の初期蓄積期に生起した現象は、高利貸商業資本の土地集中となってあらわれ（＊3）、農村荒廃のひとつの原因になった。

一方で、土地の所有を保障された在村地主層にも、自己の経済的利害にかかわって、幕末以来の報徳仕法を積極的に導入することで村の荒廃に対処する動向が現れた。これらはとくに二宮尊徳の生誕地周辺、報徳思想の影響下にあった静岡・神奈川両県一帯に、自治的結社としての報徳社を設立させることにつながった。

その代表的なものは、岡田佐平次が主導して設立した、地区の連合組織としての遠江《とおとうみ》国報徳社（現、静岡県掛川町、明治八年一一月）で、これは遠江国の各共同体の報徳社の本社となっている。

翌明治九年、長男の良一郎にその事業が引き継がれた（＊4）。同一二年、二宮尊徳の業績が評価され、日本政府から孫の尊親《たかちか》に金一〇〇円が贈与され、尊徳の高弟である富田《とみた》高慶《たかよし》も叙位された。さらに、富田高慶が師尊徳の実践を記した『報徳記』が浄書のうえ天皇に供された後、宮内庁で印刷（明治一六年）、一般販売された。同一八年には、佐平次の子岡田良一郎が農商務卿西郷従道《さいごうつぐみち》に「報徳社規則草案」を提出し、具体的な経済施策として報徳仕法の導入を勧めたのだった（＊5）。

こうして、松方デフレ以降の不況克服の処方箋として報徳思想が導入され、加重な労働と貯蓄の奨励による自力経済更生的小農保護農政の基盤が確立したのである。同時にその政策を確実に浸透させるために農村青年を対象に夜学が奨励された。こういう理由で、共同体が設立した報徳社の多くは、尊徳の思想・仕法を教授する目的で夜学を付設したのである。

ところで、報徳というのは、徳川時代末期の高利貸資本の農村流入、重税そして度重なる天災等の悪条件のなかにあって、生活苦にあえぐ農民を自力更生させた実践的仕法のことである。報徳の実践的思想家である二宮尊徳は、天明七年（一七八七）、相州足柄郡桜井村の極貧農家に生まれ、度重なる天災と闘いながら身を立て、勤倹と相互扶助によって数多くの農村を再建・復興させた（＊6）。尊徳は貧農相手に無利息貸付を行う一種の信用組合を組織し、独自の基本理論を武器に、農民としての「分」のなかで極限の労働に励みながら高利貸資本に対抗したのだった。

この報徳仕法の精神は、「小は個人の経済生活を整理することから、大は一領の領主、一国の財政整理に徹底する方法施設に及び、又単なる経済生活に就《つ》いてのみ然るのではなく、道徳生活、政治生活にまで内容を拡充し、随て人生一般の問題を解決することを以て教科の本旨となﾞす、と解されるほど広いものだった（＊7）。このような報徳仕法を実践する際の鉄則が「分度」「推譲」「至誠」「勤労」という四綱目であった。

「分度」とは、「天分によって支出の度を定める」こと（＊8）、すなわち報徳仕法を構築する最重要基本理論であって、「生活経済の上における自営であり、事業の設計であり予算であり、収支規定」だった（＊9）。

「推譲」とは、徳に報いる精神のもっとも具体的な表現であって、自譲として「分度に於《お》ける余力を以て、自己及子孫の将来として、有意義の活動資源たらしめん為に譲る」（＊10）ことに加え、他譲としての慈善恵与のふたつを一体としたものだと考えられた（＊11）。この二綱目の実践にあたり、その精神的、肉体的行為として至誠と勤労が重要な役割を果たすとされる。

以上、むずかしい言葉で語られているが、その内容はいたってシンプルである。すなわち、何事にも誠実で真面目に働き、収入に見合った生活を送ること。そのうえで倹約して多少の貯金をし、それを子や孫に残したうえ、余剰を寄付すること。つまり、我々庶民にとって、しごく当り前の経済生活の基本が述べられているにすぎない。このように、報徳思想が近代日本資本主義社会に対応しうる仕法だったがゆえに、指導層はこれをイデオロギー化し、利用したのだろう。

報徳社は、社員の加入金積立としての善種金、それに勤労の際の報酬や寄付金等を合わせて土台金として運営された。これらの資金は社員の報奨金、貧窮者の救済、公共事業などに支出され、社員は相互に報徳金という名目の貯金を実行した。このような自力更生の精神に立脚した報徳仕法は、経済的に疲弊した幕末期諸藩の行政施策に組み込まれ、同時に報徳社は武士・商人・農民各層の指導者と尊徳の弟子たちとで、遠州・駿河の農村を中心に多数結成されたのだった（＊12）。

その具体例として、駿河国庵原《いはら》郡庵原村杉山の杉山報徳社（明治九年一二月）が挙げられる。これは、維新以降の貨幣経済の、村への流入と従来からの主要産業であった桐油《きりゆ》（毒荏《どくえ》）の価格低下により、茶・蜜柑・筍等の生産への移行を余儀なくされたとき、累代名主役を勤める家柄に生まれた片平信明《かたひらのぶあき》が農民救済対策として設立した結社だった。片平は、維新の混乱と新時代を担うべき若者の将来を憂慮し、自宅の物置で夜学を開催していた、明治二年のことである。同一一年からはこれを杉山青年報徳学社として杉山報徳社の付設とした。

村では、全村一体となって成人青年層を教化の枠内に導入して産業の合理化をはかり、統一化単作化に努力したのであり、その実践で村の経済的な矛盾は急速に解消したという（＊13）。これに目を留めたのは、この村に病後の静養に来た枢密顧問官井上毅《いのうえこわし》だった、時に明治二三年のことである。同二六年、文部大臣となった井上は、当地に視学官を派遣してこれを調査させ、同年一一月には「実業補習学校規定」を制定した（＊14）。翌同二七年八月、杉山青年報徳学社は日本最初の実業補習学校としての許可をえた（＊15）。

この例のように、維新以降の農村荒廃の改善策として報徳思想を導入し自力更生を図ったのは豪農や地主層が多く、村民を統率して強力な共同体意識を喚起させつつ農村復興をはかり、同時に地主自身の利益の確保も試みたのである。これは新政府にとってまことに好都合な経済対策だったといえる。

（二）地方改良運動と青年団

明治中期以降、半封建的土地所有関係における地主は、体制的な保障をえながら、高額小作料によって強力に小作農民を収取し、これによって低価格の主食と低賃金労働力とを成長期の日本資本主義に提供してきたのである。しかし、明治後期以降この関係に構造的な変化が生じた。その根本原因は、無理な戦争遂行のための増税が、農村とくに地主に帰せられ（＊16）、それが小作料増額へと転化されたことである。

地租ばかりではない、酒・醤油・砂糖などの生活物資にも課税されたため諸物価は高騰し（＊17）、小商品生産者である農家一般の経済は逼迫の度合いを深めた。明治四〇年代に入ると小作争議が頻発する（＊18）。小作争議昂揚の側面の一方は、日露戦後、米不足が全面的に問題化し、それをとおして日本資本主義発展の重要なファクターである半封建的地主的土地所有と資本との関係における構造的な矛盾が発現したということである。他方は、それによって共同体秩序に構造的な危機が生じたということであり、換言すればそれは、「共同体的秩序が階級対立によって分裂の兆候を示し、同時に共同体的な連帯そのものが内部的に質的な変化の萌芽をあらわしはじめた」ということになる（＊19）。

明治中期以降、産米高は緩慢ながら漸次増加した（＊20）。にもかかわらずその生産者である中小零細農家、とりわけ小作農家が窮乏化を深めていたのだ。その理由は、農業生産力の向上と米穀商品化の進展に伴い小作料率は相対的に低下しながら、穀物検査事業の施行にしたがって（＊21）小作米の質的、量的な引き上げの強制が行われたからである。その結果、絶対的な小作料の収取額が増加したのである（＊22）。

ところで、日露戦争の勝利は、一面では極東の小国である日本が、「軍事力において世界の帝国主義諸列強の一員となることがようやくできたということ、そして帝国主義としての経済的・社会的実力をつけるための出発点にここではじめて立ったのだということ」（＊23）、さらに、世界の一等国としてふさわしい経済的、財政的、人的基盤の創出を図ることが国家の重要課題として浮上したことを意味する。

戦後財政の高負担に耐えさせるため、政府には国民の協力が必要になった（＊24）。かつて、「地方自治」の中核として支配者的指導的立場におかれていた地主層への政治的期待は、「名誉職として国家の事務に対し、責任を負担せしめ、之《これ》に国家的義務の自覚を与へ、国家の天職を了解せしむる」ことだった（＊25）。ところが、農民の権利意識の昂揚により、地主は次第に権力機関にその役割を代位させせつつ共同体から遊離しはじめ（＊26）、農業生産への直接寄与の役割を失いつつあった（＊27）。地主が寄生化しはじめたのである。

つまり、上述の、明治末期における構造的な変化とは、地方財政の逼迫と明治以来の「地方自治」制度の根幹の動揺という二重の危機を内包したということである。そこで「地方自治」の新たな担い手として地方青年団が注目され利用されることになる。明治三〇年代末にはさまざまな官製国民運動が展開され、権力の側から国民の組織化が推進された（＊28）。

このような状況を、当時の内務省参事官だった井上友一《いのうえともいち》は次のように語った（＊29）。すなわち、「農村の進歩改善を図るには、先ずその精神から改めねばならぬ。即ち地方の人心を一新することが必要であります。（中略）日露戦後とても、一般に此《この》人心一新といふことが必要であろうと思ひます。何が故に殊更《ことさら》斯く申すかといふと、実は戦争にこそ勝って居るが、乍併《しかしながら》実際の国力は未だまだ足らぬので、先進国と競争するは余程困難であります（中略）故に吾々は働く上に於いて精神の入替をして、大《おお》いに奮発せねばならぬのであります」と。そこで「地方自治」の振興・強化政策の必要が生じるのであり、内務省主導で地方改良運動――「地方自治」振興政策が推進された。こうして必然的に、日露戦争後、「地方自治」は、それを主体的に担う町村民の育成を目的にして展開されざるをえなくなった。

ところで、「地方自治」というのは、後に至るまで「自分の団体自身の負担で以って其《その》費用を支弁して行くといふこと」であると、指導層に認識されていた（＊30）。したがって、明治一〇年代、当時の政府がその実績を認めた報徳社にふたたび着眼するのは必然だった。内務省は、報徳思想が内包する道徳と経済の調和という理念のもと、地方経済の振興をはかるとともに、日露戦後における産業資本主義確立過程に、必然的に多発するだろう労働運動や農民運動に対応しうる組織として報徳社に期待し、中央組織としての報徳会（明治四五年、中央報徳会と改称）を結成したのである。

報徳会は、明治三八年七月、二宮尊徳五〇年記念に参集した、平田東助《ひらたとうすけ》・岡田良平・一木喜徳郎《いっききとくろう》・井上友一・留岡幸助《とめおかこうすけ》・鈴木藤三郎などの有志によって結成され（＊31）、後に井上哲次郎・床次竹二郎《とこなみたけじろう》・中川望《なかがわのぞむ》・柳田国男など内務・文部・農商務省官僚ならびに新渡戸稲造・桑田熊蔵・矢作栄蔵《やはぎえいぞう》・美濃部達吉・山崎覚次郎・高野岩三郎・玉利喜造《たまりきぞう》・横井時敬などを評議員に加えた組織だった（＊32）。

留岡幸助によれば、報徳会は、静岡県下の自小作農民が、同じ報徳思想を支柱として自発的相互扶助的機関として組織した報徳社とは「多少異なったる方針を執り、上の方からやらなくてはならぬ」という鈴木藤三郎《すずきとうざぶろう》の考えを採用し結成したという（＊33）。その方法は、「地方改良運動」と歩調をあわせ、機関紙『斯民《しみん》』（明治三九年四月発刊）を発刊して報徳思想の理念を追求しようとするものだった。その「会告」が謳う本会の目的は、「誠実勤労の民風、協同推譲の精神を作興し、道徳、経済、自治、教育の各方面に亙《わた》りて、互に之が連絡一致を計り、之が改良発展を期す」ことだとされた（＊34）。ここには報徳思想をイデオロギー化し、時の政治権力の要請に沿った活動の方向性が明示されている。

こうして報徳会は、『斯民』を媒体に全国的な組織づくりを開始した。明治四一年七月発刊の本誌々上には「地方斯民会設立標準」を掲載し、そのなかで「設置ハ県、郡又ハ町村自治区ト同一ナラシムルコト」と規定し（＊35）、中央から県・郡・市・町・村の行政組織に沿った組織化を促した。つまり、留岡幸助が述べているように、上からの運動として、「地方自治」・民衆教化政策が推進されようとしたのである。このような政策に地方の青年会が着眼されたのも、また必然だといわなければならない。

内務省は、日露戦時体制下の地方経営策として国民教化政策を開始していた。その概要は、同省地方局が、「戦後の地方経営」の指針として編纂したものであり、『三十七、八年地方経営大観』で示されている。その内容は、「第一章　挙国人心の作興」「第二章　自治庶般の整善」「第三章　地方教化の発展」「第四章　殖産事業の振興」「第五章　交通事業の施設」「第六章　軍資金の醵献《ママ》」「第七章　軍需品の提供」「第八章　勤倹力行の淬励《さいれい》」などにまとめられた（＊36）。注目されるのは、これらの地方経営の重点課題のなかに「地方教化」の問題が挙げられていることである。地方の青年会もまた、すでにその共同体内で経済活動を行い、補習教育機能も果たしているという意味で、直接的な国家指導のもとにおくにふさわしい集団であると認識されたのである。

明治四一年、当時内務書記官だった中川望は、『斯民』誌上で次のように述べた。すなわち、「人心を一新して至誠勤労の風気を興し、公共心の自覚と共同力の発揮とに勉め、依りて以て地方自治の発展を期し、延《ひい》て国家の隆興せんことを望まば、先《ま》ず其《そ》の基底たる年少者の訓育に手を着けざるべからず」（＊37）、と。その背景には上述の事態があり、それへの対応策として勤労主義による生産増大・税金完納、そしてそれを遂行する精神の持ち主である国民の育成という青年団への役割期待が見出される。

つまり、危機克服の要が国民の育成にあること、それを青年団の指導によって達成しようとする意図が表現されたとみられるのである。このように、明治末期の青年団への政治的関与の契機が「地方自治」

の再編・強化にあったという意味で、青年団と「地方自治」、両者の親和性は強い。

ちなみに、「地方自治要鑑」に記載された、地方自治体が推進すべき項目を列挙すると、①「当局者の励精」、②「公共心の発揮」、③「自治事務の整然」、④「教化事業の作興」、⑤「生産事業の振励」、⑥「衛生事業の整備」、⑦「基本財産の蓄積」、⑧「市町村是《ぜ》の実践」、⑨「勤勉貯蓄の勧奨」、⑩「協同組合の発展」、⑪「青年団体の活動」、⑫「良風善行の奨励」、⑬「娯楽事業の利導」、⑭「移住出稼の事績」などである（＊38）。

明治四一年一〇月、桂太郎内閣は天皇の権威を利用して、「上下一心忠実勤倹自彊《じきょう》タルヘキ詔書」、いわゆる「戊申《ぼしん》詔書」を渙発し、地方の自力更生を企図してそれを推進した。詔書は「宜《よろ》シク上下心ヲ一ニシ、忠実業ニ服シ勤倹産ヲ治メ、惟《こ》レ信惟レ義、醇厚《じゅんこう》俗ヲ成シ華ヲ去リ、実ニ就キ荒怠《こうたい》相誡《いまし》メ、自彊息《や》マサルヘシ」と述べ、一般国民の就業・増産・倹約を勧めた（＊39）。これ以降、明治維新後しだいに衰退しつつあった「五人組」をはじめとする隣保組織が復活の傾向をあらわしはじめた（＊40）。

明治四二年一一月号の『斯民』には、「地方斯民会または報徳会標準ノ要綱」が掲載された。その「目的」には、「本会ハ教育勅語戊申詔書ノ御趣旨ヲ遵奉《じゅんぽう》シテ精神訓育ヲ奨《すす》メ広ク道徳経済ノ調和、地方自治ノ作興、教育産業ノ発達其他一般地方ノ改良ヲ期スルヲ以テ目的トス」と謳われ、先述の同四一年七月の『斯民』に掲載された「地方斯民会設置標準」に、「戊申詔書ノ御趣旨ヲ遵奉」「地方ノ改良ヲ期スル」ことが追加された。こうして「戊申詔書」の発表を受け、報徳会が地方改良の任に当たること、すなわち内務省の地方行政事務の一部に組み入れられるということが明確にされた。

明治四二年以降の『斯民』は「青年団」欄を特設し、報徳会が全国青年団の中央連絡機関としての機能を果たそうとする動きを見せはじめた（＊41）。同四三年、『斯民』は「青年団号」を臨時発刊した。

その冒頭には天皇の歌を掲げ、寄稿者には文部大臣小松原英太郎《こまつばらえいたろう》・内務省参事官小橋一太《こばしいちた》・広島県沼隈郡千年村青年会長山本瀧之助《やまもとたきのすけ》・農商務相商務局長大久保利武《おおくぼとしたけ》ら主要官僚が名を連ねた。このように、明治末期には、政府・報徳会ともども青年団の育成・教化への並々ならぬ意欲を示したのだった（＊42）。

さらに、『斯民』や報徳講演会をとおして、報徳主義の精神や地方改良運動の趣旨を宣伝するとともに、各府県・郡・町村に報徳会の支部や斯民会・自彊会などを結成し、在地の有力者をそれら組織の指導者として配置した。そのようにすることによって、共同体の再組織化を推進したのだった。このように、地方改良運動は地方に自主的に生成されていた集団を巧みに誘導しつつ、政治が要求する団体へと教化していく、つまり団体の国家的系統化と国民統合をその目的のなかに含むゆえに、壮年・青年ともどもその担い手として期待され、またそれに見合った教化が行われようとしたとみられるのである。

政府の、青年団との関わりは、明治三八年四月、時の内務大臣芳川顕正《よしかわあきまさ》が、明治天皇の勅命によって九州・四国・中国・近畿・東海の二府一五県にわたる戦時下の地方の状況を視察したことにはじまる。同年七月、同省は小冊子『時局の地方経営と内相の巡視談』を発行し、視察結果を世間に公表した。この冊子には、青年自身が軍事予備教育・補習教育、軍人の後援活動などを行ったことに強い印象をもったことが述べられている（＊43）。このように、政府は、日露戦争中の地方青年団の諸活動に注目しており、地方改良運動でも農事改良・納税完遂・道路修理・植林事業など事業の中心的な担い手になることを期待し、それが後の青年団に対する方針を決定づける契機になったものと思われる。

明治三八年九月二九日、内務省は地方局長吉原三郎《よしはらさぶろう》の名で、地方長官宛に「地方青年団向上発達ニ関スル件」を通牒し、市町村是に関する調査とともに、地方青年団体の督励および調査を命じた（＊44）。これが政府の青年団に関するはじめての通牒である。翌同三九年七月、第一次西園寺公望内閣の原敬内務大臣は、地方長官会議において青年団体の指導について指示し、この内容を「地方自治と青年団体」という小冊子に収録して関係者に配布した。この緒言のなかでは、「青年団体が地方自治に貢献するは独《ひと》り第二の国民を教養するに止《とどま》らず、風紀の矯正、勤倹貯蓄心の養成、副業の奨励、商工の発達等の為《た》め亦与《またあずか》って力あるをみるなり」と述べられている（＊45）。

このように、内務省では地方の青年団に並々ならぬ関心を寄せ、地方自治への貢献を期待したのだった。そこには、彼らの実践をとおして、各共同体内の人びとが国家に有用な公民となるべく、隣保団結・共同一致が基礎の自治訓練の実行が含まれていた。後述する山本瀧之助も、青年団体について、その組織自体が自動・自発的であるがゆえに、「其の行動は自ら自治制度の予習」を行うのであり、青年団体はなんらの理屈なしに「自ら町村民教育恰好《かつこう》の機関」である、と把握していた（＊46）。

（三）補習教育と青年団

文部省は補習教育の推進にこだわった。その理由のひとつは、日露戦争前後における徴兵検査の結果、壮丁の学力がきわめて低く、義務教育による学習の成果が定着していないことに衝撃を受けたためだと推察される。「壮丁調査概況」によると、日本の徴兵検査で学力検査が行われた時期は必ずしも明確ではないという（＊47）。明治三八年一二月、文部省は壮丁検査時の学力検査結果の比較を容易にするため、「壮丁教育成蹟《（ママ）》調査方法」を示し、以降この方法で調査を実施し、その結果を報告するよう各地方庁に通牒したのだった。

その目的は、「小学教育ノ効果ヲ知ルヲ主トスルコト」だとされた（＊48）。これによって日本の壮丁

〔表 1-1〕明治 33 年度「大阪府壮丁普通教育程度取調書」

教育程度	合計人数	%	市部人数	%	郡部人数	%
中学卒業ノ者	31	0.14				
中学卒業同等ノ学力ト認ムル者	163	0.96				
高等小学卒業ノ者	743	4.48				
高等小学卒業同等ノ学力ト認ムル者	996	5.14				
尋常小学卒業ノ者	2,687	21.44				
尋常小学卒業同等ノ学力ト認ムル者	2,021	13.76				
稍読書算術ヲ為シ得ル者	2,738	24.04				
読書算術ヲ知ラサル者	2,871	29.64	593	13.28	2.278	29.26
計	12,250	100	4,464	100	7,786	100

※当該調査結果は文章で書かれているため、表の作成時には未記載部分が空白になった。
出典：「明治三十三年度大阪府壮丁普通教育程度取調書」１頁。

の学力検査は、明治三八年以降同一基準で全国的に実施されたものと推察される。しかし、大阪府では同三三年度から実施されていたことは、現存する資料により明らかであるため、以下「試験ノ方法」およびその結果の概略〔表1―1〕を上に掲載する（＊49）。

これによると、明治三三年度の大阪連隊区司令部および神戸連隊区司令部において徴兵検査を受けた壮丁は大阪府管内で一万二二五〇人だった。ここで判明したのは、この当時には「読書算術ヲ知ラサル」壮丁が全体の三割にも上り、市部出身者に対して郡部出身者では二倍以上の者がその状態だったという実態である。「要スルニ義務教育四ヶ年ニテハ到底学校ニ於テ受得シタル智識ヲ保続シ且応用スルノ困難ナルヲ発見セリ（中略）教育ノ普及ヲ奨励シ鋭意熱心以テ斯道ノ進歩改善ヲ企図シ一層ノ奨励ヲ加フルノ必要ヲ知ルニ足レリ」（＊50）、つまり当局者は、義務教育で身につけた学力を壮丁検査まで持続し実生活に応用することはきわめて困難であることを「発見」し、教育の普及改善が必要であるとの認識を深めたのである。

前出の「壮丁調査概況」には、「日本帝国陸軍統計年報」の、各年度の中から作成したとされる「壮丁普通教育程度検査人員および百分比」一覧表が添付されている。これによると、陸軍省は明治三二年度より壮丁普通教育検査を行ったようだ。

この一覧表では教育程度を次の一二段階に分類し、それを前述のような簡易的な方法によって調査したことを確認することができる。すなわち、①「大学卒業者」、②「同上ニ均《ひと》シキ学力ト認ムル者」、③「高等学校及専門学校卒業者」、④「同上ニ均シキ学力ト認ムル者」、⑤「中学校卒業者」、⑥「同上ニ均シキ学力ト認ムル者」、⑦「高等小学校卒業者」、⑧「同上ニ均シキ学力ト認ムル者」、⑨「尋常小学校卒業者」、⑩「同上ニ均シキ学力ト認ムル者」、⑪「稍々《やや》読書算術ヲ為シ得ル者」、⑫「読書算術ヲ知ラザル者」である。

ここでは次の驚くべき事態を明らかにした。すなわち、明治三二年では約四〇万人の壮丁のうち、上記⑪段階の割合が約二六%であり、この上に⑫段階の者を合わせると、全壮丁のうち尋常小学校卒業未満の学力しか身につけていない者が、じつに総員の四九・三八%に達していた。

明治三三年には義務教育四年制が、同四〇年には六年制がそれぞれ成立しており、日本の義務教育就学率は、同三三年に八一・五%、同三八年には九五・六%に達していると、文部省はその高就学率を誇っていたのだから(＊51)、現実の壮丁教育検査結果が文部省当局者に与えた衝撃は察するに余りある。

もっとも、文部官僚と現場の要求とのあいだには大きな隔たりがあったことがわかる。すなわち、『山形県教育』第三三四号(大正七年二月一日発行)に掲載された、第三二連隊長大川盛行による「県下青年団員並に指導者諸君に告ぐ」では、次のように述べた。すなわち、壮丁の教育程度は「徴兵受験者平均学力である尋常小学校二三年位程度を目途として教育したならば先ず沢山と思ふ」と(＊52)。

これに関連して文部省では、明治三八年三月、東京高等師範学校付属小学校・女子高等師範学校付属小学校のほか、東京府、静岡・山梨・群馬・千葉各県下の三校の尋常高等小学校尋常科第四学年二一学級、同高等科第二学年二〇学級・高等科第四学年一八学級、合計五九学級の児童を対象に、修身・国語（読み方・綴り方・書き方）・算術、および高等科の児童には地理・歴史・理科を加えた各科目について学力検査を行った（＊53）。この結果を憂慮し、同三八年九月一一日、文部省普通学務局は各地方庁に対して、「小学教育ノ内容改善督励方」（巳発普二三三号）を通牒し、小学教育の内容改善を督励したのだった。

以上は小学校教育の学力定着率の低さを文部省が憂慮した結果の措置で、その改善に向けて文部省が動き出すのは必然だった。

明治三八年八月、文部省は第五回連合教育会に対し、「補習教育ノ発達ヲ図ルニ就テ最モ簡易ニシテ有効ナル方法如何」という諮問を行い、これに対して「青年団体ノ指導善用ニアリ」との答申をえていた（＊54）。この答申には前述の山本瀧之助の意見が強く働いていたといわれる。山本は、第一次桂内閣久《く》保《ぼ》田《た》譲《ゆずる》文部大臣および沢柳普通学務局長にも、直接青年団体を補習教育に利用することを進言し、彼が提出した資料は『官報』をつうじて全国に紹介された。そして、同年一〇月、文部省内に設置された「通俗教育ニ関スル調査委員会」は、地方青年団の指導改良方法について、「地方青年団体（若連中、若い衆、青年会等悉くを含む）の調査をなすこと」という建議を文相に対して行っている（＊55）。

それが、明治三八年九月付の内務省地方局長通牒「地方青年団向上発達ニ関スル件」、および同年一二月二七日付文部省普通学務局長沢柳政太郎から、地方長官宛の青年団の設置とその指導を奨励した「青年団ニ関スル件」の通牒に至ったことは、その文面からほぼ間違いないだろう（＊56）。

さらに、明治四〇年一〇月四日、文部省普通学務局は各地方庁に対して「壮丁教育成績調査ノ結果小学校教育ノ内容改善督励及児童卒業後ノ補習教育奨励方」を通牒し、「青年夜学会」の開催や補習教育の奨励により、小学校教育の定着・持続による壮丁の学力向上を図ろうと戟を飛ばした（＊57）。このような経過で、文部省内の関係者は、義務教育の定着・拡充および卒業後継続して行われる補習教育の重要性を認識したようだ。以上述べた経緯により、明治末期に着手された青年団の全国的組織化は、補習教育との関連でも推進されたことを確認することができる。

（四）地方青年団組織化の開始

既述のように、日露戦後、政府および報徳会の強力な指導により、青年団が道府県・市郡・町村という経路で全国津々浦々の自治体に設立されはじめた、これがいわゆる官製青年団である（＊58）。元来青年団は、農村の経済危機への対応のために共同体内部から自然的に生成し、必要に応じた事業を行うことにその存立理由が見出されるのである。

しかし、地方改良運動推進のための青年団設立には、行政的な「町村自治と青年団を一本に、大字単位を整理統合することをしなければ自治は破壊される」危険があるとみなされていた（＊59）。こうした行政町村単位の青年団の上部組織として市郡青年団が組織され、さらにその上には道府県単位の青年団が組織されるといった系統化が進行しはじめる。

このような形で設立された各青年団には、それぞれの段階に見合った地方自治体の有力者がその団長に任命される傾向にあった。これは地方の青年団が地方改良運動のもとで行政機構の末端に組み込まれたことを意味する。その弊害として、青年団が地方行政の事業に動員されたり、政治運動を行うような例もみられた（＊60）。

その一例は、大正二年群馬県で発生した「青年会道路修理請負事件」である。これは、同年六月一日に着任した大芝惣吉《おおしばそうきち》知事が道路改修に青年団を総動員したため、自党である政友会の党勢拡張に利用したとして県議会できびしく追及された事件である（＊61）。

類似の事件は各地で発生していただろう。危機感を抱いた内務省地方局は、大正二年九月、通牒「地方青年団ニ関スル件」を発表して、「其《その》本分ヲ忘レテ漫《みだり》ニ政治運動ニ熱中スルカ如《ごと》キハ不可然儀ニ付」としてこれを牽制した（＊62）。

日露戦争当時の政府が青年団に着目した大きな理由のひとつは、自治体における若者集団の自発的行為を国家政策に利用するためだった。したがって青年団を国家体制に組み込むということは、その内部に諸刃の剣を抱懐することにもなる、政府もジレンマを抱えながらの対策だった。明治中期以降、各地に組織されはじめた青年団は、日露戦争を機に国家の関与が強化され、多分に行政補助機関的な機能を期待されるようになった。『大日本青年團史』によると、明治四三年における青年団数は一一七八団体だったという（＊63）。

以上のように、明治末から大正初期は、青年団の国家的編成の開始期だった。「戊申詔書」発表当時、日露戦後経営方策として地方改良運動を展開し、新たな資本主義社会に見合った国家体制構築を積極的に推進しようと企図していたのは、文部省よりも内務省の方だった。当該時期における青年団の管轄が内務省であることは文部省も認めていたようである（＊64）。しかし、文部省は壮丁予備教育機関としてばかりではなく国民の道徳教育機関として青年団に着目していたらしく、内務省の青年団対策——地方改良事業への傾斜＝事業団体化——には疑問を持っていた。明治末期には、はやくも両省の青年団に対する期待に不協和音が生じる。その契機は、明治四三年五月の検挙開始から同四四年一月の死刑執行で終わった大逆事件だったと思われる。

当時の文部省では、若者の思想統制が大きな課題として浮上していたのである。小松原英太郎文相は、「国民の思想を健全に発達せしむるは文部の任なるを以て、毎に茲に留意し学生及び一般青年の思想の向ふ所を察し、之が健全なる発達に関しては一日と雖《いえど》も忘れる事なし」として、三つの「刻下の急務」を挙げた。そのうちの第二には実業補習教育等の奨励・普及を、第三は社会教育の奨励興隆を掲げた。その社会教育振興策としての具体策が、通俗教育調査委員会および文芸委員会の設置だった。

小松原は、「各町村に於て、教育勅語の御趣旨の実践を旨とし、有志の設立せる諸会又は青年会等、会開の場合には成るべく学校職員をして、之に出席せしめ、地方の有力者と共に、勅語の御趣旨に就て、講話講演等を行ひ、一般に之を貫徹せしむる様務めしむること」を命じていたのである（＊65）。これを受け、文部省は明治四四年五月、「四十三年ノ幸徳秋水事件勃興ニ鑑《かんが》ミ、国民精神涵養ニ力ヲ致スタメ、通俗教育調査委員会官制発布セラレ同官制ニ基キ二十五名ノ委員任命」を行った（＊66）。この委員会は、文部次官を委員長として、「学校以外で一般国民知徳の修養に資する」ことを目的に（＊67）、「通俗教育ニ関スル事項ヲ調査審議」し、「通俗教育ニ関スル講演又ハ材料ノ蒐集及作成ヲ為ス」（＊68）などの活動を展開するための組織だった。また、「文部省内ニ青年団調査委員ヲ設ケテ、青年指導ノ大綱ヲ研究スルコト」として青年団の監督を強化していく。

翌明治四五年一一月、文部省内で「第一回青年団調査委員会」を開催、青年団は補習教育機関であると同時に公共事業団体であると規定されるに至った（＊69）。こうして明治末期、青年団は文教政策上、通俗教育機関として位置づけられ、本格的な教化政策、通俗教育行政がスタートするに至った（＊70）。

中央の青年団の動きとしては、明治四三年四月、名古屋市において全国青年大会が開催されたことが挙げられる。大会準備は愛知県教育会および県講農会が、司会は山崎延吉《やまざきのぶよし》がそれぞれ担当した。本大会には青森・山形・岩手など一一県を除き、その他の府県から総勢一九一四名の参加をみた。山本瀧之助の本拠地である広島県沼隈郡からは、一列車借り切りで四一二名が参会している。

この会合における「青年団規十二則」の最初に「一　教育勅語並に戊申詔書の御趣旨を奉戴すべきこと」「一　忠君愛国の精神を養ふべきこと」「一　国体を重んじ祖先を尊ぶべきこと」など、および「実行すべき要目」一三項目などが協議され出席者の賛同をえたという（＊71）。しかし、これらは「当時内務当局に於て練られて作られたもののやうに聞いた」と、山本瀧之助は彼の著書『青年團物語』のなかで明かしている（＊72）。

明治四三年の時点では青年団の全国的な系統化は完成していなかったはずであり、したがって、各府県からの参加も自治体の代表ではなく、希望者の任意参加だったことになる。

第二節　軍事的国民教化策と青年教育体制の整備過程

（一）内務省・文部省訓令「青年団体ノ指導発達ニ関スル件」発令の経緯

第一次世界大戦が日本の国家官僚に与えた衝撃は、ことのほか大きかった。その理由は、本大戦が、それまでの戦争とはその形態・様式・方法・領域・戦闘規模などあらゆる面において、比較することができないほどの内容をもつものだったからである。このようなヨーロッパ大戦の規模の大変化にもっとも敏感な反応を示したのが日本陸軍だったことは想像に難くない。

青年団には、本大戦開戦前後に内務・文部・陸軍各省による直接的な関与が本格化しはじめる。大正四年九月一五日、内務大臣一木喜徳郎《いっききとくろう》・文部大臣高田早苗《たかださなえ》は、はじめての青年団に関する訓令「青年団体ノ指導発達ニ関スル件」を発令した。ここには「青年団体ノ設置ニ関スル標準」が付された。同時に「内務省文部省次官ノ通牒　発普六四号」「青年団体ニ関スル件」が発表された（＊73）。これは、後述する田中義一がヨーロッパ視察を終えて帰国した一年後だったということを確認しておきたい。

この訓令では、「抑〻《そもそも》青年団体ハ青年修養ノ機関タリ其ノ本旨トスル所ハ青年ヲシテ健全ナル国民善良ナル公民タルノ素養ヲ得シムルニ在リ」といって、市町村内における義務教育を終えた者、もしくはこれと同年齢以上の者をもって組織することとされた。ここで強調されていることは、第一に、青年団が修養団体であるとその本質を明確にしたこと。第二は、「青年団体ノ設置ニ関スル標準」を設けて、地方によってさまざまな形態をとっていた青年団を統一しようとしたこと。第三に、「最高年齢ハ二十年ヲ常例トスルコト」としたことである。そして、この後各府県では「実業補習教育施設要項」を定め、その整備拡充を推進することになった（＊74）。

ところで、日本陸軍が地方の青年団に注目したのも日露戦争当時に遡る。田澤義鋪《たざわよしはる》が著した『青年団の使命』（＊75）にはその経緯が次のように紹介されている。日露戦当時満州軍の総参謀長の任にあった児玉源太郎が、「いかにも青年団に熱心であったので」井上友一がその理由を聞いたところ、それに対する回答として児玉は次のように述べた。すなわち、満州における守備のとき、「出征軍隊の士気の廃頽を防ぐにいろ〳〵と苦心をしたが、其の時青年団と云ふものが、いかにもありがたいものだと、つく〴〵（つくづく）感じたのである」。

ここには共同体における青年団の銃後活動で軍隊の士気が多いにあがったこと、なんとかこれを利用したいという陸軍の意図が表明されている。「青年団と町村が立派であれば戦争には必ず勝てる」（＊76）、と児玉は信じていたようだ。また、日露講和条約調印の翌明治三九年に内務省が刊行した「地方自治と青年団」には、青年団が、「時局に際して活動せるの効は眞に多とするに足るものあり」と述べられていたという（＊77）。これは内務省もまた、青年団の銃後活動に期待していたということを表したものだろう。

上記訓令の発令には、当時陸軍少将であった田中義一《たなかぎいち》が深く関与した。この件につき『大日本青年團史』を編纂した熊谷辰治郎は、「青年の訓練に便しようとした」（＊78）と、田中の意図を指摘するとともに、訓令発令の経緯を以下のように述べている（＊79）。

すなわち、田中は、陸軍参謀次長であった大正二年一一月から翌年八月にかけてのヨーロッパ視察旅行で、各国青年教育の状況を観察して帰国したのだが、とりわけドイツの青年団の一糸乱れぬ整然たる組織に深い感銘を受け、「日本の青年団体もドイツのそれのように、組織あり統制ある団体として青年の修養と訓練の実を挙げなければ、国家永遠の発展を期することはできないと考へ」、当時の内務大臣一木喜徳郎および文部大臣高田早苗の両氏を説得し、陸軍大臣の賛同をえて青年団体の国家的な指導方針の確立を建言したのだ、と。また、当初は陸軍大臣も当訓令に署名するはずだったが、世論の誤解・反発を恐れてこれを削除したという。

田中は、当訓令が発令される一か月前に『社會的國民教育　一名青年義勇團』（＊80）と題する著作を全国の各小学校、在郷軍人分会および青年団などに配布し、青年団の国家的有用性と統一の必要性を力説した（これ以降、本著の引用は『社會的國民教育』〇〇頁と略称する）。しかし、田中は青年団に軍事予備教育・訓練を期待したわけではなく、それはかえって青年教育にひとつの弊害を招くと明言していた。

田中の構想は、「徴兵検査を了《お》へた壮年はすべて在郷軍人会員とし、それ以前の青年はすべて青年団員たらしめ、この二団体を直結して、統制ある一大国民組織を完成せんとする」というものだった（＊81）。彼は来るべき次の戦争を予感し、そのための男子青壮年の再編を目論んでいたのだった。この冊子は、合計七〇万部配布されたというから、その後の青年教育に多大な影響を与えたものと思われる。

田中義一は、日露戦争の体験から「良兵即良民」を唱え、軍隊と国民との融合を企図して帝国在郷軍人会を設立し、日本における地方青年団の国家的再編・統合を推進したのだった。ここには第一次世界大戦後のデモクラシー潮流の日本への波及、とりわけロシア革命に伴う社会主義ないし共産主義思想の影響を未然に防止し、「青年ヲシテ健全ナル国民善良ナル公民タルノ素養ヲ得シムル」意図があった。つまり、それぞれの共同体の若者集団の、歴史的、地域的体質を排除し、その性格を狭義の政治活動を行わない修養団体に改め、かつその在団資格年齢を「徴兵適齢」に統一することで、除隊後は在地の在郷軍人会に「包含」させ、軍部の監視下におこうというものだった。

　これに対して、「内務省のなかには、公民年齢たる二五歳を取って譲らなかったものも少なくなかったのであるが、これを二〇歳に引下げたのは、青年団を被指導団体とするといふ見解に基づく」ものだった（＊82）。

　田中が寺内正毅《てらうちまさたけ》に宛てた書簡では、「内務省ガ是迄《これまで》自治体ノ主体ハ殆《ほと》ンド青年会ナリト迄ニ多年培養シ来リタルモノナレバ此点ハ余程ノ難渋ヲ感ジ居リ、亦実際多少同情スル点モ有之候得共《これありそうらえども》、時勢ノ要求ト道理ニハ反抗スル能《あた》ハズ」（＊83）として、例外を認める年齢設定以外では陸軍の要求が充たされたことを報告した。さらに続けて、「迚《とて》モ満足ニハ無御座候得共《ござなくそうらえども》一応此位イ迄ニ進歩セシメ更ニ後日今一歩ヲ進ムレバ足ルコト、我慢致シ其標準ノ年齢定限常例ノ文字ヲ断定的ニスレバ足ル事」との考えから譲歩したのだ。内務・文部両省から青年団に関するはじめての訓令が発令されたのはその直後だった。

　田中が青年団員の最高齢二〇歳を主張して譲らなかったもうひとつの理由は、「一身に利害関係を有ったり政治上の関係を有った人が団員になっては、青年団の中正純白を保つことができぬ」（＊84）、つまり「階級対立や政争の埒外に置くことによって、忠君愛国の鋳型に青年団をはめこ」むことを意図したのである（＊85）。

　したがって、田中の、青年たちへの要求は、「忠君愛国」による犠牲的奉公心を体得することで、それによって国家に必要な精神の持ち主へと自己変革を遂げること、加えて各種体育事業をつうじて体力の増強を図りながら協同の観念を培養することの二点に集約される。

　これらの事業にもっとも有効な手段が、すでに地方に設立されつつあった青年団の利用であり、この

「母体」をつうじて上記の事業を「哺育せしめると云《い》ふことが詰《つま》り成功の本であり、又さうなくてはならぬものである」と田中は強調した（『社會的國民教育』一一四頁）。そのため、地方によってさまざまな性格の青年団を統一することが緊要であると主張したのである。田中は、それが来るべき戦争に勝利するために国民に課せられたもっとも基本的な条件であることを説いたのだ。

　田中がこのような考えをもつに至った背景には、次のような軍事的要求があったものと推察される。日露戦後、世界の一等国としての地位を認められた日本は、近未来に起こりうる戦争にむけ、「陸軍は戦時五〇箇師団、海軍は戦艦八・巡洋戦艦八基幹の、いわゆる八八艦隊建設をめざして」、軍備大拡張が開始されていた（＊86）。この状況下、軍隊教育も次の方針を採らなければならないと認識された。すなわち、「単ニ、戦ニ堪フルノ軍隊ヲ養成スルノミニ非スシテ却テ軍隊ノ力ニ依リテ堅実ナル国民ヲ養成シ、終ニ国民ノ風俗彌々《いよいよ》堅実ニシテ軍隊ノ力彌〃鞏固ナルニ至ルヲ期セサルヘカラス」（＊87）、と。

　明治四一年、軍隊内務書が、同四二年には歩兵操典の改正があって、「軍隊ハ独リ軍人トシテノ技能ヲ養成スルノミニアラスシテ実ニ其ノ人ノ精神ヲ陶冶シ訓育スルノ責ヲ有スル」機関だと明記された。こうして「我カ軍隊教育カ国家教育ノ重要機関ニシテ、国民教育ノ中堅トナリ、之カ基礎タル学校教育ト相依リ相俟《ま》ツテ国民道徳ノ培養扶掖《ふえき》ニ努ムルヘキハ、国家カ軍隊ニ対スル当然ノ要求ナルト共ニ、軍隊カ国家ニ対スル義務ナリト謂《い》フヘシ」と（＊88）、学校教育が軍事教育と直結され、軍隊教育も国民教育の一環であるとされた（＊89）。

　田中の良兵即良民主義は、戦時における兵卒の動員体制の質量両面の充実を企図したもので、帝国在郷軍人会の設立も青年団の国家的統一もともにその計画の一端だった。既述のように、青年団が学校教育の補習機関としての役割を担っている以上、陸軍にとっても青年団は国民教育機関であり、国民訓練を担うべき重要組織であるとの認識をもったことは想像に難くない。すなわち、田中にとって、「国民教育とは一面国民訓練の意義」であり（『社會的國民教育』一四二頁）、青年団体はこの国民訓練を行う手段だった。

田中は、第一次世界大戦が勃発したヨーロッパにおけるロシア軍の驚異的復活に対して危機感を抱いていた。翻って日本国内をみると、「青年は所謂《いわゆる》文明に酔ひ物質に憧れて、中には随分種々な思想に感染する者も多いやうである」「内敵が国の内部に反乱を起している」（『社會的國民教育』一一―一三頁）、「今日青年は思想の上に於《お》いて、正に此の誘惑物と激戦をして居るのである」（『社會的國民教育』一四頁）。それにもかかわらず、社会の大人たちは彼等を適切に擁護する方策を講じない。「若《も》しも此の青年が内部の敵との戦争に負けると云《い》ふことは、即ち国家の運命を危うくすると云ふことになる」と社会主義思想の蔓延を危惧した。そのうえ、「毎年徴兵検査の統計に徴するも、筋骨薄弱の部類に属する青年の数が逐年増加」傾向にあるといって、若者の体力低下を嘆く。

このような状況で「将来再び日露戦争以上の国難に遭遇した際に、此の青年に信頼して果して日露戦争以上の光輝ある結果を獲得することができると考え得るであろうか。此の恐るべき国難は、今日欧洲の戦争の状況が如何に落着くとも、益々近寄りつゝあることは疑ふ様もないことと思はれる」（『社會的國民教育』一五―一六頁）。さらに、日本人は「協同と云ふ観念が乏し」く、「自己の利害自己の意思は、之を公共の為《た》めには犠牲にすると云ふ観念が乏しいのである」（『社會的國民教育』九九―一〇二頁）と続けた。

このように、協同の観念と犠牲的奉公心を持つことが即ち忠君愛国の意味において合致すると、田中は考えたようだ。

(二) 国民統合政策――民力涵養運動から教化団体連合会へ

第一次世界大戦についての報告は、軍関係以外の指導層にも非常な危機感をもって迎えられた。大正八年一月の『斯民』に掲載の、中央報徳会理事である岡田良平による「思想の動揺と教化の力」という一稿によって、その一端を読みとることができる。岡田は、第一次世界大戦後、日本は国際的に「非常なる時期に際会して」おり、「人心の動揺が、延《ひ》いて我邦に波及することは勿論」であり、事態への対応として「教化の力を発揮して、外来の大勢に適当なる矯正を加え」るべきだと主張した(＊90)。このような危機感から企図されたのが民力涵養運動であり、原敬内閣の床次竹二郎《とこなみたけじろう》内務大臣が始めた社会不安の緩和策・生活安定策だった(＊91)。

これは、地方長官に対して民力涵養に関する訓令(大正八年三月一日内務省訓令第九四号)を発し、次の「五大要綱」を挙げて「国民の嚮《むか》ふ所を示し、依って以て、其《そ》の自覚を促し、兼ねて官民の一致協力を求めた」もので(＊92)、訓令発令とともに、内務省には「専任嘱託を置き、且つ講師を委嘱し、又地方庁に主任職員を配置」してその普及徹底を図ったのである(＊93)。床次内相はみずから運動の先頭に立ったという(＊94)。

1、立国ノ大義ヲ闡明《せんめい》シ、国体ノ精華ヲ発揚シテ、健全ナル国家観念ヲ養成スルコト。

2、立憲ノ思想ヲ明鬯《めいちょう》ニシ、自治ノ観念ヲ陶冶シテ公共心ヲ涵養シ、犠牲ノ精神ヲ旺盛ナラシムルコト。

3、世界ノ大勢ニ順応シテ、鋭意日新ノ修養ヲ積マシムルコト。

4、相互諧和《かいわ》シテ彼此共済ノ実ヲ挙ケシメ、以テ軽進妄作ノ憾ナカラシムルコト。
5、勤倹力行ノ美風ヲ作興シ、生産ノ資金ヲ増殖シテ生活ノ安定ヲ期セシムルコト。

ところで、内務省が主導した国民運動は、中央で方針を示し、道府県知事・市町村長という系統でその浸透が図られるので、比較的短期間に全国的に展開することができたという（＊95）。しかし、大正九年六月に出版された、『民力涵養宣伝経過』では、「刻下の情勢を以て観れば、訓令の趣旨は、大体に於て、郡市町村幹部に普及し、実行細目の協定も既に成立して、之が実行に努力せんとするの時期に到達したるを以て、一市町村に於ける戸主会、婦人会、青年団を始め、之れに類する諸団体を指導し、之が活動を振作して、所期の目的を達せんとす」と結び（＊96）、ここでは運動開始から一年余りが経過しても、その趣旨が国民一般にまで浸透していないことが示唆されていた。

それまでの集会数六万三二二七回、参加人員一七一九万一七九二人（延べ）、そのうちの講話会の回数五万三四五八回、参加人員一三三三万八二六二人を集めたことを内務省は誇ったのだが、一方で「事業の前途や益々遼遠である」、と不安な心情を吐露した（＊97）。

その対策として、講演・講話中心から「殊に下層民相手の宣伝に於ては是非活動写真に依るのが効果を挙ぐる一策と信」じて、庶民一般にまでその意図を浸透させるため、宣伝方法の転換を決定した。大正一一年のことである（＊98）。

とはいえ、国民の精神的な統合は早急に解決されなければならない緊急課題である。そこで内務省は既存の教化団体に対して直接働きかけを行うことにした。床次内相は、大正一〇年四月二九日、首相官邸で民力涵養懇談会を開催、そこに民間の教化団体の関係者を招待した。このことはすなわち、該運動の不充分さを内相みずから認め、民間の教化団体の統合によってそれを普及させる方向へと転換したことを意味した。

この懇談会に招待された教化団体は、大日本救世団大迫尚道《おおさこなおみち》、協調会添田《そえだ》敬一郎《けいいちろう》・田沢義鋪、中央報徳会岡田良平など一一団体からの一二名だった（＊99）。「内務省はこの懇談会を通して事実上教化団体の組織化に踏み出し」（＊100）、国民の思想統制に臨んだといえる。

一方、同じ時期に文部省でも、教化団体の組織化に向けて動いていた。内務省が民力涵養懇談会を開催した同じ年の大正一〇年一月、すでに普通学務局第四課が中心になり、在京の道徳思想に関する教化団体の理事者が会合して教化団体協議会を開催した（＊101）。その目的は、各団体の連絡を密にして教化力の増大を図ろうとするもので、省内当事者は、「今後この方面の努力によって国民の思想善導、教化上大なる効果をあげたい」と期待したのだった（＊102）。大正九年一一月、普通学務局第四課員を中心に社会教育研究会が結成され、機関紙『社会と教化』（大正一〇年一月創刊）を発刊して上の目的に沿った調査・研究とその成果を発表することになった。

第一次世界大戦後の財界の反動期に入り、貿易不振、諸物価の高騰が国民生活をさらに不安定なものにしたため、それへの対応として、大正一一年一二月二四日、内務省社会局長から全国地方長官宛てに「国民各自ノ生活費節約ニ関スル依命通牒」が発表され、それとともに社会改善運動が開始されたのである（＊103）。

元来内務行政は、監督行政としての色彩が強く受身的な立場を保持し、各種の施策は地方に任せるという方針で、国民生活への直接的な関与は避けていたというが、地方改良運動以降それを一歩脱した観がある（＊104）。報徳会の設立や青年団への関与などはその具体的な発現だろう。

第一次世界大戦後の社会的混乱、とりわけいわゆる米騒動やそれが波及して湧き上がった労働争議はその規模が大きく、権力的な取り締まりだけではもはや不十分であり、行政が国民生活の安定に向けた施策に正面から取り組み具体化させるのは時代の流れとしては当然だった。本大戦後、大正九年八月二三日、勅令第二八号によって内務省官制の改正があり、それまで地方局の下にあった社会課を独立させ、社会行政を専管する社会局が設置された（＊105）。この設置理由や意義について、後に同局第二課長となった大野《おおの》緑一郎《ろくいちろう》は次のように懐古した（＊106）。

第一次世界大戦の影響で、わが国でも社会的に非常な変革が現れてきた。（中略）外にはロシア革命がおこり、国内的にはちょうど大正七年の米騒動から、急に無産主義運動・水平運動・労働運動が激しくなってきた。これは、民主主義運動が世界規模で拡がり出そうとする当時の情勢と深いつながりがあった。そこで内務行政もしだいに改めなければならないようになった。

社会局の重要な業務は、社会事業調査会（大正一〇年一月一二日、勅令第一号）の答申にしたがって、それを法律案にまとめ予算化するというものだった。具体的には第一次世界大戦後の諸物価の高騰に対応した物価抑制策、公設市場の設営、労働者および小農保護、救済事業助成など、中心が「救貧から防貧へ」と移って事業は多岐にわたった（＊107）。大正一四年六月には普通選挙法（衆議院議員選挙法改正）を成立させ、昭和四年四月、法律第三九号「救護法」。同六年三月「軍事救護法」改定による被救護者の範囲の拡大、および「児童虐待防止法」（同八年三月、法律第四〇号）など社会的救済事業が拡大・展開された。

それ以前、関東大震災とそれを直接の契機とする「国民精神作興ニ関スル詔書」の発表、難波大助によるいわゆる「虎の門事件」が上述の教化団体の組織化に拍車をかけ、大正一三年一月一五日、清浦圭吾《きようらけいご》内閣の水野錬太郎《みずのれんたろう》内相の下に、加藤咄堂《かとうとつどう》の起草による設立宣言書が発表され、教化団体連合会が結成される。

役員には、一木喜徳郎を会長に、同省社会局第二部長の三矢宮松《みつやみやまつ》が常務理事、本多日生《ほんだにつしよう》・留岡幸助・今泉定介・後藤武夫・加藤咄堂らが理事に就任した（＊108）。その目的は、「詔書ヲ奉戴シ国民精神ノ作興ヲ期スル為加盟団体ノ連絡ヲ図リ其ノ精神作興ニ関スル事業ヲ促進スル」ことだった（＊109）。当連合会では、ポスターや宣伝ビラなどを散布し、「国民精神作興運動」の普及、趣旨の徹底に努める一方、全国主要都市での国力振興講演会や教化事業講習会などを展開した。その結果、六四団体の加盟をみた。

ただし、各団体の目的が「宗教の宣布」「単に学術研究に限れる学会の如きもの」「救済、保護感化等の社会事業の経済政策上の施設」「青年団、処女会、少年団、戸主会、主婦会等にして単に団員各自の修養及び会員に限られたる事業を主とするもの」などは含まれないことになっていたという（＊110）。

本来、成立事情が異なり別々の目的で活動してきた団体が、連合体を組織することには困難が予想されるのだが、それでもあえてそれに踏み切ったことに、当時の社会情勢に対する政府当局者の危機感の大きさをうかがうことができる。昭和三年、当連合会は、組織を行政地区別の教化連合団体に改める一方、名称も中央教化団体連合会に改称したのだが、その主務庁は文部省だと定められ、翌昭和四年七月、同省内に社会教育局が創設されたことで、教化総動員運動の準備が整うこととなった（＊111）。

（三）軍事的国民教育体制整備――臨時教育会議の議論を中心に

すでに述べたように、明治末期、内務官僚を中心にした地方改良運動が全国的に展開される一方、文部省でも明治四四年六月、はじめての独立機関として、通俗教育調査委員会および文芸委員会を設置していた。それは、社会情勢の「悪化」、「危険思想」の蔓延に対応し、健全な国民精神の涵養を目的に立案されたものだった。しかし、経費削減のため、両委員会は三年たらずで廃止されたのだった（＊112）。

その後、第一次世界大戦が契機の日本資本主義の進展と国際情勢の激変は、さらに国民思想「悪化」の危機を拡大させたため、指導層は、総力戦体制構築を期すために必要な「軍事的国民教育の再編成の見地」から（＊113）、次の相矛盾した政治的課題すべてを短期間に解決しなければならなくなったのだ。

1、明治末期以来の課題である国民思想の統一＝天皇制イデオロギーの注入・強化。
2、総力戦体制構築＝国民思想統一、軍拡・産業化の推進。
3、軍縮＝国防費削減および常備兵の「量的」確保――「兵役」によって完成する国民教育の具体化。

これら課題解決のために文部省が採用した政治戦略が、臨時教育会議を開催しその答申を受け教育体制を整備・拡充すること、つまり国家の危機的状況に「教育の方面から善く始末をつける」（＊114）ことだった。それは次に掲載した、当会議開会の際の寺内正毅総理大臣の「演示」に端的に示されている（＊115）。

欧洲ノ大戦勃発以来交戦列国ハ兵馬倥偬《こうそう》ノ間ニ処シ尚且教育上ノ施設ヲ怠ラス孜々《しし》トシテ学制ノ革新ヲ図リ以テ自彊ノ策ヲ講シツツアリ我帝国ハ現在ニ於テ兵火ノ惨毒ヲ被ルコト与国ノ如ク甚大ナラスト雖《いえども》戦後ノ経営ニ関シテハ前途益々多難ナラムトス此ノ時ニ際シテハ一層教育ヲ盛ニシテ国体ノ精華ヲ宣揚シ堅実ノ志操ヲ涵養シテ自彊ノ方策ヲ確立シ以テ皇猷《こうゆう》ヲ翼賛シ奉ラサルヘカラス教育ノ道多難ナリト雖国民教育ノ要ハ特性ヲ涵養シ知識ヲ啓発シ身体ヲ強健ニシ以テ護国ノ精神ニ富メル忠良ナル臣民ヲ育成スルニ在リ実科教育ハ国家致富ノ淵源ニシテ国民教育ト並奨メ空理ヲ避ケ実用ヲ尚ヒ帝国将来ノ実業経営ニ資セシメサルヘカラス高等教育ニ在テハ専ラ学理ノ蘊奥《うんおう》ヲ究メ学術ノ進歩ヲ図リ以テ国家有用ノ人材ヲ養成スルヲ目的トス。

この会議は、上の立場から、大正六年九月二〇日、岡田良平文部大臣主導で「臨時教育会議官制」を公布し、平田東助総裁のもと、日本最初の内閣直属の教育諮問機関として発足させたものである（以下、「会議」と略称する）。「会議」は、内閣総理大臣の監督を受け、教育に関する重要事項を調査審議し、総理大臣の諮問に応じて意見を開申し、建議することができる機関だった。

『臨時教育会議の研究』を編纂した海後宗臣《かいごむねおみ》がその冒頭で述べているように、「会議」は大正期後半から昭和初年に至る主要な教育改革が、ここでの答申によって道筋が示されたほど重要なものだった（＊116）。ここでは、その閉会までに「小学教育」「高等普通教育」「大学教育及専門教育」「師範教育」「視学制度」「女子教育」「実業教育」など、学校教育を中心とした教育制度全般にわたる改善策を審議答申し、別に「兵式体操振興ニ関スル建議」および「教育ノ効果ヲ完カラシムヘキ一般施設ニ関スル建議」を提出した。「会議」は予想される第一次世界大戦の戦後経営の多難に備えるためのものという意味で、国民教育再編強化の問題がきわめて軍事的な要求と結びついて主張されるという特徴をもった。

本書との関連では、「会議」における答申の最大の特徴として、差別的学校観を出現させたことが挙げられる。これは、圧倒的多数の勤労青年に実業補習教育および青年訓練所での教育を施し、それを国民教育の正統とみなす新しい教育観の採用を意味した（＊117）。このことは一面において、勤労青年の義務教育以後の教育要求の充足、教育の機会均等の保証という要素を含みながら、じつは総力戦体制構築に必要な労働力および兵卒の確保という、指導層にとっては切実な課題の教育的解決策であり、同時に、国民教育は「兵役」に至って完成をみるという軍事的国民教育思想を伴うものだった。

さらに、日露戦後の軍縮要求に絡めて、学校で軍事教育を行うことで「良民」の育成を期し、それが「良兵」をつくるという「良民良兵」主義が、国民皆兵主義に一定の説得力をもたせることになった。このように、「会議」の答申により、初等教育から高等教育に至る学制の再編が行われ、さらに学校体系全般において軍事予備教育が施されるうえ道徳教育が強化されたことなどに、教育面における時代的特質が表現されている。

本項の冒頭で述べた政治的課題の第一は、すべての課題解決のためのもっとも基本的な立場であって、「会議」の性格が全般的に「対外交渉の複雑化せるにかんがみ、日本を国家として防衛すべく、護国思想に動機づけられた」ものでなければならないというものだった（＊118）。それゆえ、天皇制国家の教育は天皇中心であるべきで、国家防衛・振興のためにはその精神的支柱として「神聖建極ノ遺訓ト祖宗恢弘《かいこう》ノ皇謨《こうぼ》トニ遵《したが》ヒ之カ達成ニ努」めなければならない。また、せっかく整備した「学校教育ノ効果ヲ完全ニ収メムトセハ同時ニ社会ノ状態ヲ改善セサル」をえず、このことは「教育ニ従事スル者ノミノ能ク成シ得ヘキ所」であって、「朝野一切ノ経営者ノ戮力《りくりよく》ニ頼ラサル」をえなかった。

その際もっとも重要なことは、「国民思想ノ帰嚮《ききよう》ヲ一ニシ」「建国以降扶植培養セル本邦固有ノ文化ヲ基址《きし》トシ時世ノ進運ニ伴ヒ益々之カ発達大成ヲ期スル」ことであるとした（＊119）。そのために次の具体的な「要目」四点を設定した（＊120）。

1、国体ノ本義ヲ明徴ニシテ之ヲ中外ニ顕彰スルコト。
2、我国固有ノ醇風美俗ヲ維持シ法律制度ノ之ニ副《そ》ハサルモノヲ改正スルコト。
3、各国文化ノ長ヲ採ルト共ニ徒《いたずら》ニ之カ模倣ニ安セス独創的精神ヲ振作セシムルコト。
4、建国ノ精神ニ基キ正義公道ニ依リ世界ノ大勢ニ処スルコト。

政治的課題の第二は、強い軍隊を支えるため、軍需を中心とした産業発展のための青年教育としての、実業教育再編の問題である。政府にとって、これは大戦後の「欧米に於ける特色ある教育運動の強烈な刺激に基づ」いた影響もあって、「国民全部の能力を最高限度に発揚し、寒村陋巷《ろうこう》の一少年の能力をも空しうせざらしむる教育制度の必要を認識したるが為め」に、必ず解決しなければならない問題だった（＊121）。

それゆえ、「会議」における実業教育の主要な課題が、中等段階の実業教育機関をいかに整備・再編するかという点におかれたのである。実業教育自体の問題として「会議」に提出された諮問は、「実業教育ニ関シ改善ヲ施スヘキモノナキカ若《も》シ之アリトセハ其ノ要点及方法如何《いかん》」（＊122）というもので、これに対して次の各事項が答申された（＊123）。このうち青年団との関連では、実業補習教育に関する事項が注目される。

1、制度ハ大体ニ於テ之ヲ改ムルヲ要セサルコト。
2、内外ノ情勢ニ鑑《かんが》ミ其ノ振興発達ヲ図リ国庫補助ノ増額其ノ他適切ナル奨励ノ方法ヲ講スル。
3、実業学校ニ於テハ技能ニ偏スルノ弊ヲ避ケ徳育ニ一層ノ力ヲ用ヒ人格ノ陶冶ニ努ムルコト。
4、行政機関ヲ整備スルコト。
5、実業学校ニ関スル規定ハ一層之ヲ寛ニシ益々実際ニ適切ナラシムルコト。
6、教員ノ待遇ヲ厚ウスルハ現時ノ情勢ニ鑑ミ特ニ之ヲ急務トスルコト。
7、実業界トノ連絡ヲ一層密接ナラシメ相互ノ協力ヲ促進スルノ方法ヲ講スルコト。
8、実業補習教育ハ益々其ノ普及発達ヲ奨励シ成ルヘク速ニ之ヲ全部又ハ一部ノ義務教育ト為シ得ルニ至ラシムコト。
9、実業補習学校中特ニ其ノ程度ノ高キモノハ制度上別ニ之ヲ認メ其ノ職員ノ待遇ニ就キテモ相当ノ規定ヲ為スコト。

日本ではじめて「実業教育令」が制定されたのは明治三二年で、日清戦争後の日本資本主義発展に伴う産業界の要請に応えようとしたものだった。「会議」でふたたび「実業学校令」および諸規定が取りあげられたのは、日露戦後日本資本主義が成立し帝国主義段階に移行するにしたがって、経済的、軍事的に欧米列強との競争に晒されることになり、総力戦体制が要求する科学教育・実業教育振興の要請に応えようと意図したからだった。

同時に、国民思想統一という観点からは、上記答申の「実業教育ニ関スル件答申理由書」第三項が明らかにするとおり、徳育が重視されるという特徴をもった（＊124）。ここで徳育および「人格ノ陶冶」

が強調されているのは、政治が要請する大戦後の社会運動・労働運動激化への対応のためであり、「会議」全般を貫く主張でもあった。この後、大正九年一二月一六日、勅令第五六四号で「実業学校令」の改正が行われたのは、総力戦体制構築のための科学教育・実業教育振興の必要性の要請に応えるためだった。大正八年、政府はすでに「高等諸学校創設及拡張費支弁ニ関スル法律案」を提出しており、大学・高等学校、高等工業学校を中心に実業専門学校も急増した（＊125）。同七年一二月六日に公布され、その第一条に「大学ハ国家ニ須要《しゆよう》ナル学術ノ理論及応用ヲ教授シ並其ノ蘊奥ヲ攻究スルヲ以テ目的トシ兼テ人格ノ陶冶及国家思想ノ涵養ニ留意スヘキモノトス」と定めた「大学令」（＊126）も、この路線に沿った措置だった。

ところで、「会議」における大きな議題のひとつは、義務教育延長および補習教育の問題に関わるはずのものだった。大正四年の内務・文部両相による青年団に関するはじめての訓令発令と同時に、実業補習学校が青年団の修養機関であることが定められたことは先に述べたとおりである。後述するように、これを機に地方によっては実業補習学校への就学が団員の義務であるとする通念がつくりだされていた。このことが実業補習教育義務制、丁年説の議論を喚起したのである（＊127）。しかし、この課題が「会議」でふたたび問題にされたとき、ここでは義務教育年限延長や補習教育義務化としてではなく、国民精神涵養ないし国内産業の基礎力培養という見地から議論されたのである。そのため、その財源確保の困難性とも相俟《ま》って道徳教育の徹底化を期するという答申にとどまってしまった（＊128）。

明治四〇年の「小学校令」改正により、義務教育は二年延長された。これは、日本の教育史上画期的な意義があったのと同時に、いずれは「六ヶ年以上ニ延長スルコト」（＊129）を前提にした改正だったという意味で重要な課題を伴うものだった。明治の「学制」改革以来、一貫して義務教育八年制の実現を念願してきた文部省にとっては、尋常小学校六年義務制の実現は、高等小学校二年を義務化して八年義務制を前提にするものであり、第一次世界大戦後の国際的潮流にも沿うものだった。

本来義務教育および補習教育の年限延長問題は、「工場法」（明治四四年制定、大正五年九月から施行）との関連において議論されなければならない重要事項である。しかし、この法律では、工業方面において一二歳より就業許可（軽易なる業務に限り、例外として一一歳より就業を認めた）、一五歳未満の者を保護年齢とし、その労働時間は原則上一日一二時間に規定された。

したがって、現実問題として該法律との整合性という意味においても、義務教育年限延長の実現はきわめて困難だったといわざるをえない。

実業補習学校は、大正四年以降その設立が拡大された。学校数を比較したとき、大正四年時の全国工業補習学校数一六八校に対して、農業補習学校は六五二八校、実業補習学校全数は八九〇八校。同九年では工業補習学校が一三二校に減少傾向を示したのに対して、農業補習学校は一万五九一校と増加、全実業補習学校数も一万四二三二校に増加した。

実業補習学校全体からみると農業補習学校が全体の七四・四％と圧倒的多数を占めている（＊130）。これは、農村の青少年には農業補習学校が小学校卒業後の補習教育の機会を提供したが、大戦後とくに必要とされた産業発展に寄与することにはなり難い状況を示していた。その結果、「会議」では実業補習学校それ自体としては問題にされず、「実業教育ニ関スル件答申理由書」のなかで、その必要性を認めつつ、それを改善しその普及を図ることが主張されるにとどまった（＊131）。

その後、大正九年の「実業学校令」および「実業補習学校規程」の改正では、その第一条に「実業補習学校ハ小学校ノ教科ヲ卒《お》ヘ職業ニ従事スル者ニ対シテ職業ニ関スル知識技能ヲ授クルト共ニ国民生活ニ須要ナル教育ヲナス」と、その目的が明示され、従来の「補習」から「職業教育」と「公民教育」のふたつに重点が置き換えられた（＊132）。

また、この改正に伴って、実業補習学校の設置主体の範囲が拡大し、職員の名称・待遇は中等学校に準ずることになり、加えて教育内容について施設上準拠すべきところも示された。すなわち、教育課程を前期（二年）、後期（二～三年）に分け、そのおのおの重点とすべき学科内容を明らかにして教授時数の標準を定めるとともに、女子に関する規程、高等の実業補習学校の設置、卒業後の学習等に関する規程を設けた。

このように実業補習学校は、学校体系のなかに組み込まれながら、現実には義務教育終了後ただちに実業に従事する勤労青年大衆の教育、公民教育あるいは兵士のための教育機関として位置づけられ、その目的が強調されたということになる（＊133）。したがって、実業補習学校が青年団の修養機関であると定められた以上、青年団には良兵育成主体としての役割が付与されたことになるだろう。

政治的課題の第三は、軍縮および常備兵確保の問題である。既述のように、第一次世界大戦後の国家的国民教育再編の問題に深く関係しているのは、国民教育は兵役にいたって完成するという教育思想である。これは国民皆兵主義の視点からは、「良民」の育成によって「良兵」がつくられるという、国民教育と「兵役」とのすり替えを可能とした。したがって、「会議」での論議の中心のひとつは、「良民」とはどのようにあるべきものなのか、いかにしてその「良民」を育成するのか、ということに集中して展開されざるをえなかった。そうして有事の際に兵士の質と量を確保する必要から、義務教育終了後は実業教育を受ける者や、ただちに職業生活に入る勤労青年の教育が、兵役にいたって完成される国民教育制度の一環として位置づけられ、それが前提になって議論され、その体制整備の方向性が示された。

当該問題の関連では、当時行政裁判所評定官第三部長の任にあったと思われる木場《こば》貞長《さだたけ》委員（＊134）から、補習教育義務化に関する答申の審議過程で、「国民ノ教育」とは「小学校カラ兵役ヲ終ルマデ」の教育を意味し、補習教育義務化は青年会の利用とともに軍事的国民教育再編強化・青年教育体制整備の見地から必要であるという意見が提出されたことがある（＊135）。さらに木場は、「会議」提出意見書「国民教育ハ小学校ニ始マリ現役ノ兵役ヲ終了スルニ終ルヘキ事」のなかでも、「忠君愛国ノ念ヲ小学児童ニ涵養スルコトハ最緊要ノ事ニ属スト雖《いえど》モ其ノ年齢少キニ失スレハ就学義務終了後ニ於テモ機会アル毎《ごと》ニ（補習教育、上級学校青年会ノ類）之ヲ教養スルノ方針ヲ定メ兵役義務ノ終ル迄ニ徐々ニ之レカ大成ヲ期スヘキ事」と述べ、先と同様の意見を提出した（＊136）。

ここでは勤労青年からの教育要求は考慮されず、学校教育に軍が直接関与することの重要性も説かれるなど、田中義一が構想した学校教育と軍との直接的な連携が示唆された。さらにこれらの意見には、大量の兵士の「量的主要部分」（＊137）の教育が構想されており、青少年教育体制整備の見地から、第一次世界大戦開戦後の国際情勢を背景にしての、軍事的要請に立脚した議論が展開されていたのである。

上の木場の意見が特殊なものではないことは、同じ議論の過程で、東京帝国大学総長山川健次郎委員から提出された意見でも、学校の軍事訓練が当然のごとく主張されていることから理解される（＊138）。山川の意見は、国民皆兵の見地から「国ノ利益」のため小学校・中学校・専門学校でも軍事教育を施して、中学校卒業者までは兵卒、専門学校卒業者は下級士官候補者を養成することと、それと引き換えに兵役義務の免除を提案したものである。このような議論は、日露戦争終結以来の産業界からの要求でもある軍縮・国防費削減を代弁したものだった（＊139）。

以上のような、小学校から軍事教育を施し「軍隊ヲ国民化スル」（＊140）ことによって、国民に国防能力を体得させ、その見返りとして在営年限を短縮するというのは軍隊外の多数意見だったようだ。日露戦後、国民皆兵主義が強調され、国民教育の最終段階として兵役が位置づけられた結果、国民教育は必然的に兵役にいたって完成されることになった。こうして学校教育内で軍事訓練が行われる条件が整えられたのである。陸軍出身の総理が率いる内閣で、教育現場への軍事訓練の導入が議論されたことは、当時の情況を考えれば必然だったのかもしれない。

「会議」に、「学校に於ケル兵式体操ヲ振作シ以テ大ニ其ノ徳育ヲ裨補《ひほ》シ併セテ体育ニ資スルハ帝国教育ノ現状ニ鑑ミ誠ニ緊急ノ要務ナリト信ス速ニ適当ノ措置ヲ取ラレムコトヲ望ム」として提出された、「建議第一」「兵式体操振興ニ関スル建議」は、「勇敢ノ気ヲ長シ勇敢ノ気ニ因《より》テ諸徳目実行ノ原動力タル誠心ヲ長スルカ如キハ我国教育ノ現状ニ照シテ不可措ノ要務ナリト謂《い》ハサルヲ得ス是レ兵式教練ヲ振作シテ此ノ目的ヲ達スル上ニ裨補《ひほ》スル所アラシメムトスル所以ナリ」という「理由」によるもので、ここでは国民精神と軍人精神とが等値されている。つまり国民とは軍人のことなのである（＊141）。

該「建議第一」の審議過程において、とくに教育行政の、軍事行政からの独立を主張した意見がなかったわけではない（＊142）、しかしこれは他の委員から無視されており、議論の中心は、もっぱら兵式体操実践の中心を「教育からの必要」として「徳育」におくのか（＊143）、それとも「軍事予備教育」（＊144）におくのかという目的に集中された。その折衷案が、体育に「軍事教育の知識技能的方面の一部をも含」ませるという新しい解釈で（＊145）、その結果が上の「建議第一」の「理由」として成文化されたのだった。

このなかで、主査委員会において「国民教育ヲ全《まったく》スル」ための見地から、「青年団ニモ相当ノ軍事教育ヲ施」す要望が提出されていたことは（＊146）、後の青年訓練所の設置につながる意見が議論の対象になっていたという意味で特記すべき事柄である。

兵式体操の、学校への導入は目新しいものではなく、明治以降、とくに森有礼《もりありのり》文相が積極的にこれを学校体操として採用していた。当時、森は国民教育全体を貫く忠君愛国の精神涵養方策として兵式体操を採用したのだった（＊147）。その後、明治三九年、当時陸相だった寺内正毅が牧野伸顕《まきののぶあき》文相宛てに、「普通教育並ニ軍隊教育ニ応用シ得ル単一ナル体操ノ方式」、すなわち学校体操を兵式体操に統一することおよび学校体操教員養成のために下士を充てるという内容の意見書を送った。これに対して牧野文相は「普通体操ト軍隊体操トハ自ラ其趣旨目的ヲ異ニスル所アルヲ以テ学校ニ於テ課スル体操ヲ兵式体操ノミトスルコトハ到底実行シ難」いと回答して、陸軍側の要求を拒絶した経緯があった（＊148）。

しかし、当「会議」においては、陸軍外から提出された「兵式体操振興ニ関スル建議」をとおして、兵式体操の軍事教育的性格が明確にされ、法的にも学校教育への軍事教練導入、および社会教育施設として青年訓練所の設置に具体化されたという点で歴史的な意義をもった（＊149）。学校教育が国民形成の機能をもつがゆえに、軍隊外の機関によって「良兵良民」主義から「良民良兵」主義へと巧みに転換されたことになる。

また、上述の山川の発言にみられるように、有事の際の「大兵ヲ出スノ準備」は、学校内に「兵隊ニ為《な》ルヤウナ者ヲ沢山拵《こしら》ヘテ置ク」ことが、「限リアル財政ヲ以テ限リナキ軍隊を養成スル」ことにつながるとされ（＊150）、これが軍縮論者（＊151）の受け入れる根拠になったのだった。

その後、大正一三年四月一五日、勅令第八五号「文政審議会官制」の公布により、文政審議会が設置され、昭和一〇年一二月二九日、勅令第三二九号をもって同官制が廃止されるまで、当審議会は約一一年にわたって存続した。

文政審議会は内閣総理大臣の監督に属しその諮詢に応じて「国民精神作興、教育ノ方針其ノ他文政ニ関スル重要ノ事項ヲ調査審議」することを目的として設置された合議制の機関であり（＊152）、諮詢を受けた案件に対して重要な答申を行っている。たとえば「諮詢第四号　学校ニ於ケル教練ノ振作ニ関スル件」についての答申は、大正一四年四月一三日、勅令第一三〇号「陸軍現役将校学校配属令」および関係各法令に（＊153）、また「諮詢第七号　青年訓練所ニ関スル件」についての答申は、同一五年四月二〇日、勅令第七〇号「青年訓練所令」（概ね一六歳より二〇歳迄の男子に対し訓練を行う。設置者は、市町村、市町村学校組合、町村学校組合ならびに私人とする。訓練項目、修身及び公民科、教練、普通学科、職業科）、および関係各法令となって実現されるに至った（＊154）。

そして、「青年訓練所ノ要旨及実施上ノ注意事項」（「大正一五年四月二一日、文部省訓令第八号」）において、青年訓練所は「寧《むし》ロ実業補習教育ヲ補充促進スヘキモノ」であり、かつ「本施設ト青年団トノ関係ニ就キテハ、青年訓練ヲ受クル者ノ多数ハ青年団員タルヘキヲ以テ、本施設ハ青年団ノ修養機関ノ一トシテ相互ノ連絡ヲ密接ナラシメ、以テ両者ノ円満ナル調和的発達ヲ期スヘシ」、として、青年訓練所も青年団の修養機関のひとつであることが明確にされた。

つまり、文部省は、このように設定することで、青年団を青年訓練所の「支持者・後援者の立場」に立たせ（＊155）、団員の、当機関への入学の積極的な推進母体になるよう企図したのである。

第三節　全国連合青年団組織化過程

（一）青年団中央部の発足

大正初期の青年団は変革期にあった。地方青年団の組織化については、当初から中央報徳会が主導的な立場を有していたのだが、大正四年九月一五日の内務省・文部省による青年団に関する最初の訓令「青年団体ノ指導発達ニ関スル件」発令に際しても、本会はその中心的な役割を担ったのである。二回目の両省による訓令「青年団体ノ健全発達ニ資スヘキ要項」発令の前、大正五年一月、中央報徳会は「井上友一、岡田良平、田中義一、一木喜徳郎、早川千吉郎《はやかわせんきちろう》、伊達源一郎等ノ諸氏ヲ常務委員トシテ新タニ『青年部』ヲ設立」し、機関雑誌『帝国青年』を発刊して「以て全国三万有余の青年団体の連絡統一を計り、又微力を揣《はか》らず、敢て之が中心指導以て審議を尽し」て、青年団の中心的、指導的機関として政府の青年団対策を側面から補助することを決めた（＊156）。

以上のように、本会の常務委員には、政・財・軍・官僚のトップがその任に当たり、商議員には田沢義鋪・山崎延吉《やまざきのぶよし》・小松原英太郎などが就任し、常務委員の多くは商議員も兼務した（＊157）。つまり、この半官半民的団体には、それまで以上に政治的な役割が強化されるということが示唆され、ここに青年団の中央機関創設に向けた第一歩が記された。

大正六年三月、文部省普通学務局が刊行した『地方青年団体施設概況』によると、同年初頭における全国青年団は二万三〇〇一団体、団員数は三三七万四九三四人にのぼった（＊158）。前出、大正四年の

第一回訓令が地方青年団の組織化を促したのだろうか。

その発令の前、同三年二月四日、中央報徳会の主催で「補習教育及ビ青年団体ニ関スル協議会ヲ文部大臣官邸ニ開催」した。協議会の目的は、「補習教育に関する制度の改良を希望さる、事項、及び現在の儘《まま》にしてより多く効果あらしむる方法、並に青年団体の指導奨励の手段を講じ、欧州列強が予《かね》てより斉《ひと》しく努力せる青年教養の実を挙ぐることに就き」協議することだった（＊159）。参会者は井上友一・湯原元一・横井時敬《よこいときよし》・手島精一・床次竹二郎など四〇名、元文相小松原英太郎が司会を勤めた。当時は第一次世界大戦勃発後半年が経過していたが、青年団への政治的関与もそれほど積極的には行われていなかった。しかし、この会議における、陸軍参謀次長田中義一による発言は重要である。

既述のとおり、田中はすでにヨーロッパ視察を済ませ、青年団への国の介入を熱心に説いていた時期だった。当協議会席上で、田中は「青年の教養、心身鍛錬は国家焦眉の急務であることを前提として、各地方の青年団員及び其の指導者は、在郷軍人会員と相提携し協議して此の為に大に努力せねばならぬこと」「各学校の体操科教師は、陸軍現役の将校中より選任するの必要なること」を熱心に唱えた（＊160）。

ヨーロッパ視察中、田中はドイツ軍の精鋭さの秘密が青年期の訓練にあることを見抜いていた。したがって、前述した第二回目の訓令以降の青年団対策には、陸軍省では、国民皆兵の立場からの軍事予備教育、思想対策、身体鍛錬・体力増進を求め、内務省では「地方自治」の観点から、自治体における各種事業および大戦後の思想対策、文部省では義務教育補完、大戦後の思想対策、戦後体制を支えるための実業教育、および身体鍛錬・体力増進といった厳しい要求を充たす必要があった。

前節で詳述したとおり、この後臨時教育会議が発足し上記すべての事項が協議された。青年団側にはそうした政治的要求を酌み取り、これに自発的に対応するといった、スムースな官民連携体制構築への協力が要求されたのではないかと推測される。

大正五年一一月三日、中央報徳会青年部は、大正天皇即位、その第一子迪宮裕仁《みちのみやひろひと》の立太子を記念し、その名称を青年団中央部と改称（＊161）、「名実ともに青年団の中央機関たらしめん」ことを期して中央報徳会から独立した。

以上の経緯で、大正七年五月三日、内務・文部両省は共同で青年団に関する二回目の訓令「青年団体ノ健全発達ニ資スヘキ要項」を発令した（＊162）。これは当時日本がおかれた状況をよく表しており、青年団を国家管理の下において、青年層には「自覚ヲ以テ」自主的にこの難局に立ち向かわせようとする内容で、彼らの精神と肉体までをも管理・統制しようと企図したものだった。

日露戦争後の地方改良運動が、「戦時の非常事態をテコにして、戦後経営として国民組織の再編成をはかろうとした」（＊163）ものであるならば、青年団への本格的な政治的介入もまた、日本資本主義の新局面に対応する国民再編の一環であり、第一次世界大戦後の国家的青年統合の具体策だった。この訓令は、青年団中央部主催による、第一回全国青年団連合大会（大正七年五月五日〜七日）の二日前に発令されたものである（＊164）。ここでは、とくに第一次世界大戦後の国民の権利意識の高揚に対する政府当局の危機感が表現された。

政府は、青年団が修養機関であることを再確認しつつ、青年団の設置は進展したものの、「組織ノ井《せい》然《ぜん》タルモノアルニ比シ内容往々ニシテ之ニ伴ハス其ノ多クハ尚点睛ヲ欠クノ憾《かん》ナシトセス」という状態だったことを憂慮した。しかし、第一次世界大戦後の「衝動ハ汎《ひろ》ク精神上並経済上ノ各方面ヲ掀盪《きんとう》シ殊ニ国民思想上ノ刺激ニ至リテハ一層深甚」であり、そのような状況は許されない。したがって青年団には、「益国体ノ精華ヲ尊重シ心身ヲ研磨シテ将来更ニ規模ノ大ヲ加フヘキ実務ノ負担ニ堪フルノ力ヲ涵養セシムル」、さらに、「青年団体ノ現状ニ顧ミ之カ健全ナル発達ニ資スヘキ当今ノ要項ヲ左ニ條挙シ以テ地方ノ実況ニ照シ参酌其ノ宜シキヲ制セシメンコト」が期されたのだった。

次に第二回目の青年団に関する訓令の概略を記載したが、これには上記関係各省における大戦後の社会状況に応じた青年団への役割期待を明確にし、それに確実な対応を求める姿勢がもれなく込められた内容だということを確認することができる（＊165）。

1、補習教育普及と徹底。

2、「補習教育ノ施設其ノ他適切ナル方法」による「公共ノ精神ヲ養ヒ公民タル性格ヲ陶冶スル」こと。

3、「青年ヲシテ健全ナル識見ヲ広ウセシメム」ために「能ク其ノ選択ヲ慎ミ」「読書趣味ヲ増進」すること。

4、「青年ノ身体ヲ鍛錬シテ其ノ体力ヲ増進スル」こと。

5、「青年ノ修養」のための「善導ト養成トニ勉メムコト」。

6、「青年団体ノ指導方法ニ関シ先進者ノ所見時ニ牴牾《ていご》矛盾ニ渉リ之カ実行為ニ疎碍《そがい》ヲ見ルコトナキニアラス能ク其ノ間ノ連絡ヲ図リ其ノ果ヲ成シ実ヲ収ムルニ於テ遺憾ナカラムコトヲ要ス（中略）今後一段ノ精采ヲ加ヘテ之カ啓発策進ニ努力シ各団体ヲシテ其ノ目標ヲ斉《ひと》ウシ其ノ歩調ヲ一ニシ相互ニ督励シテ能ク其ノ形体実質共ニ一貫セル錬成ノ美ヲ済サシムヘシ」。

前述したように、該訓令が発令された二日後の大正七年五月五日から三日間、青年団中央部の主催で

第一回全国青年団連合大会が開催された。会場は東京帝国大学法科大学講堂だった。参会者には、全国各府県および郡市青年団代表者六六三名、寺内正毅内閣総理大臣代理後藤新平（外務大臣）、内務大臣水野錬太郎、文部大臣岡田良平、農商務大臣仲小路廉《なかしょうじれん》、陸軍大臣大島健一、海軍大臣加藤友三郎ら六大臣をはじめとして「朝野名士」が名を連ねた（＊166）。『大日本青年團史』の著者である熊谷辰治郎は「頗《すこぶ》る盛会であった」と感想を述べており、参会者の顔ぶれからは政府の青年団に対する期待の大きさをうかがうことができる。

本大会開催前夜（大正七年五月四日）、準備協議会が開催され、そこでは翌日の大会宣言案および決議案が協議・決定されている。該準備協議会の参加者は、青年団中央部の一木・田中・井上ら一〇理事と、各府県青年団代表者だった。本大会では、第一回青年団全国連合大会の名で、「自今益《ますます》結束を固うし歩武《ほぶ》を一にして青年団の本旨を貫徹し以て国家の進展に貢献せんことを期す」ことを「宣言」した。また、「青年団体に関する内務文部両大臣訓令の趣旨を徹底したる実行を期す」こと、および「市町村内の数箇青年団は勉めて之を統一し道府県郡等に於ては各其管内青年団の指導に関し確立せる方針を遂行し青年団中央部は全国青年団の連絡指導の任に当たること」を「決議」した。その結果、両方とも満場一致で可決された（＊167）。

なお、上の「決議」中二項目の原案は、前日の準備協議会の席上で府県代表者からの提議によって「青年団中央部は全国青年団の連絡指導の任に当たること」という一文を挿入することが満場一致で承認され、本会議で可決されたという経緯があった（＊168）。

上の内容は、上記青年団に関する第二回目の訓令を受けたものだということがわかる。訓令の受発信者の重要メンバーがほぼ同一である所以だろう。ともかくこうして青年団中央部における指導層の側からは、該機関の、全国青年団の中央連絡指導機関としての地位を確立させ、全国各府県および郡市青年団代表者六六三名からその承認を受けたことになる。

しかし中央の意思は末端に位置する青年団にどのように届けられ、どのように実施されうるだろうか。後述するように、共同体で歴史的に生成されていた若者組織は本来地域土着の集団であり、彼ら自身が生活者であるがゆえにそれぞれの共同体が必要とする事業を受け持っていた。そのため、政治的な指導で行政自治体ごとに設立された青年団では、その活動は形式的なものにならざるをえないだろうし、国の要請に沿った諸活動が展開されるとはなおさら考えにくい。だからこそ、国の指導層から見ると、地方青年団の諸活動は「点睛《てんせい》ヲ欠クノ憾」があると映ったのではないか。

（二）皇室と青年団の接近

青年団に中央指導機関が設立され、全国青年団連合大会が開催されるというような趨勢は、大正四年五月に発表され、具体化されつつあった明治神宮造営事業に大きく影響し、その結果、青年団と皇室とが接近することになった。その主因は主として経済的事情に基づくものだった。

もともと三四五万七三七九円だった神宮造営工事予算が、第一次世界大戦後の諸物価騰貴により当初の約一・五倍、五二二万九五六二円に修正され、そのうえ戦後の好景気による労賃高騰とそれに伴う労動力不足とが工事を停滞させていたのだ。そこで明治神宮造営局書記官（総務課長）兼内務書記官の任にあった田沢義鋪は、自身がかつて郡長を勤めていた当時育成した、静岡県安倍郡有度《うど》村の青年団員五〇名を選抜して一〇日間ほど試験的に労力奉仕させた。その結果、「仕事ぶりは誠心誠意であり、また成績はきはめて良好であ」るという評価をえた。

当局ではこれに続いて郡内他地域の青年団員を選抜して事業を続けた。そしてふたたび良い結果がえられたと判断し、その後全国の青年団による神宮造営奉仕へと拡大・展開された。その結果、大正八年一〇月から同一一年一二月に至るまで、最終的には内苑工事だけでも一道三府四三県、一八九団体から一万一一二九人の「体力、品性の最も優秀な青年」が、郡長・視学・小学校長・在郷軍人将校その他の篤志者を指導者として動員され労力奉仕したのだった（＊169）。なお、外苑工事には、大正九年三月から同一二年八月に至るまで、一一八団体、五三一四人の若者が動員された（＊170）。

こうして明治神宮は造営工事を終了し、大正九年一一月一日、鎮座祭を行う運びとなった。青年団の功績を認めた内務・文部両省は、大正九年一一月二一、二二日の二日間にわたって全国青年団明治神宮代参者大会を開催して皇室との接近を演出し、青年団の権威づけを図ったのである。全国郡市の青年団代表六四九名、引率者四八名、計六九七名が東京に招集され正式に明治神宮参拝が許可された。そればかりではない、二日間にわたる大会期間には、海軍大臣・学習院長・陸軍大将・農商務大臣・逓信次官・郵便局長・黒田《くろだ》長成《ながしげ》貴族院副議長・奥繁三郎《おくしげさぶろう》衆議院議長らの訓話が行われ、総理大臣および内務大臣・文部大臣から訓示があった。その上指導層は、軍事的施設を中心にした見学会を開催し、参会者の関心を国防にむけて喚起させることも忘れなかった（＊171）。そうして、この大会二日目の一一月二二日、皇太子から青年団に対し異例の令旨が発表された（＊172）。

この日、内務大臣床次竹二郎・文部大臣中橋徳五郎は代表一同に先立って高輪御所に参入し、床次内相が令旨を受けた。その後一同も御所に参入、床次内相から令旨が読みあげられると、「団員の感激はその極に達し、啜《すす》り泣きの聲《こえ》さへ起り、並みゐる者、一人として涙しないものはなかった」と、『大日本青年團史』はそのときの感激を伝えている(＊173)。以上の経過で皇室と接近し、青年団はその地位が確立したといいうるのだが、ここで、令旨でも青年団からの奉答でも(＊174)、ともに青年団は修養団体であることが再確認されたことは、本書にとって重要である。

令旨を機に、記念事業として内務省田沢義鋪などの提案で、日本青年館の建設計画がまとまった。建設資金は、全国の青年団員の数を基礎にして、一人一円、合計一三五万円を割り当てた。本計画は、「青年が自発的に資金を拠出して青年の殿堂をつくろうという趣旨のもとに始めたのだが、その割当てを行ったため、地方庁などではいろいろ問題になった」と『内務省史』は裏話を明かした(＊175)。が、ともかく明治神宮の付近にその敷地をトし、団員の宿舎と二〇〇〇人を収容する講堂および地方青年団のための文化施設を備えた日本青年館は、大正一〇年一二月に着工し同一四年一〇月竣工した。同時に財団法人日本青年館が設立され、近衛文麿が初代理事長に着任した。ここでは、大正一一年五月、正式に中央報徳会青年部の事業を引き継ぎ、機関誌『帝国青年』を『青年』と改題して刊行するとともに、後に設立される青年団の全国連合組織においても中心的な役割を果たすことになる。

(三) 青年団の「自主化」と全国連合組織化過程

このようにして、青年団は確実に中央集権化に向けた道を歩んでいるかのようにみえたのだったが、大正六年のロシア革命と翌七年に発生したいわゆる米騒動事件は、日本国内においても労働運動や農民運動など広汎にわたる社会運動を引き起こし、普選要求に代表される政治的権利獲得に向けた運動に国民を動員した。こうした趨勢に対して危機感を抱いた政府は、青年団対策にも多少の修正を加えざるをえなかった。これは、「地方自治」への、青年層の自主的な参画を促す目的もあった。

大正九年一月一六日に内務・文部両大臣から発令された訓令「青年団体ノ内容整理並実質改善方」および同両次官通牒は、第一次世界大戦後の世界的な民主化の潮流を意識し、青年団の自主的活動を奨励するものだった。しかし上からの一方的な「自主化」宣明《せんめい》は、若者自身の要望によるものではない、という意味で自主化とは矛盾した。当訓令および通牒、そして同月二四日付の内務省文部省訓令「青年団員ニ令旨ヲ賜ヒタルニ付奉戴方」では、皇室の権威を利用し、青年団が「健全ナル国民善良ナル公民タル素養ヲ充実」するよう地方の指導者に指示した（＊176）。

以上の事柄から当時の情況を推測すると、大正中期における地方青年団の実態は、政治的期待からはかけ離れた状況だったということだろうか。

大正七年から同九年に至る内務・文部両省の訓令は、青年団の存立目的をあくまで穏健な修養団体に留めておくことは共通しながら、その指導方針は大きく変化した。すなわち、第一に、第一次世界大戦後経営策としての、青年団中央部設立による全国青年団の中央集権化に向けた動きから、第二にいわゆる米騒動事件とそれが引き起こした各種社会運動を受けての青年団「自主化」の指示へ。そして第三は皇太子の令旨を直接の契機としての、青年団員に対する国家観念強化の指示が発せられるに至ったことなどである。大正九年の訓令では、第一回目の訓令における「二十歳ヲ以テ常例トセル」とされていた団員の年齢が、「二十五歳ニ進ムルハ別ニ妨無之」ことに緩和された。

つまり、近代日本の国民統合の方式は、民間の「伝統的な集団を官僚的支配によって統合するという形態」を採るというものだったが（＊177）、そのことの限界を意識した政府がとった戦略が、彼らの活動方針や団員資格において多少譲歩する姿勢をみせながら、地方での階級対立の緩和ないし秩序維持のために青年団を利用することを強調したのであり（＊178）、思想面では天皇に対する服従の精神を情緒的な方法で喚起し、「所期ノ目的ヲ達成スルニ勗《つと》メムコト」、正に「合理的自発性を否定し」（＊179）フィクションとしての自発性を期待することによって青年層の再組織化を企図したものだった。

政府の、青年団「自主化」宣言は、大きく二つの動きとなって出現した。第一は、「自主化」を根拠に、全国連合青年団の組織化を民主的な方法によって行いたいとする要求が、都市部の青年団から提出されたことである。第二は、この機を逃さず国の指導による半強制的な青年団を脱して、「自治」の意味を積極的に受け止めての、若者の自発性による「自主化の徹底」運動であり（＊180）、本書の研究対象である塩根川向上会のような、若者自身の要求に基づく青年団の設立につながったことである。第二の動きについてはすでにすぐれた研究があり（＊181）、さらに塩根川向上会については別章で詳述するため、本節では第一の動向である青年団の全国連合組織化過程を概観しておく。

この動きは、大正一〇年七月一四日に大阪市で開催された同市連合青年団主催の全国都市青年団大会に、東京市連合青年団から提出された「大日本連合青年団組織ニ関スル件」を可決したことから具体化された。結論を述べると、中央と地方の対立という構図が顕著になり協議が続けられた結果、約四年後の同一四年四月一五日、名古屋市において大日本連合青年団の発団式が挙行されるに至った。しかし、ここに至るまでには政府と都市部の連合青年団とのたび重なる協議と駆け引きとが行われたのである。

先述したように、大正五年一一月三日に設立された青年団中央部は、「名実ともに青年団の中央機関たらしめん」ことを期した半官半民の団体だった。しかし、青年団全国連合組織は、この青年団中央部とは「別個」の、地方青年団の全国的な連合組織化を企図したものだった（＊182）。大正一〇年に大阪で開催された全国都市青年団大会では、次年度の大会を東京市で開催することと、「大日本連合青年団規約案」の作成を東京市連合青年団が行うことが決議されていた。これは、青年団中央部が日本青年館建設に向けての具体的な活動を展開していた時期の出来事だった。上の決議どおり、東京市連合青年団は横浜市の関係者と協議して規約案を作成し、各府県に全国連合青年団の組織に関して照会を発した。

このような経緯で、青年団の中央機関としての役割を、すでに新組織を設立して青年団中央部の事業を継承し、全国青年団の中央機関を自認していた財団法人日本青年館が引き続き担当するのか、または都市部からの新設要求を内務・文部両省が承認し、なおかつ新設された全国青年団連合組織に中央機関としての役割を移管するのか、つまり青年団の全国連合組織化およびその主導権をめぐる中央と地方の争いという大問題が発生したのである。

本件につき、大正一一年五月二一日付『大阪朝日新聞』は、「連合青年団の計画　内務文部省は反対又―紛糾があろう」との見出しを掲載し、事のなりゆきを紹介した。この記事における東京市助役の意見は、「自分達のことは自分達で処置することが現在青年の最も美点とするものであるのだから青年自身の自治に任したが宜《よ》い」というものだった（＊183）。

にわかに発生したこの問題に関し、内務・文部両省は、全国連合青年団組織化は「時期尚早との解釈」で、各府県に対して通牒を発し、全国都市青年団の動きを牽制した。さらに、同年五月九日付で各府県知事宛ての「内翰」を発信し、全国連合化の阻止を企てた（＊184）。

一方、大正一一年五月二五日から二七日まで、東京市連合青年団主催の「都市を主とし農村を従として計画された」第一回全国青年団大会が開催され、本団起案の「規約案」が付議された。が、上述の内務・文部両省の妨害のため、その決定は一年延長せざるをえなかった。しかし、全国連合青年団の設立は可決され、二〇名の交渉委員が両省との協議を進めることも決まったのである。

しかしながら、この協議・交渉でも両省からは「時期尚早」が繰り返されるばかりで、青年団全国連合組織化の了承はえられなかった。翌大正一二年一二月五日、京都市連合青年団主催の第二回全国青年団大会で、結局、上の「規約案」は可決され、「緊急動議」および「協議」が同時に可決・決定されるに至った（＊185）。なかでも、「協議」では、青年団に「自主自立」を求める訓令を発令していた両省に、民間から日本青年館の建設に際しての「苦心ト努力」の大きさを訴え、同時に、「青年ノ自由意思ヲ」無視して運営を行おうとする政府関係者を批判して、「青年ノ自由意思ヲ尊重シテ一般選挙方法ノ下ニ」役員選出を行い運営していくという民主的な要素を含む要求が突きつけられた形となった。

これは両省および日本青年館側にとっては反論の余地のないことに手痛い攻撃だったことだろう。しかし、政府および日本青年館側の強硬な拒絶にあっていた都市連合青年団も、発会準備「委員中ニ内務文部及財団法人日本青年館ヨリモ参加ヲ希望」すると、連合青年団の中央機関に両省および財団法人日本青年館の関係者を入れるということに含みをもたせた、おそらく最大限の譲歩姿勢をみせ、再三にわたって根気強く連合組織設立の交渉を行って了解を求めたのだった。

その結果、大正一三年七月二日・三日の両日、連合青年団側で交渉にあたった実行委員と、内務・文部両省および財団法人日本青年館の関係者は、名古屋で「会商」を行い、両関係者七名をもって、内務省社会局第二部長三矢《みつや》宮松《みやまつ》を委員長として「大日本連合青年団創立準備委員会」を設立し、「円満な協調の下に創立事務を完成することになった」（＊186）。

この後、大正一三年八月三〇日、大日本連合青年団創立準備委員会は、全国各府県の連合青年会に対して大日本連合青年団への加盟勧誘状を送付するとともに、連合青年団未組織の府県に対しては、速やかな連合青年団組織化、大日本連合青年団への加盟を要請したのだった。同日、内務・文部省でも、各府県知事に対して本団体への加盟勧誘の通牒を発信することで勧誘活動を援助した。こうして同年一〇月にはほぼ全国の道府県連合青年団の、大日本連合青年団への加盟が達成され、「茲《ここ》に四年越しの懸案は解決され」、同年一〇月三〇日、「大日本連合青年団は一切の手続きを完了して」創設された。

翌大正一四年四月一五日、全国一道庁三府三四県の連合青年団の代表者二二六名が名古屋に参集し、大日本連合青年団が発団式を遂げたのだった（＊187）。ただし、多仁照廣《たにてるひろ》によると、もともと当議案を提出したはずの東京・横浜・名古屋・京都・大阪・神戸の六大都市の連合青年団は不参加だったという（＊188）。察するに、都市連合青年団は両者の合意条件に何らかの不満をもったのではないか。同日、発団式に先立って開催された第二回代議員会では理事選挙を行い、東京府青年団連合会理事池園哲太郎・愛知県連合青年団副団長岡谷清次郎・大阪府連合青年団理事成田軍平・鹿児島県連合青年団理事加治屋哲・北海道連合青年団理事加瀬蔵太郎氏ら五名を選出し、同時に代議員会の理事長丸山鶴吉より、新たに本人を含む五名の理事が指名され、本団の執行部人事が決定された（＊189）。

以上が大日本連合青年団設立の、おおよその顚末だが、本書で問題にしなければならないのは、第一に、青年団の全国的連合組織化への発案が、青年団を管掌する内務省・文部省ではなく、東京・大阪を中心にした都市の連合青年団であったということ、および本団の発団式に、六大都市からの参会がなかったことの二点である。これは、大正一一年五月に開催された東京市連合青年団主催の第一回全国青年団大会が、なぜ「都市を主とし農村を従として計画された」のかということと関連する事項である。第二は、全国連合青年団と内務・文部両省で合意することができた条件とはどのようなものだったのかということである。

この問題の結論を『大日本青年團史』は明らかにしていない。筆者がこれに対して仮説的に推察を試みるならば、第一の問題は、東京市連合青年団から提出された「大日本連合青年団組織ニ関スル件」が可決された大正一〇年前後の都市における労働運動の激発が、政府ともどもその発生地の指導層や資本家・経営者などを悩ませていたことと関連するのではないか。

具体的には、大正七年七月二二日夜富山県下新川郡魚津町における漁民の妻数名の井戸端会議に端を発したいわゆる米騒動事件から、同年九月一七日の福岡県明治炭鉱同盟罷業終了まで五七日の間全国に波及した民衆運動の激発だったのではないか（＊190）。同年一二月末現在における該事件検挙処分人員総数は八一八五名、うち起訴人員七七〇八名、不起訴人員四七〇名に達した。起訴人員に対する処罰は、すでに有罪となった者四二七九名中、無期または有期懲役刑二六五二名、罰金刑一六二〇名となった。ただし死刑は認められなかった（『所謂米騒動事件の研究』四―五頁）（＊191）。

これら各地の騒擾では警察力の不足が生じた地方も多く、対策として青年団・消防組・在郷軍人会に出援協力を要請して鎮静化に努めたのだった。反面、彼ら自身が騒擾に加わった例も見受けられ、その人数は、上記検事処分者八一八五名のうち在郷軍人九九〇名、青年団員八六八名、学校生徒一八名となっており、そのうち「在郷軍人及学校生徒は孰《いず》れも個人として騒擾に参加し」、青年団員中には団体参加の挙に出たものが見られたとされる（『所謂米騒動事件の研究』一二三頁）。

該事件における東京地方裁判所管轄の被検事処分者二九九名のうち二〇歳未満者は七〇名、総数に占める割合は二三・四％と全国でもっとも高かった（＊192）。この結果から推測される事態は、多くの未成年者が低賃金の工場労働者として都市部に流入し、そのことが都市特有の社会不安を誘発・拡大していたということだろうか。「国民の中堅として現実に国家治安の干城たるべき」（『所謂米騒動事件の研究』一二三頁）在郷軍人や青年団員の騒擾への参加・検挙・刑事処分という事態を重くみた東京府知事は、大正七年八月一五日、管下の在郷軍人分会・青年団・各学校に対して訓令を発令し、「一時の風潮に駆られ矯激に走るが如きこと」を牽制した（＊193）。

この事件は、時には軍隊も出動させて鎮静化を図った結果一応の終息をみせたものの、大戦勃発の大正三年における東京の生計費の指数を一〇〇としたとき、同七年の指数は一七四・三、翌八年では二一六・九とむしろ上昇を続けており（『所謂米騒動事件の研究』五五頁「第一表　東京生計費指数」）、困窮をきわめていた都市住民の生活が改善に向かわなかったことは明らかである。

第一次世界大戦終結後の大正九年三月には、日本では早くも反動恐慌が勃発し、事業所の縮小・休止や工場の閉鎖、中小企業の倒産があいつぎ、それに伴う従業員の解雇などで失業者が町に溢れていた。このような民衆運動は、第一次世界大戦やロシア革命以来全世界に高まったデモクラシー運動の影響のひとつでもあり、事件以来労働運動は急激に増加していた。明治四五年には四九件、参加人員五七三六人だった労働争議件数が、大正三年には同六四件、参加人員七九〇四人と増加を示しはじめ、事件発生の翌大正八年をみると、同四九七件、参加人員六万三一三七人にも激増している（＊194）。しかもその八割以上は賃金増額要求だった。

このように米をはじめとする生活必需品の高騰が労働者の生活を困窮させせいていたのである。さらに「この年には東京一五新聞職工組合革新会（七月）、京都奥村電気商会（七月）、東京砲兵工廠（八月）、神戸川崎造船所（九月）、大阪砲兵工廠（一〇月）、東京市電（一一月）、足尾・釜石・日立鉱山（一一月）などの大罷業や怠業があいついでおこっているが、とくに、釜石鉱山の罷業が軍隊の出動をみるにいたったことや、川崎造船所の一万五〇〇〇名の怠業があらたな争議戦術をしめしたことは世間の注目をひいた。また川崎造船所の怠業の結果八時間労働が実施されて、大きな影響を与えた」。

この時期、「労働組合組織の承認をめぐる争議もおおく、あるいは資本家側の既成組合の不承認に抗争し、あるいは労働者側から団体契約を要求する争議が起こっている」（＊195）。このような事態は大正九年三月の株式市場の崩落を契機にして始まった恐慌によりさらに悪化する。同年二月、八幡製鉄所で三万人規模の大争議が起こり、官憲の弾圧により流血の惨事になったのだったが、恐慌以降の労働争議は「芝浦製作所（三月）、東京市電（四月）、富士瓦斯紡績押上工場（七月）」、翌大正一〇年には、「神戸の川崎・三菱両造船所および足尾銅山等」で発生し、これらはいずれも大規模かつ長期的なものとなり、多くの場合労働者側の惨敗に終わっていたのだ（＊196）。上の事例は当時の状況のほんの一端でしかなく、政府および地方当局者にとってはもはや無視しえない、また権力的弾圧をもってしては収拾不能な状態だったことを表わしている。

以上概観したような大都市中心の大規模な労働争議の激発は、企業経営者ないし資本家や彼らの利害の代弁者である地方行政当局の悩みの種だったことだろう。もちろんこれらのことは、第一次世界大戦による日本経済の飛躍的な拡大と、大正五年の「工場法」の施行（成立は明治四四年）および、それが必然的に引き起こす労働者の著しい増加、その結果として「労働者がひとつの階級として確立されつつあった」（＊197）ことなどにもその原因のひとつをみいだすことができるのだが、本書ではそれらひとつひとつの背景にまで踏み込む余裕がない。

先に述べた、都市青年団の代表者たちが青年団中央部とは「別個に」青年団全国連合組織化を企図した大正一〇年というのは、まさにこのような時期に当たる。つまり、上の東京府知事による訓令でも明らかなように、都市青年団の指導者はそれまでの内務・文部省による青年団対策とは「別個に」青年団の連合化を図り、それによって社会運動抑制の必要に迫られていたのだと推測される。

そして、それぞれの都市青年団の代表者はもちろん青年ではない、まして生活に困窮した勤労青少年ではありえない。筆者はこれら代表者すべての、当時の公的な役職・地位については未見であり、上のような労働運動の激発が都市部青年団による全国連合組織化を促したという確たる資料もえられてはいない。しかし、「六代都市青年団の中心は東京市であり、さらにその主体は市長を中心とする社会教育関係者であったといわれる」以上（＊198）、この事態が自治体の為政者や資本家の悩みの種であったことは疑いえない。そういう理由から、彼らが企図した、政府とは「別個」の全国青年団の連合組織化は、青年層の思想や行動を強力に統制する必要に迫られた挙句の施策だったと推論される。

すでに述べたように、日露戦争当時から行われた内務・文部両省による青年団対策は、青年団を修養機関として位置づけ、間接的にではあるが政府の監督下において狭義の政治活動を行わせず、修養の拡大解釈によって彼らを統合しようとするものだった。内務省が展開した民力涵養運動しかり、文部省でも同じく青年団が修養機関であることを前提に、軍事予備教育機関であることをあえて否定して、青年訓練所を設置したのである。青年団の修養は、皇室と青年団との関係が深まると、なおさら政府が固執しなければならない活動目的となったことだろう。

しかし、政府が青年団の全国連合組織化に反対したもっとも根源的な理由は、天皇制体制の組織的な基盤である共同体秩序の維持に、地方青年団の寄与を期待したからではないか。前述のとおり、地方の青年団の多くは若者組など伝統的に共同体に自然生成されたものであり、日露戦後の政治的介入によって行政自治体ごとにその統合・設立が推進された。当時の支配体制は、「底辺における政治的機構と非政治的関係（共同体的な）との不可分のからみあい」（＊199）によって、つまり明治以来の「地方自治」は半封建的な関係において推進され、地主の寄生化に伴い地域青年団への政治的役割の期待は高まっていたものと思われる、地方自治体および村落共同体は天皇制の支持基盤だったからである。

第一次世界大戦を機に日本でも総力戦体制構築が企図されると、大戦中の繁栄の反動が、世界資本主義国のなかでももっとも脆弱な経済基盤しかもたなかった日本には他の国以上の深刻な不況をもたらした。ゆえに支配層は天皇制イデオロギー、イエの観念を強化することで国民を統合し体制維持を図らざるをえなかったのである。

大正一四年、第五回全国町村長会議において前近代的な組織である「五人組制度復活」が議せられ、その後全国的に復興の気運が高揚されたことに、当局者の「地方自治」動揺への危機感の大きさをうかがうことができる（＊200）。大戦以降、国体を強調することによって国民思想を統制するという戦略を政府が採用したのはこれゆえだろう。そして地方、とくに農村の青年団は、「内務省ガ是迄自治体ノ主体ハ殆ンド青年会ナリト迄ニ多年培養シ来リタルモノ」（＊201）と、前出の田中義一《たなかぎいち》から寺内正毅《てらうちまさたけ》に宛てた書簡に明記されたとおり、「地方自治」を維持・推進するもっとも中核的な組織であるという認識が指導層に保持され、共同体の秩序維持のため積極的にこれを利用したのは再三述べたことである。

大正一一年五月に青年団の全国連合組織化の決議が東京市連合青年団から持ち込まれたとき、内務・文部両省が各府県知事宛てに発した上述の「内翰」で「近時動《やや》モスレハ連合提携ニ名ヲ籍《か》リ我邦青年団本来ノ性質ヲ忘レ其地方独自ノ特色ヲ失ハシメ全国ニ亙《わた》レル単一ナル青年団ヲ設置セントスルモノ有之《これあり》候ハ青年団員ノ帰嚮《ききょう》ヲ誤ルモノニシテ然ルヘカラスト存《ぞん》じ候」といってこれに反対したことは、この事情を如実に表わしている（＊202）。

したがって、これ以降青年団の全国連合組織化の動向に対して政府が採りうる戦略は、以下のようになろうか。もちろん論理的に天皇制の否定に繋がらないことが前提である。第一に、内務・文部両省が宣言した青年団の「自主化」の訓令に反することなく、第二に、「自主化」が民主主義の要素を内包するがゆえに天皇制の否定に繋がる社会運動はこれを否定し、第三に、天皇制体制の組織的基盤である地方の特色を失うことなく、最後にこれらを維持するために青年団の全国連合組織の中枢には、両省からも人員を配して内外の活動を監視する。このような諸条件の下にしか、政府の、都市青年団への譲歩はありえなかった。これが、上述した第二の疑問、すなわち全国連合青年団と内務・文部両省が合意することができた条件とは何か、という疑問に対する推論である。

当初都市青年団が主張した青年団中央部とは「別個」の青年団全国連合組織化は、交渉途中で霧散してしまった。こうして政府は、民間から沸き起こった青年団の全国連合組織化運動という政治的な盛上がりとそのエネルギーとを、巧みに既成の政治体制内に取り込み、半官半民の全国的連合青年団体を組織したのだった。

以上のような経緯で設立された連合組織は、設立当初から多くの内部矛盾をはらんでいたことは事実である（＊203）。役員や構成員の年齢問題もさることながら、そもそも全国連合組織が各自治体の若者組織が生成された歴史的、自然的、社会的な背景を無視して超国家的な組織へと再編される可能性を含んでいたがゆえに、中央機関と末端との意識・活動両面にわたっての乖離状態を生み出したことは疑いえない。ここには、ふたたび地方末端に位置する若者の側からの運動として、新たな青年団設立という種子を発芽させる条件のひとつを内包させていたというべきだろう。

大日本連合青年団に最初の全国統一の綱領が制定されたのは昭和四年三月のことである（＊204）。しかし、この連合団体は地方加盟団からなる連合体の中央機関という意味あいの組織であるから、各道府県の連合青年団の綱領を優先し、ひとまず「大日本連合青年団が制定した一つ一つの青年団の綱領」として、「全国ひとしくこの精神で行きたいといふ」程度のゆるやかなものに設定されざるをえなかった(＊205)。次に掲載したのがその「綱領」である。

「大日本連合青年団綱領」
一、我等ハ純真ナリ　青年ノ友情ト愛郷ノ精神ニヨリテ団結ス。
二、我等ハ若シ　心身ヲ修練シ勤労ヲ楽ミ自主創造ノ人タルヲ期ス。
三、我等ハ希望ニ燃ユ　清新ノ意気ヲ以テ愛ト正義ノ為ニ奮闘ス。
四、我等ハ国家ヲ愛ス　忠孝ノ本義ヲ体シ献身奉公国運ノ進展ニ尽ス。
五、我等ノ心ハ広シ人道ノ大義ニ則リ世界ノ平和ト人類ノ共栄ニ努ム。

ただ、修養機関であるはずの青年団の目的を「心身ヲ修練」することに特化し、明治末期以来政府が発令した青年団に関する訓令や通牒には見られなかった「愛国」「忠孝」「献身奉公」の精神で「国運ノ進展ニ尽ス」と謳い、近未来の戦争に向けた若者の精神的統一の必要を盛り込んだ、という意味で多分に問題をはらむものだった。これは、盧溝橋事件の翌昭和一三年九月には超国家主義的色彩の強いものに変更された(＊206)。

昭和一四年三月、大日本連合青年団は規約改正を行い、同年四月には大日本青年団に改称し、初代団長として「枢密顧問官・明治神宮宮司・国民精神総動員中央連盟会長・海軍大将有馬良橘《ありまりょうきつ》を据え」、全国統一組織の完成となった。しかし、翌同一五年一〇月、大政翼賛会が設立され大政翼賛運動が開始されると、全国男女青少年団体を整備統合して新たに一元的な青少年団体、大日本青少年団が設立され

（昭和一六年一月）、同時に大日本青年団は解消されたのだった（＊207）。

大政翼賛会設立直前の大正一五年三月、衆議院で開催された「市町村義務教育国庫負担法案委員会」において、東京市連合青年団評議員会議長の髙橋義次から次の質問が提出された。すなわち、青年団法制化、青年団の構造改革および整備、学徒隊案等である。この質問に対する、文部省田中社会教育局長の答弁は本書にとって重要である。それは、「青年団は従来の通り伝統を尊重し、機構の改革等に当たってもこれを基調として時代の進歩に即応した組織を行ひたい、また青年団は青年学校と密接な連絡を持たせて発達を図る、青年団の法制化は種々複雑な問題があるので研究する、また各団体の統合は各団体の特殊性を重視して行はぬ方針である」、という内容だった（＊208）。

これは、法制化による青年団活動の全国的な画一化を実質拒絶する答弁だとみなしうる。以上のように、青年団に対する政治的役割期待は、時勢に応じて修正されながら、その基底は変更されることなく、天皇制体制の最末端の単位としてのイエが実態として存在する「生産共同体」（＊209）の秩序維持への寄与にあり、それゆえ全国的な画一化は最後まで実行されなかったのだと推論される。

第二章■地方青年団の組織化と展開——山形県を事例として

問題の所在

本章の課題は、大正初期の青年団に関する国からの指令・要請が、地方自治体、とくに本書の調査地である山形県ではどのように受け止められ、どのような方策が講じられたのか、また末端に位置する単位青年団ではどのような対応がなされたのか、その実態を究明することである。本章は、上記課題究明のために次の項目を設定した。

第一節では、山形県下青年団の組織化過程の概観を行う。

第二節では、山形県下青年団の官製化過程、およびその組織と性格が問われる。すなわち、内務省・文部省による大正四年の訓令「青年団体ノ指導発達ニ関スル件」（＊1）発令以降、山形県下の青年団活動がどのように変化したのか、それはどのような問題をはらんで進行したのかということを確認する。

第三節では、山形県の訓令以降、青年団の目的である修養がどのように解釈され、実践されたのか、その実態を確認する。ここではとくに本県内の事例を挙げて、身体修養としての運動会、精神修養としての実業補習学校への就学推進の実態、さらに包括的修養機関である本県立自治講習所における教育を取り上げる。

第一節　山形県下青年団の組織化過程

（一）山形県下青年団の組織化開始

大正六年一一月一日、山形県教育会は本県青年団指導者協議会の開催を機とし、これに協賛する趣旨で、その機関誌『山形県教育』を「青年団号」として特集記事を掲載した（＊2）。本誌には本県青年団「沿革の概要」と題して、明治以降の青年団の歴史の概略が記されている（＊3）。これを要約すると次のようになる。

①明治三〇年頃から各地の伝統的な若者組織が改組されはじめたこと、たとえば明治三〇年には作谷《さくや》澤《ざわ》青年会および萬世村《ばんせいむら》振学会が、同三二年には十六合村《いざあいむら》共同会が組織されていた。
②しかも、これら若者組織は一村につき一団体だったのは稀だった。
③県下で、少々若者組織として整ったのは、同四〇年に県の規約準則が発表された後のことであり、同四三年頃には至る所に準則に基づく青年会が設立された。
④その多くは部落単位に設立された団体で、かつその内容は諸種の事業経営が中心だった。
⑤県・郡当局では、事業の多寡によって団体の優劣を判定する傾向があった。
⑥それが変化したのは、大正四年九月の内務・文部両省の訓令と本県が同六年一月に発表した青年団規約準則以降のことで、従来の部落単位の青年団は支部として町村に統一し、その目的も修養にお

くことになった。

明治四二年四月、馬《ま》淵《ぶち》鋭《えい》太《た》郎《ろう》県知事は郡市役所町村役場宛て、青年団に関するはじめての「山形県訓令第二十一号」を発令した（＊4）。これは、前章で述べた政府の通牒を受けての対応だろう。すなわち、明治三八年九月付内務省地方局長通牒「地方青年団向上発達ニ関スル件」および同年一二月二七日付、文部省普通学務局長沢柳政太郎から地方長官宛の通牒「青年団ニ関スル件」による青年団設置奨励、など（＊5）。そして、本訓令では次のように盛りだくさんの指摘と要求が行われた。

①明治三九年には郡市長会議の際、青年団の設立を訓示したこと。その結果県下青年団は一九八団体（団員二万二〇〇〇人余り）、女子青年団は二八団体（団員数三五〇〇余人）が設立されたこと。

②準則にしたがって事業を展開し成績を挙げた団体は稀であり、発会式を挙げたものの、その後の活動は行っていないか、演説討論会の実施のみにとどまる団体が数多く認められること。

③その原因は、活動資金を補助金や寄付金など不確実な方法に依存したことによること。その解決を図るため事業内容を考究・選定して団員の勤労によって活動資金をえ、さらにその余剰を蓄積すること。

④以上の方法により各種の事業を展開することで忠実服業、勤倹治産の実を挙げ、かつ地方風紀改善の原動力となって戊申詔書の趣旨に副うこと、など。

これらの指摘によって、明治末期の青年団の状況は、中央の意気込みと本県の状況が乖離していたこと、なによりも青年団には地方改良事業の実行が期待されたことを確認することができる。

前出の大正六年一一月一日付機関雑誌『山形県教育』「青年団号」の記載から、本訓令の前史を確認しておく。明治三八年の政府の指示を受け、山形県は青年団に関する訓示・通牒・訓令という経緯で次第に県下青年団への関与を強化した。すなわち、第一に、上記明治三九年一〇月郡市長会議の際、青年団の設立に関する訓示を行ったこと。第二に、翌四〇年一月付で「青年団体設立督励並に指導誘掖《ゆうえき》に関する要項」が示されたこと。第三に、同四〇年二月付で「青年団体の設立奨励（抄）」および「青年団体規約準則」を発表して関係各部署に配布したこと、などである（＊6）。

紙幅の都合により内容の掲載は省略したが、明治末期における、本県の青年団に関する指導は、とりあえず政府の指導に沿って設立させ、「知徳」「実業」「矯風」に関する事業を展開させることだった。こうして山形県では、末端の若者組織の自然的、歴史的な蓄積を否定し、新しい青年、すなわち近代青年像を示したといえる。

（二）青年団に関する山形県の指示への対応——最上郡の場合

明治末期における県からの青年団に関する指示に対する、自治体の対応の概要を『最上郡各町村青年団体活動方法並其事績』（明治四五年五月発行、以降『事績』と略述）から確認しておく（＊7）。

第一に、最上郡では明治四四年時点で最上郡青年団連合会が組織されていたことが注目される（＊8）。『事績』では、その連合組織化の経緯は明らかにされていないが、「明治四十三年ノ決議」事項の「五」として「毎年一回最上郡青年団連合会ヲ開催スルコト」が承認されたことから考えると、連合会を組織したのは明治四三年と推測される。これは、上述した明治四二年の県知事による「山形県訓令第二十一号」への対応だろう。

第二に、最上郡連合青年団には規約の存在が認められない、『事績』に記載されていないのだ。場所も時期も異なるが、同じように大正七年に組織された山形市青年団の発団式の記録にも「規約」が記載されていない（＊9）。つまり、この事態は、県の訓示ないし「規約準則」がそのまま郡市青年団にも「規約」として採用されたことを示唆する。後述する大正六年に県が発令した訓令では、「地方実際ノ状況ニ応シ適当ナル規約ヲ制定」することを指示しているが、自治体では、県が示した「規約準則」をそのまま採用したようだ。

第三に、最上郡では、それ以前に部落共同体ごとの青年団が設立・推進されていた。これは、上記『山形県教育』大正六年一一月「青年団号」の「沿革の概要」が示した、「到る所準則に基く青年会を見ざるなきに至った然《しか》しながら其《そ》の多くは部落本位のもので」という記事でも明らかである（＊10）。最上郡でも、本県が明治四〇年に発表した「青年団体規約準則」で、「何々市町村青年会規約」、同「第三条本会を何々会と称し左の区域に分ちて支部を置く」との通牒を受けたものの、行政市町村単位の青年団設立・事業推進がスムースに行われなかったということを示すものだろう。

繰り返し述べたように、末端の青年団の多くは、生活共同体に自然に生成した若者集団が母体となって改編または新設されたものだった。その意味で共同体ごとの小規模の青年団は、若者自身の生活の場を舞台として自治の一翼を担うことはむしろ当然だったのだ。一方で、戸沢村連合青年会（明治四〇年八月創設『事跡』三頁）や鮭川連合青年会（明治三九年一一月『事跡』四頁）、など、最上郡内の一部の村では連合青年団を組織していたようだ。

最後に、事業内容を見ると、『事績』における最上郡内「青年団活動の方法」として、「学芸部」「風紀部」「実業部」の三部門の設置が義務づけられ、それぞれの活動内容が具体的かつ過剰すぎるほどの丁寧さをもって指示されている。ここでは時間厳守や賭博の禁止など、風紀の改善に関する事項に指示が集中しており、郡の指導者が描く近代的な若者像が示されたものと思われる。このように、明治末期から大正初期にかけての、山形県の青年団指導は、末端にいくほど抽象度が低く、容易に理解できる文言で彼らの活動を規定するものだったことがわかる。

(三) 山形県下青年団の官製化過程

大正四年九月、内務・文部両省から青年団に関するはじめての訓令が発令されると、山形県でもこれを受け、大正六年一月一六日、添田《そえだ》敬一郎《けいいちろう》知事は郡市役所町村役場宛てに、「山形県訓令第一号」「山形県訓令第二号」を発令し（＊11）、これに「山形県青年団体規約準則」（＊12）を付して青年団の官製化を図った。さらに、「山形県訓令第二号」で指示されているとおり、各青年団には「青年会一覧表」「郡市町村青年団体一覧」（＊13）の提出が義務づけられた。

これにより、明治三九年以来「奨励」（＊14）によって任意に設立が推進され、会長の許可をえた若者で組織された県内末端の青年団は、県の訓令を機に強制的組織化へと方針転換されたことが判明した。それは、「山形県青年団体規約準則」「第五條」および添田知事の訓示で明言されたとおり（＊15）、二五歳未満の小学校を卒業したすべての若者が、県の管理下におかれる道筋が用意されたことを意味した。共同体の立場に立脚すると、当該訓令が与えた衝撃は想像以上に大きかったことだろう。訓令が共同体秩序を根底から覆す要素をはらんでいたためである。これ以降の県内青年団の性格は変容させられ、ごく単純化するとそれは以下の三点にまとめられる。

第一に、活動の目的が共同体での生活に根ざしたものから国家のためのものに転換されたこと、第二に、それゆえその活動には上からの強制を伴い、第三に、若者たちの生活基盤である共同体の必要に基づく設立・諸活動に制限が加えられたことなどである。

前出の『事績』から最上郡内の青年団を概観すると、多くは部落ないしさらに小さな集落ごとに設立された小集団であり、最上郡連合青年団の規制を受けつつも、各青年団内の協議で彼らの生活に密着した事業を展開していた（＊16）。前章で述べたように、一部の地方青年団設立の契機は日本資本主義成立期における農村荒廃の自力更生にあり、そのひとつの方法が基本財産の蓄積だった。上述の『事績』（明治四五年五月五日付）の「最上郡青年団聯合会決議事項」における、明治四三年、同四四年には、「基本金ノ蓄積」「永遠ノ基本財産ヲ造ル事」が明文化されている（＊17）。つまり、明治中期以降、共同体の財政状態を向上させうる諸事業の展開が「地方実業」の発達に資するという思想に基づく青年団活動だったが、該訓令以降、国家に有用な事業を展開することへと方針転換されたということである。

大正七年一〇月、山形県連合青年団が組織され、「山形県連合青年団規約」が「協定」された（＊18）。これによって県連合青年団は、知事が総裁に、団長には内務部長、支部長には各郡市長が充てられ、事務所は県庁や役場内に設置されるなど、行政組織のなかに青年団の幹部組織が組み込まれた。こうして町村単位の青年団は行政組織の末端に位置づけられ、県の管理下におかれることになる。

その顕著な事態は、県連合青年団が「団員精神の作興」のためと称して、大正一二年度より県内青年団の検閲指導を行う決定をしたことである（＊19）。郡市連合青年団の「検閲」は県連合青年団が、各町村青年団は郡市連合青年団がこれを行う。そして、それは次の要領で実施されることになる。

①「軍隊の簡閲点呼と同一のやり方」による「各員点呼と部隊運動」。②「皇室及国体に関するもの」をはじめとして、「修養」「町村」「産業」「青年団・補習教育」「衛生」「普通学及常識」などに関する事柄の口頭または筆記による試問。③「事業の検閲」(団の過去の調査および「書簿」の検閲)。これらが次の順序で行われた。すなわち、(1)動作検閲、(2)試問、(3)詔書奉読、(4)講演、(5)団員演説、(6)訓示並講評、(7)県団歌合唱、(8)解散。これらを見るかぎり、山形県では県下の青年団に軍事予備教育機関としての機能を期待したのではないかという疑念をもたせる。

これにより共同体にとっては、青年団がまったく不自由きわまりない団体になったと意識された可能性が高い。ただ、本書の調査地である旧及位《のぞき》村では当該検閲が行われたという記録は確認されなかった。

大正一三年八月三〇日、大日本連合青年団創立準備委員会が、全国各府県の連合青年会に対し大日本連合青年団への加盟を要請した経緯については、前章で詳述した。本県でもこれを受け、理事会を開いて協議し県内各地の評議員にこれを図った。その結果、賛成多数で加盟を決定した。同年一〇月、山形県教育会は機関誌『山形県教育』をふたたび「青年団号」として一三六頁にわたる記事を特集し、「大日本連合青年団加盟過程」を報告した(記事全文は省略)(＊20)。

「大日本連合青年団ニ加盟ヲ承諾ス」

茲《ここ》に於て大日本連合青年団の加盟を全く了し本県連合青年団も全国的に存在を認めらる、事となったのである。(以下省略)

第二節　山形県下青年団の組織と性格——何がどのように変更されたのか

課題設定

本節標題の観点から、明治末の本県の規約と、大正期の政府および県の訓令を比較すると、大正六年以降、青年団の性格が次のように変更されたことがわかる。

①事業団体から、健全で善良な公民に県下の若者を陶冶するための修養機関であることが明確にされた。
②加入が任意から強制に変更され、共同体の歴史的事情を無視した加入資格年齢が設定された。
③設立が共同体から行政自治体ごとに制限された。
④団長など指導者の人選が強制された。
⑤活動費の捻出方法が指示された。
⑥事業が強制され体育・娯楽が加わった。

このなかで、とくに青年団の運営上看過することができない①②③の変更理由について、県の担当者がどのような説明を展開したのかということを、前出の『山形縣青年団指導綱要』から確認しておこう。

（一）青年団活動目的の変更——山形県の主張

①事業団体から修養団体へ

大正四年、内務・文部両相から青年団に関する初の訓令が発令されると、明治期以来設立が推進された青年団の性格が、事業団体から修養団体へと変更された。大正六年に発令された山形県の訓令には、内務・文部両相による訓令の文言がすべて使用されていることを確認することができる。しかし、訓令発令の際の、内務部学務兵事課卜部《うらべ》理事官の説明は、青年団は従来から事業団体ではなく修養団体だったとして、次のように述べた（＊21）。

> 青年団体は矢張《やはり》修養の団体であって、決して事業団体ではなかったのであります。（中略）動《やや》もすれば事業そのものに重きを置きすぎる傾向があったので、青年団体も随て事業の計画に腐心し、甚だしきに至っては遂に修養の範囲を超脱して、その歸嚮《ききょう》を誤るものも、多少はあったといふ迄のことで、青年団体の目的そのものは、当初から少しも違っては居らぬのであります。

本件につき、添田敬一郎知事も同様の説明を行っていることから推察すると（＊22）、示し合せた上の強弁だと思われる。しかし、前章で詳述したように、青年団の全国統一組織化が開始された明治末期には、青年団は補習教育機関・公共事業団体であると規定されたことは明らかである（＊23）。したがって、変更の理由は、最初の訓令が発令された大正四年とは社会的、経済的背景が大きく異なっていたためだと考えられる。

つまり、明治末期の県の青年団への要請は、山形県「青年団体規約準則」第一条に明記された、「地方実業を発達及風習の改善を図る」こと、すなわち自治体の経済的な基礎の一翼を担う事業体となって地方改良事業の実績を挙げ、さらに近代的な青年像を確立することだった。これは、明治三八年に青年団に関しての、文部省普通学務局長の通牒で、「通俗教育上ニ於テモ其ノ効果尠《すくな》カラサル」、と謳い、内務省地方局長通牒でも「益々勧奨誘掖永久ニ好成績ヲ収メ候様御督励」と、両省ともきわめて曖昧な表現で青年団の設置・指導を指示したことを受けた、自治体の対策だった。

しかし、第一回目の内務・文部省による訓令では、青年団は修養機関であることが明確にされた。そのため、本県では国が発表した基準に則した団体となるよう、その指導方針を転換し編成替えさせなければならなくなったのであり、「健全ナル国民善良ナル公民タルノ素養」の内実は、「将来国家ノ進運ヲ扶持スルニ足ルヘキ精神ト体力トノ鍛錬ニ勉メセシムル」こととし、訓令を発令したのである。

したがって、この変更ではすべての若者が追加の教育が必要な客体として位置づけられ、「修養」という曖昧な目的の下に、青年団がそれまで以上に広範な諸事業を展開することを国家・県双方が保障したということになる。

②青年団への加入――任意・許可制から強制への変更と加入資格年齢の設定

次に、山形県では青年団への加入が強制されたことが挙げられる。例外は「他ニ学籍ヲ有スル者ハ此ノ限リニ在ラス」という規定のみである（「山形県青年団体規約準則」第二章　第五条）。

本件についてト部理事官は、「講演」で次のように述べている。すなわち、「従前の規約準則のやうに、希望者が随意に会員になるといふ組織ではないのであります。従前の青年団体はいはゞ任意団体であるが、今回のは強制団体であります」と（＊24）。

その理由として県が挙げたのは、義務教育の補習機関としての、青年団の必要性だった。すなわち、「未だ十分義務教育が普及せ（ママ）ない結果として、尋常小学校を修了せずして学齢を超過し、其《そ》の儘《まま》になって仕舞《しま》ふ者」に対して、「せめて青年団体になりとも加入せしめて、幾分でも教育を受けさせてやるのが慈悲であり、またお国の為であるといふ考えから」だと。（＊25）。

以上のように、県下の若者を、「規約準則」にしたがって青年団に強制加入させ、規定された諸活動を遺憾なく行わせるために考案したのが、加入に際して行う九か条の「宣誓」であり（「山形県青年団体規約準則」一章　第三条）、「青年手簿《てぼ》」だった（「山形県青年団体規約準則」第二章　第八条）。

これは、「軍隊手帳と日記帳の混合」のようなもので、その記入項目は、会員の履歴、補習学校の出欠・成績、平素の行状、体格、在営中の成績などであり、軍隊教育と直結させるかのような内容だった。そのうえ入会式は、「成べく荘厳ならしめ且つ団体員に印象を深からしむる為」「参列者をして崇高の念に打たしむる」ため、「其の至誠を天地天明に誓ふという趣旨で、なるべく神社の社前で行ふということに定め」られたのだった（「山形県青年団体規約準則」第二章　第九条）。このように神前で「宣誓」させることで、会員の行動を厳しく規制した。そのうえで、青年団の「規約」違反者は除名する、と脅迫めいた文言を並べた（＊26）。

以上、大正六年に発令された山形県の訓令は、お国のためと称して若者自身の意思や共同体の歴史的蓄積などを無視し、個人の精神・肉体・行動様式を厳しく規制して全国的な組織に包摂しようという国家意思優先の姿勢を明確にさせた、という意味で重い。

なお、本県大正六年の「青年団体規約準則」では、その入団資格年齢を二五歳以下の者としたように

（「青年団体規約準則」第二章 第五条）、同四年の政府の訓令発令の際あれほど議論になった年齢二〇歳制限があっさりと否定された。

明治四〇年では、「高等小学校卒業者又は年齢満十五年以上の青年男子にして本会区域内居住者」が対象であって、とくに加入資格年齢は設定されていなかった（「青年団体規約準則」第二章　第五条）。それに対して大正六年の訓令は、大正四年の内務・文部両次官通牒が、「最高年齢ハ二十年ヲ常例トスルコト」といって、訓令が有するダイナミズムを意識して「常例」という文言を挿入することで、「地方の実情に依って多少斟酌を加へる余地」（＊27）を与えたことによる対応だった。

それならば、本県下青年団の資格年齢はどのようになっていたのか。前出の『事績』からその一端を観てみよう。『事績』の「明治四十五年ノ決議」では、「青年団員ヲ少年部（十五歳以上二十歳未満）壮年部（二十歳以上三十歳未満）賛助会員（三十歳以上四十歳未満）名誉会員（学識名望アル者）ニ分」つと規定していた（＊28）。つまり、『事績』は、山形県の卜部理事官が「甚だしいものになると四十歳乃至《ないし》五十歳位迄の人をも加入せしめて居」たと指摘したほどに（＊29）、団員資格年齢は多様だったことを裏付ける。

そもそも共同体の若者が、文字どおりの年の若い者を指し示すことばであるとは限らず、上の「決議」は最上郡内の若者組織の実態をある程度反映させつつ、各共同体の若者を漏れなく青年団に包摂しようと意図した措置だったのではないか。

実際、南村山郡中川村大字小倉の「小倉青年会」の資格年齢は、明治四四年時点で「十五歳以上三十七歳以下」と定められていた。これは、県内でも地方の実情でその実態が異なっていたことを表わす好例だろう（＊30）。したがって、大正六年に発表した、本県の「規約準則」第五条で、会員の年齢を「二十五歳以下ノ者」に限定して強制加入させたことは、事業主体だった県下末端の共同体にとっては、組織の根幹を揺るがす大事件だったことは間違いないだろう。

この件について、県は次の説明を展開した。すなわち、第一に地方の実情に近づけるため、第二に公民年齢に達するまで「諸種の誘惑」から彼らを遠ざけるためであると。それに続けて、二五歳以上の者の加入は、「これ以上延長することは断然認められないのであります」というのみで、明快な理由が述べられなかった（＊31）。ここには内務・文部省の指示に従わざるをえなかった県当局者の苦しい立場がみてとれる。

③青年団の設置区域――行政自治体主義の徹底・強化

明治四〇年二月現在、山形県では、青年団の設置区域は行政市町村単位を前提にしていたようだ。しかし、それは必ずしも明確に定められてはおらず（「青年団体規約準則」第一章　第三条）、大正六年現在、県下二三二市町村に対して五八九団体の青年団が設立されていた。

本件に関する卜部理事官の説明は次のとおりで、一市町村一団体の青年団の必要性を強調した（＊32）。すなわち、青年に「自治協同の精神を養成せしめ、思想感情の統合融和を計るといふ点から見て、青年団体は一市町村一団体でなければなりません」「小学校の通学区域又は部落などを区域として、分会を設くるのも巳《やむ》を得まいと思ふ、但し此等の区域に依って独立の団体を組織するといふことは、本県に於ては絶対に避けたいと思うて居ります」と。青年団設置区域が行政自治体ごとだということは、大正四年の訓令に付された内務・文部両省次官通牒でも明確にされており、この件についても政府の指示に従った措置だったということになる。

前章で詳述したように、第一次世界大戦を機に日本でも総力戦体制の構築が企図され、多様な形態を伴って整備・構築されていった（＊33）。それは、国際社会での生き残りをかけ、想定される次の戦争に向けて行政組織自体も改変しつつ、とくに農村には国家の帝国主義段階への移行による強兵の源泉ならびに食糧増産体制の確立が期待され、なおかつ戦争遂行に自主的に協力する国民を育成すべく幾重にも民衆統合が行われるプロセスだった。それゆえ、地方の青年団への政治的要請は、彼らが国家を背負う一員であることを自覚させることだった。

したがって、青年層に国家観念を自覚させるためには、「立憲政治に於ける市町村自治体の民として」の自覚をまず促し、「国体の精華及国民道徳の根本なるものを十分徹底するやうに訓練」するために（＊34）、県下青年団の設置区域は行政自治区域に限られなければならなかったということなのだろう。

また、このような極度に権力的な統合や「政治化」は、同時に下からの「自発性」の欠如を結果した（＊35）。そのため、機会あるごとに指導層は青年に対して自覚を連呼せざるをえなかったのである。そうして、彼らをそのようなパーソナリティに陶冶する手段として、青年団の設立を行政自治体ごとに統一し、その指導担当者には地方末端における天皇制国家権力のイデオローグである市町村長および学校長・教員などを充て、徳育や修身教育に力を注ぐことでその目的を達成しようとしたのだった。それは、町村内では小学校こそ国家と町村とを直接連結させうる主要ルートであったという意味で最適任機関だったからにほかならない（＊36）。

ところで、大正六年、帝国教育会主催の「第十一回全国連合教育会」開催に際して、「第八議案」として本県教育会が提出した問題は、「公民的思想を涵養するに最適切なる方法如何」というもので、本会「特別調査」による「法案」の第三が「地方青年団体を組織して公民思想の普及を図ること」だとさ

〔表 2-1〕最上郡青年団概況

	明治 45 年 3 月現在			大正 6 年 10 月現在			大正 9 年 9 月現在			創立	改組
町村名	団体数	支部数	団員数	団体数	支部数	団員数	団体数	支部数	団員数	年・月	年・月
① 新庄町	5		149	1	5	650	1	5	353	T6.10	
② 稲舟村	2		38	1	5	180	1	5	192	T6.09	
③ 舟形村	5		288	1		324	1	5	363	T6.05	
④ 堀内村				1	7	150	1	7	118	T4.02	T6.04
⑤ 大蔵村	12		374	1	5	350	1	5	340	T6.09	
⑥ 八向村	2		92	1			1	2	142	T6.09	T7.10
⑦ 古口村	2		155	1		164	1	1	158	T6.05	
⑧ 角川村	1		153	1	7	158	1	7	154	T6.09	
⑨ 戸澤村	1	9	400	1		207	1		139	M45.07	T6.04
⑩ 鮭川村	1	9	179	1	12	190	1	4	239	M39.11	T6.05
⑪ 豊田村	1	3	256	1		149	1		149	T6.09	
⑫ 豊里村	1	6	137	1		131	1		129	T6.03	
⑬ 真室川村	6		172	1		234	1		238	T6.07	
⑭ 安楽城村	1	1	54	1	2	270	1	2	323	M38.08	T6.08
⑮ 及位村	5		211	1		279	1		297	T6.09	
⑯ 金山村	1	7	286	1	6	597	1	6	472	T6.09	
⑰ 萩野村	2	7	547	1		365	1	2	241	T6.05	
⑱ 西小国村	1		186	1		393	1		343	T6.03	
⑲ 東小国村	1		332	1		262	1		278	M43.05	T6.05
合計	50	42	4009	19	49	5053	19	51	4668		

※「創立」欄、M＝明治、T＝大正。
出典：『最上郡各町村青年団体活動方法並其事績』明治 45 年 5 月 5 日、最上郡（編・発行者無記載）。
『山形縣青年團體概況』大正 6 年 10 月。『山形縣青年團體概況』大正 9 年 9 月、山形県内務部。

れた（＊37）。これも上の推測の裏付けとなるだろう。

後述するように、大正四年には、本県は自治講習所を設立しており、所期の目的達成のために早々と政策の実行に着手したのだった（＊38）。以上述べたような行政自治体ごとの青年団設立の規定は直ちに実現された。山形県内務部発行の『山形縣青年團體概況』（大正六年九月付、同九年九月付）では、一市町村一青年団に揃えられている（＊39）。

前掲〔表2−1〕は、県下の状況を知るために、上掲資料から筆者の調査地域である最上郡だけを抜粋し作成した青年団概況である。この一覧表から、大正六年以降、青年団の設置が一町村一団体に改められ、県の訓令が末端の自治体にまで急速に徹底されたことが明らかになった。

県が発表した規約も大正六年九月時点で、九割以上の市町村で「承認」されているうえ（＊40）、そこではかつて主流だった共同体ごとの青年団の存在が見事なまでに抹消されている（＊41）。これはまさに共同体の青年団から、国家主義的、画一的青年団への編成変えを表わすものだった。しかしこのことは共同体に根づいていた若者組織が廃止されたということを意味しない。後述するように、共同体と若者たちは、政府や県の一方的な方針に対して、時には本音と建て前を上手に使い分けながら、彼らの利益を護る方法を模索したのだった。

（二）地方青年団の多重構造

以上の、青年団への行政的な関与への共同体的対応のひとつとして考えられるのは、旧来の若者組織を温存しながら新たな青年団を設立するという多重構造の採用だった。行政自治体に青年団が設立された場合、共同体の組織はその支部となる道が用意されていたことはすでにみてきた。しかし、目的も性格も異なる組織がそのまま支部として機能するとは考えにくく、旧来の若者組織を必要とする限り、共同体では新旧が併存する戦略を採らざるをえない。

本件について、兵庫県加西《かさい》郡出身の民俗学者である赤松啓介《あかまつけいすけ》は次のように述べ、共同体の若者組織対策を指摘した（＊42）。

若衆組が明治後半から青年会、青年団などと官製団体に改編され、あるいは併存しながら敗戦まで殆んど保持されたのにはそれだけの理由があった。ただし農村の青年会、青年団などの官製団体が、ムラの若衆組を完全に解体し、吸収したことは一度もない。官製団体への入団、退団年齢がムラの若衆組と合致しないし、その方針が必ずしもムラの要請と一致するわけでもないから、表向きは官製団体に統一され、若衆組は消滅したことになってはいたが、どっこい、いつまでも生きていた。（中略）官公庁の通達や文書、記録の上では青年団のみが存在したようになっているが、事実としては青年団など存在したことはかつてなかった。

日本民俗学の研究成果に依拠してこの事例をみると、本県でも山形市平清水《ひらしみず》や東置賜郡高畠町二井宿《にいじゆく》（現、東置賜郡高畠町大字高畠二井宿地区）の「若者契約」がある（＊43）。先の事例の平清水には、全部落を上・中・下の三組に分けた全戸加入の契約組が認められた。組の成員は年一回農閑期に会合してさまざまな取り決めを行い酒を飲んで懇親を深めた。それとは別に、一五歳以上三五歳までの男子で構成される若者組の存在が認められた。長男には若者組への加入義務があり、新規加入者は手土産として清酒一升を持って行く。若者組に成文化された規約はなく、夜警など治安維持や祭礼に奉仕したようである。若者組は「青年団と並行した形になっているが、青年団の構成年齢は二十五歳までで、全国組織につらなっていたが、若者組は連合組織をもたなかった」、『日本の民俗』「山形」の著者である戸川安章《とがわあんしょう》はこのように記している。

後の事例である二井宿は、宮城県境の二井宿峠に近い山村である。ここには「本契約」と称する全戸加入のムラ組織があり、部落の安寧秩序を守るためのさまざまな活動を行った。ここにも若者契約があり、加入者が本契約加入者の代理を務めることもあった。ここ二井宿でも青年団が組織された。しかし若者契約の方は家督を継ぐまで、つまり一家の戸主になるまで組員としての責任を負わなければならなかった（＊44）。

これらは、伝統的な若者契約とは別に青年団を設立したという意味で、若者組織の二重構造を採用した事例である。

同様の事態は宮城県でも確認されている。竹内利美《たけうちとしみ》は次のように述べ、政治的な指導には独自の集団を組織し、新旧の組織が併設され、さらに新組織の活動が微弱であるのに対して、旧組織が盤石だったことを明らかにした（＊45）。

明治末期から官製版の青年団の結成が奨励されたので、二十五歳以下の青年層は独自の集団をつくり、また町村単位の連合体の支部の形をとった。そのため若者契約に入っていた未婚青年は二重の集団所属となり、壮年層と区別が生じた。しかし伝統的に未婚青年層で完結する若者集団はなく、むしろ主に家長になるまでの相続人（家督層）を一括した若者集団が常態であったし、またその指導力は既婚の壮年層にあった。それゆえ二十歳・二十五歳以上の青年を対象とする壮年会・実業団等の名称が一応新しい青年団と区別するために生じたが、けっして旧来の若者契約は分裂はしなかった。そして一般に新しい青年団の集落内における独自の活動はきわめて微弱でもあった。

明治以降、伝統的な若者組織は近代的な装いをまとう青年団へと編成替えを行った。この過程で「若者組織が消滅したところもあるが、青年団は公的な団体として団員の錬成につとめ、若者組は祭礼に奉仕したり、若者仲間の親睦をはかるものとして、いまもなお併存しているところが多い」、前出の戸川安章がこのように記しているように（＊46）、大正四年の内務・文部省による訓令以降、やむをえず多重構造を採用した青年団が各地に存在したものと思われる。無力で誠実なムラの住民にとって、若者組織の多重構造は、生きる知恵であり最善の方法だったのではないか。

（三）山形県最上郡内青年団事業の特色

以上述べたような山形県の画一的な対策で設立された行政市町村ごとの青年団の事業もまた画一的、形式的なものにならざるをえず、行政組織の最末端に位置する部落単位青年団の諸活動にも影響を与えたであろうことは容易に察しがつく。ちなみに本書の調査地である、山形県最上郡及位《のぞき》村管内（現、真室川町及位地区）における単位青年団の事業実績を以下にまとめた。

これは、本書の分析対象である『塩根川向上会記録群』所収「文書往復綴」から、大正一四年度から昭和二年度までの及位村青年会々長から塩根川支部長に宛てた、村青年団事業関係文書を抜粋してまとめた資料である（＊47）。これを昭和二年度までに限定したのは、後述するように、昭和三年四月には本書の調査対象である、同村塩根川部落の青年団塩根川向上会が発足し、当該部落では若者組織は多重構造を採用した。そのため、他の青年会と条件を揃える必要があった理由による。

〔資料2―1〕
「及位村青年会事業のまとめ」大正一四年度から昭和二年度まで
村青年会主催事業　役員会、総集会・運動会、雄弁会、村青年会役員選挙、旅行、視察、青年
　手簿の件
郡連合青年会主催事業　総会、弁論会、講演会
県主催事業　青年講座
小学校主催事業　明治神宮競技会壮行茶話会
主催者未記載事業　軍事教練、拓殖講習会（各支部一名割り当て、費用・手当支給）、
　郡内親閲予行（演習）

既述のように、明治末期には最上郡連合青年団が組織され、「青年団活動ノ方法」として詳細な青年団事業を決議していた（『事績』明治四五年五月五日付）。郡内の単位青年団はこれを指針にしながら、各団内で協議し実行項目を決めていたのだろう。『事績』中、新及位青年団および旧及位青年団の事業実績は、ともに「夜学会」「詩吟」「養鶏」ならびに、二畝歩《せぶ》程度の農業試作地の経営など、小集団で実行しうる内容である（＊48）。

それに対して、金山村青年会における大正六年の事業計画は、おそらく各部落単位青年団の事業計画または実績を、村青年団の実績としてまとめて記載したものだと推測される。

村内の単位団体が必ず同じ事業を行うとは考えにくいうえ、広汎な地域に居住する村の青年会員五九七名が集まって諸事業を行うことが可能であるとはなおさら考えにくい（＊49）。そのことは、上掲〔資料2―1〕により判明する。当該期三年間で及位村内の青年全員が集合しうる事業は「講演会」「総集会・運動会」、村青年会主催の「雄弁会」のみである。反対に自主的な参加がないことを見越してか、単位団に割り当てた事業がみられる。このように、行政村単位青年団の事業遂行には物理的な困難が伴い、それゆえ青年団の統一は諸事業を形骸化させる可能性を内包した方策であるといえよう。

そういう意味で、大正六年以降の本県の訓令は、末端にはまったく暴挙と映じたのではないか。これに対して、団員は村青年会の事業には不参加という態度で消極的な反対姿勢を示すことが可能だが、もしも団の事業による収益金・預貯金を村青年会や役場に寄付するよう強制された場合、若者たちはどのような反応を示すか察して余りある。実際、大正六年の訓令発令時の添田知事の演説のなかには、事業による収益を「思ひ切って全部これを其の町村に寄附して貰ひたい（中略）本来私の考では青年団体に基本財産は一文も要らぬ、あれば却って依頼心が出来て弊害が起る」との発言があった（＊50）。

これは恐らく日露戦争以降展開された地方改良運動の骨子のひとつである、部落有財産の行政市町村統一政策とも深くかかわることであって（＊51）、地方青年団の設立推進の契機のひとつが地方改良運動であるならば、青年団やその財産の行政市町村への統一も同様の措置だったことは考えられないことではない。前出の『事績』にみられるとおり、最上郡では相当の財産を所有している青年団も多数存在し、基本財産が少ない青年団ではなおさらのこと、せめて現金収入は自分たちの事業に充当したいと思うのが当然の心理ではないだろうか。

現実問題としてとくに農村では、青年団の、行政自治体への実質的な統一は困難だった（＊52）。その理由の第一は、日本型資本主義の構造自体が農業部門の犠牲で発展を遂げつつあり、「過小農的経営のもとで自主独立に生産を行うだけの生産力をもたない農家」（＊53）は、部落有林野の共同利用（＊54）、水利、「よえ」（結）などの共同作業や冠婚葬祭、「無尽」「頼母子講」といった小口金融組織に至るまで（＊55）、日常生活のさまざまな場面で部落共同体の互助システムに依存することで生存を維持していたからにほかならない（＊56）。つまり、日本資本主義にとって部落共同体は安全弁の役割を担っていたのであり、経済的基盤が脆弱な農民は、資本の収奪が強力であればあるほど、共同体への依存度を強めざるをえなかったと考えられる。

日露戦争以降復活の兆しをみせた「五人組制度」が、「隣保共助の精神を経済上に拡充せしめる」ために昭和恐慌以降農林省に採用された。とくに山形県では「伍人組復活等ノ具体的計画を樹立」すること、という通牒を発して町村振興の強化・促進を図った（＊57）。同時期に内務・文部両省による部落組織再編の指導が強力に展開されていく基底には、自然環境と歴史とに条件づけられた根深い部落組織が存在し、このことがすなわち行政による長年の村単位の共同推進策が好結果を生まなかったということの証になるだろう（＊58）。

山形県では当該訓令の発令を機に、青年団の団長などの指導者は中堅人物ないし中堅青年として期待され、農村における中間層として特別に養成され培養が図られることになる（＊59）。後述する山形県立自治講習所は、この目的達成のための施設だったと推測される。

理由の第二は、上の例の金山村青年会や及位村青年会の例にみたとおり、物理的な問題がある。山間の村での青年団活動は共同体の支部が中心にならざるをえない。村で実現不可能と判断した事業には各支部に参加者を割当て、交通費や手当てを支給しなければ事業自体成立しなかっただろう。金山村青年会の大正六年度の事業計画によると、村の青年会が主催しうる事業は「農産物品評会」「運動会」、県道・国道への「道標ノ設置」などだが（＊60）、後の記録がないため実際にどの事業が行われたのかということは不明である。及位村は金山村よりもさらに険しい山村だが、奥羽本線が村の中心部を貫通しており、駅も本数も少ないながら若者たちにはその利用が可能だった。一方、同じ山村でありながら金山村にはそれがなく、交通手段は徒歩のみで、その不便さは察して余りある。

第三節　山形県下青年団の修養実践

（一）修養概念をめぐって

日露戦争後、伝統的秩序の動揺という現実に直面し、とくに大逆事件を契機に内務・文部省を中心に国民道徳普及運動が展開された。このようななか、民間でも修養運動が興っていた。とりわけ青年団に深い関わりをもつ運動は、蓮沼門三《はすぬまもんぞう》が設立した修養団の諸活動である。修養団は「流汗鍛錬、同胞相愛の二大主義に基き同志提携して各自の修養を図り社会の風教を矯《た》め以て、皇国の進運に貢献する」目的で明治三九年二月に設立され、機関紙『向上』を発刊し、次の事業を展開した（＊61）。

①講習会・講演会・修養会の開催（明魂発揮）。
②雑誌及修養図書の刊行。
③学生寄宿舎（向上舎）修養会館の経営。
④国力振興運動並に国体訓練の実施。
⑤其他団の目的を達するに必要な事業。

一五年戦争のスローガンだった「八紘一宇の天業翼賛」や「王道楽土の建設」などはこの団体の信念であり精神だった（＊62）。武田清子《たけだきよこ》の指摘によれば、本団体の修養運動は、当時の岡田良平文部次官、床次竹次郎《とこなみたけじろう》内務省地方局長、井上友一神社局長など国家官僚群の後援を受けており、「文部省が音頭をとる国民道徳運動を下から引き受けて推進する修養運動を代表する」ものだったという（＊63）。また、大正一三年四月一〇日、宮内省から会館建設用地六〇〇坪余りの無償貸与、および建設費補助や奨励金を受けるなど皇室との関係も深く（＊64）、昭和五年五月の「創立二十五年記念全国団員大会」には閑院宮載仁《かんいんのみやことひと》親王から令旨が与えられた。このようにこの団体が皇室の擁護を受けた理由は、その設立目的・活動が国家政策と歩を一にし、「白色倫理運動」（＊65）の神掛ったような「祈詞《いのりのことば》」にみられる天皇崇拝・神道的精神が、政府・官僚に好感をもって受け入れられたことによる。

青年団の目的のひとつは修養であると述べる前出の田沢義鋪《たざわよしはる》は、この団体の熱烈な信奉者だった。大正四年八月、修養団は師範ならびに農林学校生徒講習会（別名、青年指導者講習会）を磐梯山麓において開催した。そのときの指導担当者が蓮沼であり田沢だった。文部省も全国の師範学校と農学校に推薦状を出すなど、該講習会には大いに協力したという。

この講習会の特色は、天幕を設営して講師と受講生八名を一組として一つの家とし、別棟のバラックに役場・工場・学校・病院・郵便局・産業組合などを設置し、これを向上村と命名して受講生に運営させたことだった。各家には家憲を、向上村には条例を制定して、受講者の選挙で村長・収入役が選出され村会が開催された（＊66）。つまり、模擬的な村を建設して自治の訓練を行ったのである。この講習会は、第三回目からは全国中堅青年講習会と改称された（＊67）。

ところで、田沢による修養の把握はつぎのようなものだった（＊68）。

一体修養とは何であるか。簡単に云えば、自分を伸ばし、自分を磨くことである。他の語で云えば、自己建設、自己完成の努力である。真に生き甲斐のある一生を送り得るような自分を作り上げること、即ち真に人生の意義を全うし得る自分を作ること、之が修養である。

この、田沢による修養概念の把握は、大正四年九月に発令された訓令の主要フレーズである「抑〻《そもそも》青年団体ハ青年修養ノ機関タリ其ノ本旨トスル所ハ青年ヲシテ健全ナル国民善良ナル公民タルノ素養ヲ得シムルニ在リ」を想起させる。上記講習会が該訓令発令の前月に開催されたことは偶然だろうか。しかし、本来自主的に行われるべき修養が、青年団の活動目的として具体化されるとき、しばしば強制を伴って展開されたことはこれまで見てきたとおりである。

大正三年八月、第一次世界大戦で、日本がドイツ帝国に対して宣戦布告の詔書を渙発すると、中央報徳会はただちに機関紙『斯民』をつうじて、「殊に他日此責務を担ふべき国民は、即ち今日の青年子女」であると述べ、一《いっ》木《き》喜《き》徳郎《とくろう》文相が「此教養に力を致すべき旨を教育家に訓示」した。同時に、この緊迫した事態を国民に広く伝え、その覚悟を促すべく特集記事を掲載した（＊69）。

翌月発行の『斯民』には「直ちに実行すべき事項十個條」を「戦時十訓」として掲載し、国民の「一大覚悟」を求めたのだった（＊70）。

「戦時十訓」

①「挙国同心」。

②出征者の「後援慰安」。

③「体育を盛んにし、益々義勇尚武の精神を養ふ」こと。

④「奢侈虚飾」の戒め。
⑤「国産の奨励」「共同組合を奨励」。
⑥「育英の事業」とくに「実用に益多き学科を選択」。
⑦「農村保護」による「食物の供給上独立」。
⑧「地方の開発」とくに公吏の犯罪防止。
⑨納税の奨励。
⑩「世界の国民として」「海外の形勢につうずる」こと。

参戦各国の事情につうじる国家官僚の危機感は、平時における戦争準備として、まさにこれら「戦時十訓」が翌年内務・文部両相から発布された青年団の訓令に集約的に表現された。これがすなわち青年に「健全ナル国民善良ナル公民タルノ素養」の内容であって、そのための必須の方法として、①身体的修養、②精神的修養、③実業のための修養の三点を設定したということなのだろう。そこで本節ではこの項目にしたがって、山形県下青年団ではどのような事業が展開されたのかその実態をみてみよう。

(二) 山形県下青年団の身体修養

①近代日本の体育行政の概要

ところで、支配層の、国民の体力への関心は明治維新当時から並々ならぬものがあったが、第一次世界大戦の開戦・参戦という衝撃によって、ふたたび国民体力増強問題が緊急に解決すべき国家的な課題へと位置づけ直された。大正元年三六・七％、同二年三六・五％、同三年三五・七％、同四年三五・八％という壮丁検査の甲種合格者の漸減は（＊71）、陸軍当局者ばかりでなく指導層全体に危機感を抱かせた。

文明開化を目指す日本の明治初期教育政策は、欧米先進諸国の文物・制度を移入・摂取して短時間のうちにその水準に到達することだった。そこで、欧米人に比較していかにも見劣りのする日本人の体格改善が教育のなかで問題化されたのである。明治初期の体育学者である坪井玄道《つぼいげんどう》は、国民体力は国家の富強・盛衰に連なるものであるという認識のもとに、小学校における普通体操普及の必要性を訴えるにあたって「盛国家之元気在養国民体力」というスローガンを掲げた（＊72）。

大正期に至ってもその思想は保持されていたようだ。前出の中央報徳会青年部では、大正五年八月二一日から一週間にわたり、府県視学・郡視学・学校長、その他実際の青年団指導の任に当たっているものに対して講習会を開催し、同四年の青年団に関する訓令の発令に直接関わった内務・文部両省の当局者、農務省・陸軍、その他各方面の大家を講師として、彼らの意見・説明・注文・主張等を聴く機会を設定した（＊73）。この会議で、乗杉嘉寿《のりすぎよしひさ》文部省督学官は、世界列強の中の最貧国である日本が西洋文明の力を抜くための第一歩として獲得しなければならない力とは国力・民力であり、それはまず国民の体質・体力、知識能力、武力、国土・人口であると述べた（＊74）。さらに、中川望《なかがわのぞむ》内務省衛生局長も国民体力向上の必要について次のような「講述」を行った（＊75）。

　青年の体力如何は国家の存立上将《ま》た国家の将来に対し、国民として大に考慮を要する事と信じます。昨年五月中央報徳会に於て自治制実施二十五年記念大会を開きました際に、四箇條の協議事項を提出しております。其《その》第一項目として「青年をして世界に於ける日本の地位を自覚せしめ、特に気力、体力を旺ならしむることに力むる事」という決議を致しました。（中略）是れより先中央報徳会に於ては時局開始後、欧羅巴《ヨーロッパ》各国の情勢に鑑み我国民の気力、体力増進の必要ありと認めましたので、体力奨励に付て研究会を開いたのであります。（中略）それが自然訓令の上にも現れて居る次第であります。（中略）国民の体力を増進すると云《い》ふことは、国家にとり最も重大なる関係を有するのでありまして、国民体力の強大といふことは実に一国富強の基であります。国防の点より将た生産力の上より観ても知識発明其他学問の進歩と云ふ点から見ましても、体力の強健と云ふことが最も欠くべからざるものでありますし古来体育と云ふものは、（中略）総《すべ》て愛国的精神から唱導されて居ったものであります。（中略）一国として其の勢力を持続するに付ては、（中略）将来に強健なる良き子孫を遺して置くと云ふことが、眞に国家百年の大計であります。即ち遺伝学の進歩が、遺伝に依って民族衛生が自ら定まって行く。

以上、国民体力は国家の富強・盛衰に連なるものであるという明治初期の思想が（＊76）、大正期に至っても政府内に広く共有されていたのみならず、国防およびそれを保障する生産力の問題、「愛国的精神」「遺伝学」＝優秀な種の保存の問題にまで拡大・再解釈されたことがわかる。

明治初期、森有礼《もりありのり》は国民教育全体を貫く忠君愛国の精神涵養方策として兵式体操を採用した（＊77）。とくに青少年の体格・体力は、徴兵制を採用した日本では切実な問題とならざるをえず（＊78）、総力戦体制構築にあたって、これが臨時教育会議において最優先課題のひとつとして議論されたことは前章で述べたとおりである。

大正四年、中央報徳会では評議員が集まって体育奨励実行協議会を開催した。この目的は、「国民の元気の振作、体力の増進」に関して委員の意見をまとめ、内務・文部両大臣の参考に資するというものだった（＊79）。提案項目は一から二二まであり、その内容は具体的である。注目されるのは、第一項目に「心身健全となるは国民の義務たる事を自覚せしむべきこと」を挙げたことである。そこでは、昭和前期の「人的資源拡充の見地」に立脚した（＊80）体育行政の基本姿勢が提出され、国民の意思や希望にはお構いなしに、「陛下の赤子《せきし》たることに目覚めて、陛下の股肱《ここう》となるために」体育を行う（＊81）体制づくりへの布石が打たれていた。

近代以降、軍隊や学校における体育行政機構は漸次確立されたが、一般社会の体育行政は民間の体育団体にほぼ任されていたという。しかし、大正二年、文部省大臣官房に体育課が新設されると、体育事務はここに集約されて一般社会体育についても本格的に関与を深めていくことになった。大正一三年の体育運動研究調査機関である「文部省体育研究所」の創設、ならびに後述の明治神宮外苑競技場の完成を期して、大正一三年に内務省の主催で第一回明治神宮競技大会が開催された。この競技会は、第三回まで政府の主催で行われ、その後官民合同の明治神宮体育会主催に変更された（＊82）。

国民の体力向上が国家的課題となりその対策が模索されていた時代、政府としては地方一般の運動会の開催はもっとも歓迎されるべき方策であり、青年団の全国的な統合、ナショナリズムの喚起という視点でこれを見ると、これら一連の開催はもっとも成功した施策のひとつだった。

大正九年に開催された全国青年団明治神宮代参者大会で、青年団と皇室との接近が演出されたことは、前章ですでに述べた。これと同様に、明治神宮における全国規模での青年団競技大会の開催は、関東大震災を経験し精神的に動揺していただろう国民、とりわけ若者たちに、天皇に対する忠誠心を喚起させるための有効な手段として指導層に認識されたことは想像に難くない。それはまた「国民精神作興に関する詔書」の精神とも符合するものだった。

大日本連合青年団は、国家の青年体育奨励策と歩調を合わせ、大正末期から昭和前期にかけて熱心にこれを推進したのである。大正一五年以降、大日本連合青年団は「優勝牌」を設定して加盟団主催の競技会での優秀成績者にこれを贈り、昭和四年には「大日本連合青年団表彰規程」を設定した。そうして明治神宮競技大会青年団競技会における新記録達成者や抜群の成績を挙げた者に対して、該規程により「体育賞」を授与した。また、体育指導者講習会などを開催して青年体育の振興に努めたのだった。

さらに、昭和一三年には「青年団体体力検査要項」を制定、加盟各団体にこれを通牒して青年体力向上運動を推進した。昭和一三年一月、厚生省が設立され同時に同省筆頭局として体力局が設置されて（昭和一三年一月〜同一六年八月）その所管事項が提示されると、翌一四年には大日本青年団と改称した大日本連合青年団は、青年団体力検査事業を体力局に委譲した。こうして国家の事業として「体力章検定」が実施されることになった（＊83）。同時に厚生省体力局は、明治神宮競技大会も国家の事業として開催することにして、大日本青年団はこの協力団体になる。翌一五年四月、国家は「国民体力法」を公布し同年九月に実施した（＊84）。

②山形県下青年団の身体修養実践

山形県における青年体力の向上策は、大正六年の青年団に関する訓令・規約準則に明示され、政府の訓令を踏襲して設定されたものだった。青年団の体力向上事業は娯楽性を伴うものであり、なかでも本県では、相撲・スキー・運動会などは盛んに実施されたようである（＊85）。しかし青年団が小集団の場合、その事業には多くの選択肢があるものの、市町村・県単位の数百名・数千名の集団になるとおのずとその活動の回数や規模を制限せざるをえなかった。

大正一三年八月に開催された県下青年団長協議会における議題のひとつが、「本団総集会ノ開催方法ニ関スル件」で、その内容は「本団総集会は従来毎年県内一ヶ所に於て開催せるも主として運動会に力を入れ然して又開催地に遠き郡市内青年団は参会の為めに多額の旅費を要する等青年修養上相当考究を要する」というものだった。これに対して東田川郡の代表が開陳した意見は、「運動熱の余りに高唱する事は一面体育奨励の今日、結構なる事なれど、又一面には農村振興上非常なる欠陥あり現に総集会の開催前は選手として予選せられたる者は半月以上農事中止の状態である」という不満だった。

この意見に関して、本県連合青年団の梅本理事から次の提案があった。この課題解決のために「県内を三地方に分けて総集会は其の地方丈《だ》けを以て開催し三年に一度か四年に一度県全体の分を山形に開催し期間を二日とし一日を運動会一日を他の修養方面に振り分くる或《あるい》は一日の中半日宛に分けて挙行するかに改正する」と。しかし、結局意見の集約ができず、「当局に於て相当に方法を講じ適当に開催する」という議長提案で終わった（＊86）。ここで明らかにされたのは、青年団の総集会とは、字義どおり団員が集まるということで、議事や決議、予算・決算承認の場ではなく、多くの場合、この場で運動会が開催されたということ、また、当然ながら青年団の連合化による規模拡大に伴って諸活動の実践には困難が伴ったということである。残念ながら資料未見のため上記議題の結論はえられなかった。

上記山形県青年団長協議会の翌日、大正一三年八月二四日、第六回山形県連合青年団総集会が県立鶴岡中学校校庭で開催された（＊87）。ここには「参集者無慮二万五千を算した」といい、『山形県教育』第四一一号の記事に記載された運動会の得点表から、県下全域から競技に参加していたことが判明した。

この記事によると運動会の参加選手は一一〇〇名余りで、競技内容は、新設されたトラックで①「十哩マラソン」、②「百米突競争」、③「四百米突競争」、④「千五百米突競争」、⑤「二百米突競争」、⑥「八百米突競争」、⑦「リレー・レース」などが行われた。また、フィールドでは、①「走幅跳」、②「砲丸投」、③「走高跳」。その他、道場で「柔道」および「剱道」、校庭では「相撲」などの競技が展開された。

参加者のうちのリレー・レースの成績・タイム優良者は、大正一三年一一月一日、二日の両日にわたって行われた第一回明治神宮競技大会青年団競技会（＊88）への参加切符を手にすることになり、ここに地方末端の青年団の全国的な青年団への統合策が具体化されたといえる。

本書の調査地である及位村青年会でも総集会後運動会を開催した。大正一四年度を例にとると、まず同年五月六日の役員会において運動会の開催が協議され、その決定事項が改めて村内各支部宛てに通知されて実施に至っている（＊89）。村の青年団では、運動会開催時に団員の「手簿《てぼ》」の確認または参加の記録などが行われたことが文書から明らかになった。

また、昭和二年八月三一日付の記録によると、最上郡連合青年団でも新庄中学校で陸上競技会を開催し、「選手以外ニモ会員應援者多数出席相成様　貴部落内御勧誘相成度候也」として奥羽本線の列車が指定され、当該競技会への参加に困難が伴った様子を伝えている（＊90）。翌同三年の最上郡連合青年団の運動会は、総会と同日の開催に変更された（＊91）。村の運動会での成績優良者が郡陸上競技会への出場権をえることができ、郡の成績優秀者は「郡聯合青年團嘱託選士」としてさらに上位の競技会への出場権がえられるというように、最終的には明治神宮競技大会青年団競技会への出場に繋がった。大正一五年の明治神宮競技大会青年団競技会には及位村青年会からも選手の派遣が決まり、この事態は「名誉」であるとして、村を挙げての壮行茶話会が開催された（＊92）。

優秀選手の体位は当局に報告され、後に実施されるだろう国家による「国民体位」の管理に繋がることが予測される（＊93）。もっとも、実施時期などの条件によっては村単位の青年団の参加不能の競技会もあったようで、及位村青年団長から塩根川支部長宛に発信された文書では、団体ではなく個人参加が要請されている（＊94）。

さらにこの一連の文書でわかることは、昭和三年になると郡内を数か所に分け、そのなかで競技会が開催されたことである。本件に関するその後の記録が遺されていないので推測になるが、郡を数か所に分割して競技会が行われ、最終的には記録優秀者全体の運動会が開催されたということなのだろう。以上のように、運動会をつうじての完全な青年団の系統化には困難が伴ったことは明らかだが、それでも選手たちは神宮を目指して努力しただろう。

なお、塩根川向上会規約書「礎《いしずえ》」によると、独自に運動部を置き、さらに競技部および剣道部を設けて団員が汗を流し交流を深めたようだ。以上述べたように、青少年の体力向上という国家の課題は、地方末端の青年団にも急速に浸透が図られた。それは、娯楽性を伴う事業であるがゆえに可能だったのではないか。だが、青年たちがスポーツをつうじて無自覚のうちに「陛下の股肱」にされるという権力の狡知を見逃してはならない。

（三）山形県下青年団の精神修養――実業補習学校就学推進

前章で述べた事項の繰り返しになるが、第一次世界大戦を機に参戦各国が青少年教育に力を注ぐなか、日本では大正六年九月に設置された臨時教育会議において、財源確保の困難から義務教育延長または補習教育の義務化の問題が、それ自体としてではなく、国民精神涵養ないし国家産業の基礎力培養という見地からこれが問題にされ、「徳育」「人格ノ陶冶」が強調され、「実業学校ニ於テハ技能ニ偏スルノ弊ヲ避ケ徳育ニ一層ノ力ヲ用ヒ人格ノ陶冶ニ努ムルコト」と答申された。

そういう政府内の事情を察知してか、山形県では大正六年の青年団に関する訓令、規約準則の発令をもって、実業補習学校または夜学会への通学は青年団員の義務であるとして、これら機関への就学を推進したのである（＊95）。大正四年の内務・文部両相による訓令発令の際、実業補習学校が青年団の修養機関に指定されたことと関連させて考えると、本県では青年団への入団自体が青少年の義務だとしたのだから、当然その修養機関への就学もまた義務であるという論理が成立する。また、本県の主たる産業が農業であることから、実業補習学校の多くは農業補習学校だったことは当然だろう。

山形県視学官の寺尾英量によれば、大正六年当時の県下実業補習学校は公私合わせて二八一校、そのうち九七・五％にあたる二七四校が農業補習学校であり、その多くは期間開設で、通年開設の学校は東田川郡・最上郡・西村山郡・西田川郡・東村山郡・飽海《あくみ》郡など七〇校のみという状態だったという（＊96）。そこで本県の補習教育についての課題意識はどのようなものだったのかということに注意して、大正六年の訓令に際して行われた本県卜部学務兵事課長の「講演」内容をみてみると、文部省を中心にした政府当局者の意気込みとは裏腹にその意識は希薄すぎる感をぬぐえない。

大正四年二月、関係者が集合して「補習教育の改善普及並に青年団体の指導奨励に関する実行事項協議会」が一木喜徳郎文相官邸で開催され、熱心に協議された（＊97）。これをみても、青少年の補習教育の充実は国家の重要課題だと認識されたはずである。

しかし、本県においてそれは、政府の意向を受けての義務的な推進程度で、とくに「徴兵検査の成績に徴しても、小学校を卒業した儘《まま》の者の学力は実に哀れなもので、甚だしい者になると自分の姓名さへ満足には書き得ない状態であります」と述べて、軍事的見地からこれを問題にしているにすぎない。しかも農業補習学校の場合、就学不振の原因は次の項目で、主に教育行政の不備にあることを認めている。

①「実業科担任教師に適任者を得ざること」。
②同校の「価値未だ十分に地方に認識せられざること」。
③それゆえ同校の「経費が十分に支出されず、教師の待遇も薄く設備も不十分」。

これらの結果として、「父兄は努めて子弟を通学せしめんとはせず、子弟も亦《また》出欠常ならずといふ始末で、斯種学校の前途は、猶《なお》未だ極めて遼遠なるものがあるのであります」と述べる。それにもかかわらず、「それはそれとして、青年団体は極力実業補習教育の必要を鼓吹して、団員をして奮って之に就《つ》かしむるやうに仕向けなければなりません、実業補習教育の助成といふことは、青年団体の最も努むべき事業であって、之を措《お》いては団員修養の最も大切なる事業がなくなってしまうのであります」と述べる（＊98）。したがって、本県における実業補習教育推進の内実は、授業内容よりも青年団員の同校への就学の奨励に尽きるということになるだろうか。

好例は、『山形県教育』大正一三年一〇月「青年団号」に掲載された「県内優良青年団」九団体のうち、事業事例が紹介された三団体である。次にこれら団体の事業を確認しておく。

第一の事例は、北村山郡大石田町青年団の実業補習学校入学推進策である。当該青年団の優良認定理由は明確にされていないものの、「国家の要求当町の風俗習慣産業等に留意し其の施設計画を為」したことが、評価の対象になったものと思われる(＊99)。この青年団の創設は大正六年一二月で、大正一三年当時の団員は一六三名である。察するに同年に発令された本県の訓令に即応して誕生した団体だろう(＊100)。

本団では、入団に際して「山形県青年団体規約準則」「第三條」に則した「宣誓」を行わなければならず、団員には「実行細目」「訓練要目」にしたがって「訓練」が課されるという厳格さである。それ以外の事業については省略するが、「実業補習学校との関係」項目から、該機関への入学もまた「団則」による強制力が発動されたのだと推測される。町では「総《すべ》て本団の施設は補習学校中心施設」であると言明するほど就学推進に執念を燃やす様子をうかがうことができる。次の取組はその一例である(＊101)。

出席調査員を各区の幹部に命じ出席督励員を生徒の互選により定め調査員調査すると共に督励員をして欠席生徒を督励出席せしむる為め其の施設前に比し非常な良結果を得たり。一二月一〇日各区役員一勢に個別訪問により就学出席を勧誘する等熱心にそれに勉めたる為め現在出席歩合九五%にして就学生徒は全団員の五分の一に達せり勧誘員を派遣し尚出席せざる場合は役員之を勧誘し及ばざる時は各区員協力一致勧誘に努め尚及ばざる時は学校長、又は団長に申告し退学せしめ青年団を除名する事を約束す。

その他にも「貧困者には団員より学資を補助し就学せしめ又成績優良者には奨学賞を毎年授与」したり、「父兄懇談会を開催し出席契約に連署捺印」させるなど、さまざまな手段を講じたことが記されている。結果としてその出席率は九五%にまで高まった、しかし就学率は二〇%程度に止まっていることから、就学者自体の増加が課題になったのだと思われる。

大正九年の改正「実業学校令」「第十四條」では「実業学校ニ於テハ授業料ヲ徴収スルコトヲ得」と規定されている（＊102）。しかし現実的には、庶民教育である公立の実業補習学校の約八五％は授業料の徴収を行わず、徴収を行う学校は主として大都市にあって設備も教授内容も実業学校に類するものが多かったようだ（＊103）。

少々時代が下るが、昭和八年五月一日現在の「設立者別実業補習学校数及生徒数調」によると、山形県の実業補習学校総数は三〇三校で、そのうち私立の学校は四校のみである（＊104）。さらに、昭和五年五月一日現在の、本県における公立実業補習学校三〇一校のうち「授業料ヲ徴収セザル学校数」は二四九校、総数に対する割合は八二・七二％、「授業料ヲ徴収セル学校数」は五二校でその割合は一七・二二％となっており、県下のほとんどの実業補習学校で授業料の徴収は行われなかった。そのうえ、「授業料ヲ徴収セル学校」でも授業料年額総計は二六・五九円、「授業料ヲ徴収セル学校ノ一校平均授業料月額」は五一銭である（＊105）。

このような実態から推測すると、大石田町青年団の、「貧困者」とされる団員が実業補習学校に通学できない主な事情は、もちろん彼の家の貧しさによるものかもしれないが、「学資」を補助されたからといって就学が可能になるというわけではなく、学費を含めて彼の家では彼が通学するための環境が整っていなかったと考えるのが妥当ではないか。このような場合、この団の強制的就学奨励策について団員がどのように考えていたのかということは、この記事から読み取ることはできないが、生徒自身に出席督励員を互選させるなどの不満封じ込め対策とも思える手段を講じている点から察するに、団員自身はなかなか本音を言いにくい状況が上手に作り出されていたようだ。

なお、この件について、筆者の調査地である旧及位村塩根川部落で現在も農業を営み、自身も戦後、塩根川向上会の会長経験を有するT氏（昭和三年生まれ）に、実業補習学校への出席が不可能なために、青年団から除名処分を受けた青少年やその家族は、共同体での生活で何か不都合が生じる可能性があったかどうかという質問を投げかけてみた。これに応えてT氏いわく、「本人の感情はともかく生活には何の不便もない。むしろ時間的に拘束されないため家の仕事に集中できるから、本人や家族にとってはかえって好都合な場合がある」と（二〇一二年六月二五日インタビューから）。

万一青年団から除名される場合、それは町の青年団からなのか支部からなのかという大きな問題も関わってくる。そもそも行政自治体に設置された青年団は、少数の例外を除いて共同体の単位青年団が連合した結果組織されたのではなく、本県の訓令によって上から被《かぶ》せるように設立されたものであり、それに合わせて共同体に支部が新設されるという、通常のありかたとは逆の経過をたどっている。上述の記事から推察するに、この事例の大石田町青年団も例外ではないだろう。この場合、青年団としての活動実態はおそらく共同体にあるため、実際の帰属も若者自身の意識もまた同じく共同体にあったと考えるのが妥当だろう。したがって町の青年団からの除名は矛盾を伴い、事実上この措置の実行は不可能だと推論される。

第二の事例は、東村山郡豊田村青年会である（＊106）。本会は大正三年に設立されたのだが、山形県の訓令発令後これに則した組織に改編した。会員数は四二三人である。この青年団も九二名もの出席奨励委員を任命して「補習学校出席奨励」に力を注ぎ、「風紀改善」に対してはさらに二〇名の委員を任命してこれに対応した。大正九年、本会は会長・副会長を会員の互選で決定し「益々自治的に活動する事となり」、翌一〇年一一月、文部大臣および本県より表彰された。

この団の特徴は、大正一三年度の実績では、実習田の経営や雑役などの収入が一二四六円五〇銭もあり、そのうちの約一割、一二五円を「農業補習学校奨励費」として支出している点である。それらは農業補習学校への通学のために配布した提灯、懇親・懇談会、出席優良部落への優勝旗およびその副賞、一か月以上の皆勤者への賞状・賞品、支部費から支部内の出席優良生徒への賞与などの諸費用に充当した。本会では先の事例に比較して出席奨励の方法が穏健で、団員本位の施策だったことがわかる。

本会の表彰理由は、大正九年一月一六日に内務・文部両大臣から発令された、青年団の自主的な活動を奨励する訓令の意図にいち早く対応し、団内の「自主化」を推進するなど、農業補習学校への就学も団員の「自主性」を喚起する方法で奨励されたことが評価されたのだと思われる。

最後の事例は、東村山郡大郷村青年会である（＊107）。この青年団も、大正六年の山形県の訓令により創設されたようだ。興味深いのはその組織由来である。本欄「沿革」は次のように述べ、村単位の青年団組織の困難性の一面を明らかにした（＊108）。

大正六年九月縣訓令に基づきて組織したりと雖《いえど》も本會の趣意未だ廣く村民の諒解する所とならず、軍人分會員は全部入會せず、従って本會役員は人材に乏しく何等活動の見るべきものなかりしを以て大正八年秋軍人分會の諒解を得て分會員も二十五歳迄は全部本會員たる事とせり。

以上の経緯で組織された本会の会長には村長が、副会長には小学校長が任命された。大正一三年当時の会員数は未成年の年少組二三八人、成年以上の年長組一四〇名、合計三七八名で、この青年団も大正一二年に内務・文部省および県から表彰されている。この事例についても表彰理由などは明確にされていないが、本会の特色は在郷軍人会分会と一体化した青年団であるということ、および共同作業の盛んなことであり、大正一一年には一六日間延べ九三〇人の団員を動員して村内の公共工事を実施した。このような若者の態度に村民が共感してか、応援や寄付があいつぎ、「村内公共心涵養上頗《すこぶ》る有効なりし」と認められたことが本誌に記されている。

また、壮丁補習教育を実施し、壮丁学力検査に備えた結果、大正一〇年から同一二年の東村山郡壮丁学力検査成績は三年間上位を占めたという。さらに補習学校の実習田および支部の試作地を利用して農業上の研究を実施し、支部の収入をえるなど農村経済に寄与した。以上のような公共心が評価され表彰に繋がったものと思われる。

以上三町村の青年団の、実業補習学校への就学奨励策を確認した。資料をみるかぎり、県当局としては、訓令に際して実業補習学校への入学が青年団員の義務であることを県下の関係者に通告する以外、なんら特別な施策や具体的な指導を行っていない。そのため一面では県下青年団体の実業補習学校への就学・通学奨励策は、団によって多様だったことと推察される。

反面、実績さえ上がれば当局から優良青年団として認められたのだろう。既述のように、大正九年、「実業学校令」改正に伴う「実業補習学校規程」改正で、教育目的が従来の「補習」から「職業教育」と「公民教育」のふたつに重点が置き換えられ、とくに「徳性涵養に力むべきこと」が明示された。このような変更を背景に、本県当局でも就学さえさせれば実業補習教育の所期の目的は達成されると認識したのではないだろうか。

本項の最後に、本書が対象にする最上郡及位村塩根川向上会会員の、実業補習学校への就学状況を概観しておきたい。次頁の〔表2―2〕は、『塩根川向上会記録群』所収の「会員名簿」から、会員の就

〔表 2-2〕塩根川向上会会員の学歴類型

学歴類型	人	学歴類型	人
① 尋小中退	1	⑬尋高→青訓	11
② 尋小卒	7	⑭尋高→農補→青訓→青	1
③ 尋小→農補	5	⑮尋高→農学校中退→青訓	1
④ 尋小→青訓	8	⑯尋高→中学→専門学校	1
⑤ 尋小→青訓中退	3	⑰尋高中退	1
⑥ 尋小→農補→青訓	1	⑱尋高→農補	1
⑦ 尋小→中学	2	⑲尋小→青訓→青学	1
⑧ 尋高卒	12	⑳尋高→青訓→青学	2
⑨ 尋高中退→青訓	2	㉑尋小→青学	12
⑩ 尋高中退→農補→青訓	1	㉒尋高→青学	17
⑪ 尋高→青訓中退	1	不明（記載なし）	2
⑫ 尋高→農補→青訓	21	合計	103

※尋小：尋常小学校、農補：農業補習学校、尋高：尋常高等小学校、青学：青年学校、青訓：青年訓練所。
出典：『塩根川向上会記録群』No3「会員名簿」より抜粋。

学および学歴を抜粋、一覧化した資料である。

『及位小学校沿革史』によると、本村に農業補習学校が設立されたのは明治四〇年四月で、及位小学校に附設された（＊109）。大正六年、及位村青年会の創設と同時に塩根川向上会の前身である及位村青年会塩根川支部が発足し、「会員名簿」が記録されはじめた（＊110）。

該名簿に記載された大正六年から昭和一七年までの入会者一〇三名のうち、及位村農業補習学校を卒業した者は三〇人となっている。実際には昭和一〇年、勅令により「青年学校令」が発令され（＊111）、それまでの実業補習学校および青年訓練所が統合、一体化したことによって、昭和九年以前入会の七六名が実業補習学校への入学対象となる。それから計算すると、本会の農業補習学校卒業者は全対象者の約四割になる。

また、及位小学校に高等科が設置されたのは大正九年四月と比較的遅い（＊112）。したがって大正八年までの入会者の大半は尋常小学校卒業者であり（＊113）、卒業後はただちに勤労生活に入るか、または勤労生活のかたわら及位村農業補習学校に通学するか、いずれにしても及位村では義務教育を修了した青少年の圧倒的多数が勤労者になる。そのため塩根川向上会会員の学歴は〔表2―2〕に表われたように多様な姿になったのである（＊114）。

既述のように、大正九年現在の全国の農業補習学校数は一万五五九一校であり、実業補習学校全数が一万四二三二校であるため、全体からみると農業補習学校が全体の七四・四%という圧倒的多数を占める（＊115）。この点からみると、農業補習学校は農村の青少年に小学校卒業後の補習教育機会を提供したといいうる。しかし、その機会を利用できない多くの勤労青年が存在したこともまた事実である。

全国的にみると、毎年の実業補習学校入学対象者約一〇〇万人のうち実際に入学するのは約七〇万人ほどだが、そのうち約一四万人が中途退学したという。したがって単純計算では同機関への就学率は六割弱で（＊116）、そのうえなんらかの事情で通学がままならないとすれば、修了率はさらに低下するに違いない。しかし、実業補習学校を青年団の修養機関に指定することで、対象者全員を就学させ補習教育の強化を図るという政策がなければ、農村の若者たちの就学率はさらに減少したことだろう。農村の若者の側では農業補習学校で追加の教育を受けることが政治的に保障され、条件さえ整えば彼らの教育要求はある程度充足される状況にあったといえる。

（四）包括的修養機関としての山形県立自治講習所の教育

青年団について内務・文部両省から最初の訓令が発令された大正四年、山形県では大典記念として、山形県立自治講習所（以下、「自治講習所」と略称）の設立を計画した。本県では地方経済の不振の理由を次のように理解していた。ここでは、多くが「人」の問題として把握されており、「自治講習所」

の設立は、その解決のための施策として推進された（＊117）。

①「町村吏員に適任ヲ見ルコト少ナク、役場事務ハ概《おおむ》ネ不整理ナル」こと。

②「一般地方民ノ自治思想ニ至テハ幼稚」であること。

よく知られているように、「自治講習所」の初代所長として、山崎延吉《やまざきのぶよし》が校長を務める愛知県立安城農林学校教諭の加藤完治《かとうかんじ》が起用され（＊118）、該機関は後に国民高等学校へと発展しながら多数の人びとを満蒙の地へと送出するための、拓植訓練の拠点になったのである（＊119）。

「山形県立自治講習所設置ノ議」に明記されたとおり、当初の計画では、「自治講習所」は県下市町村の自治行政担当者の教育や、将来農村自治の中核になる青年の養成にその設立目的がおかれていた。それに反して、加藤は農村の指導力となるべき中堅人物、すなわち皇国農民の養成に力を注いだ。加藤は師弟共働主義を採り、そのうえに愛国的国学者だった筧克彦《かけいかつひこ》が創案したとされる日本体操《やまとばたらき》の精神＝古神道《かんながらのみち》を中核にしての、皇国・勤労・鍛錬を主体とする精神教育重視の教育を採用したのだった（＊120）。彼は、「自治講習所」開所式の挨拶で、「此の学校は職員生徒が畑の真中で大和魂を鍛錬陶冶する道場であります」と宣言したと、自著『日本農村教育』のなかで述べている（＊121）。

農村青年の精神的堕落を嘆く声も聞かれるなど（＊122）、「地方自治」不振の原因を優秀な「人」の不足に求める考え方は、当時の指導層に共有されたものだった。したがって、加藤の天皇崇拝の精神や、皇国・勤労・鍛錬・共働の観念を、厳しい労働と日本体操によって受講者の身体に直接叩き込む教育、皇国農民養成のための教育は、優秀な農村指導者を養成しうると期待され、国家官僚のみならず青年団関係者からも熱烈に歓迎されたものと思われる。

加藤の農村問題の把握は、第一に農村民の民族意識の欠如、第二に農村における人口過剰、第三に農産物の販路の未確立の三点だった。そこに、その解決策として日本農民道の確立および次・三男など農村過剰人口を朝鮮・満州に移植させるという発想が生まれる契機があった。加藤は、日本の現状においては「植民は教育の延長」だといって憚らなかった（＊123）。

日本資本主義の帝国主義への転化、明治末期からの食糧不足などの社会的、経済的な諸条件は、このような加藤の考えを全面的に後押しし、当時の指導層の発言のなかには日本の帝国主義への批判的精神を見出すことはできない。

入所者の立場からは、「自治講習所」への長期にわたる拘束は、自分や家族にとって大変な犠牲を伴うものだった。とくに自作農にとっては一家の労働力確保の観点からは当然受け入れられるはずはなかった。したがって、入所者は中小零細農家の子弟ではなく、家計にゆとりのある一部の者に限られたということだ。このような事情からか、後掲の〔表2―3〕「山形県立自治講習所修了者」の推移を概観すると、「長期講習生」の入所が定員の四〇名を満たした年が少ない理由がわかる（＊124）。

大正期以降、加藤と同じ指導理念をもって農民教育にあたった国民高等学校や講習所・村塾などが全国各地に誕生した（＊125）。前出の田沢義鋪もまた農村青年の勤労教育の一環として次・三男の移植民を提唱しており、加藤式精神教育支持者のひとりだった（＊126）。

設立初期の「自治講習所」では、定員四〇名、入所資格は市町村吏員・青年団長など農村の指導者であり、二五歳以上の実業補習学校卒業程度以上の学力を有する者、修業は一年間と規定された。原則的に一月から四月までは自治寮での共同生活による学科の授業、五月から一〇月までは農場実習による精

〔表 2-3〕山形県立自治講習所修了者

		長期講習生	短期講習生				
			中堅青年	小学校教員	萩野拓殖	満州移民	合計
第 1 期	大正 5 年	23 人					23 人
第 2 期	6 年	22 人	23 人	30 人			75 人
第 3 期	7 年	25 人	38 人	25 人			88 人
第 4 期	8 年	24 人		21 人			45 人
第 5 期	9 年	36 人					36 人
第 6 期	10 年	47 人		27 人			74 人
第 7 期	11 年	36 人					36 人
第 8 期	12 年	31 人					31 人
第 9 期	13 年	47 人					47 人
第 10 期	14 年	52 人		32 人	466 人		550 人
第 11 期	15 年	39 人	108 人				147 人
第 12 期	昭和 2 年	38 人	151 人		34 人		223 人
第 13 期	3 年	37 人	126 人		71 人		188 人
第 14 期	4 年	37 人	108 人		43 人		108 人
第 15 期	5 年	36 人	184 人				220 人
第 16 期	6 年	42 人	220 人		120 人		382 人
第 17 期	7 年	30 人	209 人			268 人	507 人
見習い生		26 人					26 人
合計		628 人	1,167 人	135 人	734 人	268 人	2,932 人

出典：山形県立上山農業高等学校『山形県立上山農業高等学校五十年史』昭和 37 年 78-79 頁。

神鍛錬（但し全期間正規の実習が不能な者は一か月以上の正規実習、他は各家庭で実習）、一一月・一二月は「見学旅行」を実施した。

本機関設立当初のものは未見だが、本書では昭和四年度の「見学旅行」を例に挙げその実態を確認しておく（「山形県立自治講習所第一四期生見学旅行日程」「保護者宛　見学旅行案内状」昭和四年度）（＊127）。

この内容は概略次のとおりである。①旅費実費　一二〇円、②家庭補助必要額四四円、③旅程一一月中旬出発約一ヶ月間、④準備品　冬服・日用品、⑤予備費一〇円位。

本資料は、筆者の調査地である最上郡及位村に隣接する安楽城《あらき》村（現、真室川町安楽城）の農家、佐藤忠の三男である清美（明治四五年生まれ）が、「自治講習所」の第一四期長期生として入所した際の「見学旅行」の保護者への案内と旅程表である。とくに旅程表は詳細を極める内容だが、筆者が簡略化し〔表2―4〕にまとめ掲載した。

旅程は、同年一一月九日、山形を出発後京都経由で出雲大社に詣で、朝鮮半島各地を経由して北上し満州各地を巡って帰国、ふたたび京都に立ち寄って山形に戻るというもので、ここには加藤の敬神の念および大陸への農業移民送出の意図が明確に現れている（＊128）。詳細な事情は不明ながら、この後、父親の忠は跡とりで身体が弱い清美の代わりに、自身の弟の六男《むつお》、つまり清美の叔父を朝鮮江原道平康郡の開拓地に入植させた。六男は現地で妻と幼児二人を亡くし、敗戦の年の一二月、本人も残された子どもとともに命からがら真室川駅たどり着いた直後その場で死亡した。

六男の入植地が北朝鮮側に位置しているため、ご子息である篠夫氏の墓参の夢はいまだ実現していない。忠の孫である佐藤清夫氏によると、当時、農会技手《ぎて》を勤めていた佐藤忠には、移民に関して当局から相当の圧力がかかっていたという。この言を裏づけるように、忠自身が、第一〇次「劉美最上開拓団」（通称「満州最上郷開拓団」）（＊129）に農事指導者として入植した。

内務省地方局に勤務経験のある加藤は、日本が置かれた国際的な位置、および政治的、経済的課題を熟知していたものと思われ、農村の若者を教育することでそれらの包括的な解決を企図したのではないだろうか（＊130）。朝鮮や満州への移民の推進は、農村問題解決の方策のひとつであり、とくに「自治講習所」の修了生はそのターゲットにされたのではないかと推測される。

「自治講習所」の日課は、午前五時起床、点呼の後、武道・清掃・日本体操・礼拝、七時朝食、学科で午前が終わる。昼食の後、学科・教練・武道、実習時には特別講話・夕食・自習・礼拝で九時に就寝となる（＊131）。ここに掲載されている「教練」とは銃剣を使用しての軍事訓練であって（＊132）、初期の

〔表 2-4〕山形県立自治講習所「第 14 期生 見学旅行日程表」
昭和 4 年 11 月 9 日～ 12 月 11 日

月 / 日	発駅	時間	着駅	時間	参拝・見学・その他	宿泊
11 月 9 日	山形	18:09				車中
10 日	上野	6:00				
11 日	京都	5:10	倉吉	13:33	山陰国民高等学校	山陰国民高等学校
12 日	倉吉	10:35	石見益田	22:12	出雲大社参拝	石見益田
13 日	石見益田	6:30	萩	16:22	須佐ヨリ奈古迄徒歩 6 里	萩（富田屋）
14 日	萩	13:51	下関	21:10	松下村塾・明倫館・志士の事績	
	下関出帆	22:30			松陰神社・桂彌一翁訪問	
15 日			釜山	8:00	群山不二農村視察	群山不二農村山形村
16 日	群山	13:36	京城	22:35		京城（大東館）
17 日					朝鮮総督府見学	京城（大東館）
18 日	京城	8:50	平康	12:14	平康産業組合視察	
	京城	23:00				車中
19 日			平壌	6:10	玄武門・牡丹台・その他見学	
	平壌	15:18	安東	20:55		安東
20 日	安東	11:40	奉天	19:05	鴨緑江渡橋、新義州安東見学	奉天（大□生ホテル）
21 日	奉天	21:20			奉天市見学	車中
22 日	長春	7:54	哈爾濱	16:30	哈爾濱市内見学	哈爾濱（名古屋旅館）
23 日	哈爾濱	22:40				車中
24 日			公主嶺	10:57	公主嶺農業実習所	公主嶺
25 日					附近農業視察	公主嶺
26 日	公主嶺	20:10				車中
27 日	奉天	6:35	撫順	8:10	撫順炭鉱見学	
	撫順	15:55	奉天	17:20		
	奉天	20:30				
28 日			大連	7:00	満鉄本社・大連市内見学	大連
29 日	大連	7:50	旅順	9:05	戦績見学	旅順
30 日	大連出帆	10:00				船中
12 月 1 日						船中
2 日			門司	正午		
	門司	13:10	八幡	13:46	八幡製鉄所見学	
	八幡	16:56	博多	18:23		博多
3 日	博多	11:10	門司	13:10	九州帝大その他見学	
	下関	14:00	呉	21:30	海田市経由	呉
4 日	呉	11:35	海田市	12:12	呉海軍工廠見学	
	海田市	20:53	京都	21:24		京都（奉公館）
5 日					橋本先生訪問	京都
6 日	桃山	15:32	木津	16:29	桃山御陵参拝	
	亀山	19:08	二見ヶ浦	21:06		二見ヶ浦（朝日館）
7 日	山田	14:38	亀山	16:19	伊勢大神宮参拝	
8 日	岡崎ヨリ車 7 里半		足助ヨリ徒歩 6 里半		古橋源六郎翁墓参	稲橋村
9 日	稲橋村ヨリ徒歩 9 里		三河海老迄		稲橋村視察	
	三河海老	19:36	鳳来寺	20:03		
	豊橋	22:14				車中
10 日			東京	6:00	筧先生訪問その他	東京（日本青年館）
11 日	東京	12:36	友部	15:20	加藤先生訪問	
	友部	21:23	小山	22:56	友部日本国民高等学校	
12 日	小山	1:00	山形	10:19		

満州農業移民には必須の訓練だった。「自治講習所」は設立第四年目頃からは入所年齢は満一六歳以上に引き下げられ学歴も不問にした。一か月六円の費用は全額県からの補助で賄った。

「自治講習所」の第一期生二三名の修了式に際し、添田敬一郎知事は、「本所終了後もなお修了者は本所と連絡し地方改良の第一線に立ってもらいたい。そのための組織が必要ではないか」と訓示した。その後、「教育勅語及戊申詔書ノ御趣旨を奉戴シ会員相互ノ親睦ヲ図リ地方自治ノ振興ヲ期スル」ことが目的の地方改良研究会を組織した。大正一〇年九月、加藤所長のヨーロッパ旅行に際してこれを一笑会と定め、機関紙として月刊『弥栄』を刊行したのである（＊133）。

加藤は大正一三年一月に帰国、翌一四年一一月には西垣喜代次《にしがききよじ》を後継者に任命して「自治講習所」を辞し、新規に設立した日本国民高等学校の校長に就任した（＊134）。

昭和七年一一月、県立国民高等学校創設案が議会に提出され、その結果、県立上山農学校と「自治講習所」とは合併し、山形県立国民高等学校として新たに教育活動を展開することになった。国民高等学校設立のもっとも積極的な推進者は、当時農林省農務局長の任にあった石黒忠篤《いしぐろただあつ》で、彼は加藤の先輩であり友人でもあった。石黒を中心に、「農村の中心人物たるべき者の養成指導を為し依って農民の精神上物質上の向上発達並農村の改善を期する」目的で、大正一五年一月、まず財団法人日本国民高等学校協会を創設し、その事業として、茨城県友部《ともべ》の国立種羊場跡地に日本国民高等学校を設立したのだった（＊135）。

協会の監事には、井上準之助・橋本伝左衛門・小出満二。理事には石黒忠篤・渡辺侯治・加藤完治・那須皓・山崎延吉・深作雄太郎《ふかさくゆうたろう》・小平権一《こだいらごんいち》など政・財・学の有力なメンバーが名を連ねており、後の日本農業と農政をリードすることになる。石黒は、農林行政の立場から農村における中堅人物養成の機関として、デンマークの国民高等学校のような独特の教育機関が必要であるとの認識を保持しており、その見本となったのが、「自治講習所」だった（＊136）。

「日本国民高等学校設立趣意書」は次のように述べて、農村疲弊の原因は農民自身にあると強調した。すなわち、「畢竟《ひっきょう》農民自身が覚醒奮闘して農業経営の発展に努め農村生活の改善を計るにあらざれば、如何《いか》なる施設対策も終《つい》に其の効果を見る能《あた》はざるや明《あきら》けし」、と。したがって、「農村の衰退そのものよりも寧《むし》ろ農村に於て其の頽運の挽回に努力すべき人材の欠如せることにあり」として、農村の人材育成にその対策を求めたのだった。

以上のように、山形県では全国に先駆けて農民教育機関を設立した。大正五年一一月の『斯民』第一一編第八号は、「地方中心人物養成の魁《さきがけ》　山形県立自治講習所」なる記事を掲載して該機関を紹介した（＊137）。この記事が全国に配信され、「自治講習所」は一躍脚光を浴びることになった。県知事はじめ当局者の喜びはいかばかりだったことか、その優越感は察して余りある。

そしてこのような自負がさらなる実績を期し、既述の添田県知事の青年団に関する強権的な訓令および規約準則として表現されたのだろうか。しかし、明治末期以来続く日本資本主義の矛盾である農村不況という政治的、経済的問題が「人」の問題に矮小化され、その克服の具体的処方箋が農村中心人物の養成として追及されたことで、なんら根本的な解決はえられないまま問題がますます悪化し、農民が大陸侵略への道へと誘導されたことは歴史が証明するところであり、本件については別章で詳述する。

第三章　塩根川向上会設立の歴史的、社会的諸条件

問題の所在

本章の課題は、本書の研究対象である山形県最上郡及位《のぞき》村（現、真室川町及位）の青年団塩根川向上会（以下、「向上会」と略称）が設立された自然的、歴史的、社会的背景を明らかにすることである。当村は、豪雪地帯にして村の総面積の約九〇％を国有林が占め、その対極では狭い耕作地と劣悪な自然条件のもとで、村民の多くは農業に従事していた。

そのうえ東北の僻村という地理的な条件からか、メディアの流入はいたって緩慢で、村民は旧来変わらぬ自然経済的半自給生活を営んでいた。

そう考えたとき、真っ先に思い浮かぶのは、後述するような戦前期のルポや小説に描かれた東北農村の暗さや貧しさである。人びとは夜明けから日暮れまで農作業に従事し、夜は縄綯《なわな》いや蓆織《むしろおり》などの作業をこなす。合間を縫って養蚕や製炭、国有林関係の作業や土木工事などの賃仕事にも従事する。ほとんど休むことなく働いても暮らしは楽になるどころかますます困窮の度を深め、負債は増加する一方だった。なにかおかしい――と若者たちは疑問を抱かずにはいられなかったことだろう。

このような状況にあった塩根川部落の若者たちは、大正期に山形県が発令した訓令とは別の目的をもった青年団「向上会」を創設した。そこで読書やスポーツを楽しみ、雄弁会を開催して自身の考えを練り、それを聴衆の前で発表するといった文化活動に情熱を傾けた。

しかし、厳しい自然環境と長い歴史に規定された共同体の生活は簡単に変えられるものではないし、前章で繰り返し述べたように、国家が青年団に期待したのは、近代日本「地方自治」再編への寄与、すなわち共同体秩序の維持である。その意味では共同体内における諸関係は堅持されざるをえない、若者たちは深いジレンマに陥っていたに違いない。したがって、本書の中心課題究明のための基礎資料として、「向上会」を設立させた東北農村、とりわけ及位村の自然的、歴史的、社会的背景を概観しておくことが重要な作業であると考え、本章を設定し以下の課題を究明する。

第一節では、戦前期の東北農村における生活はどのような状態だったのか、その一端をルポや新聞記事などを中心に概観する。

第二節では、及位村の自然的、歴史的、経済的環境を概観する。

第三節では、とくに当地が国有林に囲繞《いにょう》された土地であり、「向上会」における活動資金のほぼすべてがその保全・整備の労賃で賄われていたことを重視して、当地に遺されたわずかな古文書から、本村における国有林形成の歴史を概観しておく。

第一節　東北農村の生活

（一）窮乏の東北農村

繰り返しになるが、「向上会」が事業展開の拠り所にした収入のほぼすべてが、秋田営林署が提供した国有林保全の労賃だった。そのうえ村民のうちで雑業ないし自由業に分類される人びとの多くも、これらの仕事で生計をたてていた（＊1）。秋田営林局発行の『国有林所在町村勢調査』によると、国が昭和八年に斫伐《しゃくばつ》・製炭・造林・土木などの作業に雇い入れた村民は延べ五万一〇四八人、労賃として合計三万五八七一円が支払われた（＊2）。

つまり、国は一日平均一四〇人の村民を雇い、一人平均七二銭七厘の労賃を支払ったことになる。ところが同じ時期、全国の日雇労働者の一人一日当たりの年平均賃金は一円三〇銭だった（＊3）。地理的条件を勘案しなければならないにしても、国が村民に支払った賃金はあまりにも安い。にもかかわらず末端で実務を担当する吏員は、次のように述べて、国有林が村民に恩恵を与えていると豪語しているのだ（＊4）。「本村ハ純山村ニシテ然モ国有林野ノ甚ダ多キ関係上、由来国有林トハ密接ナル経済関係ヲ有シ国有林ノ恩恵ナクシテハ到底安固ナル生活ヲ営ミ得ザル事情ニアル」、と。

大資本家としての維新政府は、山間の村をさながら「国内に作られた植民地」のごとく扱い（＊5）、国家権力をもって山林資源を確保し、そのうえ地元の人びとを使役することで強力に近代化を推進した。現金収入の道の乏しい及位村の人びとにとって、国が提供する賃仕事は貴重であり、山の恵みによって質素ながら多様な食生活を送ってきたこともまた確かな歴史的事実だった。

明治初期の、山林の国家的収奪の記憶も失われないなか、「向上会」の会員が当の国有林がもたらす労賃に依存して文化活動を展開し、そうして培った彼らなりの教養を未来の生活安定に繋げたいと期待したとしたら、なんと皮肉な巡り合わせだろう。

東北の大正は冷害で幕をあけた。明治三五年、同三八年、そして大正二年と冷害続きの二〇世紀が始まり、この年には政友会を与党とする山本権兵衛《やまもとごんべえ》内閣が誕生し、内相には「一山」と号した盛岡出身の原敬《はらたかし》が入閣していた（＊6）。そしてこの夏、原敬の呼びかけで第一次東北振興会が結成されて、東北六県管内の産業全般にわたって福祉増進策を推進することになり、その委員長は渋沢栄一《しぶさわえいいち》が務めた（＊7）。

凶作の直接の原因は七、八月の稲の開花期の低温、ヤマセといわれる北東風の吹き出しによるものであり、県別では太平洋沿岸に位置する諸県の被害が大きく、もっとも被害が大きかった明治三八年の場合、東北六県平均の米の減収率は五〇％にも達したという。日本海に面する山形県の減収程度は太平洋側に比べれば低かったとはいえ、明治三五年、同三八年の減収は例年の四分の一にものぼり、決して軽い被害ではなかった（＊8）。

また雪が降り出した。もう一尺五寸、手の指も足の指もちぎれそうだ。
しかし俺は喰いものをあさりに、ひとり山へ登って行く。
俺はいつも男だ男だと思って、寒さを消しながら、夢中で山から山をあさって歩く。

少々時代が下るが、この詩は、昭和六年一二月下旬、その年の冷害でもっとも被害が大きく大凶作に見舞われた岩手県のある村を旅した下村千秋《しもむらちあき》が著した「飢餓地帯を歩く──東北農村惨状報告書──」の冒頭で引用した、八甲田山麓に位置する村の若者の作である。下村は次のようにこの誌の感想を記している（＊9）。詩としての良し悪しはともかく、「この短い詩の中から、大飢饉に見舞われたこの地方の百姓達の、生きるための苦闘をはっきり思い浮かべて貰えれば足る」、殊に、「『男だ男だ』と、ひとりで我《（ママ）》ん張っているところが、あまりにも単純素朴であるだけ、哀れにも惨めではないか」、と。

資本主義を進展させるために、近代日本社会の底辺に抱え込んだ圧倒的多数の貧民、なかでも東北の僻村に暮らす人びとの瀕死寸前の身体には、飢饉という一撃を加えられてもなお「男だ男だ」と心をふるいたたせ、家族のために口にできる何ものかを探しに雪深い山に入っていく。「果たしてこれが、飢饉地帯の百姓達の最後までの生き方であろうか。多くの百姓達は、食物が尽き果てて、ついに餓死する時まで、同じように黙々として、何ものも恨まず、何ものにも訴えずに終わるのであろうか」、下村はこの問いを当人たちにただしてみたかったという、が愚問だと筆者は思う。

前章で詳述したとおり、天皇制絶対主義国家がこの絶望的な人びとに要求したのは、共同体の秩序と納税義務とを守り、権利の主張をせず自力でこの苦難を乗りこえる精神的、肉体的強靭さや従順さであって、餓死線上にある多くの人びとにでさえ与えられた選択肢はなかった。下村がこの村で出あった老婆は、たった今青森市の「ごけ屋」（私娼の家）に娘を売ってきたといい、「人の肉を喰ったのは昔の人ばかりではない。わし達も、つまりは人間を喰い合っている。子供を生かそうとすれば、親の肉を喰わせねばならぬし、親を生かそうとすれば子供の肉を喰わねばならぬ。そして、わしは今、娘を喰って生きようとしている」、と続けたという（＊10）。土地やわずかの家財を売り、ついには娘も「売って」

親子がかろうじて生き延びる。読み書きすら満足にできないかもしれない老婆が冷徹な資本主義の論理を身体で理解し、都会のインテリに教えているのだ。

山形県下の大正二年の冷害・凶作について、『中外商業新報』特派員はその惨状を報告した（＊11）。以下にその一部を抜粋、掲載する。

減収の最も甚しきは北村山郡にして最上郡之に亜ぎ（次ぎか）南村山郡の如き却って平年と全く差無きの結果を示したり（中略）、而して今上記百七十九ケ町村中最も劣作地と称せらるる町村名を挙ぐるに左の如し▲最上郡　大蔵村、西小国村、角川東小国村▲北村山郡　高崎村、田麦野村、大石田町、鶏原村、尾花沢町、宮沢村、玉野村、常盤村▲東村山郡　中村、作谷沢村、山寺村▲西村山郡　七軒村、大井沢村、本導寺村▲飽海郡　大沢村、日向村（中略）僅《わずか》に得たる粗悪なる収穫米の如き早くも食い尽して窮状は日と共に加わり積雪を掻き分けて辛じて採掘し得たる少量の蕨根澱《わらびねでん》粉《ぷん》に飢を医《い》する者あり甚しきに至りては松皮を剥ぎ取りて一種の団子様の物を製造し之に拠りて露命を繋ぐ者あるなど惨状洵《まこと》に見るに堪えざる也（後略）。

以上のように、大正初期、冷害を直接の契機として山形県下の多くの農民の生活は窮乏のどん底にあった。今、当時の塩根川の人びとの生活を知ることはできないが、前出の『山形県史』も次のように当時の県内の惨状を記している。「岩手県の山村では稗・粟の外に楢・栗・栃などの木の実や草の根を食べ、それすらも数里も山へ入って採取しなければならないほどであった。それほどではないにしても多くの人々はボロをまとい、食物といえば米三分混合物七分の粥を常食とし、副食物はなく、わずかに醤油滓《かす》や塩を添えた程度であり、しかもそれさえも満足に食べられなかったのであり、凶作による窮民は膨大な数にのぼった」、と（＊12）。

筆者が平成一五年四月に及位の故菅原伴実氏を訪問した際にいただいた、伴実氏の父で戦前の及位村で農会技手《ぎて》を勤めていた故菅原官兵衛氏が作成した『菅原官兵衛統計資料集』のなかに、『とち・どんぐりの利用』（昭和一八年、釜渕試験地）と題した、どんぐりの脱渋方法を記した資料がある。伴実氏は、これは「及位式とち・どんぐり脱渋法」として、官兵衛氏が昔全国に広めていたと話した。その方法とは、「まず栃の実を三日間水漬けにして殺虫する、それを三〇分間にわたって煮沸し、その後搗《つ》き砕いて金篩《かなふるい》通しにかけ、袋に入れて更に五〇分煮沸する。それを水洗いして渋を流し、搗餅」にした（＊13）。この餅はたいそう消化が悪く、食べた人の多くは腹痛をおこしたとのことである。

そしていよいよ食糧の確保に窮した人びとに残された選択肢のひとつが、息子や娘を「売る」ことだった（＊14）。同じく『菅原官兵衛統計資料集』に収録された「身賣防止数唄」は、次のように唄った。一番目に、「人のいやしむ娘売り　最上は県下で第一よ」、二番では「二人の親御は眼を醒《さ》ませ娘身賣りは親の恥《は》じ」と。このような歌詞が一〇番まで続く。この唄も上の史実を証拠づけるものだろう。

このような農家窮乏化の原因は決して冷害・凶作のみにあるわけではなく、日本資本主義の構造的矛盾の激発であることは前章で詳述した。第一次世界大戦の勃発を機に日本でも総力戦体制構築が国家の課題として浮上したとき、米価問題・農業保護関税問題・小作問題などが同時に登場したという局面のもとで、東北農村の後進性がますます際立ったために、この時期に東北振興問題が大きくとりあげられたのだった（＊15）。

(二) 東北地方の政治的不公平と東北振興

『日本農業発達史』第七巻は、「東北地方の農業の発展がますます先進地帯の発展から立ちおくれ、停滞し、東北農民の窮乏が激化してゆくことの基礎」について以下の要因を挙げた。

第一に、幕末における商品生産の発展が未熟であったことが、明治以降、上からの資本主義が急速に創出されていくなかで、とくに破壊的に作用したこと。すなわち地租金納化を槓桿《こうかん》とする自然経済から貨幣経済への転換が、貨幣の欠乏による農家負債の激増、したがって土地の急速な喪失をもたらした。農民はそれゆえに新しい環境に適応できず窮迫販売に追われて、結局は破壊されざるをえない旧来の生産様式にしがみついた結果、農業生産の分化が停滞し水稲単作地帯となっていったこと。

第二に、工業の発展が著しく立ち遅れたため、土地を喪失した農民が自由な賃労働者として離村することを阻み、その一方では土地を喪失した農民の対局に集積された貨幣が、近代的工業の部門にではなく、もっぱら安全で有利な投資対象としての土地に投じられた。その結果、地主的土地所有がすすみ、地主・商業・高利貸資本という三位一体を形成したこと。

第三に、明治維新に際して東北諸藩が幕府側に属して最後まで戦ったため、「東北地方に於ける政治上、枢要の地位は漸次、薩長人士と之《こ》れに随従するもの、占むる所となり」、そのうえ東北の特殊事情が顧みられることなく、さまざまな不利益をこうむったこと、など(*16)。

そして第三の要因のなかでも、とくに次の二点が農村に住む人びとの生計に直接影響を与えたものと思われる。まず、地租改正の際の地価算定の不公平であり、次は官公民有地区分における山林・原野の入会地《いりあいち》などの、国家による収奪の凄《すさ》まじさである。戦後、農林省農林大臣官房総務課が編纂した『農林行政史』は、この件について不公平が存在した事実を認めた（＊17）。

（前略）なかでも当時、文化の普及度に径庭《けいてい》のあった関西・中国地方と東北地方とを比べれば、土地所有の観念と中央地方の官僚の気質との間にそうとう幅のあったことが推察できる。したがって藩閥または官僚閥として政権に近づいていた地方と、これと遠ざかっていた地方とでは、官林区域調査のうえにもいろいろの影響と結果の現われていたのがみられるのである。

「地租改正報告書」では、地租改正以前の貢租について次のように指摘した。すなわち「又其旧税軽重ノ部分ヲ大別スレハ西南地方ニ重ク東北諸県ニ軽クシテ増租ニ至ルモノ多シ」と（＊18）。

しかし、地租改正当初の反当り平均地価は、山口県では田三四円二九銭三厘、畑六円二九銭九厘と（＊19）、全国平均値の田四六円六一銭四厘、畑一五円五四銭三厘（＊20）と比較して、三〜四割近く低水準に設定されていた。反面、東北では、最低の青森県で、田二五円一四銭六厘（＊21）、畑六円一銭二厘、最高の福島県では、田三三円三五銭三厘、畑一四円九一銭三厘におよんでいる（＊22）。

この数字は、地租改正によって旧貢租の全国的な統一を目指した結果、東北地方の自然条件が充分に考慮されることなく地価が決定されたことを示すとともに、新政府軍に抵抗し朝敵とされた福島県に懲罰的な地租が賦課されたと指摘されるゆえんである（＊23）。

しかも、このような地価の不公平はその後の数回にわたる修正でも充分に改善されなかった。〔表3―1〕にみられるとおり、大正初期の東北地方の地価は、九州に対して二・七割ほど安く設定されたにすぎず、畑ではかえって九州のほうが安く設定されている。ここで引用した『日本農業発達史』第七巻

〔表 3-1〕地価比較表（1 反当り 単位：円）

	田	畑	宅地	山林
東北	25.2	7.6	83.6	0.3
全国	35.1	9.2	168.5	2.3
九州	34.3	6.6	108.4	0.9

（備考）東北振興会『東北振興会調査報告』甲部第 1 号、25 頁。
出典：農業発達史調査会『日本農業発達史』第 7 巻、397 頁。

は、明治四一年の斉藤万吉調査による田一反歩当りの収益として、東北では四円三四銭二厘。それに対して関西では九円九九銭三厘と、二倍以上におよんだことを付加した（＊24）。

このような事実からも、東北の農民がいかに不利な条件のもとにおかれていたのかということがわかる。

以上のような東北農村に課せられた悪条件を改善し、生産性を向上させるためと称して、東北振興策の議論が各界から提唱されたのである。このうちの主なものをまとめると、①精神作興・自力更生論、②副業奨励論、③米作転換論、④開墾論、⑤地主覚醒論、⑥国有林返還論、⑦地価修正論、⑧工業振興・金融改善論などだった。なかには①のように、東北人は怠惰で遅鈍であり、そのうえ貯蓄心が低いため凶作に陥るとたちまち窮乏してしまう、したがって東北振興の根本は彼らの自覚を促すことである、としたような差別と偏見に満ちた考えが根強く存在した（＊25）。

東北振興会は、凶作救済の義捐金募集や各種調査を行うなどの活動を展開した。しかし、掛け声のみ高く、「一国士気ノ振作トナリ」「地方開発の中堅タラント」する目的の、東北青年連合会を設立したものの（＊26）、精神論のみが強調されて具体的な活動に至らないまま昭和一年に解散した。

東北地方は昭和六年、同九年の冷害・大凶作と同時に世界的恐慌の余波を受け、東北振興がより深刻な問題としてふたたび登場することになる。昭和九年一二月の首相諮問機関としての東北振興調査会の設置、翌一〇年五月の内閣東北振興事務局の設置（同一一年一〇月、内閣東北局と改称）、同一一年五月の「東北興業株式会社法」「東北電力株式会社法」の成立、同六月の東北産業科学研究所設立など、東北振興はもはや国を挙げて取り組むべき重要課題に昇格した（＊27）。

対策として、東北振興調査会に政治家や農学者委員から提出されたのは、北満移民上の特権の附与（松岡俊三）や、満蒙農業移民に対してはとくに優先権を認める（那須皓）というような満州移民推進論であり、反対に、東北農民の進出によって、かえって「満州国発達の重圧を蒙る」のが東北であるから、「国家の責任において除」かなければならない（田子《たご》一民《かずたみ》）、とした意見もあった（＊28）。しかし軍事的見地から、後者よりも前者の意見のほうが優先されたことは歴史が語るところである。

以上概観したとおり、日露戦争以降の全国的な農村疲弊とその振興問題については、集中的に顕在化した東北農村に対してすら満足な解決策が講じられずに昭和に持ち越された。大正期、同二年三月の第三〇回帝国議会、第一八議題「国防上農村振興ニ関スル建議案（中川虎之助君外三名提出）」では、中川虎之助が「農村ノ小学教育費ヲ国庫支弁ニ移シ中農以下ノ地租ヲ一層軽減スヘキ」と提案していた（＊29）。この例のように、議会ではたびたび農村振興問題が建議・議論されながら有効な政策が打ち出されないまま農民は苦しみつづけ、食糧自給という国家的、軍事的大問題も先送りされた。

第二節　塩根川向上会設立の背景

（一）及位村の自然的、歴史的諸条件

本書の調査地である山形県最上郡及位《のぞき》村は、山形市から一〇〇キロメートルほど北に位置する秋田県境の山村である。この村は、戦後の合併で、隣接する安楽城《あらき》村とともに真室川《まむろがわ》町に統合された。『真室川町史』は及位の土地柄を次のように評した（＊30）。

及位地区は、藩政時代からの国道沿いであった為に、教育も、真室川町三地区のうち最も古くから庶民化し、よく行われたと想像されるが、戊辰の役をはじめ、その後の火災で、そうした関係の書類はすべて焼失してしまい、資料としては、三地区のうち、最も新しいものしかない。

「藩制時代からの国道沿い」とは、参勤交代の行列も通過した羽州街道沿いのことである。及位では、耕作地が少ないため大多数の若者は他出せざるをえず、そのときに身を助けるのは、なによりも正直な行為と読み・書き・計算などの知識であったという。山深い村の人びとが生き延びるための伝統的な生活の知恵というべきものではないか。

本村は、戊辰の役で激戦が繰り広げられた地域のひとつである。「及位口の合戦」について、官軍が及位村の民家をすべて焼き払って院内（秋田県）に引き揚げたと『新庄市史』は述べる（＊31）。かつて、

及位を含む現・真室川町は戸澤氏の領地だったが、版籍奉還・廃藩置県施行を経て山形県管轄の地になった。昭和七年現在、本村に属する部落は塩根川・朴木《ほうき》沢《ざわ》・新及位・旧及位・田代・鏡沢・大瀧・八敷台・釜渕となっていて、先述の秋田営林局は及位村について次のように説明し、不便さを強調した（＊32）。

本村ニハ電信電話ノ施設ナシ交通機関トシテハ國有鐵道奥羽本線ノ中央ヲ縦走シ釜渕、及位ノ両驛ヲ有スルモ村ノ両端ニ位シ國道ハ本村北部、雄勝峠、主寝《しゅね》坂《ざか》峠ヲ経テ秋田縣院内町及金山町ニ通ズルト雖モ殆《ほとん》ド利用セラレズ　塩根川ニ舟運ナク従貫セル縣道ハ勿論牛馬ヲ通ズベキ連絡里道デスラ有セズ冬期積雪六、七尺ニ及ビ交通ノ杜絶スルコト頻々トシテ其ノ不便想像ノ他也

昭和恐慌下の『及位村　経済更生計画書』では、後述の官民有地区分による山岳原野の国有化の凄まじさが明らかにされた（＊33）。当該資料によると、昭和初期の及位村の総面積は一万二一五〇・三八町歩だった。そのうちの一万一〇四六・七五町歩、約九〇・九％を国有林が占め、残りの一一〇三・六三町歩の民有地のうちの七〇％、七七二町歩は山林・原野で、耕作地はわずか全村面積の二・五％の三〇七・九三町歩に過ぎなかった。

当時の村の総戸数は六二五戸、したがって一戸当たりの耕地面積は〇・四九町歩になるのだが、職業別では農家が四七二戸となっているため（＊34）、単純計算では農家一戸当たり平均〇・六五町歩となる（＊35）。農家のうち、自作農家は五九戸、自作面積は五一町歩と僅少で、一戸当たりの農地は一町歩にも満たない。残りの四一三戸が自小作・小自作ないし小作農家である（＊36）。そして多くは米作農家でありながら満足な米食ができず、村内の収穫では村民の主食を賄うことができなかった（＊37）。

不足分は新庄から移入された（＊38）。

このような状況なので、大正から昭和初期にかけての各農家の経済状態も悪く、負債も嵩《かさ》んでいった。農民困窮の根源的な理由は前述したが、そのほかにも村人の純朴な人の好さにも負債の増加要因が見出される。上述の『及位村　経済更生計画書』が指摘する慣合《かんごう》取引がそれである。

木炭を例にとると、昭和七年度の生産額は三万一一四〇円と、村の産業のなかでは「断然白眉ヲ為スモノ」といわれるほど高額だった。木炭は、一般的に国有林から原料材の払い下げを受けて生産されるのだが、生産者の資金不足のため、原料代は木炭業者から前借りした。その関係上、「生産物ハ市価ニ関係ナク利鞘《りざや》ハ全部木炭業者ニ貢グ状態ト為り」（＊39）、焼き子と呼ばれる生産者にはわずかな労賃のみが支払われた。このように焼き子が業者の好餌《こうじ》となる例が少なくなかった。

同様のことは、養蚕においてもしばしばみられたようだ。これらは村民の人柄の一面を示すものであり、それゆえ負債の増加に繋がる危険も大きかった。

本書の調査地で、最上川の源流のひとつである塩根川の上流にわずかに開けた塩根川部落では、耕地面積はさらに狭少で、それゆえ家々の経済状況も悪かったものと考えられる。救いは山菜など山の恵みが豊富だったことである。

（二）及位村の文化——秋田営林局『国有林所在町村勢』を中心に

及位村の文化事情はほかに資料もなく、この点についても昭和九年秋田営林局発行の調査書がもっとも詳細に記録したものであると判断し、該資料「及位村の社会・文化的諸条件」から〔文化状況〕を次にまとめた（＊40）。

第一に、及位は中央から遠く離れた僻村であるため、映画館や劇場などの娯楽施設はなく、新聞・雑誌の購読数は「東京日日新聞、東京朝日新聞、國民新聞、讀賣新聞、日刊山形、時事新報等ニシテ何レモ五部乃至《ないし》十部ニシテ講読部数概シテ少ナシ」、「キング、主婦之友、婦女界、婦人倶楽部モ何レモ五、六部内外」と極端に少ない。

第二に、年季出稼ぎ者による送金額が男女合計六〇〇〇円と高額なこと。

第三に、村民の性格はまじめで働き者であり、質素な生活を営むこと。また、彼らは穏やかで、「地主ト小作人ノ関係頗《すこぶ》ル円満ニシテ由来小作争議等」の紛争は皆無であり、犯罪も酒造税法違反が二件のみと少ない。

自然条件が極端に悪いこの村では、普通作の年でさえ同じ最上郡鮭川《さけがわ》村あたりの平野部に比較すると半分の収量しかないほど生産性が低く、したがって寸時も休まず働かなければ生活が維持できなかった。村に「へヤミ」という言葉がある。それは「背病み」が訛った言葉で、怠け者という意味である。「へヤミ」の烙印を押された者は村民から白い目でみられ、適齢期の若者であれば長男以外には嫁入り・婿入り先がなく、「ダメオジ」「ダメオバ」としてそれぞれの生家で一生を送らなければならない。そのため、この地では幼いうちから厳しい労働の躾《しつけ》がなされ、生活も質素にならざるをえなかった。

（三）及位村の経済状況――『及位村　経済更生計画書』を参考に

昭和八年三月付『安楽城村　経済更生計画書』は、次のような村の経済更生計画立案の趣旨を述べている（＊41）。及位村の同計画書にはその部分が未掲載であるため、参考に隣村である安楽城村のものを以下掲載した。

「近来ノ農村ハ一般農村ト等シク不況ノ影響極メテ深刻ナリ故ニ経済更生ノ根本策トシテ負債ノ整理負担ノ軽減ニ付キ政府ノ助成ニ俟《ま》ツ処多カルベキモ農民一致ノ自力更生ノ精神ヲ根本トスルハ当然ナリトス而シテ本村農会ニ於イテ昭和二年農会是《ぜ》ヲ樹立シテ産業振興ニ努力シ来タリタルモ現下ノ深刻ナル不況ニ遭ヒテハ更ニ対策ヲ講ズル必要ニ迫ラル、ニ際会シタルニ幸ニ本村ハ本県農村経済更生指導村トシテ其ノ筋ノ特別ナル指導ヲ受クル事ニナリタルニ依リ並ビニ本計画ヲ樹立スルニ至リタリ」、と。詳細は村によって多少の相違があるものの、経済更生組織は村長を会長とする自力更生委員会を結成し、更生案は村内産業・金融・経営組織・生活改善など村民の生活細部まで網羅された。

昭和一〇年度の『及位村　経済更生計画書』（昭和九年当時）による塩根川部落の総戸数は五七戸、そのうち農林漁業を営む世帯は三三戸、一戸平均の耕作地面積は八・五反歩となっていて、村の平均耕作面積よりも多少大きい（＊42）。次に昭和九年八月付『及位村　経済更生計画』「七、及位村経済事情」より、昭和七年中の①小作農、②③農林兼業者、④製炭業者、⑤林業労働者の、各中位の生活状況の者の調査結果を抜粋、貸借表〔表3―2〕（一六〇～一六一頁）を作成して掲載しそれらを比較しておく（＊43）。なお参考までに、昭和八年の東京における白米一〇キログラムの小売価格は一円九〇銭だったことを付記しておく（＊44）。

〔表 3-2〕及位村経済事情

①〔小作農〕

収入		支出		
農産収入	112.50 円	農業経営費	135.79 円	農産収入の 120.7%
養蚕収入	153.46 円	養蚕費	11.85 円	
畜産収入	5.00 円	畜産費	0.35 円	
副業収入	240.00 円	公租公課	14.89 円	全収入の 2.3%
雑収入	150.00 円	家計費	475.82 円	1 人当たり 43.26 円
		その他	192.00 円	
合計	660.96 円	合計	830.70 円	
		(差し引 212 円 750 の不足)		

②〔農林兼業者の (1)〕

収入		支出		
農産収入	335.25 円	農業経営費	132.00 円	農産収入の 39.4%
養蚕収入	375.00 円	養蚕費	44.50 円	
畜産収入	3.00 円	畜産費	5.00 円	
林産収入	-	林業経営費	0.72 円	全収入の 21.2%
副業収入	11.40 円	公租公課	223.59 円	1 人当たり 50.45 円
雑収入	329.30 円	家計費	655.84 円	
		その他	205.05 円	
合計	1,053.95 円	合計	1,226.70 円	
		(差し引き 12 円 300 の不足)		

③〔農林兼業者の (2)〕

収入		支出		
農産収入	388.08 円	農業経営費	110.54 円	農産収入の 28.5%
養蚕収入	120.00 円	養蚕費	7.80 円	
林産収入	600.00 円	畜産費	5.00 円	
雑収入	19.50 円	林業経営費	18.00 円	全収入の 19.5%
		租税公課	219.69 円	1 人当たり 38.68 円
		家計費	386.82 円	
		その他	423.00 円	
合計	1,127.58 円	合計	1,180.85 円	
		(差し引き 53 円 270 の不足)		

④〔製炭業者〕

収入		支出		
林産収入	4,455.00 円	製炭費	5,100.00 円	林産収入の 114.4%
副業収入	18.50 円	公租・公課	32.63 円	全収入の 0.5%
雑	283.00 円	家計費	702.00 円	1 人当たり 140.40 円
		其他	300.00 円	
合計	4,756.50 円	合計	6,134.63 円	
		(差し引き 1,378 円 130 の不足)		

⑤〔林業労働者〕

収入		支出		
製炭労働収入	444.03 円	家計費	528.50 円	1 人当たり 44.04 円
農作物其の他家族収入	76.75 円	公租公課	2.58 円	
		其他	4.00 円	
合計	522.78 円	合計	535.08 円	
		(差し引き 12 円 300 の不足)		

出典 : 昭和９年版『及位村 経済更生計画書』

①〔小作農〕、世帯員数―男五人（一六歳以上四人、一六歳未満一人）、女六人（一六歳以上三人、一六歳未満三人）―計一一人。

所有別土地―田一町二反（所有地二反、借地一町）、畑二反（借地）、その他一反（借地）―計一町五反（＊45）。

②〔農林兼業者の（1）〕、世帯員数―男六人（一六歳以上四人、一六歳未満二人）、女七人（一六歳以上四人、一六歳未満三人）―計一三人。

所有別土地―山林七町四反（所有地七町三反、借地一反）、田四町七反（所有地）、畑八反（所有地）、その他一反（所有地）―計一三町（＊46）。

③〔農林兼業者の（2）〕、世帯員数―男五人（一六歳以上四人、一六歳未満一人）、女五人（一六歳以上四人、一六歳未満一人）―計一〇人。

所有別土地―山林一三町二反（所有地）、田三町六反（所有地）、畑一町一反（所有地）、その他六町九反（所有地）—計二四町八反（＊47）。

④〔製炭業者〕、世帯員数—男二人（一六歳以上一人、一六歳未満一人）、女三人（一六歳以上一人、一六歳未満二人）—合計五人。

所有別土地—畑二反（所有地）、その他一反四畝（所有地）—計三反四畝（＊48）。

⑤〔林業労働者〕、—世帯員数—男八人（一六歳以上四人、一六歳未満四人）、女四人（一六歳以上二人、一六歳未満二人）—計一二人（＊49）。

以上、五種類の異なる職業形態の平均的な世帯の経済状況を見ると、まず農業者では収入に対して経費が大きいことがわかる。

事例①の小作農では、耕作規模が村の平均より大きく、それに伴って家族成員数も多くなる。もっぱら人力による作業が中心であるために、耕作地の大きさに見合った労働力が必要となる所以である。また、農業経営費の中に多額の小作料が含まれるため、余剰米を販売したとしても米価下落の場合にはこのように経費が収入を上回るという結果を引き起こす。農産物に対して肥料代その他が高額であることも経費拡大の原因となっている。当時の慣例では、小作料は米で支払った。したがって、余剰米というのは、米の生産高から小作米を差し引いた残りの意である。上掲貸借表は、それを現金に換算したものだろう。

前出の『及位村　経済更生計画』（昭和九年）による、本村の農家総戸数は五八八戸で（＊50）、昭和六・七・八年平均の金肥《かねごえ》は八〇〇〇貫三六八〇円（＊51）、農家一戸当たりの金肥は一三・六貫六円二六銭となる。及位村の平均農家規模は〇・六六町歩である（＊52）。以上から、事例①の一町五反歩の耕作地に必要な金肥額は、計算上一三円四〇銭になる。通常村人は山野草を刈り取って自家で発酵肥料を作るため必要肥料のすべてを購入するわけではない。しかしそれでも養蚕などの副業による収入がなければ到底家計は維持できないだろう。

事例②の農林兼業者の場合、林産物の収入はなく、経営耕作地面積が五町六反と大きく、すべてが所有地であるために小作料は発生しない、しかし農業経営費と公租公課が高額である。また、上と同じ基準で計算すると、金肥代は約五三円で、これは農業経営費の約四割を占めることになり、肥料代がいかに高額で農業収入を圧迫しているかが理解できよう。

このようなことから、事例②の農林業者の場合、これほど大きな耕作地を自作しているにもかかわらず、養蚕などを兼業しなければ経営が立ちゆかなかった状況がみてとれる。

昭和初期の日本は、日露戦争後から続く不況が恐慌的様相を呈するなかで、ひたすら戦争への道を歩んでいた時期にあたっていた。当時、農産物価格が暴落した反面、農家が購入する化学肥料・繊維製品・砂糖などは独占化が進行していたため、価格が低下しなかった。そういう事情から、農家が経済的な打撃を受けたのだった（＊53）。

事例③の農林兼業者は、不況を切り抜けるため利用期に至らない立木を伐採して対処した。木は成長期間が長いため、伐採後ただちに植林しても現実に収入となるのは何十年も先のことになる。

したがって、商品として未成熟な立木の売却は、将来的利益を考慮するならば明らかな損失である。

そのうえ、貢租公課が高額なため土地の所有が必ずしも豊かさに繋がらなかったということが明らかになった。

　事例④は、自分で製炭するのではなく、営林署から用材の払い下げを受け、前述の焼き子に製炭を委託する販売業者だと思われる。

　慣合《かんごう》取引を行ったのだろうか、この例では、木炭相場の下落により赤字を計上しているものの、他の事例よりも家計費が一人当たり一四〇円四〇銭と大きく、それまで相場が好調だったためか裕福で、農林兼業者に比較して贅沢な暮らしをしていたようだ。

　対称的なのは事例⑤の林業労働者である。官行製炭を請け負ったのだろうか。官行製炭というのは営林署独自の事業であるため原料の材木代金は無料で、出来高制の賃仕事のことである。

　この事例では、一二人の家族成員のうち二人が一年をつうじてほとんど休むことなく製炭に従事している。しかし、この年は営林署の労賃引き下げにより収入が減少したようだ。労賃引き下げが行われなかった場合、この家族では辛うじて収支が均衡したことだろう。

　また、成員が多いことは家計費が嵩《かさ》む要因となるため、家族は一六歳未満の男子成員が成長することを心待ちにしていただろう。
　①②③の事例では、農業規模が大きいことに比例して家族成員数も多くなっているが、賃労働者の家族でも労働可能要員確保による生活安定期待の観点から、成員数の拡大に繋がりやすい状況となることが示唆された。
　以上の事例から、当該時期においては所有耕作地の大・小、自作・小作の別が必ずしも貧富の差には繋がらず、租税公課の高負担、購入肥料が高額なことなどが世帯の経済に大きな影響を与えたことを観ることができた。

一般に、質朴剛健で義務観念が強く労働精神にも富み真面目な気質を持った村民が、朝から晩まで休むことなく働いても生活は一向に楽にならず、負債も増える一方だった。だとするならば、一様に義務教育を受け多少なりとも大正期の民主主義の空気に触れた若者が疑問をもち、この閉塞感からの脱出を指向しても不思議ではない。

しかし、青年団への国家の要請が、「健全ナル国民善良ナル公民タルノ素養ヲ得シムルニ在」る以上、別の方法で生活の向上を望んだことはむしろ当然だろう。

第三節　及位村の国有林

(一) 国有林の形成

明治新政府が推進した地租改正事業によって、藩政時代には自由に使用できた林や秣場《まぐさば》などが国有地に編入された。前出の秋田営林局が作成した「昭和九年　及位村調査書」「國有林野ノ施設状況説明」は「國有林野ノ沿革ノ概要」を次のように述べる（＊54）。

本村ハ本村内ノ舊及位村及ビ舊藩時代大瀧郷ニ属セル大瀧、釜淵ノ二ケ字ヲ合併ノ上　及位村トシテ村制ヲ布カレタルモノニシテ現在ノ國有林野ハ舊藩時代ニ在リテハ新庄藩有ニ属シタリ　而シテ舊藩當時ニ於ケル其ノ区域、年代等ハ詳細不明ナルモ現國有林地籍ナル字赤倉山、仙北澤、朴木澤山、黒森、金打澤等ノ塩根川流域ノモノ及ビ朴木澤流域ノモノハ総テ新庄藩ノ御林ノ内ナル御留山ニシテ杉、檜、桂、槻、黒檜ノ外其ノ他雑木ノ伐採ヲモ禁止セラレタル箇所ナリ　亦上野山等ハ平林ニシテ杉、松、檜、槻、栗、桂等ヲ除キタル他ノ雑木ハ相当ノ料金ヲ上納セシメタル上　伐採ヲ許シ地元民ノ薪炭用ニ供シタル形跡アリ　廢藩置縣後　是等ノ山林原野ハ官民有区分決定シ國ニ帰属セル山林ハ國有林野トシテ新ニ林制布カレ今日ニ及ベルモノナリ

古来、農民は農業生産維持の必要から林野を農用入会林として集団的に占有し利用してきた。そのた

め農業と林野との結合関係はたいへん密接である。莫大な農業用飼肥料は山から供給され、山野草は農耕用あるいは運搬手段として重要な牛馬の飼料、敷草などに、また家畜の排泄物とともに堆肥として利用された（＊55）。

その他、建築用材、雪囲い・屋根葺き用萱《かや》、家具・生活用具、薪、農機具の柄、水車・稲架および橋などの公共用材として、あるいは山菜類・樹実類・薬草類など、山の恵みの用途は多岐にわたる。寒冷な自然条件の下で自然経済的性格の濃厚な当地の農業経営には、肥料・燃料・飼料・製炭・木工などの供給源としての林野は必要不可欠のもので、それを奪われることは農業および生活の基礎を奪われることを意味した。常識的に考えると、後述する官公民有地区分による部落共有地・入会林野の国有化は、とくに東北農民層にとっては窮乏・没落の重要な契機となったといえる。

では及位村の場合はどうか。藩政時代、林野は封建的な領有権の強力な支配のもと、慣習によって利用された。本村の支配者である戸澤氏は豊富な森林資源に強力な統制を加え、水源涵養のための水林として、あるいは用材・薪炭材の確保などを行った。同時に凶作・飢饉時には個人植立の木材を売却して米穀買い入れの補助に充てたという。また、森林資源を藩財政の基礎としており、新庄市立図書館所蔵の『寿永軒見聞録』では、森林資源が領内の「七番の宝」であると自慢し、その一番が後掲〔表3―7〕にみられる及位の黒森山だと述べている（＊56）。

先述のとおり、明治維新期に東北地方が蒙ったもっとも不利益のひとつが、官公民有地区分による山林・原野の収奪だった。次頁に掲載した〔表3―3〕は、大正一三年、山林局の調査による東北六県および全国平均面積の山林総面積に対する国有林の割合を示したもので、一覧のとおり東北六県の国有林の割合は、全国平均を大きく上回っており、なかでも山形県・青森県ではそれが顕著だということがわ

〔表 3-3〕東北 6 県および全国の国有林面積対比 （単位：町　比率：%）

県名	国有林面積	総林野面積に対する割合
山形	361,301	60.6
青森	417,727	65.5
岩手	439,108	41.3
宮城	135,970	37
秋田	405,145	45.2
福島	466,217	41.5
東北 6 県計	2,225,468	52.7
全国	4,222,604 町歩	24.9

※昭和 4 年 1 月、山林局発行、大正 13 年調査。
出典：浅野源吾『東北振興史』下、昭和 15 年、東北振興会、278 頁。

〔表 3-4〕山形県内国有林野面積 （単位：hr　割合：%）

郡名	明治 34 年		明治 41 年		明治 41 年	
	面積	割合	面積	割合	面積	割合
最上郡	210,831	46	207,961	50	111,060	30
南村山郡	10,179	2	9,783	2	16,575	4
東村山郡	6,373	1	3,377	1	1,807	0
西村山郡	50,209	11	45,961	11	42,501	12
北村山郡	29,037	7	10,406	3	28,091	8
南置賜郡	5,930	1	5,157	1	4,397	1
東置賜郡	9.61	0	517	0	341	0
西置賜郡	48,821	11	46,351	11	52,863	14
東田川郡	63,047	14	56,868	14	72,180	20
西田川郡	11,172	2	8,243	2	7,203	2
飽海郡	21,029	5	23,798	6	32,618	9
合計	457,589	100	418,422	100	369,636	100

出典：山形県編・発行『山形県史』第 4 巻、昭和 59 年、763 頁。

かる（＊57）。さらに、山形県内でも最上郡は国有林所在の他の郡に比較して、その面積が圧倒的に広大であることを、右の〔表3─4〕で確認することができる（＊58）。

これらの一覧表はいずれも調査年が異なる関係上、単純に比較することはできないが、〔表3─3〕では、東北六県の国有林面積が二二二万五四六八町歩、国有林全国合計の約五三％という広大な面積を占める。この数字は農村恐慌に対する東北振興策として国有林返還が提案された理由を示すものだろう。これら二種の表にみられるように、東北─山形県─最上郡─及位村と、国有林の占める割合が次第に大きくなり、総面積の九割以上を国有林が占める及位村は、明治維新期にもっとも不利益を受けた村であるといえる。

前述したように、昭和初期の及位村では多くの村民生活が国有林の整備・保全に依存しており、本書の調査対象である「向上会」もまた事業資金のほぼすべてをその労賃で賄うという皮肉な経済構造のなかにあった。しかし、不思議なことに、本村では後述の山林原野官民有区分、すなわち維新政府の地租改正に際しすべての土地を官と民とに区別する事業の過程で、藩政時代から慣行的に使用し植林を行って維持・培養してきた山林に対して、民有を主張した形跡が見当たらないのだ。当地における地租改正事業の詳細究明については、本書の範囲を超えるうえ筆者にはその能力もない。したがって、本項では及位村に遺された古文書から、当村における国有林形成過程を概観するにとどめる。

明治新政権発足藩籍奉還後、政府は旧藩有の森林はすべて官林と称することを決定し、その後明治二年七月一〇日、各府県に対し、その管轄区域内にある官林のうち植伐の対象となる優良山林地の箇所・反別調査を命じ、官林の統一管理に一歩を踏み出した（民部省「官林総反別調査」）（＊59）。明治六年七月、政府は「地租改正条例」を布告したのだが、同年三月には太政官達第一一四号「地所名称区別法」

において、全国の土地を「皇宮地」「神地」「官庁地」「官用地」「官有地」「公有地」「私有地」「除税地」の八種に分類し、それぞれに地券発行の有無および地租区入費など徴収の有無を規定した（＊60）。

一方、林野の地租改正は官民有区分という形態をとって推進された。官民有区分では、太政官布告第一二〇号「地所名称区別改正法」（明治七年一一月）によって、全国の土地をことごとく官有地と民有地の二種に大別し、さらに官有地を第一種から第四種に分け、民有地も第一種から第三種に分類して、全国の地所すべてをそれらのいずれかに所属させるものとした（＊61）。

明治九年一月二七日、「山林原野等官民所有区別処分方法」「地租改正事務局議定」（「本局出張官員心得書」）が成立し（＊62）、これによって官民有区分の査定標準が示された。該事業の推進とともに、政府にとっては新しく官林と確定された林野に対する調査が緊急課題となり、その包括的な整備が必要になった。

廃藩置県以降、林野の管轄は民部省から大蔵省に移管されて行われていたのだが、その後内務省にその権限が委譲される。その結果として内務卿大久保利通決議による「官林調査仮条例」（明治九年三月―以下「仮条例」と略称する）が布かれる。本来なら費用をかけ、綿密に調査して官林の境界を定め住民とのトラブルを回避すべきだったが、同一〇年に勃発した西南戦争のための戦費支出に一般歳出が制限されたため、「仮条例」によって事業を推進したのだ（＊63）。

同一四年頃にはこの事業も一段落し、同年四月、農商務省が設置されると、「官林境界線実測及製図順序」（農商務卿決議、明治一五年三月）を定め、同一七年一〇月には「官林境界調査心得」（「農商務省第三四〇号達」）を発令して、官林境界測量に厳密を期すための計器の指定はじめその方法、順序および野帳《やちょう》・製図の調整方などを規定した。

明治一九年四月、「勅令第一八号」により大小林区署官制が発表されると、調査事業はすべて大小林区署で推進されることになる。官林は国有林となり、行政機関による統一管理のもとにおかれた。『日本林業発達史』上巻が示す、明治一三年〜同二一年に亙る山林局調査では、この期間をつうじて官林の調査箇所および編入面積が逐次増加している。これは厳格な官林の境界決定で、民有地が蚕食されたことを表わすものである（＊64）。

山形県でも、「山林原野等官民所有区別処分方法」を受け、該事業を推進した（＊65）。明治九年四月二〇日、河野通倫本県権参事および薄井《うすい》龍之《たつゆき》代理は、次の文書に「山林原野取調手続書」を付し、これを県下各町村に通達した。すなわち、「山林原野之儀別紙手続書之通取調本年六月廿日限リ差出此旨相達候事　但山林無之町村ハ一小区取纏メ其段可届出事」、と。これによって、該当町村では「調書」を作成、「原由」を付記して従来からの山林利用慣行を主張したのだった。このような煩雑な手続きを経て民有権が認められた場合、もちろん納税が伴うのであり、したがって従来の慣行が明白であっても資料や手続きの不備があって民有申請自体がなされない場合も多数あったようだ（＊66）。

（二）及位村の国有林形成過程

次の文書①は、及位村に遺された国有林関係の、もっとも古い日付の史料の解読文である。

①「苗木杉植立場所御判紙奉願上面附帳」　明治四辛未　及位村

右之通私并當村御百姓共、苗木杉植立場所先年ゟ《より》御判紙奉頂戴候処、数度之火災

ニ而一同焼失仕候ニ付　右之場所相改亦々度奉願上候　尤御林御田畑江差障□
一切無御座候間　何卒御憐愍御叶被成下候様度奉願上候
乍恐此段宜被仰上被成下度偏ニ奉願上候　　以上

及位村組頭　吉十郎
〃　喜左ヱ門
〃　六左ヱ門
大山守　髙橋俵左ヱ門
庄屋　髙橋作江門

明治四辛未年十二月五日　宮林幸蔵　様　（□は判読不能）

これは、明治四年一二月五日付、「及位村」の庄屋髙橋作江門ほか四名の連署で（＊67）、宮林幸蔵という人物宛てに提出された判紙場再認定の嘆願書である。当該文書に付された村民の借地場所および面積は次頁の〔表3－5〕にまとめた。この場合の「及位村」というのは、「大区・小区制」（明治五年一〇月一〇日、大蔵省布達第一四六号）以前の村で、旧藩以来の行政単位であり生活共同体であって、後の行政村としての及位村よりも範囲が狭いことを付記しておく（行政村と区別のために、便宜上「及位村」と称する）。

該文書から、村内八名の百姓が御判紙をえて借地・利用していたものの、それが戊辰の戦乱で焼失したため、その再認定を求めたことを読みとることができる。各自杉苗を植え、手入れを施していた山林の場所と広さを明記したうえで、係官に引き続きの使用を嘆願しているのだ。署名も「大山守」と庄屋

〔表3-5〕明治4辛未「苗木杉植立場所御判紙奉願上面附帳」12月、及位村

No	願い主名前	場所名	広さ
1	五郎平	虻川原	竪30間　横20間
2	五郎平	六左エ門表	竪30間　横20間
3	五郎平	四郎左エ門表	竪20間　横10間
4	五郎平	田代口	竪40間　横30間
5	三郎江門	屋敷ノ上	竪30間　横20間
6	権六	大六郎澤口	竪20間　横20間
7	権六	杉平	竪25間　横20間
8	長四郎	下ノ澤口	竪30間　横20間
9	三七	勘四郎表	竪30間　横5間
10	三七	金打澤口	竪20間　横15間
11	三七	金打澤口	竪15間　横12間
12	三七	金打澤口	竪15間　横10間
13	吉江門	たもの木澤	竪30間　横15間
14	二平	年きノ上	竪30間　横10間
15	二平	内ノ澤口	竪10間　横10間
16	二平	木伐澤瀧ノ上	竪20間　横5間
17	作江門	内ノ澤奥	竪30間　横20間

以外は名前のみで苗字が記されておらず、その内容も所有ではなく借地継続の主張であり、藩政時代と同じ手続きを踏んだものと思われる。当時の人びとが日々の重労働の傍ら植林し山林の培養に努めたという行為は彼らの利害に直接関わる大事であるため、いち早く借地継続手続きを願い出たのだと推測される（＊68）。

なお、本文書に記載されている御判紙とは、藩所有の山林を山奉行に申請して借り受け、そこに植えた苗木が成木の後は伐採・売買することができるという許可証のことである。この制度は、農民個人や共同で行ったもので、立木売買の際、藩には一割程度の運上金を納めた。

戸澤藩の林野制度は厳しく、藩所有の山林としては「留山」「御林」「平山」「御判紙場」「秣場」「萱場」などがあり原則的に伐木は許されなかった。しかし、上の例のように藩所有の山林であっても「判紙場」「秣場」「萱場」などでは、一定の運上金を納めて自由に伐採し利用す

ることが許されていたという（＊69）。

上の申請について、県の実務担当者がどのような判断を下したのかは、その後の書類が未見のため判然としない。しかし、後述するように、明治八年一〇月、翌同九年一二月にも書式を変えてふたたび同様の申請をしたことから推察すると、これに対する回答がえられたのはどんなに早くても明治九年一二月以降であることは疑う余地がない。現時点では、本状は、山林の地租改正事業初期の農民側の意識を知ることができる史料といえる。ちなみに戸澤藩内「判紙山」の民有地認定について、『山形県史』本篇六「林業編」は次のように説明している（＊70）。

戸沢藩においては御判紙山は人民に植栽を許していたので、その植栽木に限って民有に査定し、百姓持山と称して山手・運上・刈草山役などを納めたものも、運上山役は正租と認められず、持山の語は管理を意味するともあるので、百姓持山というだけでは民有に査定されない。また御林山・平林・差上林などの藩有林は官有地として処理された。

明治八年一〇月、ふたたび文書②「拝借願」が「及位村」戸長髙橋作右衛門から提出された（「明治八年　拝借願」—本文書には標題が未記載のため筆者が付した）。

②「拝借願」
右者従前御判紙地与唱　苗木杉植立来候分奉書上候、然ルニ當村困窮之者多分ニ而御拂下奉請度茂何分致方無之ニ付、是迄之通地所御拝借之義一同願出申候、然ル上者年々相當之税金奉上納候間何

卒出格之以御詮議此段御聞届被下度願上候
以上第七大区小三区及位村戸長　髙橋作右衛門
明治八年十月　　山形縣　地租改正係　御中

本文書は、財力が乏しく民有申請ができないため、引き続き拝借したいという趣旨の嘆願書である。宛先が山形県地租改正係へと変更になり、藩政時代に庄屋を勤めた髙橋作右衛門の職も戸長へと変化した（＊71）。前回（①明治四年分）とは異なり、借入人名には苗字も付された。この書状が提出された明治八年は、前述の「地所名称区別法」（明治六年三月、太政官達第一一四号）公布後であり、山林にも所有権が設定されるということについての、当局から村民への説明はなされたものと推察される。

次頁の〔表3―6〕は、この文書に記載された借入申請をまとめ一覧化したものである。なお、原史料では、それぞれの借地場所名ほとんどに字《あざ》が付されているが、〔表3―6〕ではそれを除いて記載した。申請者は前回明治四年分の四倍に増加し、一人が複数個所の借入申請をした者も多数存在する。そのうちもっとも小さいのは栗田庄五郎申請〔表3―6〕33番の「戸飛ら沢」「壱畝廿歩」である。もっとも大きいものでも、髙橋八右衛門、同47番の「上ノ山」「壱町四反五畝歩」であり、申請はそれらを含めた全七四か所、総面積は二一町四反九畝二〇歩と、村の山林総面積の一％にも満たない。

藩の許可をえるという面倒な手続きを行い、そのうえ税金を支払って借地し植林や整備に時間を割いたということは、山村に住む農民にとってこの土地や立木が重要であり、したがってこれら判紙場の確保は彼らの生存にかかわる事態だったのだと推察される。上記、明治四年の嘆願書提出から四年間に、申請者・申請地ともども激増した理由は、近隣のムラが統合され、村民の山林使用観に変化があったと

〔表 3-6〕明治８年「従前御判紙地改而御拝借願」第七大区小三区、及位村

	氏名	場所	広さ(反別)		氏名	場所	広さ(反別)
1	髙橋作右衛門	権現沢	三反六畝廿歩	38	佐藤権六	杦平	壱反六畝廿歩
2	髙橋六左衛門	上ノ山	壱反八畝歩	39	佐藤三七	金打沢口	壱反歩
3	髙橋惣兵衛	新道	壱反五畝廿歩	40	佐藤三七	金打沢口	六畝歩
4	髙橋庄九郎	上ノ山	壱町歩	41	佐藤三七	金打沢口	五畝歩
5	髙橋兵助	山ノ神下	四反弐畝廿八歩	42	佐藤仁兵衛	田ノ沢	三畝拾歩
6	舟生権四郎	上ノ山	六畝歩	43	髙橋作衛門	田ノ奥ノ沢	弐反歩
7	髙橋五郎兵衛	上ノ山	弐畝廿歩	44	髙橋治兵衛	奥ノ越道	五畝歩
8	髙橋喜左衛門	後ノ山	五反弐畝拾歩	45	髙橋治兵衛	金坪沢	五畝歩
9	柴田伝四郎	浦山	四反歩	46	髙橋惣四郎	上ノ山	四反弐畝歩
10	髙橋久右衛門	大森下	弐反八畝歩	47	髙橋八右衛門	上ノ山	壱町四反五畝歩
11	髙橋助太郎	大森下	九反九畝五歩	48	髙橋八右衛門	後ノ山	八反歩
12	髙橋三右衛門	おまけ沢	四反歩	49	髙橋万右衛門	上ノ山	三反五畝歩
13	髙橋荘三郎	仁蔵森	四反歩	50	佐藤権六	楯ノ沢	六反五畝拾歩
14	髙橋平蔵	家ノ裏	壱反六畝廿歩	51	佐藤運次郎	金打沢口	五反歩
15	佐藤仁兵衛	前倉下	九畝壱歩	52	佐藤長之助	真木ノ沢口	三反五畝歩
16	柴田伝四郎	木伐沢口	壱反歩	53	佐藤勘助	金打沢口	弐反五畝歩
17	髙橋庄九郎	木伐沢口	弐反歩	54	髙橋作右衛門	山神脇	五反弐畝拾五歩
18	髙橋五郎兵衛	崩ヶ沢	弐反歩	55	栗田徳左衛門	深沢口	七反歩
19	髙橋五郎兵衛	朴木沢小松倉	参反参畝拾歩	56	栗田徳兵衛	金倉沢	四反六畝廿歩
20	髙橋五郎兵衛	乳母瀧	壱反歩	57	佐藤仁兵衛	大六郎沢	壱反歩
21	髙橋三右衛門	小万沢	五畝歩	58	佐藤仁兵衛	木伐沢口	六畝廿歩
22	髙橋三右衛門	小屋沢	弐反歩	59	髙橋荘九郎	大六郎沢口	五反三畝歩
23	髙橋三右衛門	奥ノ越道	六畝廿歩	60	髙橋五郎兵衛	朴木沢合ノ又口	壱反弐畝歩
24	髙橋庄次郎	金坪沢	壱反歩	61	髙橋五郎兵衛	朴木沢芦ヶ沢口	弐反五畝歩
25	髙橋仁三郎	赤沢	参反歩	62	佐藤三郎右衛門	崩飛ら	三反三畝拾歩
26	髙橋作右衛門	上ノ山	弐反歩	63	佐藤三郎右衛門	とはき沢口	弐反六畝廿歩
27	髙橋作右衛門	山神脇	六畝廿歩	64	佐藤権六	朴木沢	壱反六畝歩
28	髙橋作衛門	大森下	弐反六畝廿歩	65	髙橋伝兵衛	金打沢	七反歩
29	髙橋利兵衛	田ノ沢	壱反五畝歩	66	佐藤三七	同所二タ又口	弐反歩
30	柴田伝四郎	山神下	六畝廿歩	67	佐藤幸吉	崩沢	五反歩
31	柴田荘兵衛	小屋沢	弐反歩	68	佐藤幸吉	扇飛ら下	壱反歩
32	髙橋多蔵	塩水の	五畝歩	69	佐藤長之助	岩瀬小沢口	弐反五畝歩
33	栗田庄五郎	戸飛ら沢	壱畝廿歩	70	佐藤長之助	真木ノ沢口	弐反五畝歩
34	三上門兵衛	東又	弐反拾五歩	71	栗田徳左衛門	栗ノ木沢山	壱反六畝廿歩
35	髙橋五郎兵衛	裏山	弐反歩	72	髙橋宇助	小田代下沢奥道	三反三畝拾歩
36	髙橋五郎兵衛	裏山	六畝廿歩	73	佐藤惣十郎	赤倉沢口	九反歩
37	佐藤権六	大飛ら沢口	壱反三畝拾歩	74	佐藤惣十郎	とやの沢二タ又口	三反歩

いうことだろう。

なお、〔表3―6〕中、51番の佐藤運次郎という人物は、前出の筆者の協力者であるT氏の曽祖父にあたる。昭和三年生まれのT氏が彼の父親や祖父から聞かされたのは、彼の家の山が国に没収されたという事実のみで、その経緯は不明であるという。しかし、前出の秋田営林局による及位村の「国有林野ノ沿革ノ概要」から推察すると、これらの判紙場は地租改正に伴ってすべて官有に編入されたものと解釈せざるをえない。

明治八年以降、同様の「拝借願」が提出されたかどうか不明である。しかし、既述の秋田営林局による『国有林所在町村勢』には、「村内一般貸地中ノ主ナルモノ」として、「植樹地ノ二十三町歩ナリ」が記載されており（＊72）、時代の変遷とともに国有林が地元住民に対して貸地されたことを示している。この場合の及位村とは、「市制・町村制」施行後の村であり、「拝借地願」の「村」よりも広範囲であることを付記しておく。

官民有区分という林野の地租改正の主たる目的のひとつは、明治政府の国庫財政の財源が、主として地租によるという実情から（＊73）、早急に土地の所有者を確定し、将来にわたって安定的な税収をえることであり、そうでなければ払い下げによって富国強兵・殖産興業のための財源を確保することだった。それゆえ、わずかな山林であってもこの方針に対する例外は認められなかったということなのだろうか。

次の文書③「明治七年　官山取調書上」は（長文のため掲載は略す、以下「書上」と略称）、明治七年八月付、山形県管下羽前国最上郡及位村戸長高橋作右衛門から、山形縣《（ママ）》権令関口隆吉《せきぐちたかよし》に宛てた報告書である（＊74）。該「書上」では、「及位村」は第七大区小四区をなのっている。この文書の冒頭には

「除地《よけち》上地《あげち》」とある。冒頭に、「大森山神」「田代山神」「地蔵境内」「鏡沢山神」「朴木沢山神」「「朴木沢諏訪明神」「鏡沢薬師」「塩根川山神」、八つの神社の面積および立木本数を置き、つづいて「字及位山」「反別不詳　東西凡四里　南北凡二里　険阻」「東　秋田官山境」「南　中田村官山境」「西　大瀧村官山境」「北　秋田官山境」、以下木種・大きさごとに記載した。

別に、「字東又水林」「反別不詳　険阻　東西拾五丁　南北拾丁」「東　字伐留野境」「西　字コシキ山境」「南　字前森山嶺境」「北　字小松倉山境」、つづけて木種ごとの大きさ・本数が記載されている。このように、「書上」は、村内山林の面積および立木の本数を、種別・大きさ別に調査・記録したものであり、その末尾には伐木・運送の際の地理的条件・距離、官林の起源、判紙地の上納金など情報が付されている。

先述のとおり、藩籍奉還と同時に民部省は府県に命じて植伐の対象となる優良山林地の官林総反別を録上させたのだが、翌明治三年三月には各府県に対して御林帳の雛形を頒布し、官林に関する諸事を録上させた。この二度の調査で確定されたのが官林である。この御林帳の雛形は苗木の本数や津出しの次第など詳細を極めたものである（＊75）。

上記「書上」の書式は、この雛形と極似している。そのうえ、この時期には、村方に御林の書上げを命じていたことが判明している（＊76）。つまり、明治二年七月付の民部省による官林総反別調査命令に際して、翌三年三月その雛形が示され、それに対する調査結果が「書上」として報告されたのだと推察される。調査に約三年間費やされていることは少々気になるところだが、雛形に示されたような詳細な調査は、短時間のうちに行うことができる種類の内容ではないことから、このような推論となった。

明治三年一二月に発令された「社寺上地処分」（「太政官布告」第四、明治四年正月五日）により、藩政時代の藩有林および社寺有林はすでに上地させていたため（＊77）、上記「書上」では、「及位村」のすべての山神社も官山として立木の大きさを報告したのだろう。「書上」のうちの、「塩根川山神」の反別は一二歩、立木一一本という小ささである。しかし敷地面積の割に木は大きく、五本の杉は「目通五尺廻り以上八尺廻り迄」、六本の雑木は「目通五尺廻り以上九尺廻り迄」となっている。

山間の集落では家が二戸建つと山神を祀るといわれるほど山への信仰が厚い。ムラの人びとが守り続けた山神はすべて府県管轄下におかれたのだ（＊78）。しかし神社以外は個別の山ごとではなく、「村」には存在しない「及位山」としてひとまとめに記載しているうえ、個別の山反別も記されていない。このような一連の政策から、当「書上」は、その実態把握を含めた官林確定の基礎調査資料である可能性を示唆する。

さて、明治九年一二月上旬付で「第四大区小三区及位村村長代、髙橋作右衛門」から、山形県令三嶋《みしま》通庸《みちつね》宛てに文書④「山岳原野官民有区別願」が提出された（長文のため掲載を略す）。明細には明治九年一一月と記されている。これは、上述の明治九年三月に発令された「官林調査仮条例」および「山形県布達」（明治九年四月二〇日）に基づく調査結果だと推測される（＊79）。

該「山岳原野官民有区別願」は、村の三一ある山ごとの履歴、つまり留山・判紙山など藩政時代の区分、広さ、立木の種類および村人の使用慣行など明細書が付されて提出された。後掲〔表3―7〕は、これを一覧表にまとめたものである。

表の欄外に記載した（1）～（7）の項目は、各山の内容部分に記載されている入会慣行を筆者が分類したものである。「留山」と称し、戸澤藩の所有であったことが明白で、それゆえ官林に編入されることが明確な山々は、表下の（1）に分類される。しかし、「留山」であっても有税・無税で村民が利

〔表 3-7〕明治9年「山岳原野官民有区別願」及位村一覧（12 月上旬、山形県令三嶋通庸宛）

No	字 山名	山反別（単位） 町反畝歩	内　　容	沢反別 町反畝歩	道反別 町反畝歩	内書 官林	内書拝借地 町反畝歩
1	黒森山	916.6.6.20	留山・杉檜槻・留木官林・一切不伐木	1.4.5.10			
2	金倉山	210.3.0.00	留山・杉檜槻・留木官林・内書			3 反	
3	栗木沢山	273.6.0.00	留山・杉檜槻・留木官林・一切不伐木・内書	0.2.8.10		1 反	0.1.6.20
4	中ノ又山	167.1.2.20	留山・檜松・留木官林・一切不伐木・内書	0.6.0.00			0.4.6.00
5	仙北沢山	205.4.3.10	自然諸木繁茂・一切不伐木・内書	0.5.3.10		1 反	
6	戸ノ沢山	160.0.0.00	留山・檜松・留木官林・無税木伐取・内書				
7	問屋沢山	150.4.0.00	留山・檜松・留木官林・一切不伐木・内書	0.4.1.20		1 反	0.3.0.00
8	赤倉沢山	141.5.6.20	留山・杉松・留木官林・一切不伐木・内書	0.5.6.20			0.5.0.20
9	金打沢山	206.7.3.00	留山・檜松・留木官林・税 10 銭薪伐・内書	0.2.9.05			0.6.3.00
10	岩瀬山	139.3.3.10	民有確証無・無税薪伐出自由				
11	中小屋山	70.1.0.00	民有確証無・無税薪伐自由・内書				0.4.3.10
12	大六郎沢山	130.6.3.00	留山・杉松・留木官林・税 73 銭 3 厘・内書	0.3.7.15			0.6.3.00
13	小六郎沢山	73.3.3.10	留山・杉松・留木官林・一切不伐木	0.0.5.00			
14	臺ノ倉山	86.7.5.21	留山・杉松・留木官林・一切不伐木・内書	0.8.8.10			0.0.9.01
15	楯ノ沢山	209.8.3.10	自然繁茂・一切不伐木・内書	0.0.6.00	0.2.6.10		0.5.0.00
16	峠ノ沢山	105.6.3.20	自然繁茂・一切不伐木・内書				0.6.3.20
17	朴木沢山	351.2.1.20	税 20 銭薪伐取・内書	1.8.8.00			1.2.1.20
18	中山	140.1.0.00	民有確証無・無税萱秣刈取自由・内書	0.0.8.27	0.3.2.06		0.1.0.00
19	倉ノ楯山	28.0.6.20	民有確証無・無税萱秣刈取自由・内書	0.0.2.00			0.5.6.20
20	上ノ山	30.0.2.04	民有確証無・無税秣刈取自由・内書				8.8.8.16
21	木伐沢山	27.0.3.10	税 30 銭薪伐取・内書	0.1.0.00			0.3.9.00
22	赤沢山	78.3.0.00	民有確証無・無税薪刈取自由・内書	0.2.6.00			0.4.0.00
23	田ノ沢山	17.0.0.00	民有確証無・無税秣刈取自由・内書	0.0.2.00			0.2.3.10
24	平場山	3.1.5.00	民有確証無・無税秣刈取自由・内書				0.3.5.00
25	檜ノ木森山	20.0.0.00	留山・杉檜・留木官林・一切不伐木	0.2.0.00	0.3.1.05		
26	高問屋山	40.0.0.00	留山・杉・留木官林・税薪伐取自由	0.1.3.20			
27	小田代山	80.3.3.10	留山杉檜・留木官林・税 20 銭薪伐取・内書	0.1.3.10			0.3.3.10
28	奥越道山	68.1.8.10	民有確証無・無税薪伐取自由・内書	0.2.9.00			1.5.1.20
29	鏡沢山	50.2.1.20	民有確証無・無税秣刈取自由・内書				0.2.1.20
30	戸屋沢山	7.2.1.20	民有確証無・無税萱刈取自由・内書	0.0.2.00			0.0.1.20
31	東又山	288.6.0.10	民有確証無・税 20 銭薪伐取・内書	1.3.0.00	1.1.0.00		0.2. 0.15
	合計	4,476.8.8.25		9.8.8.07	1.9.9.21	6 反	18.7.8.12

(1) 留山、一切不伐木　1,2,3,4,7,8,13,14,25　2,039 町 7 反 5 畝 1 歩
(2) 留山、無税木伐取可　6　160 町
(3) 留山、納税の上薪伐取可　9,12,26,27　457 町 6 反 9 畝 10 歩
(4) 無種山、一切不伐木　5,15,16　520 町 9 反 10 歩
(5) 無種山、納税の上薪伐取可　17,21　378 町 2 反 5 畝
(6) 民有確証無、無税薪伐取自由　10,11,28　277 町 6 反 1 畝 20 歩
(7) 民有確証無、無税萱・秣刈取自由 18,19,20,22,23,24,29,30,31　642 町 6 反 7 畝 14 歩
合 計　4,476 町 8 反 8 畝 25 歩

用していた（2）（3）や（4）～（7）は、村民が有税・無税で利用していたことが確認できる。つまり、総面積の半分以上の山々で村民の利用慣行があったということにほかならない。

当該文書では、標題とは裏腹に、民有地の主張は明記されていない。それどころか、〔表3―7〕3番「栗木沢山」の末尾には、「拝借地反別壱反六畝廿歩　但シ旧藩之砌《みぎり》御判紙頂戴苗木植立場所栗田徳左衛門更ニ拝借奉願候」と記されているのだ。この「拝借願」は〔表3―6〕71番に相当する。三一山のうち二三山に同様の文言があり、人びとは民有申請ではなく借地の継続を主張しており、行政の意図と村民の思惑との違いが表れていて興味深い。

この例のように「及位村」では、留山の多くも村民に利用されていたのであり、村では新しい支配者に対して山林借地の継続を繰り返し申請したことがわかる。なお、御林および官林・官山などの呼称については、従来の御林帳と称された記録には、旧藩領有林野のすべてが記載されていたわけではなく、未記載のものも膨大であったことから、官林確定後は既登録の林野を官林、登録漏れの林野を官有山野と称して区別したという（＊80）。

明治一四年一一月一二日、最上郡及位村惣代人佐藤仁兵エ、用係髙橋作兵エ、戸長吉村雄吉らは連名で、次の文書「御受書」を山形縣勧業課宛てに提出した。

⑤「御受書」

今般山林調査トシテ御出張相成私共御案内仕夫々官林ニ御編入相成候就テハ官民有境界等之儀ニ付後日ニ至リ決テ異論無之依テ惣代人連署ヲ以テ此段御受申上候也

明治十四年十一月十二日　最上郡及位村

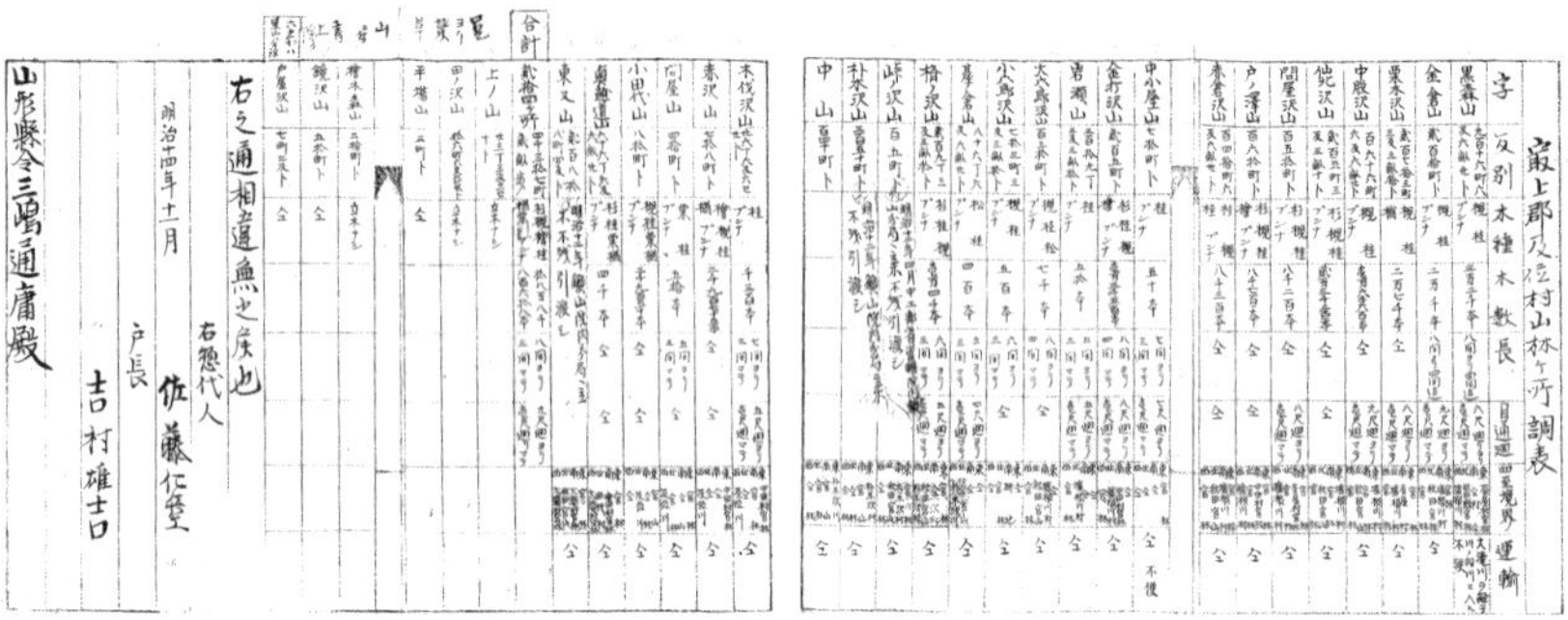

〔史料3‐1〕⑥「最上郡及位村山林ケ所調表」明治一四年。及位　高橋秀弥氏(故人)所蔵。

惣代人　佐藤仁兵エ　用係　高橋作兵エ　戸長　吉村雄吉

山形縣勧業課　御出張　御中

当該文書の日付および内容から察するに、明治一四年一一月付山形県令三嶋通庸宛の⑥「最上郡及位村山林ヶ所調表」（〔史料3―1〕）（＊81）と同時か前後して提出された書状だと推測される。官民有区分に際してのトラブルを回避するための県側の措置だろうか。上の〔史料3―1〕⑥「最上郡及位村山林ヶ所調表」には、〔表3―7〕に記載されたほぼすべての山が官林に編入されたことが記録されており、これら二種類の文書によって、「及位村」の山岳原野官民有区分作業は明治一四年に一応完了したことがわかる。

以上数種の文書から、「及位村」の場合には、二度にわたる旧藩からの判紙場の再認定願い、および明治九年の「山岳原野官民有区別願」でも、各山の履歴の末尾に旧藩以来の拝借地とその継続願いを明記して提出したことを確認したのだが、これらの嘆願は無視または門前払いされたものと推察される。そうして官林は穏やかに過ぎるほどの経緯で国に差し出されたことが判明した。

他方、「及位村」に隣接した第四大区小三区「朴山村」（現、最上郡金山町朴山）でも、明治九年一一月付で「官選の役人で、金山土着の人ではない」里長・和田嘉門、副戸長・須崎三郎、区長・朝比奈泰吉の連署により、山形県令三嶋通庸宛てに「山岳原野官民有区別願」が提出された（＊82）。「拝借地」の記載があるのは「及位村」と同じだが、異なるのは「是ハ旧藩ノ砌御判紙頂戴苗木杉植立候場所」との文言により、拝借地に杉を植えたことが明確にされていることと、これとは別に「立林《たてばやし》」の反別が記載されていることである。「立林」とは自然生の樹木を、境界をたてて個人が管理・培養した林のことである。これに対して山形県では、明治一〇年五月七日付で該申請書明細中の拝借地を「杉立」に書き直し、「立林」とともに書状の欄外に朱書で以下の回答を付して民有を認可した。

右者苗木植立或者手入ヲ加ヒ置候成蹟ニ依リ　民有地ニ編入候条地価地租取
早々地租改正係へ可差出候　其他民有ニ定成蹟無之ニ付官有地ト可相心得候事

そして、当該申請書の表紙部分には、明治三七年九月一六日付、第八二一一号農商務省による検閲の押印が施されたうえ村に返送された、民有の認可からじつに二七年も後のことである。もっとも、史料不足からこの経緯は確認できておらず、実際に民有手続きがなされたかどうかについても定かではない。しかし、上の史料は地方末端では土地の諸条件や担当者、人びとの意志などによって民有申請とその結果に大きな差が生じたことを示唆する。

それではなぜ「及位村」では民有ではなく借地にこだわったのか、推測してみよう。第一に、当地の住民は山林の所有権という観念自体が希薄だったうえに、土地所有権の概念が、その土地および土地の属性の一切を所有する権利と考えられていなかったからではないか（＊83）。当地での筆者の聞き取り調査においても、明治維新当時の及位村の人にとっては、旧来の山林使用慣行継続の保障こそが最重要関心事であり、「山など誰も背負っていかない」と考えていたという（＊84）。

人びとにとって山は生活の場であり命綱である。供給される林産物は人びとへの贈与物であり、人びとはその贈り物を採りすぎることなく、何世代にもわたって維持・培養し管理してきたのである。戒能《かいのう》通孝《みちたか》が述べているように、それは理屈ではなく山どこに暮らす人びとが身につけた「習性的慣習」だったのだ（＊85）。上述のとおり、明治九年一二月付の「山岳原野官民有区別願」提出時点では、髙橋作右衛門はじめ「及位村」の人びとは、藩政時代の留山でさえ判紙場として立入が許可され、資源の採取を行っていたのだ。村民の意識のうえでは判紙場がすなわち民有と同意だったのかもしれず、所有者が誰になろうとも、山林の利用は住民の権利であると、長い歴史と日々の実践とに基づく確信があって、これを失うなどとは想像すらできなかったのではないか。このことは、「山岳原野官民有区別願」に記載された山々のうち、「中小屋山」「赤沢山」「平場山」には、「新キ之分」として新たな借地申請とみられる記載があることからも推察されるのである。

第二に、「及位村」の人びとの土地所有観念の希薄さに乗じた地方実務担当者の、村民への作為・不作為の説明不足が挙げられる。優良な巨木が多いこの地ではとくにその傾向が強く表れたものと考えられる。上掲〔史料3―1〕⑥明治一四年付「最上郡及位村山林ケ所調表」の最下段（「運輸」欄）をみると、すべての山が「大滝川ヲ経テ川ノ内川ニ入ル不便」と記されている。鉄道敷設以前、木は主として筏を組み流木によって運搬されたのだが、当地は川幅が狭く浅いうえに途中に滝があるためそれができない。国有鉄道奥羽本線が開通し「及位駅」が設置されたのは明治三七年であり、それまでは木材運搬は困難で容易に商品化することができなかったのだ。このような自然的条件が戸澤藩の山林保護政策と相まって優良山林の形成に寄与したものと考えられる。
及位の村々では何代にもわたって豊富な林産資源を利用し続け、上記嘆願書に記載されたように経済的困窮者が多く、もちろん貨幣経済が浸透していたとはとうてい考えられない。そのため、人びとは民有地認定ではなく借地の継続にこだわったものと推測される。借地制度こそは村の人びとにとって理想的なものだったのだろう。しかし、上述のように政府の方針とは齟齬をきたすものであり、仮に借地を認可したならば、他地域でも民有認定を受けて納税を行うよりも借地することを選択する人びとが多数出現しただろうことは容易に推察できることである（＊86）。
前出の北条浩は、「林野政策は、地方によっても相当な差違が生じた。林野をめぐる支配に対して、入会民の激しい抵抗がみられた地域においては、出先機関の林野政策は後退する。いわば支配にたいする抵抗の力関係によって国有林野政策はさまざまのニュアンスをもって実現されていた」と論じている（＊87）。また、『農林行政史』も地租改正当初の事情を次のように指摘した（＊88）。

官尊民卑の俗習が全国を風靡した（中略）。地方官のなかには将来に備えて官有主義を是としたものも少なくなく、民間者もまた民有の結果課税の配慮をなしたのに乗じて、土地の民有は税金が重課されるから、むしろ官有として従来の慣行を承認されるほうがよいと説明して、山林原野の国有林への囲込を多くして功績を誇りとしたような事情を聴き、これが文化の浸透遅れがちな東北地方にそれの多い現状が物語るところである。

なお、ムラによっては山林管理条件をケーヤクとして取り決め、時には明文化しておくこともあった。

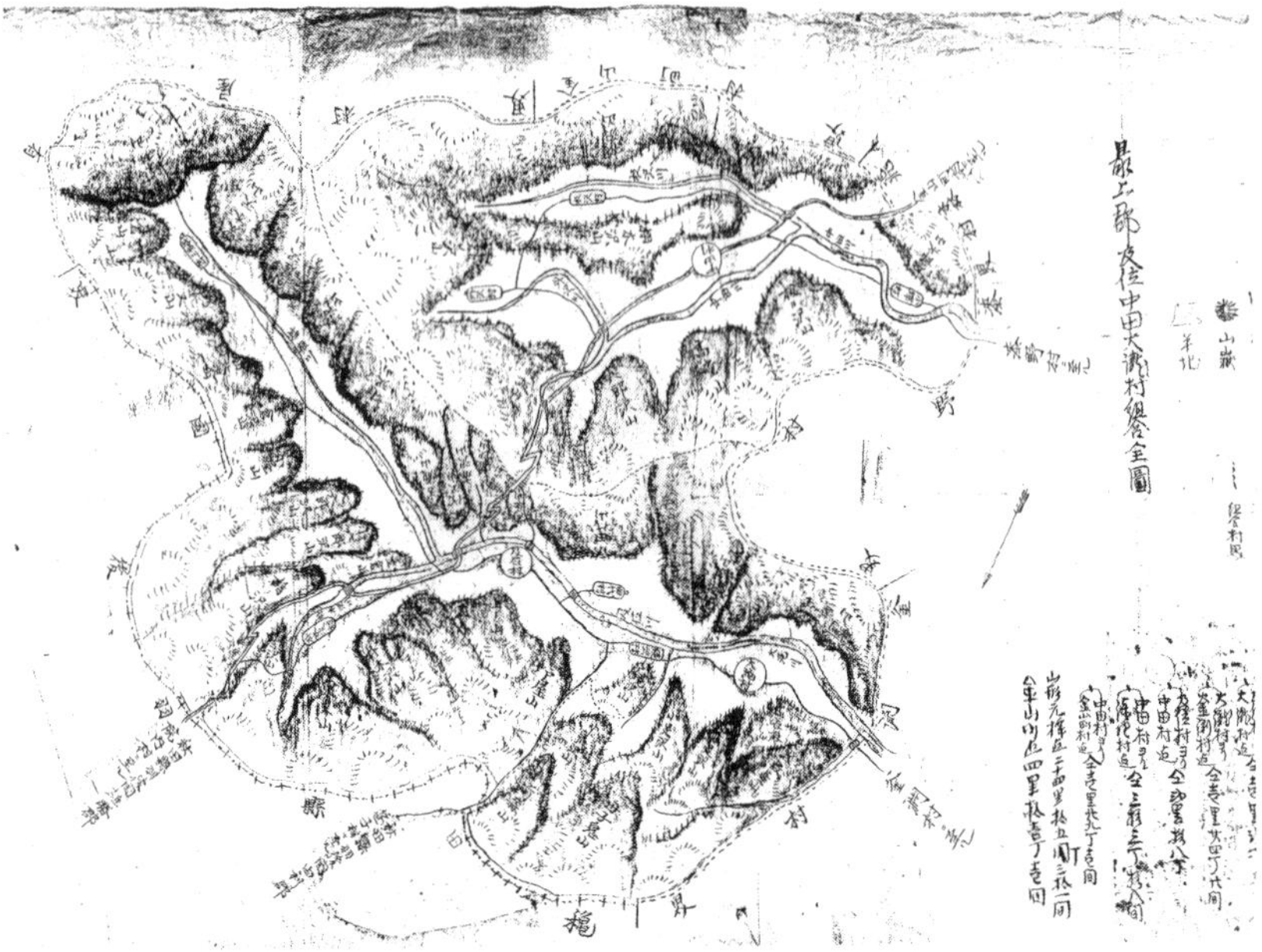

〔史料3-2〕⑦「最上郡及位中田大瀧村組合全圖」明治15年。及位　高橋秀弥氏（故人）所蔵。

これらの取り決めは、塩根川では必要な場合のみ口授され、正月に開催されるケーヤクの場で唱えられたという。そしてこれは原則として全員一致でなければならなかった。参考に、ケーヤクが明文化された事例として、明治一八年八月付「最上郡合海町村　議定証」（最上郡合海《あいかい》町村。現、最上郡大蔵村合海）の文書を紹介しておこう（＊89）。

当「議定書」では、（第三條）「他ノ山林江濫《みだ》リニ立入伐木《ママ》スタルモノ」は「代價ノ十倍ヲ以テ償却可為致事」、（第四條、□は判読不能）「官山拝借之萱地繁殖可為致期節ニ至リ苅取ノ際ハ一同□議之上人揃ナリシテ猥《みだ》リニ苅取ヘカラズ最モ朝夕トモ人顔ノ不分明ナルトキハ畑地植付モノ及ヒ秣ト雖モ背負歩行ヲ禁ズ」、（第七條）「但第四條第五條ノ村内萱地ニ入リ秣ト称シ萩ヲ刈取タルモ本年ヨリ萩苅不相成事　第壱條ヨリ第七條ニ至ル迄子供ト雖モ定訳ヲ犯シタルモノ其戸主ニ於テ罪ヲ蒙ル事」が明記された。

山林利用は立木の伐採のみならず、萱や萩など山野草の苅取さえ厳しい取り決めのもとで行われたことを確認することができる、もちろん、違反者には罰金や罰則が科せられた。

以上のような経緯で山林原野の所有が確定し、漠然としていた境界が測量で決定された。明治一五年、及位村・中田村・大瀧村から最上郡長宛てに絵図面が提出された（⑦〔史料3―2〕）。絵図面には山々の名称・村名・村境・県境、川、道路などが詳細に描かれ、前出〔史料3―1〕の「明治一四年　山林ケ所調表」と突き合わせることにより、官林の鳥瞰が可能となった。こうして、中央政府による地方支配の地固めが着々と進められたのだった。

〔史料3―2〕

⑦「最上郡長宛　村絵図面提出」明治一五年

今般郡内明細絵図面調整ニ付細大無洩取調可差出之旨御達ニ因リ別紙之通調整進達仕候也

及位村外二村　戸長　吉村雄吉

明治十五年六月十九日　最上郡長朝倉政治殿

以下『日本林業発達史』にしたがって、国有林に関する政策を概観しておこう。本来、政府の官民有区分の目的は、その観念が曖昧だった林野所有の確定にあり、人びとの旧来の山林利用やその収益権を剥奪する意図はなかったとされる。上掲書が提示した事例では、栃木県の場合、明治九年の官民有区分により官有地に編入された土地に対して「秣刈取リハ従前ノ通心得ベシ」という通達を発した。秋田県では、「入会村々ノ連署ヲ以テ願書ヲ差出スベキモノ」（明治一三年、「秣刈取規則」甲第三〇号布達）として、届け出による入会慣行が容認されるのが一般的だった。「ここに官民有区分という大事業が、さしたる波乱もなく一応平穏裏に遂行され得た理由があった」と林野庁は結論付けた（＊90）。しかし、その後の官地・官林の払い下げ・貸与の過程で、濫伐による林野荒廃という問題が生じていた。

このような傾向に対し、政府は濫伐と火入れによる火災からの森林保護を名目に、官有地への立ち入り禁止に乗り出すとともに、入会など複雑な関係のある林野を整理する方向へと政策を転換した。その端緒は、内務省乙第七号達（明治一一年二月）である。ここでは、民有地であっても、「人民其所有山ニ火入スル時ハ」「其近傍ノ官林監守人設置ノ場所ハ、遅クモ前日迄」に申請しなければならないとされ、また「官地下草又ハ官山肥秣草等刈取差許候者ヘハ、予メ鑑札ヲ帯ズシテ立入不相成旨可達置事」として、火入れの際の事前の許可と官林内の産物採取に際しての鑑札の公布とが定められた（＊91）。

政府は、「官林監守人」に強い権力を付与して監視に努めた。「山林局出張所処務心得」（明治一四年九月普第一五号達）では、出張所長に対して「官林ニ係ル犯罪人ヲ告訴スル権限」を認め、次いで「山林事務所山林局員処務心得」（明治一五年六月）により、「犯罪人ノ告訴及ヒ贓物《ぞうぶつ》返還損害要償ノ訴ヲ為ス事」と、所長権限の拡大を図った。さらに、明治一九年の大小林区署官制にあたって、小林区吏員に、「森林現行犯罪アルコトヲ認知シ又ハ森林犯罪ト思料シタル時ハ、其分担区ニ属スルト否トヲ問ハス、速ニ検事ニ告発シ且之ヲ小林区署長ニ申告スベシ」（小林区吏服務条規第三五条）、「犯罪人逃亡シタル時ハ速ニ之ヲ蹤跡《しょうせき》シテ精密ニ捜査ヲ為スベシ」（同第四〇条）と規定した。

つまり、一般の吏員である山林局員に警察官同様の権限が与えられたことになる。その後、明治二三年二月法律第六号「裁判所構成法」第一八条では、林務官にも警察官や憲兵将校下士と同様、検事の事務が執行できるよう認め、さらに同二三年一〇月、法律第九六号「刑事訴訟法」により、林務官に「検事ノ補佐トシテ其指揮ヲ受ケ司法警察官トシテ犯罪ヲ捜査スベシ」(第四七条第二項)と、権限の拡大を図ったのだった。以上のような政策から、官林監守人のさじ加減ひとつで、国有林所在地住民の生存が左右されることもありえたことと推察される。

この林区署への一連の権限付与の背景には、「官有森林原野及産物特別処分規則」(明治二三年㈣月、勅令第六九号)によって、森林所在地住民に対しても、従来の売り払い慣行がない場合には、木竹・薪炭材・下草・秣・小柴・土石などの売渡が、競争入札に付されることになり、随意契約によって売り渡すことができなくなったという事情がある(同規則第一条の六)(＊92)。結果として、生存の危機に直面した地元住民による盗伐が激化し、林務官との対立もまた激しさを加えることになった。明治一八年の盗伐件数は、山林局の調査だけでも九九万六七三件に及び(＊93)、結果に表れない討伐は計り知れない。そこで政府が採った戦略は、先の「官有森林原野及産物特別処分規則」に追加を行い(明治二四年一〇月、勅令第二〇二号)、森林保護のために委託林制度を採用することだった。この制度の内容は、地元住民に国有林保護の義務を負わせ、「制限ヲ付シ地元住民ニ森林ノ副産物ヲ無料ニテ採取セシメルコト」(第五条)、「採取シタル産物ノ全部又ハ一部ヲ手入料トシテ下付スルコト」(第六条)などの恩典を認めるというものだった。

同年一一月にはその取扱い諸条件はじめ入林鑑札の公布を定め、地元住民に対しては「森林地木ヲ損傷セサル程度ニ於テ無料採取ヲ許可」したのである(＊94)。前出の秋田林局の調査書も、委託林・採草地・植樹地・薪炭材供給地など、次第に国有林が村民に解放されたことを明らかにしている(＊95)。

前述のT氏は、自宅の壁に掛っていた木製の小さな鑑札を記憶している、それが上述の入林鑑札だろうか。しかし、氏の父廣氏は一度もそれを携帯して山に入ったことがないそうだ。つまり、所有者や法令如何にかかわらず当地の人びとは林産物の採取を継続したのであり、討伐も頻繁に行ったという。山林監守人に見つからなければそれでよかったのだそうだ。営林局でも地域住民とのトラブルを避けたかったらしく、生活や農業のための林産物や立木の伐採は、たいていの場合、黙認したようだ。

以上のように及位の山どこに住む人びとは、頑固なまでに借地にこだわり、国家との対抗関係のなかで一定の譲歩を引き出しながら山林資源の利用を続け、厳しい自然条件のなかを生き延びてきたのだった。明治以来の、村の国有林形成の歴史に関してT氏の感想を伺うと、後の時代のことを考えると、村のほぼ全山が国有林になったため税負担も山林をめぐる住民同士のトラブルもなく、賃金は安いが現金収入ももたらしたという意味で、明治の人びとの選択は正しかった、のだそうだ。

なお、付記しておかなければならないのは、本節で使用した山林関係の文書の件である。該文書類は、当地における歴史研究家、高橋秀弥氏が所蔵していたものを筆者が借り受けた。本章第二節冒頭で『真室川町史』が明らかにしたように、当地では戊辰の役やその後の火災で文書類のほとんどすべてが焼失した。生前の高橋秀弥氏から伺った話によると、該文書類は旧及位村役場の助役だった方から氏が譲り受けたものだったという。（＊68参照）。しかし、平成二六年九月、秀弥氏が故人となり、同時に該文書類も所在不明となった。大火の中をくぐり抜け、氏が守り続けた貴重な歴史史料が失われるという事態に際会し、筆者は残念な思いでいっぱいである。

第四章■塩根川向上会の組織と性格

問題の所在

本章の課題は、塩根川向上会（以下、「向上会」と略称）が遺した記録類＝『塩根川向上会記録群』（以下、『記録群』と略称）を分析し、その組織と活動実態を究明することにある。それはすなわち、東北の山村部落に住む若者たちが、旧秩序と国家の期待との狭間で新たな存在様式を模索する姿を浮き彫りにする作業でもある。

しかし、二〇〇〇頁におよぶ記録のすべてを分析する余裕もないし、紙幅に限りがある。そのため本書では、上の課題に回答を与えるために、さしあたって次の作業仮説を設定し、その検証に必要と認められる記録を抽出する。

作業仮説一

「向上会」の性格は、後述の「向上之礎」「信條」で、「我等ハ自治ヲ本領トシ会員相互ノ向上弥栄ヲ理想トス」と表明された決意に集約される。その「理想」追求のために、彼らの事業は文化活動と会員福利とにほぼ特化され、「自治」でそれらが追求された。それはまるで、旧来の若者の存在様式変革運動のようにみえる。多少なりとも大正の自由な空気に触れた若者たちにとって、部落の慣例は余りにも古く、農村の窮乏はそのせいであるかのように映じたのだろうか。

時代が昭和に変わっても部落のケーヤクは相変わらず口授で行われ、文字による記録はされていなかった。この東北の僻村にも次第に商品経済が流入し、農家経済の収支は悪化していたにもかかわらず、人びとはこれにはいっこうに無頓着でただ貧乏を嘆くばかり、毎朝暗いうちから夜遅くまで働きどおし

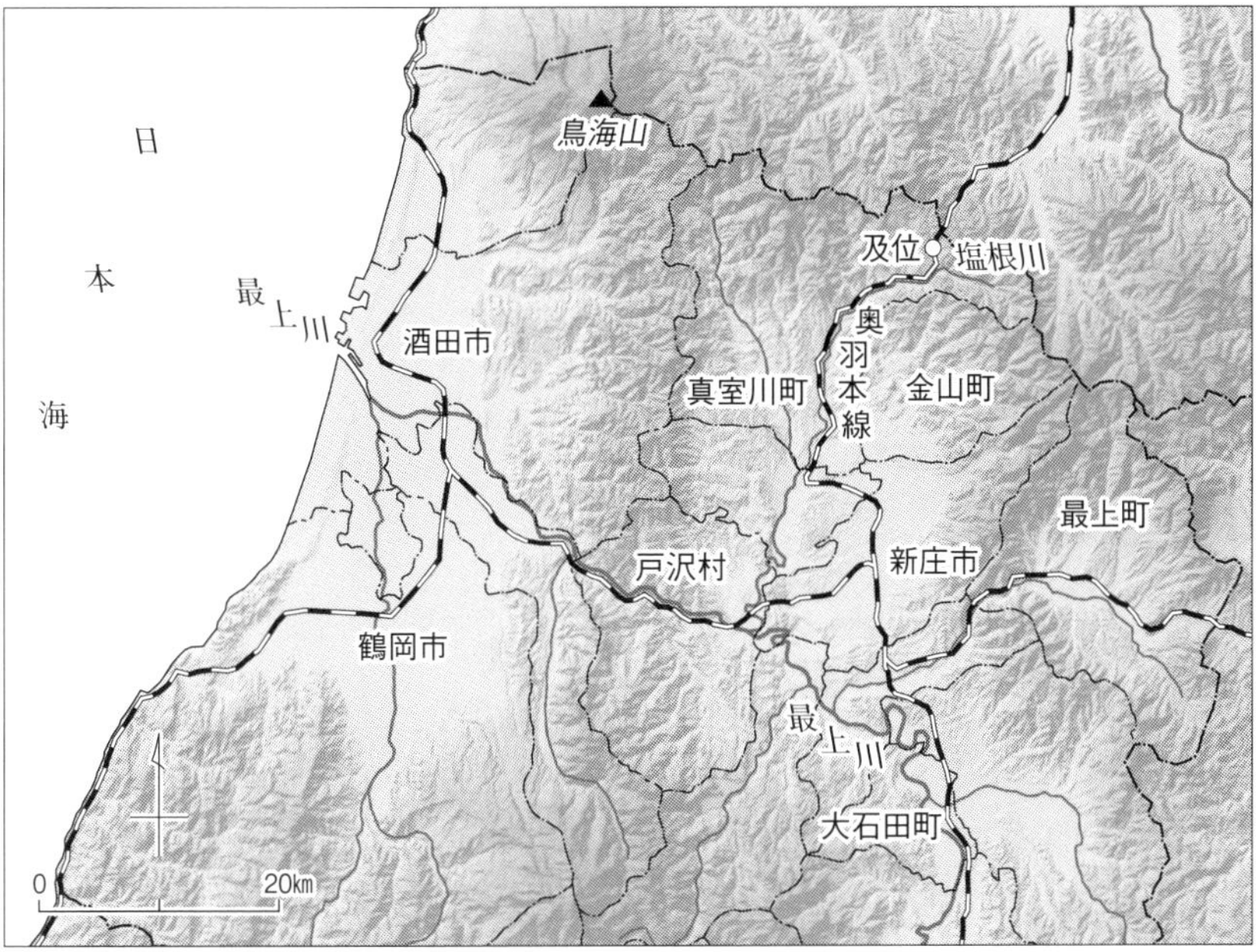
日
本
海
鳥海山
最上川
酒田市
及位
塩根川
奥羽本線
真室川町
金山町
最上町
戸沢村
新庄市
鶴岡市
最上川
大石田町
0
20km

真室川町
金山町
新庄市
酒田市
最上町
戸沢村
鶴岡市
寒河江市
山形県
山形市
天童市
米沢市

に働いても負債は嵩《かさ》む一方だった。これはおかしい――と若者たちは考えたことだろう。

そして彼らがたどり着いた結論が部落の近代化の必要であり、そのためにはまず自分自身が近代的な若者――青年――になることが必要だった。加えて彼らにとっては、近代の香りのする教養の獲得や娯楽は憧れであり、閉塞感からの脱却は切実な欲求だった。したがって、青年団に関して大正四年に発令された内務省・文部省の訓令および、それを受けた同六年の山形県の訓令で、青年団が修養機関であることが保障されたとき、この山村部落の若者も日常的な文化活動が実現可能だという確信をえたのだと推測される。

明治前期、広島県沼隈郡の山本瀧之助が青年団の設立運動を開始した意図も、「田舎に住める、学校の肩書なく、卒業証書なき青年」「学生書生にあらざる青年」「全国青年の大部分を占めながら殆ど度外に視られ、論外に釈かれたる青年」たちに都会の学生と同じ権利を獲得させたいと願ったことにあった（＊1）。大正期、元来向学心旺盛な地域だった当地の若者たちが、都会の若者と同じ文化的な生活を楽しみたいと思ったことは自然のなりゆきだった。

作業仮説二

塩根川部落の若者たちが、日常的に文化活動を展開するための必須条件は、活動時間と事業資金の安定的な確保だったが、ケーヤクが部落の最高議決機関であったためそれにはムラの人びとの承認を必要としたに相違ない。その具体的方策が「向上会」の創設による、塩根川青年会および及位村青年会からの自立だったのではないか。

旧来の自治組織では、若者たちには、主としてムラの実働隊としての役割しか付与されていなかった。

昭和3年4月、塩根川向上会発会式。最後列左から2人目が佐藤孝治，前2列目中央洋服姿は佐藤篤。
及位、佐藤明智氏所蔵。

昭和3年、不動尊祭典、塩根川向上会総集会。最後列左端が佐藤孝治，右端洋服姿は佐藤篤。佐藤明智氏所蔵。

もちろん、農家にとっての若者は労働力以外のなにものでもなく、彼らの働きは家族全員の生活レベルを左右した。

そのため、普段若者が自分のための時間をえるのは困難だっただろうし、男子が成人しても耕作地の狭い当地では分家もままならない。通常次・三男は兵役義務終了後二・三年間家で働き、その後他家に養子に入るか、他地域の山仕事や農家の「わかぜ」（若勢）など、また多くは北海道の炭鉱へ出ることを選択した、それが当地の伝統的な規範でありほかに彼らの生きる道はなかったのだ。とはいえ、青年団が国家の事業として認知されるにしたがって、ムラの人びとは「ヒマダレ」として息子たちが青年団活動に参加することや農業補習学校に通学することを容認していた。したがって、次の段階の彼らの課題は、「向上会」がケーヤクの場で承認を受け、同時に活動資金を確保することだった。

明治末期すでに組織されていた塩根川青年会でも、国有林関係の労務により収入をえていたものと考えられる。それは、他に現金収入の途が考えられないことや、後述の会計簿に「旧青年会寄附」が二度にわたって計上されていること、大正一一年度には塩根川青年会から及位小学校に五〇円が寄付され、それによって「ダンダラ大幕並大圓時計」が設備されたことが『及位小学校沿革史』に記録されていること、つまり青年会には多少の預金があったことなどから推測される（＊2）。

農業のほかにたいした産業もなく、広大な国有林のなかに位置する及位村では、森林の整備・保全作業自体が共同体の安寧秩序を維持するための事業の一部であり、その仕事の種類・量ともすこぶる多く、人びとは日常的にその作業に従事して、わずかながら労賃をえていたことはすでに述べた（＊3）。そしてその作業は、主に国有林所在部落が担当することになっており、部落ごとに窓口がおかれていたという。

以上の理由から、「向上会」に独自の事業資金源を確保する必要が生じたとき、若者たちがそれを国有林に求めたことは自然ななりゆきだった。なお、大正一五年七月一〇日に開催された及位村青年会塩根川支部役員会では、武道奨励および文庫設置が協議されようとしていた（＊4）。その後の記録が現存しないため、この議題の結果は確認することができないものの、スポーツや読書など文化的な事業を円滑に展開するための資金調達は、彼らにとっては切実な問題であったことは疑いえないし、これが「向上会」設立の理由のひとつになった可能性は大きい。

作業仮説三

前章では、塩根川の若者組織は多重構造をもったことを明らかにした。しかし、現実問題として、塩根川の若者組織が複数の名称を使い分けることが不要であり、無意味な場合も数多くあっただろう。実態からいえば、部落内の若者集団が三つの機能を果たしていたといったほうが正しい。しかし、現実に塩根川の若者たちは、活動目的により団体名を使い分けているのだ、その意味で形式的な多重構造というる。

とはいえ、彼らが展開する活動が「向上会」の事業であると同時に、ケーヤク内の作業でもあり、同様に、「向上会」の活動が部落の祭礼の余興として興行されたこともあった（＊5）。後述するように、『記録群』にはそのような場面が認められる。したがって、若者たちの意識のレベルでは多重構造はたいした意味をもたず、旧青年会は意図的に「向上会」に収斂されたのではないか。

以上の作業仮説を検証するために第一節では、まず『記録群』について説明し、次に「向上会」と塩根川部落双方の組織の比較を行って、部落の自治と「向上会」とはそれぞれ別の目的をもって展開されたことを確認する。具体的には、『記録群』の分析によって「向上会」の組織を明確にするとともに、当時の塩根川部落の自治組織の性格の推測を行う。推測というのは、戦前期の当該部落ではケーヤクが明文化されておらず、これがはじめて明文化されるのは昭和二五年になってからだったという理由による。本節では、塩根川公民館に保存されていた、最初の記録簿である塩根川部落契約組合『契約書』(昭和二五年四月一七日付)を参考資料として使用する。

第二節では、「向上の礎」「信條」が謳う「会員相互の向上弥栄」の実現方法が問われる。先述のように、「向上会」の事業の中心は文化活動と会員の福利の追求である。だとするならば、「会員相互の向上弥栄」の内実はこの二点に集約されるといっていいだろう。したがって、この実現方法を問うことは「向上会」の事業の全体像を究明することにつながる。「向上会」は三〇名前後の小集団だが、会の性格上新規加入と退団が毎年行われ成員が固定されない。そのため全員が了解する具体的な行動基準としての細則が必要だが、本会は多くの書類を遺しながら役員会・総会や決議事項についての記録は皆無に近く、規約の詳細は不明である。しかし、『記録群』の分析をとおして浮上した本会の特性は、事業展開の基本に「共働」「共有」の原則が徹底されていたことである。

思うに、これが有為に機能する条件として収入の再分配の公平性が担保される必要がある。そうでなければ会員の不満により組織は内部から瓦解したことだろう。『記録群』は、会員には共同作業の労賃を会計に全額納入させ、さまざまな形で再分配される様子、「御大礼記念」にと縄綯《なわない》貯金を徹底する様子などを伝えている。本節では「共働」「共有」「公平」の三原則を『記録群』の分析枠として使用する。

第三節の課題は、「向上会」が及位村青年会と一定の距離を保ちながら、官製青年団への参加・協力を極力回避しつつ独自の活動を展開する過程を概観することである。それらを検証するために、まず、村レベル以上の青年団総集会への、「向上会」会員の参加状況に焦点を当てる。

繰り返しになるが、国家が期待する青年団の役割は、健全なる国民・善良なる公民として「地方自治」に貢献することだった。しかし、それは生活者である彼らの当面の問題ではない。したがって、「向上会」の会員が所期の目的を達成するためには、彼らに不要な政治的関与から自由でなければならなかった。

その方法は、次の二点に集約される。費用と時間の節約分は本会の事業の充実に振り向けられるべきだと彼らは考えたのではないか。

①及位村青年会への負担金の額を最小限に抑えること。
②村レベル以上の青年団事業への参加を極力制限すること。

①については、第二節で詳述するので本節では省略する。次に、全国民を巻き込んで展開された農山漁村経済更生運動（以下、「経済更生運動」と略記）を採りあげる。当該運動では、村全体の組織に青年団も組み込まれ、「向上会」は困難に直面する。すなわち、該運動の展開に伴う及位村青年会の改組が「向上会」にもそれを迫ったのだ。しかし、その一方で本会の活動は次第に定着し、人びとから実力のある青年団としての評価をえたのか、「経済更生運動」に際して村民を集め、積極的に事態の打開を図る役割を担った。本会の呼びかけに人びとが集合したのは、村民から認知された証だろう。

第四節の課題は、「向上会」の主要事業のひとつである弁論部の活動をとりあげ、論題を分析することで、本会の会員が共同体における自己の存在様式を模索する姿を浮き彫りにすることである。

後述する河西英通《かわにしひでみち》は、自著『東北―つくられた異境』のなかで、自己認識には自己を見つめる他者のまなざしを意識しつつ、ある時にはそれを憎悪し、またある時には迎合し同調し、また増幅さえしながら、他者の認識に適合的な自己を創造する機能があるといった（＊6）。大正期、東北地方の際立った後進性がクローズアップされたとき、聡明な佐藤孝治は一端それを受容することで自身や共同体を客観的に把握し、後進性からの脱却を図る手立てとして「向上会」を設立し、近代的自己の確立を目指したのではないか。それは、旧来の共同体が生産集団であったのに対して、本会は消費集団であったという意味で、資本主義社会に適合的な青年への変革に若者自身が挑戦した運動だったといえる。

第一節　塩根川向上会と塩根川部落

(一)『塩根川向上会記録群』について

そのような彼らが最初に行ったのが、伝統的な自治組織では行われなかった、記録を残すことだった。「向上会」の通信文書には、行政文書と同じく発信日・発信者・宛先・用件を簡潔にまとめるといった規則性がみられる。この単純な行為を全会員が会得する必要があると彼らは意識したようだ。記録を残すことは、日々の反省材料になり生活の合理化にも繋がる。そしてそれは大正末期から着手され、本会を設立した後には通信文だけではなく、規約の策定や簿冊の記録・整備にもルールを定め、さらに部落内の通信網の整備も行った。

『記録群』は、大正一三年度末から昭和三〇年代までの活動記録の総称である。記録は種類も多く、一部を除き簿冊としてそれぞれまとまった形状となっているため、資料として扱いやすくするために連番を付して整理し、後掲〔表4−1〕にまとめた。本書で使用した記録の名称に付記した番号は〔表4−1〕のNoと連動させた。本章で採用する記録については必要に応じて随時掲載することとし、「文書往復綴」については後述する。

『記録群』のうち、次の「礎《いしずえ》」(『記録群』No1)は、本会の規約綴りであり、記録全体のもっとも重要な位置を占める。「礎」は、「我等ハ自治ヲ本領トシ　会員相互ノ向上弥栄ヲ理想トス」と、抽象的な文言で活動指針が表明された「信條」、組織が明示された「向上ノ礎」、そして初代会長佐藤孝治と副会長

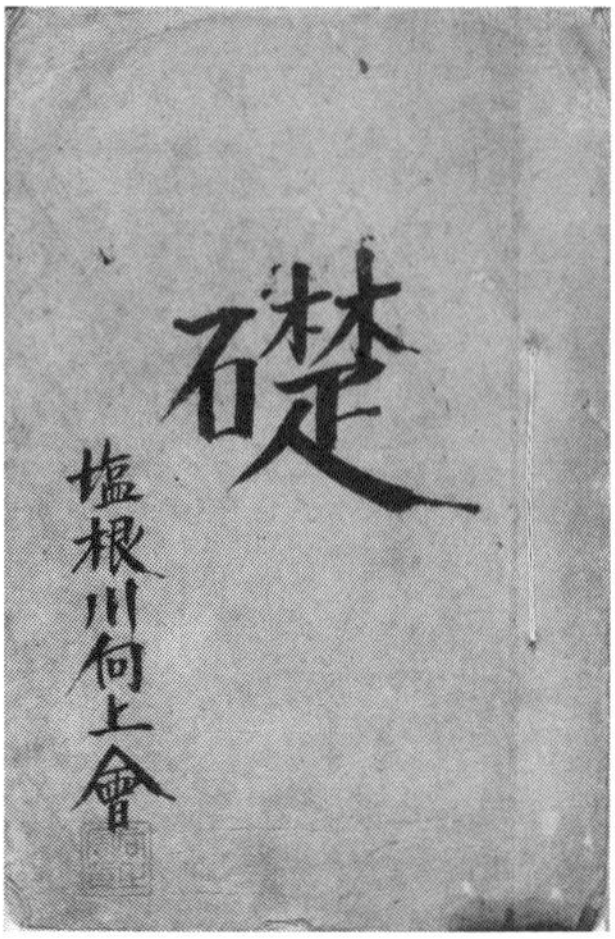
礎
塩根川向上會

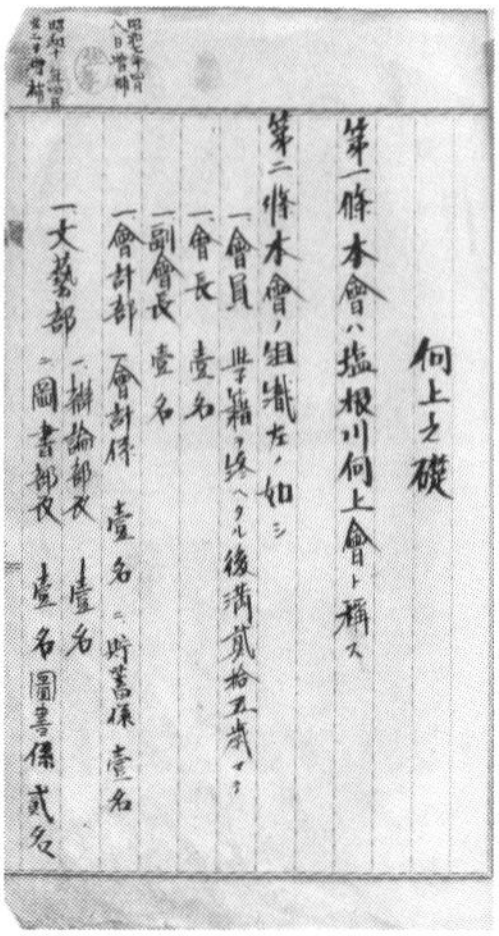

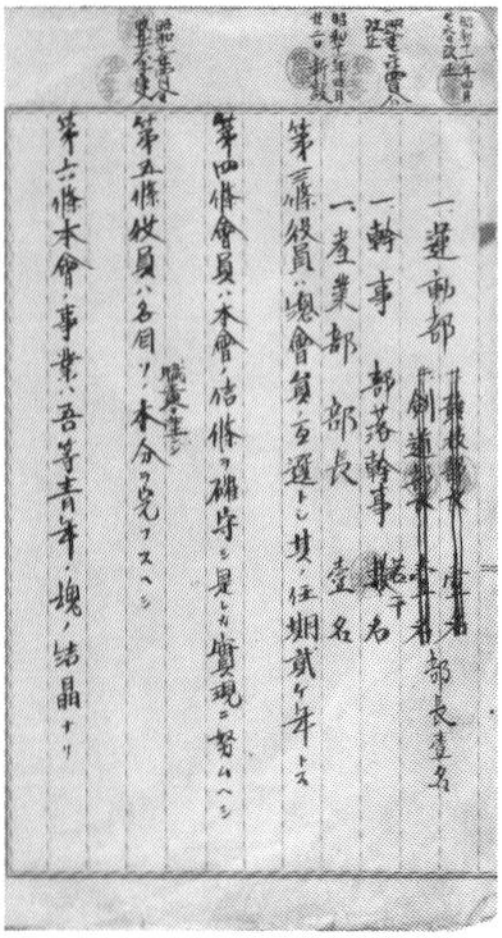

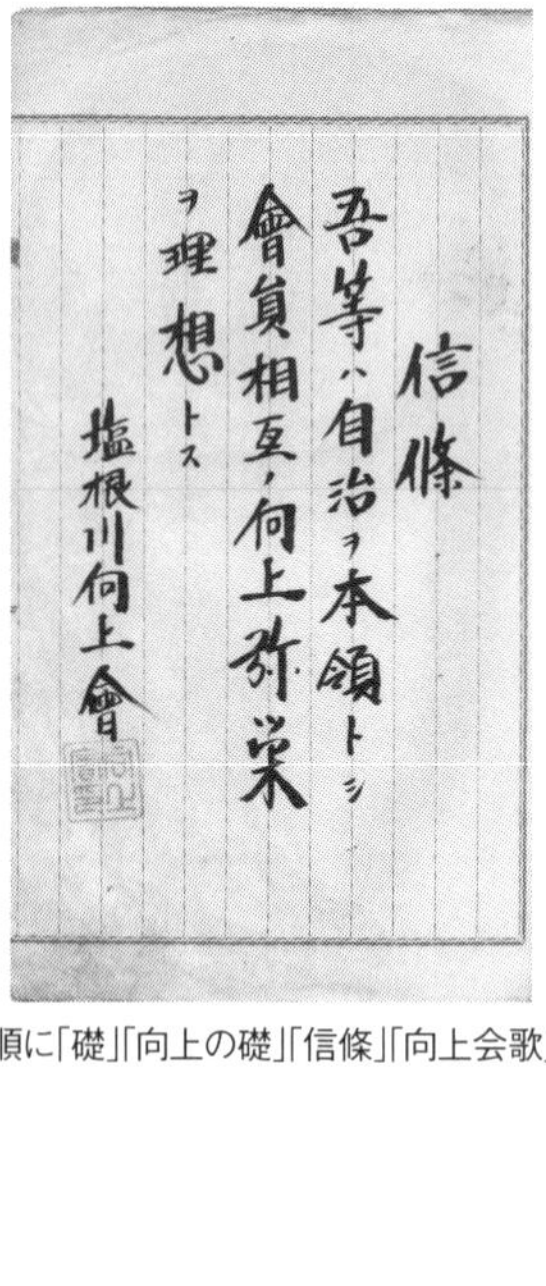
信條
吾等ハ自治ヲ本領トシ
會員相互ノ向上弥栄
ヲ理想トス
塩根川向上會

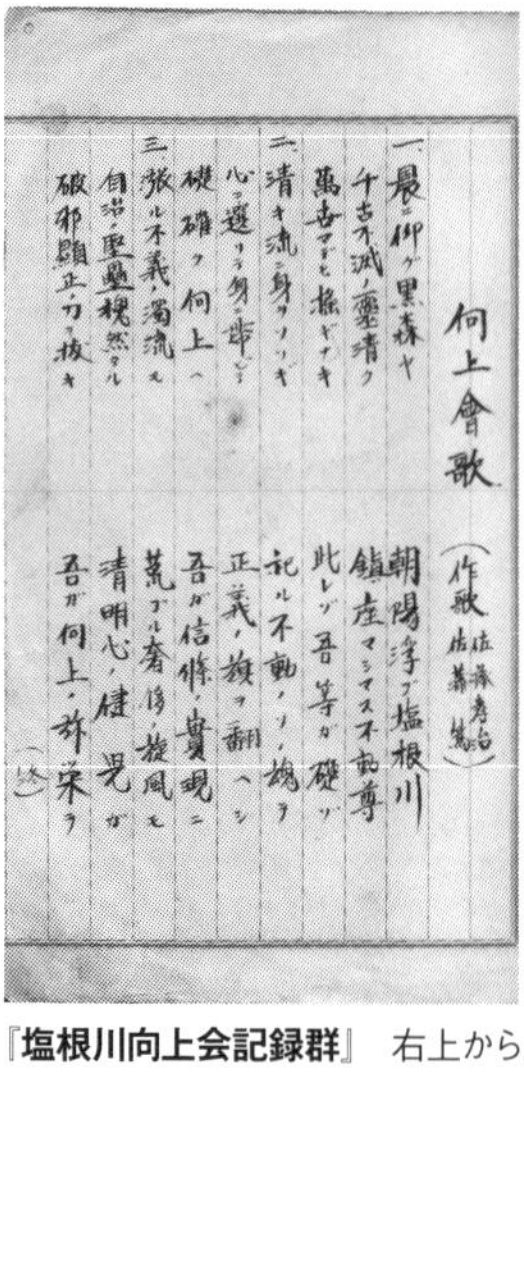

『塩根川向上会記録群』　右上から順に「礎」「向上の礎」「信條」「向上会歌」。

〔表 4-1〕『塩根川向上会記録群』

No	記録名称	発行年	最終年	頁数	備考
1	礎	不明		4	信條、向上之礎、向上会歌
2	會員名簿	昭和 2 年	昭和 6 年	34	表紙に青年会塩根川支部。1 頁に付き 2 名記載
3	會員名簿	不明	昭和 23 年	81	大正 6 年入会者から、1 頁に付き 2 名記載、女子部名簿あり
4	會員名簿	昭和 27 年度	昭和 33 年度	32	昭和 33 年度入会者まで、1 頁に付き 4 名記載
5	役員名簿　塩根川向上會	昭和 3 年	昭和 32 年	56	
6	備品台帳	昭和 4 年開始	昭和 13 年	26	最終項に「拓植部」ゴム印購入の記録
7	資料名なし	大正 12 年度	昭和 2 年度	56	請求書及領収証
8	支拂証憑書　第壹号	昭和 3 年度	昭和 5 年度	107	請求書及領収証
9	支拂証憑書　第貳号	昭和 6 年度	昭和 12 年度	266	請求書及領収証
10	正当証書	昭和 13 年度	昭和 19 年度	59	請求書及領収証
11	会計簿　第壹号	昭和 3 年度	昭和 7 年度	68	収支決算書
12	会計簿　第二号	昭和 8 年度	昭和 12 年度	80	収支決算書
13	会誌　塩根川向上会	昭和 13 年	昭和 24 年	74	常会・総会報告書、活動日誌
14	部誌　塩根川向上會弁論部	昭和 3 年	昭和 11 年	86	弁論部活動記録・論題
15	関係書（及位青年団関係）	昭和 3 年	昭和 13 年	100	昭和八年「郷土更生ニ関スル青年協議会決議」、山形縣聯合青年團「本團運動会規約」
16	文書往復綴 大正 13 年起	大正 13 年	昭和 2 年度	73	
17	文書往復綴　昭和 3 年度	昭和 3 年		29	以下書簡集
18	文書往復綴　昭和 4 年度	昭和 4 年		23	
19	文書往復綴　昭和 5 年度	昭和 5 年		17	
20	文書往復綴　昭和 6 年度	昭和 6 年		23	
21	文書往復綴　昭和 7 年度	昭和 7 年		40	
22	文書往復綴　昭和 8 年度	昭和 8 年		22	
23	文書往復綴　昭和 9 年度	昭和 9 年		20	
24	文書往復綴　昭和 10 年度	昭和 10 年		21	昭和 10 年度塩根川共同作業組合文書往復綴込み
25	文書往復綴　昭和 11 年度	昭和 11 年		35	昭和 15 年 1 月付け「山形県青年製炭報国隊実施要項 (抜)」含む
26	文書往復綴　昭和 12 年度			7	
27	文書往復綴　自昭和 10 年度	昭和 10 年		5	塩根川共同作業組合　契約書・規約綴
28	御大礼記念　貯蓄台帳　第壱号	昭和 3 年 11 月	昭和 8 年 5 月	50	縄綯による貯蓄
29	御大礼記念　貯蓄台帳	昭和 3 年 11 月	昭和 8 年度	60	
30	御大礼記念　貯蓄台帳　昭和 8 年度	昭和 8 年度	昭和 14 年度	57	
31	向上　読者名簿　塩根川向上會	記載なし		23	第壹号～第拾号
32	図書名簿　向上會文庫　第壹号	昭和 3 年 7 月		17	蔵書一覧　1 ～ 103
33	図書名簿　向上會文庫 第二号	昭和 9 年度	昭和 25 年	50	蔵書一覧　104 ～ 231 最終記録の後にも多数の購入 (又は) 寄贈の跡あり
34	図書借用名簿　塩根川向上會	昭和 3 年 7 月	昭和 8 年	37	向上會文庫貸出・返却名簿
35	図書名簿			44	塩根川公民館
36	図書名簿			32	塩根川公民館
37	規約綴	昭和 27 年	昭和 32 年	8	改正草案、昭和 28 年及位村青年団団則、昭和 25 年塩根川 4H クラブ規約

佐藤篤の両名が作詞した「向上会歌」で構成される。

本書でもっとも頻繁に使用されるのが「文書往復綴」である。前掲〔表4―1〕『塩根川向上会記録群』一覧表ではNo16―No27に分類される。当該記録は、及位村青年会塩根川支部時代の大正一三年度から「向上会」が創設された昭和三年度を経て、昭和一一年度末すなわち同一二年三月までに本会が受発信した三〇三通の文書類が比較的まとまった形でファイルされたものである。それを時系列に分類したうえ連番を付し解読文を添えた。また、標題が記載されていない文書にはその内容に副った標題を作成した。なお、本書では、煩雑さを避けるため、文書の連番を省略する。

「向上会」では外部から受信した際、同文を書き換え会長名で他の会員に再信した場合と、再信せずそのままファイルした場合とがある。なかには一通の通信文書を項目ごとに分割し、その一部分のみ再信したものも見られる。つまり、「文書往復綴」には内容がほぼ同じで発信者が異なる複数の文書が含まれるということである。なお、このファイルの文書のもっとも古いものは、大正一四年二月一日付であり同一三年分は一枚も残されていない。大正六年に及位村青年会が設立されて以降、塩根川も支部として評議員を送ることで組織の一端を担っていたため、本会設立の昭和三年四月一七日以前、文書の受・発信は支部長名で行われており、大正末期には部落内への情報伝達の方法がほぼ確立されていたことが判る。

「会員名簿」は、会員一名に対して簿冊の一頁を割き、本籍・生年月日・職業・戸主名および続柄、入会年月日・学歴・各種講習会受講歴・入営・出征、それに青年団運動歴など、会員個人の情報が詳細に記載されている。

「会計簿」は、年度初めに予算を計上し、独自の勘定科目を作成して日付順に入・出金を記載したうえ、それを月別年度別に整理し、年度末には会員から承認を受けるという厳格な記録であり、本章でふたたび詳述する。

「関係書」は、厚手の表紙に及位村青年団役員会の議事録や決算書等が雑然と入れ込まれたもので、ファイルとよぶには雑な印象を受ける史料である。『記録群』発見当時、筆者には該史料にどのような意味があるのかということが理解できなかった。その後の整理過程で、主として及位村青年団関係の書類ファイルだということに気づいた。そういう意味でも、該史料は「向上会」と及位村青年団との複雑な関係を象徴的に表したものだと考えるようになった。なお、真室川町には及位村青年団関係の文書は一枚も遺されていないため、現在では村役場や青年団活動について知りうる貴重な史料となった。

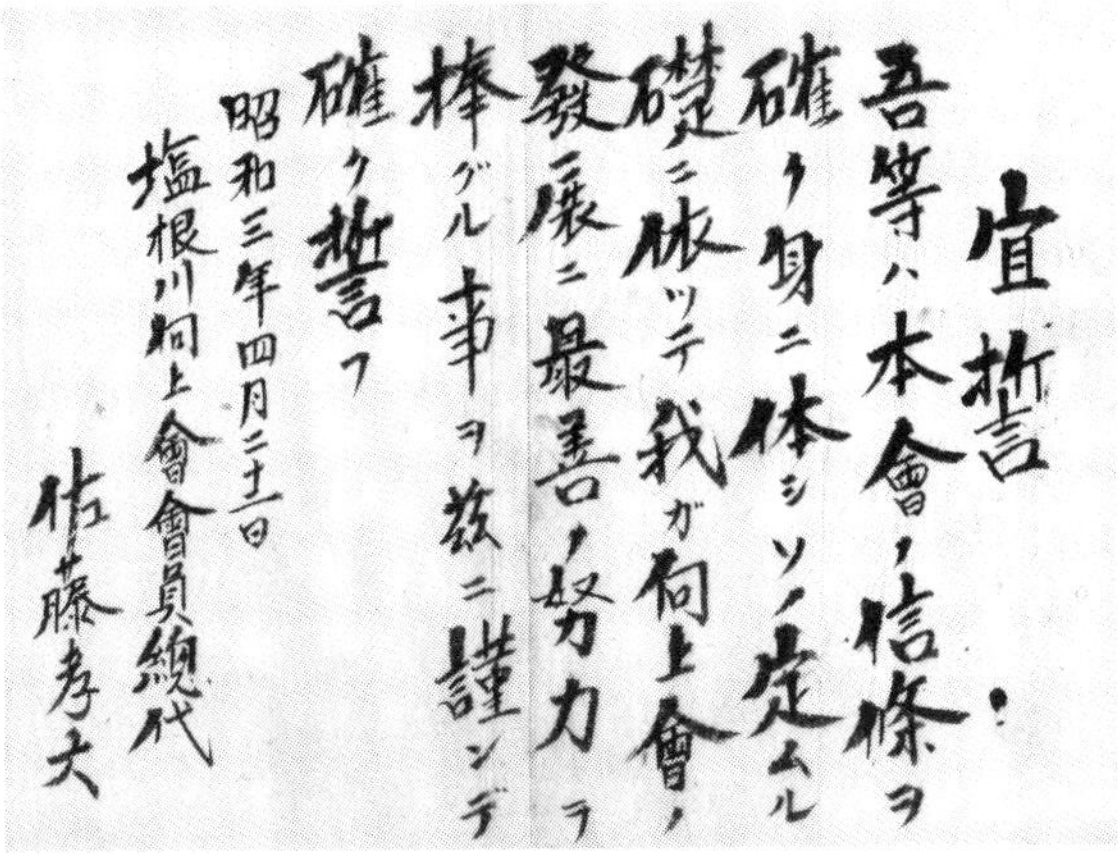
宣誓
吾等ハ本會ノ信條ヲ確ク身ニ体シソノ定ムル礎ニ依ッテ我ガ向上會ノ發展ニ最善ノ努力ヲ捧グル事ヲ茲ニ謹ンデ確ク誓フ
昭和三年四月二十日
塩根川向上會會員總代
佐藤孝大

『塩根川向上会記録群』「宣誓」書。

昭和三年四月一七日、「向上会」会長の佐藤孝治は、各部落の幹事および各部長宛に次の文書を発信した（『記録群』No17「文書往復綴」「昭和三年四月一七日付　向上会長より部落幹事・各部長宛　発会式・総集会案内」）。「総集会」というのは総会の意である。本会の場合、全会員が参会し、この場で入退会式や予算・決算の承認が行われた。

幹事とは部落内の蛇川原、塩根川、赤倉、中ノ又という小部落の代表であり、部落内の伝達係を受け持った。部長とは、前述の「向上之礎」が定めた組織の責任者のことである。上に掲載した「宣誓」書は事前に作成され、宣誓者に選ばれた佐藤孝六が発会式当日読み上げた。

なお、発会式および総会は同年四月二一日ではなく、実際には翌二二日に開催されたようだ。発会式を終え、「向上会」は正式に活動を開始した。

（二）塩根川部落の自治組織と塩根川向上会との対比

塩根川部落にはケーヤクと称する自治組織があった。それは各イエの戸主で構成され、呼称を変えて現在でも毎年正月に行われる権威ある会合であり、戦前期には紋付羽織袴の正装で臨んだという。そしてそれは伝統的に口授で行われ、その内容の一切は明文化されることがなかった。そのため、今では次に掲載する塩根川部落契約組合『契約書』（昭和二五年四月一七日）から、戦前期のケーヤク内容を推測せざるをえない（『契約書』塩根川部落契約組合　昭和二五年四月一七日付）（＊7）。

筆者の、当地における協力者のT氏によれば、この『契約書』は、当該部落ではじめて明文化されたものであり、その内容は戦前期とほぼ同じだといい、それは以下の特徴をもつ。①規則が明文化されたこと、②組合の主たる目的が「部落ノ自治的改善」「相互扶助ノ良風ヲ図ル」こと（第一条）、③組合員資格が明記されていないこと、④組織の最小単位が小部落であること、⑤組合員名簿・日誌・会計簿などの記録を残す方法を採用したこと、⑥実行されるべき「契約」すべてが禁止事項であること（第九条）など。本「契約書」が語るとおり、部落内の安寧秩序の墨守が部落自治のすべてであり、違反者は罰金を徴収され時には「ハチブ」もあった。

部落の人びとにとって日々の労働とそれに伴う諸行事遂行の安全性の保障こそがもっとも重要な事項

だったとすると、かつての若者組織もまた、その保全のための活動が中心だったと考えるのが自然であり、この意味でも「向上会」の諸事業は部落自治とは異なる次元で展開されたと考えられる。

ところで、このような塩根川部落の自治活動が例外ではないことは、同じ山形県最上郡の『合海町村議定証』や、『幅村青年団　記録簿』（明治四三年、現最上郡舟形町幅地区）（＊8）から明らかだろう。前者では、「明治十八年合海町村一同協議之上決定証第壱條」に、「他ノ宅地内ニ濫《みだ》リニ立入草木菜園等窃取ス《ママ》タルモノ有之ハ右代價ノ十倍ヲ以テ償却可為致事」、「第二條、田園ニ於テ穀類野菜草木桑樹其他ノ物品窃取シタルモノ前同断」、「第三條、他ノ山林江濫リニ立入伐木ス《ママ》タルモノ前同断」、「第六條、若《もし》窃取人有之前定ノ償却金取立タル」と定めている。また、後者の『幅村青年団　記録簿』でも、「四拾四年旧五月四日　桑葉盗厳禁　一、田植中は桑葉賣買ノ際は青年幹部に通告する事」「一、夏桑葉賣買も同ず《ママ》」と「決議」されている。

同じ村で明治四四年旧五月四日、「一、杉皮紛失ニ付当村一同屋索　午後九時ヨリ一時マデ」として、盗難にあった「杉皮」を見つけるために「屋索」をしたことが記されており、共同体では作物・山野草・木材などの窃盗事件の発生を防止する「議定」が頻繁に行われ、若者たちの重要な活動のひとつは警防活動だったことを示唆する。

当地の若者たちは時代の空気を敏感にとらえ、「向上会」の活動で、部落内で青年としての存在様式を獲得し、堂々と文化活動が展開できる環境整備を行った。本会退会後、大半の者は離村する。しかし、残った者は部落自治に参与する戸主としての地位に自然に移行する。本会が旧態とした部落の組織を超越し、近代的な青年団を指向したとすれば、そのモデルは国家や県が修養機関として定めた官製青年団であって、本会はそれを抵抗なく受容する素地を持っていたといいうる。

前章で述べたように、山形県では青年団への加入は義務であり強制であるとした。「向上会」も同じで、加入は小学校を卒業した男子全員に求められ―というよりも当人たちは心待ちにしていたらしい―全会員は会の決定に従わなければならなかった。事業への参加が成員の自由に委ねられているかのようにみえながら、じつは会員を規制する圧力から自由ではなく逸脱が許されなかった。それは昭和初期の経済的な困窮のなかにあっても、団員の勤労でえた賃金を会の会計に納入することで、自身や家族のために使用することを不可能にしたばかりか、作業の欠勤者からは相応の現金を徴収したことに端的に表れる。会員は彼が帰属する本会に奉仕することが求められ、会は見返りとして文化的な活動と一定の福利を保障したのである。

こうして共同体の規範のなかにあった若者たちは、「向上会」の諸活動をとおして国家という抽象的世界へ接近し天皇制体制を精神面で下支えした。それは学校教育の拡充とあいまって、内務・文部両省による第一回目の訓令が謳う修養機関としての、いわゆる官製青年団の性格をもつ団体ゆえの必然だった。及位村青年会の記録類は敗戦と同時にことごとく処分され、会の痕跡すら消滅した。本会でも、日中戦争開戦の昭和一二年度以降のほとんどの記録が失われた。しかし、その活動は戦時中も、終戦後昭和三〇年代まで途切れることがなかった。そしてこの事実が、戦後も天皇制が修正されながらも温存され、現在に至っても多くの国民に支持される基盤のひとつになったことを表しているのではないか。以下、「向上会」の組織的性格をまとめておこう。

一、厳密な記録・保存

ケーヤクが一切の明文化を行わなかったこととは対照的に、「向上会」では文書・帳簿類の管理を行い、丁寧な記録を残した。これによって、本会の事業・活動の詳細を知ることが可能である。

二、会員資格年齢

小学校を卒業後の若者が加入し、退団は満二五歳である。この年齢制限は県の指示に従ったのではなく、塩根川では二五歳が若者の結婚適齢期であり、次・三男以下は家を出るのが慣例だった。ただし、時には行き場のない「ダメオジ」「ダメオバ」と烙印を押されたた者もいたようだ。このように自然条件に恵まれないゆえに生産性の低い共同体では、小さいときから厳しい労働の躾がなされ、一人前の仕事人と認められない者は行き場もなく肩身の狭い人生を送ることになる。しかし、長男の早逝という緊急事態に際し、その躾を受けていない次男以下が昇格し戸主になった場合もあり、家族はみな苦労したという。

三、組織

塩根川部落は、最上川の源流のひとつである塩根川の上流域東西約四キロメートルにわたって開けた集落であり、さらに小さな四つの集落で構成された。前出の『及位村経済更生計画書』（昭和一〇年一二月付）には、「部落状況」を一覧表にした資料が掲載されており、そこから算出した昭和初期の各部落の世帯数は蛇川原《あぶがわら》六、塩根川一九、赤倉一一、中ノ又一八となっている（ほかに小部落の世帯数や経済状況が明示されている資料が未見のため、本稿では当該資料を参考にする。なお、これ以降、本節で該資料を使用する際には、『及位村経済更生計画書』〇〇頁と略記する）（＊9）。

つまり、「向上会」組織の基礎は小集落であり、「向上会」はここに居住する若者の総体として、部落の自治組織と密接に繋がり、そればかりか「向上会」の別の側面は及位村青年会の支部であるため、村

〔表 4-2〕塩根川向上会「収支決算一覧表」昭和 3 年度～ 12 年度　単位：円

年度　昭和）	3 年度	4 年度	5 年度	6 年度	7 年度	8 年度	9 年度	10 年度	10 年度（正）	11 年度	12 年度
前年度から繰越	18.21	14.15	12.53	12.74	4.01	7.99	14.95	11.73	11.73	8.54	33.02
共同作業収入	79.90	91.30	85.50	42.30	56.05	73.05	44.60	50.50	50.50	45.90	54.95
共同作業欠勤者負担金	8.90	4.50	2.00	5.40	8.45	3.40	3.45	2.40	2.40		負担金込
製縄収入										5.37	
不動尊祭礼余剰	9.62	10.24									
旧青年会　寄付		15.00		5.00							
預金利息				0.21		0.17				0.75	1.21
郵便貯金払戻									30.00		
備品積立金払戻				20.00							
会館建設積立払戻									60.00		
会館建設余剰金										2.50	
道路共進会受賞										3.00	
寄付　佐藤孝治 6/11					2.00						
寄付　女子青年団								0.63	0.63		
謝礼　佐藤正彦								1.00	1.00		
戦死者慰霊郡青年会寄付											5.00
戦死者慰霊　会員寄付											6.20
【収入の部】合計	116.63	135.19	100.03	85.65	70.51	84.61	63.00	66.26	156.26	66.06	100.38
及位村青年会負担金	13.60	15.00	13.20	10.38	9.80	6.60	8.50	8.40	8.40	7.20	6.60
文芸部　弁論部	3.85	14.25	11.20	6.30	4.92	2.00		1.04	1.04	2.60	
図書購入	19.97	20.00	13.66		5.51	3.84	5.13	11.02	6.06	7.97	11.44
雑誌購入					6.04	5.58	2.65	6.85	6.55	1.55	
『向上』刊行				6.10					0.30		
印刷機購入積立			5.00	5.00							
図書部印鑑購入									4.96		
教育費										2.80	4.33
修養講習会出席手当											2.00
（文芸部小計）	23.82	34.25	29.86	17.40	16.47	11.42	7.78	18.91	18.91	14.92	17.77
対全支出割合	23.2%	27.9%	34.2%	21.3%	26.3%	16.4%	15.2%	36.7%	12.8%	45.1%	25.5%
運動部　剣道部費	7.88	35.00	8.40		2.84			4.65	4.65		
防具購入積立				5.00							
競技部費	21.40	23.60	8.68								
運動会				7.00	3.85		1.32	0.20	0.20	1.00	1.17
選手手当				5.00	5.50	0.60	0.80	1.45	1.45		
（運動部小計）	29.28	58.60	17.08	17.50	12.19	0.60	2.12	6.30	6.30	1.00	1.17
対全支出割合	28.6%	47.8%	19.6%	21.4%	19.5%	0.9%	3.9%	12.2%	4.3%	3.0%	1.7%
産業部費								1.82			
産業部印鑑購入									1.62		
部誌									0.20		
会議費	3.50	1.90	1.00	1.84	2.34		2.34	1.50	1.50	1.34	1.00
事務費	1.58	2.00	2.00								
消耗品費				1.60	0.55	0.65	0.60	0.38	0.38	0.75	0.62
通信費				0.50	0.45	0.72	0.27	0.53	0.53	0.24	
予備費	25.55			1.80		4.40		7.43	7.43	1.45	20.64
備品費	5.15			1.46	2.00	1.32	1.01			0.74	1.43
謄写機購入				21.75							
社会費 兵役慰問				1.71	2.55	1.65	2.80	2.20	2.20	4.50	6.02
救済弔慰				4.50	1.10	1.00	2.00	2.00	2.00		11.40
道標修繕費						1.30	0.50				
臨時費（餞別など）		10.91	16.25		11.49			3.46	3.46		
記念品費	7.90		7.90								
表彰　退会者彰功					3.00		3.35	2.35	2.35	0.90	3.00
模範青年表彰					0.58			2.44	2.44		
（社会費小計）	7.90	10.91	24.15	6.21	18.72	3.95	8.65	12.45	12.45	5.40	20.42
対全支出	7.7%	8.9%	27.7%	7.6%	29.9%	5.7%	16.9%	24.2%	8.4%	16.3%	29.3%
会館建設費支払						40.00	20.00		60.00		
郵便貯金									30.00		
【支出の部】合計	102.48	122.66	87.29	81.64	91.64	85.86	70.18	51.46	185.64	55.00	69.65
				正（※ 79.94） 1.7 不足				正（※ 57.72） 6.26 不足			

の青年会とも関係は密接だった。

設立当初、会長・副会長・会計および部落幹事のほかに、文芸部と運動部が設置され、それぞれの下に弁論部・図書部・競技部および剣道部が設置された。しかし、昭和一一年に組織が改編され、運動部は一本化された。反対に図書部は蔵書の増加に伴って、昭和一〇年に図書係を増設した。

四、抽象的な文言で表現された理想

塩根川の『契約書』の直接的な表現とは対照的に、「向上之礎」「第六條」は、彼らの事業展開の根拠を「魂」という抽象的な文言を用いて表現し、会員の忠誠を促した。孝治や役員は、会員の「向上」と「弥栄」を、農村を覆う閉塞感に伴う「不義」=反社会的行動や「奢侈」を廃し、「自治」の実践によって「実現」しようと「向上会歌」で高らかに謳ったのである。

五、厳密な会計管理

右頁の〔表4―2〕は、「会計簿」の各年度における収支決算報告書を筆者が一覧化したものである。会計係には予算案の作成、支払い―領収証の回収や、費用立替のときには受取人の領収証も取った。また預金の管理および出納帳の作成が求められ、総会に臨んでは決算書を作成し、会員の承認を受けた。厳密な金の管理と丁寧に記録された「会計簿」は、「向上会」の活動をもっとも雄弁に語る史料である。

第二節 「会員相互の向上弥栄」実現方法――「共働」「共有」「公平」の原則

(一) 塩根川向上会における活動資金分配システム

後述するように、「向上会」では「会員相互の向上弥栄」実現のため、さまざまな工夫を試みた。前掲〔表4-2〕にみられるとおり、毎年の収入は平均すると九〇円ほどだが、それは全会員が汗を流してえた活動資金である。そのためもっとも腐心したのがその再分配だったものと思われる。

本会の諸事業に関わる支出には、運動用具や図書の購入に止まらず、運動会や弁論会への出場者および応援者の交通費・手当、会場提供者への謝礼、病気見舞い、入営者への餞別・送別会と、経費を伴う活動に広く支出する様子をみることができる。昭和一〇年には自力で本部会館も建設した。こうして収入を再分配することで、内部の協力体制を整え、強化し、かつ達成感も共有される。同時に部落の住民からの批判も回避して会をスムースに運営することができた。

佐藤孝治ら初期の役員たちが、「向上会」のこのような制度整備を行った理由を考えると、結局は本章冒頭で設定した作業仮説二に逢着《ほうちゃく》する。経済的な裏付けが伴わない青年団活動などありえないし、かといって不要な支出は極力避けたい。平等に負担した資金であれば、分配もまた公平に行われる必要がある。

次の大正一四年の文書、「徴収金　第二期分　一名に付き金四拾銭、納入期限九月末日」(『記録群』No16「文書往復綴」大正一四年八月二六日付　支部長より　会費徴収の件)が物語るように、「向上会」

設立以前、青年会塩根川支部の運営資金は成員から徴収される会費に依存していた。また、〔『記録群』No16「文書往復綴」昭和二年一一月七日付　支部長より部落幹事宛　雄弁会・送別会開催の件〕によると、送別会の会費も自己負担であり、一〇銭程度の金額だが部落内の弁論会開催時にも参加費を徴収し、欠席者も同額を負担していた。

東北農村では現金収入の途が少なく会員の家族は経済的に苦しかっただろう。そのなかで支払った及位村青年会の負担金の使途は若者たちの関心事だったのではないか。そしてその恩恵が感じられないことに若者たちは不満があったのか、滞納も発生していた。加えて、行政主導で設立された村の青年会に対する若者の帰属意識は希薄だっただろう。後掲〔表4―5〕が明らかにするように、及位村青年会はさらに上位の青年会に負担金を上納していた。

こうした諸条件を背景に、塩根川では村の青年会からの自立によって負担金の支払い額を軽減させ、「向上会」の事業を充実させてなおかつ余剰を会員に再分配したのだと推論されるのである。

（二）「共働」の原則

前掲〔表4―2〕中、昭和三年度収支明細書によると、合計一一六円六三銭の収入のうち七九円九〇銭が共同作業によるもので、入金の八割近くを占めたことがわかる。

〔『記録群』No11「会計簿」〕明細書の適用欄には「砂利取」「官行刈払」「道路修理」など、作業内容が記された部分もあり、共同作業が広大な国有林整備の労務であり、「向上会」の事業の経済的基盤が国有林整備の賃金にあったことを物語る。欠勤者からの現金徴収は酷な印象を受けるが、公平性の保持に

〔表 4-3〕御大礼記念縄綯貯金
「年度別明細」（単位：円．銭厘）

年度	貯金額	利子	合計金額	累計金額
昭和 3	9.14		9.14	9.14
昭和 4	15.15	0.7	15.85	24.99
昭和 5	17.34	1.38	18.72	43.71
昭和 6	14.09	2.09	16.18	59.89
昭和 7	10.87		10.87	70.76
昭和 8	14.09	5.02	19.11	89.87
昭和 9	12.14	3.03	15.87	105.04
昭和 10	11.10	3.4	14.5	119.54
昭和 11	12.77	3.82	16.59	136.13
昭和 12	12.44	4.08	16.52	152.65
合計	129.13	23.52	152.65	

※不整合

出典：『記録群』No28「御大礼記念貯金臺帳」

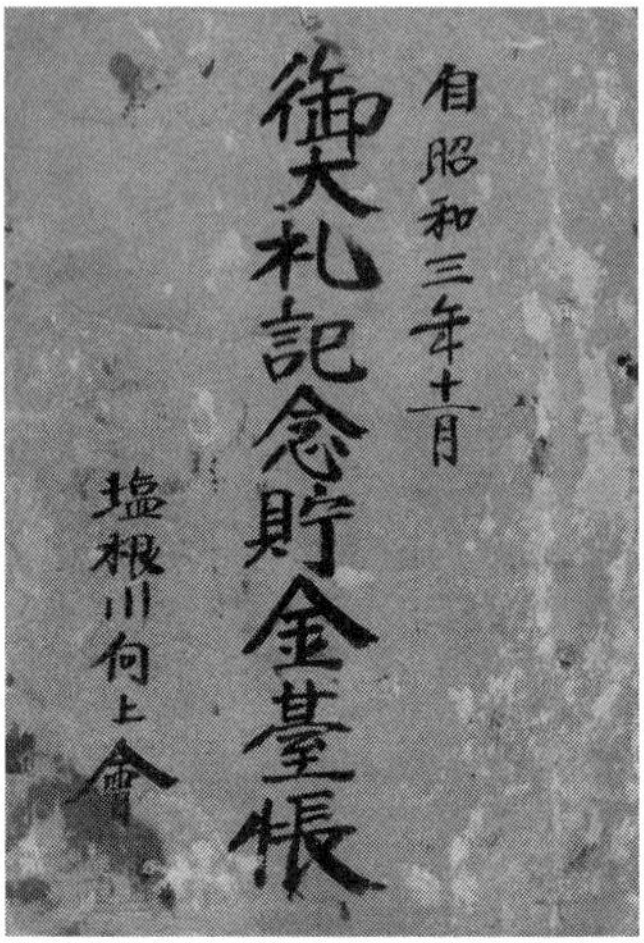

『塩根川向上会記録群』「御大礼記念貯金臺帳」表紙。

はやむをえない措置だと考えたのだろう。

「向上会」の会計帳簿には、上記「会計簿」の外に「縄綯貯金通帳」および貯金明細や残高が記載されたものの存在が示唆されているが、それらは現存しない。

しかし、『記録群』によると、昭和三年一〇月二二日、本会では役員会を開催して大礼記念事業の協議を行い、後日「縄綯貯金」を決定した（『記録群』No17「文書往復綴」昭和三年一〇月一九日付　向上会長より部落幹事・各部長宛　役員会開催案内）。

先述のT氏によると、戦前期、縄は飛ぶように売れたという。とくに田んぼを持たない者にとっては、藁《わら》もなく、必需品の縄の購入は不可欠であったといい、農家にとっても縄は日常の作業には欠かすことができない消耗品だった。

上掲〔表4—3〕は、〔『記録群』No28「御大礼記念貯金臺帳」〕から「縄綯貯金」を抜粋し一覧表にまとめたものである。塵も積もれば山、一人一ケ月三銭〜六銭ずつの縄綯いほど、このことわざが当てはまる貯金はなく、当時の利息額の大きさにも驚かされる。

前掲〔表4―1〕『記録群』一覧表No28、29、30から、大礼記念「縄綯貯金」の概要を抽出すると、主に次のようなルールのもとに本事業が推進され、公平性の確保に工夫の跡がみられる。①縄は一か月に一把（五〇尋＝一尋を六尺として約九〇メートル）、一年分一〇把を納入する。②金納も可、価格は時価。帳簿によると、安いときで三銭／一把、高いときで六銭／一把、「摘要欄」に金額が記入される。③入営・出稼ぎ・入院など不在期間の納入は免除される。

（三）「共有」の原則

①モノの「共有」――向上会文庫の設置

「会計簿」によると、昭和三年は「向上会」新設年度であることや事業展開の必要からか多くの支出がみられる。たとえば運動部では同年五月二日、「競技用トシテ　スパイク一足」五円、「剣道ヒ」として「防具ノ購入」四・四八円など、「備品ヒ」としては「向上会用ノ印鑑七ケ」三円三〇銭、「向上会用ノ帳簿六冊」一円六七銭が計上された。このときの剣道用防具代が高額だったためか、同六年度には「防具購入積立」として五円支出した。

また、昭和六年度には高価な印刷機を購入して機関誌『向上』の印刷・発行を行った。残念ながら該機関誌は一部も現存しないが、このような会の新設に伴う支出や、後述する会館建設に伴う支出などは一時的な支出である。しかし、会員三〇名前後の小さな青年団であることを考慮すると、「向上会」の文化事業のひとつである「向上会文庫」の設置とそれに伴う蔵書の充実には目を見張るものがある。

図書購入費には郵送費や郵便振替手数料が含まれることから、購入は書籍店に出向くのではなく郵送

〔表 4-4〕塩根川向上会文庫「図書名簿」

NO	書名	著者	価格
1	祖国ヲ顧ミテ	河上　肇	1.70
2	建国ノ精神に還れ	永田秀次郎	0.20
3	笑の爆弾	松山思水	1.20
4	思出の記	徳富健次郎	2.00
5	村の辻を往く 青年叢書	小野武夫	0.60
6	第一篇　志士の片影	後藤静香	0.20
7	第二篇　男道	後藤静香	0.20
8	第三篇　大地に立つ	仝上	0.20
9	第四篇　相互教育	仝上	0.20
10	第五篇	仝上	0.20
11	二人行脚	日下部四郎太	3.50
12	現代日本論	鶴見裕輔	1.60
13	大正新立志傳	木島藤五郎	1.03
14	健男児	上井磯吉	0.70
15	一高魂物語	藻岩豊平	1.60
16	砲弾を潜りて	川田　功	1.20
17	修養全集第一巻　聖賢偉傑物語	大日本雄弁會	1.00
18	修養全集第二巻　東西感動美談集	大日本雄弁會	1.00
19	修養全集第三巻　金言名句人生画訓	大日本雄弁會	1.00
20	修養全集第四巻　寓話道話お伽噺	大日本雄弁會	1.00
21	修養全集第五巻　修養文芸名作選	大日本雄弁會	1.00
22	修養全集第六巻　滑稽諧謔教訓集 昭和４年度　図書部長佐藤　田	大日本雄弁會	1.00
23	修養全集　第七巻　経典名著感話集	大日本雄弁會	1.00
24	修養全集　第八巻　古今逸話特選集	大日本雄弁會	1.00
25	修養全集　第九巻　訓話説教演説集	大日本雄弁會	1.00
26	修養全集　第十巻　立志奮闘物語	大日本雄弁會	1.00
27	修養全集　第十一巻　処世常識宝典	大日本雄弁會	1.00
28	修養全集　第十二巻　日本の誇	大日本雄弁會	1.00
29	英雄待望論	鶴見裕輔	0.50
30	煙幕	桜井忠温	1.70
31	ベルの音	渋沢青花	1.20
32	赤穂浪士　上巻	大佛次郎	1.50
33	赤穂浪士　中巻	大佛次郎	1.50
34	赤穂浪士　下巻	大佛次郎	1.50
35	死線を越えて　上巻 昭和５年度　図書部長佐藤　田	賀川豊彦	1.00
36	日本農業論	那須　皓	2.50
37	維新風雲回顧録	田中光顯	2.00
38	武勇童話集	江見水蔭	1.00
39	吉田松陰	伊藤痴遊	1.30
40	運命の秋	吉田言絃二郎	2.00
41	海軍一般	横須賀海軍	寄贈
42	南満独守入隊記念アルバム 昭和６年度　図書部長佐藤　田		寄贈
43	レミゼラブル物語	毛利興四郎	1.60
44	シェークスピア史劇物語	課外読物刊行会	1.80
45	人耶鬼耶	黒岩涙香	1.50
46	暗號の骨牌	長谷川次郎	1.00
47	惨禍の巷	磯野青嵐	0.80
48	雪国の悲惨を語る	黒川久隆 図氏安正	0.35
49	恐慌来の国民経済	今井竜次郎	0.10
50	消費節約昔物語	社会局	
51	井上準之助論	国民経済研究会	0.15
52	教化の資料	文部省	
53	神様のお伽噺	藤川淡水	1.20
54	千一夜物語	童話研究会	1.60
55	逸話の逸話	江口国彦	1.20
56	迷信と科学	賀茂熊太郎	0.65
57	逸話集	大日本雄弁會	0.80

No	書名	著者	価格
58	果樹蔬菜栽培と増収法	山本豊次郎	0.60
59	滞欧所感	加藤完治	1.00
60	明治勲臣近世偉人百話	田中萬逸	1.80
61	鶏の飼方	中村孤月	1.20
62	快傑傳　第一編	伊藤痴遊	1.50
63	快傑傳　第二編	伊藤痴遊	1.50
64	講談全集　第三巻	大日本雄弁會	1.00
65	清川八郎	三上於菟吉	0.70
66	青年の自覚	山崎延吉	0.50
67	農村小話	山崎延吉	0.30
68	世界大雄弁物語	大日本雄弁會	
69	昭和一新論	徳富猪一朗	0.40
70	修養	新渡戸稲造	1.00
71	陪審裁判の話	司法省刑事局	
72	團報　山形県聯合青年団		
73	世に出る青年へ	渋澤栄一	1.30
74	出世の礎	野間清治	
75	新宗教　至誠教	後藤武夫	0.05
76	帝国之前途	大谷光瑞	0.60
77	滿洲事変クラブ	滿洲日報社	
78	向上　第一巻 昭和７年度　部長　佐藤慶太郎	塩根川向上会	
79	升川倉松傳	升川倉松刊行会	2.80
80	国民に訴ふ	若槻禮次郎	0.10
81	軍備制限と陸軍の改造	中尾龍夫	1.30
82	郷土の光	中野豊政	0.50
83	ブラジル移住者通信集	拓務省拓夢局	
84	聯盟調査団と前後して	伊藤述史	0.60
85	一粒の麦	賀川豊彦	1.30
86	栄えゆく道	野間清治	0.50
87	近代生活読本	大日本雄弁會講談社	
88	第六号　団報	県聯合青年会	
89	勝って兜の緒を締めよ	帝国在郷軍人会	
90	郷土史講話	県聯合青年会	
91	支那の排日侮日について	帝国在郷軍人会	
92	道の光	修養団	
93	憂汗歌集	〃	
94	山形縣善行実績	山形縣庁	
95	大石内蔵助	村上浪六	
96	聯名より脱退したら日本はどうなるのか		寄贈
97	日本の決意	細井　肇	0.50
98	我等の陸海軍	平田晋策	1.30
99	忠烈爆弾三勇士 昭和八年度	小笠原長生 部長　佐藤慶太郎	0.80
100	趣味の法律	上田　保	3.80
101	非常時局と青年團		
102	農村の共同化	本位田祥男	
103	全村学校ト部落常会	山形縣社会課	
104	国民の精神的更生		
105	向上誌　第貳巻		
106	救国運動と教化總動員	蓮沼門三	20.00
107	村と共働	小野武夫	
108	十二偉人を語る		
109	偉人は斯く教へる	大日本雄弁會講談社	
110	笑話寶玉集	大日本雄弁會講談社	
111	秩父宮殿下特別大演習を中心として	歩兵三聯隊	
112	優良町村之建設	山崎延吉	35.00
113	青年よ起て	松岡洋右	52.00
114	農村問題總解決	岡本利吉	1.00
115	人生問題總解決	〃	0.80
116	昭和血士録	長田秀雄	0.62

No	書名	著者	価格
117	経済更生計画	及位村経済更生委員会	
118	西郷南州　上	伊藤痴遊	0.62
119	西郷南州　中	伊藤痴遊	0.60
120	西郷南州　下	伊藤痴遊	0.60
121	非常時日本に躍る人生	国民新聞總編輯部	0.37
122	山形縣案内	山形縣協替会	
123	郷土偉人最上徳内	山形県聯合青年団	
124	海の嘆き	生田春月	0.80
125	如何ニシテ希望ノ達シベキ可	葛生男	0.75
126	国民生活更生之方途		
127	マルクス主義の批判	中央報徳会	0.05
128	社会改良と社会革命	近江匡男	0.05
129	経済生活の社会化	近江匡男	0.05
130	行き詰ったボルシュヴィズム	近江匡男	0.05
131	第三インターナショナルの国家政策	近江匡男	0.05
132	農山漁村副業指針		
133	ウルス栽培の勧め	大日本山林會	
134	自力更生ニ関スル施設事例	社会局社会部	
135	農山漁村経済厚生計画樹立方針	農林省	
136	山形縣精神更生計画樹立方針	山形縣社会課	
137	徴兵制の沿革を偲びその将来に及ぶ	陸軍省	
138	弘法太子傳	御郷信祐	0.60
139	米専賣問題講考	梅原　保	0.25
140	人生の行路と目標	塚田新一	0.05
141	海外紹介座談会	富田長次郎	
142	徳用樹種栽培奨励座談会	大日本山林會	
143	野間清治氏	□田忠良	
144	青年団施設参考案	社会課	
145	ヨーロッパに於けるファシズム	近藤匡男	
146	運動競技則全集	安藤北海	1.70
147	噫一林小隊七勇士	滿洲派遣歩兵三二聯隊	
148	吉田大八	山形縣聯合青年団	
149	現下日本の三大問題	唐沢武三郎	
150	各界オール評判記	御郷信祐	
151	人物とその團体	御郷信祐	
152	自然と人生	徳富健次郎	
153	金を物に換へる時代が来る如何に換へたらよいか	唐沢武三郎	
154	今日及び明日の話題	御郷信祐	
155	産業組合国民読本		0.30
156	国際連盟支那調査委員会報告書		
157	死線を越えて　中巻	賀川豊彦	1.08
158	死線を越えて　下巻	賀川豊彦	1.08
159	山形縣泳営萩野開墾地		0.20
160	幕末維新流血史	江藤天風	1.90
161	乳と密の流るゝ郷	賀川豊彦	1.38
162	満願の城・盤獄の一生	白井喬二	
163	〔未記載〕 昭和拾壱年度　部長佐藤正作	百六拾参冊	
164	青年團の使命	田澤義鋪	0.50
165	私を感激せしめた人々	田澤義鋪	0.50
166	我等の一人一研究		1.15
167	義農作兵衛		0.10
168	二宮翁の精神		0.10
169	皇国に身を捧げて		1.00
170	世のため人のため		1.00
171	この父この母		1.00
172	孝貞のかがみ		1.10
173	弥栄村要覧 昭和12年度　図書部長　佐藤正作	山崎芳雄	0.60
174	楠公遺言の書	星　兵三郎	1.50
175	洗心録	幸田露伴	2.00
176	菊池　寛集　第一巻	菊池　寛	1.50
177	向上の道	佐藤義亮	0.40
178	教育雑話	村田次郎	1.30
179	草光る	吉田絃次郎	0.35
180	静かなる土 昭和13年度　図書部長　佐藤正作	吉田絃次郎	0.35
181	二宮欧翁夜話	福住正兄	0.20
182	偉人の青少年時代	杉本喜太郎	0.78
183	輝く聖愛	大谷輝雄	0.95
184	萬朶の櫻	村上　寛	0.45
185	燦めく星座 昭和17年度　図書部長　髙橋久典	加藤武夫	1.00
186	楠正成	武者小路実篤	1.50
187	母ごころ	村上　寛	0.50
188	壁上の遺言	延原　譲	1.20
189	撃墜	松村黄次郎	1.80
190	南海の日章旗	佐藤大平	1.30
191	上杉鷹山	佐藤大平	1.30
192	東北農村記	板谷英生	
193	祖国	北村小松	1.30
194	女性は強し	佐々木邦	1.80
195	勝海舟	和田政雄	1.30
196	副業養豚十講		
197	大亜細亜先覚傳		
198	旅への憧がれ		
199	石川理紀之助		
200	街の戦友		
201	軍人村長	富沢有意男	2.00
202	希望と回想		
203	二宮尊徳		
204	我が愛の記		
205	大密林の謎		
206	寒地稲作の実際	山本健吾	1.30
207	特別攻撃隊		
208	陸軍魂		
208	陸軍魂		
209	熊澤蕃山		
210	熱風千里		
211	佐藤信淵		
212	野の真珠		
213	父母思重経講話		
214	読書案内		
215	将軍　山下泰文		
216	農人及米		
217	忠臣蔵		
218	米英東亜侵略史		
219	南洋狩猟の旅		
220	万葉集講話		
221	海援隊始末記		
222	靖国の精神		
223	何を読むべきか		
224	ヒットラー		1.60
225	輝く陸軍将校生徒		1.50
226	船津傳次平	和田　傳	
227	滿洲農村紀行	和田　傳	
228	二本松少年隊		
229	一等兵戦死		
230	壱千円物語		
231	母	鶴見裕輔	2.00

による購入だということがわかる。なお、昭和一〇年度の図書購入費には、「図書部印鑑購入」費が含まれていたため、筆者がその科目を抜出して再計算した。そのため、〔表4―2〕の同年度は二種類の収支決算となったことを付記しておく。後掲〔『記録群』No35向上会文庫「図書名簿」〕によると、蔵書は二三〇冊におよび、一番の『祖国ヲ顧ミテ』（河上肇著、昭和二年八月一〇日購入）から、二三〇番『母』鶴見裕輔著（昭和一七年一二月三日購入）まで、じつに一六年間にわたり保管され読み継がれてきたことがわかる。参考までに「向上会文庫」蔵書一覧〔表4―4〕を掲載した。

なお、「向上会文庫」の蔵書管理と同様に、それらの貸し出しに際してもルールを決めていた跡が見られる。残念ながら、〔『記録群』No34「図書借用名簿」〕は昭和八年七月の記録が最後となっており、それ以降の貸し出しについては、記録自体がなされなかったのか、または簿冊の紛失・焼却かははっきりしない。

「図書借用名簿」の記載項目を分析すると、図書の貸し出しはいたってシンプルな要領で行われたことがわかる。すなわち、①借入は会員個人が行う、②一回の借入冊数、期間は決められていない、③予約が可能であり、読み終わった会員は次の予約者に手渡す、予約がない場合には図書部長に返却する。

日中、若者たちには厳しい労働が課せられていたため、おそらく夜間読書をしたのだろう。そのためか、借用期間は概して長い傾向を呈する。たとえば昭和三年四月二二日に栗田栄之助が借りた『思出の記』（徳富健次郎著、民友社発行〔表4―4「図書名簿」〕No4）の返却は、同年一二月一七日となっており、読み終えるまで約八か月を要したことになる。試みに、同史料から人気図書をみると、一位は『修養全集』第二巻「東西感動美談集」（〔表4―4〕No18）、二位は『砲弾を潜りて』（〔表4―4〕No16）、三位は『維新風雲回顧録』（〔表4―4〕No37）となっている。後述するように、本会では弁論会が盛んに開催されていたため、論題探しのためによく図書が利用されたようだ。

②情報の「共有」

「向上会」の性格の大きな特徴のひとつは情報の「共有」にあったといっても過言ではない。再信を伴う通信文書の事例はおおよそ下記の四とおりにまとめられ、本会では部落内外の諸事業に齟齬が生じないよう文書による通信に手間を割いた。

（1）「向上会」内の行事に関する案内が各部落幹事宛てに文書で配信され、幹事は小部落内の会員に知らせるという手順を踏むことで、必要な情報が洩れなく会員に行きわたった。

（2）及位村青年会から支部長宛ての通信文を、これと同じ内容で、発信者を「向上会」会長名に書き換え、部落内幹事宛てに再信した。ここには、全員が集合した機会に「向上会」活動を行う旨の案内が付記され、部落内通信内容の徹底・簡略化の工夫の跡がみられる。

（3）及位村青年会からの通信に対して、支部からも文書で返信した。ここでは連絡事項の厳密化が期される様子がみられる。

（4）外部からの通信文書に対して、その内容を書き換え、元の通信文とは異なる内容を部落内に再信した。ここでは、会員に不要な情報であると判断された内容が削除された。

（四）「公平」の原則――会員福利・厚生事業と収入の再分配

収入の再分配、とくに病気や怪我の見舞金、香典、出征者に対する餞別、また及位村青年会の負担金など、「会計簿」からは支出に公平さを期す工夫がなされた様子がみられる。前掲〔表4―2〕は、全支出の約六割を文化事業が占め、残りが病気見舞いや餞別などに充当されたことを明かにした。

①及位村青年会への負担金納入

左の〔表4―5〕は『記録群』に遺された及位村青年会の収支決算書から作成した一覧表であり、残念ながら昭和四・五・六年度の三年分のみで、その他の年度分は現存しない。また、なかには計算まちがいもあったため筆者が訂正した。

本報告書、昭和四年度の「収入の部」の「徴収金」欄には「一人ニ付五十銭ヅ、徴収ス」と付記されており、これが会員数に応じた負担金であることがわかる。「関係書」にファイルされていた当会予算書には、同五年度四〇銭、六年度三〇銭、七年度三五銭、九年度二五銭が計上されており、支部からは毎年漸減させながら異なる金額が徴収され、これが村青年会の収入になったようだ（＊10）。

後掲〔表4―6〕は『記録群』No７（史料名なし―請求書及領収証）から、「向上会」設立の直前四年間と設立後昭和一二年度までの及位村青年会への負担金を抜粋し一覧化した表である。請求書および領収書の適用欄には「支部割当金」と記載されているものが見られ、これが本会では負担金として処理されたようだ（以降、負担金と統一表記する）。

〔表4―6〕から「向上会」設立以前四年間各年度の負担金を合計すると、大正一三年度二一円五〇銭、同一四年度二一円四五銭、同一五年度一七円五〇銭、昭和二年度一九円六五銭となる（ただし、日付なし分は大正一三年度として計算した）。この金額を、前掲〔表4―2〕および〔表4―6〕に記載された及位村青年会負担金と比較すると、とくに「向上会」設立以降の漸減傾向が確認される。

会員数の増減もあり負担金は毎年一定額ではないが、「向上会」の、村からの自立の理由のひとつが、及位村青年会に対する負担金の軽減と、軽減分を本会の事業に充当した可能性を支持する結果であるといえよう。

〔表 4-5〕及位村青年会収支決算書（単位：円）

	昭和４年度	昭和５年度	昭和６年度
(収入の部)			
前年度繰越金	35.54	35.64	*31.16
村補助金	36.00	36.00	29.00
徴収金	100.20	80.40	61.20
雑収入		3.00	
収入合計	171.74	155.04	121.36
(支出の部)			
運動費	49.15	51.84	37.70
内訳（村運動会）	18.80	28.54	13.50
（郡北運動会）	12.90	15.00	14.50
（郡運動会）	17.40	8.30	9.70
事務費	1.75	4.50	4.20
会議費	10.80	5.70	12.90
弁論費	14.10	15.05	14.14
内訳（村雄弁会）	6.50	3.15	4.50
（郡北雄弁会）	2.80	7.90	4.04
（郡雄弁会）	4.80	4.00	5.60
修養費			5.00
負担金	32.00	25.40	25.60
内訳（郡北）	15.00		12.50
（郡）	17.00		9.60
（郡北雄）			3.50
記念貯金 (大礼)	20.00	16.00	12.00
予備費	8.30	5.75	8.00
支出合計	136.10	124.24	109.44
			*119.54
次年度へ繰越	35.64	*30.80	11.92

* 印：決算書の計算ミス。
出典：『塩根川向上会記録群』「関係書」。

〔表 4-6〕及位村青年会に対する負担金推移（大正 13 年～昭和 12 年度）

日付	金額（円）	年度計（円）	年度	金額（円）
なし	8.60	大正 13 年度	昭和 3 年度	13.60
大正 13 年 10 月 3 日	12.90	21.50	4 年度	15.00
大正 14 年 5 月 30 日	7.80		5 年度	13.20
大正 14 年 10 月 10 日	11.70	大正 14 年度	6 年度	10.38
大正 14 年 12 月 1 日	1.95	21.45	7 年度	9.80
大正 15 年 6 月 14 日	3.50	大正 15 年度	8 年度	6.60
大正 15 年 8 月 20 日	14.00	17.50	9 年度	8.50
昭和 2 年 5 月 20 日	3.55		10 度	8.40
昭和 2 年 7 月 24 日	0.50	昭和 2 年度	11 年度	7.20
昭和 3 年 1 月	15.60	19.65	12 年度	6.60

※昭和３年度以前の負担金額は請求・領収証のファイルから抽出したもので、記録欠落の可能性もある。同３～12 年度分は『塩根川向上会記録群』「会計簿」から抜粋掲載した。

②事業費、物品購入費の支出

「向上会」の主要事業が文芸部と運動部の展開であり、当然のことながら活動に必要な経費や物品の購入の必要が生じる。

剣道の防具や陸上競技に使用するスパイクなど、備品費用も会の会計から支出され、会員の経済的負担軽減への配慮がみられる。とくに書籍の購入はほぼ毎年継続され、「向上会文庫」として会員の閲覧に供された。

③交通費・手当の支払い、慰労会の開催

「向上会」では、たとえば昭和三年度の「競技部」の支出には「選手手当・交通費」七円二〇銭のほかに、「応援費用」として九円二〇銭が支出された。

昭和三年～同一二年度までの各事業の「手当・交通費」および「慰労費」合計をみると、弁論部一九円一二銭、図書部五円九七銭、競技部では「応援費用」を含めて五八円二七銭、剣道部四五銭で、以上の合計に「青訓合同演習出席手当」「修養講習会出席手当」まで含めると八七円六一銭となる。この金額は、当該時期の支出総額五四七円三〇銭の一六％にあたる。

このように、現金の支出が必要な活動や、村や県レベルで開催さ

れる事業にも手当や交通費が保障され、会員の経済的負担の軽減に努めるとともに、収入の再分配へ工夫する様子を「会計簿」は伝えている。また、活動終了後に開催される慰労会への支出はそれほど多額ではないものの、お茶やお菓子、時には寒冷酒が供されて、弁士や選手の慰労とともに互いの帰属意識を確認しあう場となったことと推察される。

④見舞・餞別・香典

「向上会」発足当初、会員への見舞金や諸手当などの支給基準が設定されておらず、そのうえ計上科目名も明確なルールを定めていなかったようだ。そのため、年によって金額や科目名が異なる。

前掲〔表4―2〕にはこれらの支出をまとめて計上した。概表中、昭和三年度に「予備費」として計上されている二五円五五銭のなかには、「負傷治療手当」五円（佐藤勇分）が含まれているが、これが昭和五年度になると「臨時費」合計二四円五〇銭のなかで、「負傷見舞金」一円五〇銭（佐藤高三分）と減額されている。負傷の程度は不明だが、本会「会計簿」の明細から、設立当初高額だった見舞い治療手当など、会員の福利に関わる支出が後年に至って抑制された様子がみられる。

「会計簿」によると、昭和六年度から「社会費」という科目が増設された（〔表4―2〕参照）。「社会費」には、それまで「臨時費」として扱われていた入営時の餞別・送別会などの費用が計上された。後述するように、入営や出征に関する費用が臨時ではなく、正式な事業として固定されたことを確認することができる。なお、〔表4―2〕にはこれらを項目ごとにまとめて計上した。

第三節　塩根川向上会の存在形態と及位村青年会との共存

（一）問題の所在

本節の課題は、「向上会」が及位村青年会と関わりをもちつつ、その関与を極力回避し独自性を保持しようとした実態を究明することである。そのため、第一に「向上会」が創設された昭和三年度以降、及位村青年会総集会の案内が、「向上会」会員に配信されなかった事態を重視し、その意味を読み解きたい。第二に、農山漁村経済更生運動のなかに青年団が組み込まれた実態と、それをつうじて本会がより自立性の高い青年団へと成長する様子を明らかにする。

すでに述べたように、「向上会」は及位村青年会と複雑な関係を維持せざるをえなかった。それは、「向上会」が独立した青年団でありながら、支部を媒体として村の青年団と繋がっていたからにほかならない。前章で明らかにしたとおり、及位村青年会は大正六年に発令された山形県の訓令以降、行政組織の末端に位置付けられるかたちで設立された。したがって、村レベル以上の青年団で展開される諸事業は、行政主導の色彩が濃厚で、その事業への参加によって本会は官製青年団に接近せざるをえなかった。

もっとも、論理的には「向上会」が部落の自治に直接関わらない「会員相互の向上弥栄」の実現を目指して設立された時点で、国家が期待した修養機関であることを宣言したのに等しい。あまつさえ、本会は県の訓令に則した青年団の設立を企図したのではないかという疑いさえ生じさせる。「向上会」という名称は、前述した蓮沼門三《はすぬまもんぞう》率いる「修養団」の機関紙の名称と同一であり、「向上会歌」の歌詞に込められた、社会主義思想や奢侈の廃絶による「自治」の実現という理念が、見方によっては該訓令の精神そのものにもみえる（『記録群』No1「礎」「向上会歌」）。だとするならば、本会が「本領」とした「自治」というのは団運営の基本方針のみならず、政治が要求する修養機関としての青年団を「自治」的に運営しようという、若者たちの決意表明であるという解釈も成り立つ。

しかし、『記録群』から透視される事態は、及位村青年会役員会の決議に対してはとても冷やかで、村の青年会から塩根川支部に宛てた通信の、会員への伝達は役員レベルで選定・削除して行われ、「向上会」が自立性の保持に努力する様子を散見することができる。

（二）塩根川向上会と及位村青年会の事業

既述のように、官製青年団は行政の一翼を担うという側面が濃厚である。たとえば、青年訓練所や実業補習学校への出席督励、経済更生事業への協力、満州移民募集などは上位部署からの指示により役員会に上程され決議に至ったものと推測される（『記録群』No15「関係書」）。しかし、そもそも村の青年会自体が県当局の命令で設立されたものであり、個々の団員に不要な総会ないし総集会も形式的に開催された可能性は高い。

「向上会」設立前年の昭和二年、塩根川副支部長佐藤篤から部落幹事宛て、及位村青年会総会案内が配信され、「貴部落会員全員御参集相成ル様御取計ヒ被下度《くだされたく》此段及通知候也」として、会員全員の総会出席を呼びかけていたことをまず確認しておきたい（『記録群』No16「文書往復綴」昭和二年四月一一日付）。『記録群』No15「関係書」から、昭和七年度以降、総会と運動会は毎年開催されたことを確認することができ、それ以前にも開催されていたとの推測が可能だろう。

ところが後述するように、「向上会」設立以降、村の青年会から支部への総会開催の案内がなされたのは、後掲事例④昭和一一年の一回だけ、それも中心は競技会への参加要請であり、「向上会」内ではその案内が会員に再信された文書は皆無である。『記録群』所収「文書往復綴」のなかで、及位村青年会と「向上会」との通信文書の分量は決して少ないわけではない。つまり、この事態は、村レベル以上の青年団への加入は個人の意思に任せ、本会としては会員が二重に加入する必要がないと考えていたことを示唆する。

この件は、〔『記録群』No23文書往復綴」「昭和九年七月三〇日付　向上会長より役員宛」〕の通信文書において、及位村青年会・在郷軍人会・村当局合同の主催による、「満州事変従軍凱旋兵歓迎祝賀会」の会費五〇銭を、「青年団員トシテ会費ヲ納付シタル者ハ分会員トシテ更ニ会費ヲ納付スル要無シ」と特記したことが裏付けとなるだろう。

村の青年会への負担金は、運営費の支部への割当ての意で、「向上会」会員個々人としては村の青年会に加入していなかったのではないか。そう考えると、〔『記録群』No17「文書往復綴」「昭和三年八月二四日付　及位村青年会副会長より支部長宛」〕の文書に対して、「向上会」内では運動会の応援だけを募った理由も矛盾なく説明される〔『記録群』No17「文書往復綴」「昭和三年八月二六日付　向上会長より部落幹事宛」〕。

以上のことがらから、及位村青年会への加入は個人ではなく支部としての組織が行い、それゆえ「向上会」では、村レベル以上の青年団総会への参加は、個人として加入した者のみで他は不参加、少なくとも本会内部ではそのように合意されていたのではないかと推論される。

次の①～④は、及位村青年団と「向上会」の特殊な関係を示すと思われる事例で、『記録群』No15「関係書」からの抜粋だが、紙幅の都合によりNoと標題のみ例示した。

①及位村青年団決議案のうち運動会だけが「向上会」内に再信された事例

昭和七年四月八日付「及位村青年團役員會決議按」(『記録群』No15「関係書」)が、及位村青年団長から「向上会」宛てに配信された。当該決議案には「昭和七年度豫算議定之件」の文言がみられることから、昭和七年度の事業計画案である可能性が高い。ところがこの文書に関しての、本会の関心事は運動会に集中されており、他の事項については無視したのではないかという疑いさえもたせるのだ。結論を述べると、この文書が配信された直後、運動会に関してのみ同村朴木沢支部と次の文書による数件のやりとりが認められるだけで、他の項目に関しての案内はされていないのだ。これにより、若者たちの運動会への関心は高く皆心待ちにしただろうことがわかる。

1、『記録群』No21『文書往復綴』「昭和七年四月一一日付　支部長より朴木沢支部長宛運動会打合会開催案内」。

2、『記録群』No21『文書往復綴』「昭和七年四月二二日付　赤組頭より朴木沢支部長宛青年運動会競技練習会実施案内」。

3、『記録群』No21『文書往復綴』「昭和七年四月二七日付　朴木沢支部長より運動会競技練習について返信」。

4、『記録群』No21『文書往復綴』「昭和七年四月三〇日付　赤組頭より朴木沢支部長宛競技練習及び選手決定会開催案内」。

5、『記録群』No21『文書往復綴』「昭和七年五月四日付　赤組頭より栗田幸右エ門宛青年団競技会について通知」。

②及位村青年会の事業のうち弁論会の案内だけが「向上会」内に再信された事例

〔『記録群』No15「関係書」「日付なし、昭和八年度事業報告」〕。これは及位村青年会の事業報告としては、現存する唯一の文書である。日付は未記載だが、表題から昭和八年度の事業報告であることは間違いない。だとすると、昭和九年三月頃の作成だと思われる。当該文書に関する本会の記録は、昭和八年一〇月二〇日付で「向上会」会長から配信された文書のみ確認することができた（「村男女青年団雄弁大会練習会開催予告」『記録群』No22「文書往復綴」）。

③及位村青年会の事業を及位村役場が決定した事例

〔『記録群』No15「関係書」「昭和九年三月二二日付　於及位村役場決議事項」〕。この文書の項目には、「昭和九年度豫算之件」や「總集会並運動會開催之件」などがみられる。「向上会」では、会員に関わりのある事項については項目別に分割して再信したことが明かになっている。

たとえば、上記決議事項のうち「満洲事変関係除隊、凱旋、招集、軍人祝賀會開催之件」については、上掲〔『記録群』No23「文書往復綴」「昭和九年七月三〇日付　向上会長より役員宛　満州事変従軍帰還兵歓迎会開催案内他」〕の文書で会員に再信された。また、注目されるのは、運動会の競技種目に「武装」の記述があり、満州事変以降の青年団の事業に戦争が持ち込まれつつあったことを想起させる。

前章で詳述したように、山形県では大正六年以降、郡市町村青年団が行政組織の末端に位置づけられていた。及位村青年団関係の記録の大半が現存しないため推測の域をでるものではないが、当該文書は村の行政と青年団が一体だったことを示唆する。当然「自治を本領とし」て事業を展開していた「向上会」は、村役場とも一定の距離を保持していたことになる。

なお、「関係書」のなかには運動会のプログラムが数点遺されているものの、その多くに開催年月日の記載がないため本書ではこれ以上踏み込まない。また、戦争や満州に関わる事業については後述する。

④及位村青年団の総会ならびに運動会の開催が各分団宛に配信された唯一の事例

次の文書〔『記録群』No25「文書往復綴」「昭和一一年八月二三日付　及位村青年団長より部長・分団長宛　村青年団運動会並総会に関する件」〕は、運動会と総会開催に関する案内文書である。当該文書には、「分團全員御引卆被下出来得る限り多数競技に参加致す様格別の御援助御盡力相煩度」として、通信内容の中心は運動会だということがわかる。本節冒頭で推測したとおり、「向上会」の会員は、村の青年団には個人では加入しておらず、したがって個人が総会に参加しなかったことの証例になる文書となるだろう。

⑤農山漁村経済更生運動のなかに青年団が組み込まれたことがわかる事例

〔『記録群』No15「関係書」「昭和一〇年五月八日付　及位村青年会役員会決議事項報告之件」〕。この文書の項目には「経済更生ニ関スル青年部ノ活動ノ件」や「組織変更之件」がみられる。これは、当該運動のなかに青年団が組み込まれたことを表わす文書である。しかし、「向上会」内に再信された文書には当該決議事項のうちの総会および運動会に関するものはなく、同項目のうち昭和一〇年八月二一日に予定されていた弁論会が予定通り開催されたことが、「弁論部　部誌」〔『記録群』No14〕に記載されている。

「向上会」内で「共有」されるべき情報とは、正・副会長レベルで選別・選択された情報だった。村レベル以上の青年団からの総集会案内は、支部長宛てに届いた時点で「関係書」ファイルに入れられたものと思われ、それゆえ「関係書」ファイルの存在は「向上会」と村青年会との複雑な関係を表わす象徴的な史料だといいうる。

(三) 塩根川向上会と及位村経済更生運動の展開

①及位村の再組織化と塩根川向上会の組織改定

昭和七年九月、農林省の官制改正に伴い、省内に経済更生部が設置されるとともに「農山漁村経済更生ニ関スル訓令」が発令されて、全国的な農山漁村経済更生運動（以下、「経済更生運動」と略称）が展開された（＊11）。

前項で詳述したように、村の青年団とは一定の距離を保っていた「向上会」だが、政府が主導する該運動への協力を余儀なくされた。「経済更生運動」というのは、農村の経済的疲弊への対応として、毎年一〇〇〇程度の村を指定し、それに経営改善、生活の自給化、貯蓄奨励、負債整理、産業組合の拡充などを中心にした更生計画を立案させ、それを政府が援助するという政策である。これは、従来個別に行われてきた農村救済政策を「村づくり」という形で総合的に展開し、その効果を挙げようという狙い

〔表4-7〕昭和10年「及位村経済更生計画書による塩根川部落状況」

	戸数			耕地面積（反）			
	農林漁業	其他	合計	田	畑	耕地面積/1戸平均	負債総額1戸当/計
中ノ又	4	11	15	58	2.5	5	305/5,500円
赤倉	10	1	11	9.2	3.4	11	1,225/13,830円
鹽根川	15	4	19	12.1	5	9	572/10,870円
蛇川原	4	2	6	3.9	2	9	633/3,800円
小計	33	18	51	83.2	12.9	部落平均　8.5（反）	629/33,970円

出典：「及位村経済更生計画書」昭和10年、10頁「部落状況」より抜粋。

をもっていた。同時に、共同体的旧秩序を利用しつつ、精神運動によって農本主義イデオロギーを強化し勤倹貯蓄に駆りたてようとする政策でもあった（＊12）。

昭和九年八月、及位村にも経済更生振興委員会が設置され（＊13）、翌年、同村経済更生計画にも「精神更生ニ関スル事項」が盛り込まれた。そこでは国旗掲揚、部落更生会・村教育会および主婦会の組織化、入退営兵歓送迎会開催、自治祭開催などが細かく規定され、「更生精神ノ発揚ニ力《つと》メ併セテ指導督励ノ実際ヲ期スルト共ニ村民一致協力其ノ實行ニ邁進」するよう住民を鼓吹したのだった。昭和一〇年、当村は山形県の経済更生村に指定され、村内基本調査を行った（『及位村経済更生計画書』一・一五頁）。

本計画書に記載された調査結果から、塩根川部落の経済状況を〔表4―7〕にまとめた。この表では、部落総戸数の約半数が「其他」に分類される職業に従事していること、および一世帯当たりの負債平均が、六二九円に上っていることなどが明らかにされている。住民のこのような経済状況が、「向上会」の諸活動にも影響を与えたのだと推測される。

前章で詳述したとおり、農村恐慌というのは日本資本主義の、危機の激発であり政府の解決策には天皇制国家体制基盤の強化および対外進出、それに伴う軍事力強化という要素が含まれた。実際に「経済更生運動」では、農村疲弊からの脱却を自力更生と精神更生に求める基本姿勢や、「農村ノ更生建設」に際し、青年修養の名のもとに「移植民ノ資質を養ウコト」が示された（＊14）。該運動は、農村と若者を同時に、より強固な国家管理の下におくことを企図していた。総力戦体制の構築を目指していた日本国家にとってはまたとないチャンスだっただろうが、「向上会」が蒙った影響は大きい。

その第一は、「経済更生運動」推進に伴う村全体の組織化のなかで、村・部落ともども青年団および分団が組織のなかに組み込まれたこと。第二に、会員の労働収入で新築した悲願の本部会館と所有権が、村の経済更生事業として設立が企図された「共同作業場」として付帯設備ともども村に移管されたこと。第三に、昭和九年一〇月の通信文書から、及位村青年会が及位村青年団に、同塩根川支部が第八分団へと名称変更されたこと。最後に、弁論会の論題が指定されるようになり、青年団の事業が村の統制を受けたことなどである。

「経済更生運動」によって及位村青年団は組織再編を行ったのだから、それ以降の青年団事業には確実にその影響がまとわりつき、分団にもそれが及ぶことは必至だった。これ以降及位村青年団が発信する通信文書には行政臭漂う文言が並び、本団の役員自身が官僚化する様子がみられる。また、「経済更生運動」にともなう作業量も格段に増加する。自然条件に恵まれずしたがって生産性の低い当地では、加重のうえの加重労働で人びとは生き延びてきた。「経済更生運動」以降、村民の作業は質・量ともに増加し彼らの負担はさらに重さを増したことだろう。

しかし、政治的な統制は部落の若者たちには避けがたく、戦局の拡大に伴い、「経済更生運動」が「非常時対策」へと展開されるなか、「向上会」も時代の潮流に諍うことができず、村への協力を余儀なくされる場面にたびたび遭遇したことも明らかになる。弁論会については別項で詳述するが、『記録群』からは、村の統制が上手に回避された実態が浮かびあがる。その一方で、若者たちの働きは人びとの信頼と承認をえて、「向上会」は部落の青年団としての存在を鞏固にした。

前掲、〔『記録群』No15「関係書」「昭和一〇年五月八日付　及位村役員會決議事項報告之件」〕の文書は、及位村青年会の組織に関して遺された唯一の記録である。当該文書によると、及位村青年団役員会は「経済更生ノ実行」に際して「産業部、修養部、体育部、社会部、學藝部、庶務部、會計部」などの設置を決議した。「向上会」組織の、「産業部」欄には「部長　壱名」とあり、欄外には「昭和十年四月廿二日新設」と記載されている。本章第一節に掲載した〔『記録群』No1「礎」「向上ノ礎」〕にも、及位村青年会の組織再編に対応して、本会でも新しい事業部門を設置したことが記載された。

村の経済更生計画の樹立により、及位村青年団の組織が改編されたということで、本村の経済更生振興委員会組織で、青年団がどのように位置付けられたのかを『及位村経済更生計画書』（昭和一〇年一二月）より確認しておきたい。その「組織図」によると、「経済部」「産業部」「教化部」それぞれの部門の下位に、「部落更生会統制組織」では「経済部」および「教化部」の下位にそれぞれ男女青年団が組み込まれたことが確認できる。青年団は、村レベルでは産業組合、農会、小学校・青年学校の下位団体として位置付けられるとともに、部落内でも経済部および教化部の下位に位置付けられて、上位団体の実働団体として期待されたことを確認することができる。

村の青年団では『及位村経済更生計画書』（昭和一〇年一二月版）のなかの、「實行事項」に則り組織の改編が行われたものと思われる（＊15）。前掲、〔『記録群』No15「関係書」「昭和一〇年五月八日付及位村役員會決議事項報告之件」〕の文書で示された組織と、上記計画書における「男女青年団事業並統制組織」で示された事業内容は、前者の「補校青訓奨励」が、後者では「青年学校出席督励」に変更されている以外、まったく同じ内容である〔『及位村経済更生計画書』一八・一九頁〕。これによって、及位村青年団は及位村経済更生計画のなかに組み込まれ、村の青年団の新組織内では各分団長が各部長に任命されたこととともに、青年団に課せられた作業が多岐に及んだことも確認することができる。なかでも「五、国勢調査之件　青年團ニ於テ奉仕的ニ完全ナル実行ヲ期スルコト」と記された項目は、おそらく時間的な負担増となり、結果として彼らの生活のための労働時間が奪われたものと推測される。

もっとも、重要な作業を担ったという意味では、及位村では青年団が一定の地位を獲得することにもつながった。また、「八　道路共進会」で行われる道普請《みちぶしん》には、無償で動員され若者たちの日常の厳しい労働に更なる負担を課した。たとえば昭和八年（推定）の作業予定書によると、七月から一二月までの毎月一二日、三五人の若者を動員して「路面凹凸均シ・砂利敷均シ」など、村道普請を行わせた（＊16）。そして、年一回県庁で道路共進会褒状授与式が開催され、代表者がこれに出席して村の面目を保った。このように、ただでさえ忙しい若者たちを動員して安上がりにインフラ整備を行ったのである。

元来「経済更生運動」の基本方針が自力更生にあり、極端な消費削減と加重労働で生産の向上を図ることで農家経済の好転を見込んだのだから、当該運動はさまざまな名目で若者を重労働に駆り立てる口実となったことは間違いないだろう。

前掲〔「表4―2」「塩根川向上会　昭和三～一二年度　収支決算一覧表」〕昭和一〇年度欄には、「産業部費」として一円八二銭の支出が確認できるものの、その内訳は印鑑代一円六二銭、「部誌」二〇銭であり、それ以外の支出はみられない。つまり、「産業部」新設後、及位村青年団の事業が「向上会」に及ぼした影響は、印鑑を作り機関紙を購読した以外に予算・実績とも実態がなく、「産業部」としての特別な事業は行われなかったという可能性を強く示唆するのだ。本章の作業仮説で明記したとおり、本会の事業が文化・福利事業にほぼ特化したことを考えれば説明がつく。

②塩根川共同作業組合新設と塩根川向上会

「向上会」は自立した若者集団だった、とはいえ部落内の組織である以上ケーヤクの監督下にあったことも事実であり、会の運営資金源もケーヤクの承認なくして確保することはできなかったものと推測される。この具体的な証例は、「向上会」の本部兼活動拠点としての、集会所建設に際して塩根川区長および部落民一同宛てに発信した、「御願書」に端的に表れている（『記録群』No21「文書往復綴」「昭和七年一二月七日付　向上会長より区長・部落民一同宛　集会所建立願書」）。

集会所の建築がいつごろ計画されたのか定かではない。当該時期の及位村の経済状況については前章で詳細に述べたところだが、当該文書が発信された昭和七年は、世界恐慌の余波をまともに受け、農業恐慌に伴って農村は未曽有の混乱に見舞われていた時期に当たる。集会所が完成したのは昭和一〇年度だと思われる。該「集会所建立願書」は、塩根川区長や村民の承認と協力がなければ建設は不可能であり、これはとりもなおさず「向上会」が部落自治組織の下位に位置していたことを表す。

さらに、農村窮乏期に建設願いが提出されたことに「向上会」らしい戦略を見出すことができる。第一は、「経済更生運動」の一環として認めてほしいと訴えていることであり、第二は、指導層がもっとも恐れていただろう、社会主義思想蔓延の防波堤とすべく、思想善導のための「青年指導所」としての会館の必要性を訴えていること。第三として、部落の集会所としての利用価値を強調したことなどである。このように、本会は国家の主導で展開された運動に便乗して事業を推進したのだった。塩根川では、それまでケーヤクの会場は個人の住宅が持ち回りで利用されており、部落でも集会所がないことに不便を感じていたのではないだろうか。

日露戦争以来困窮の度合いを深めていった東北の山村部落では、よほど住民の利益にならない限り、

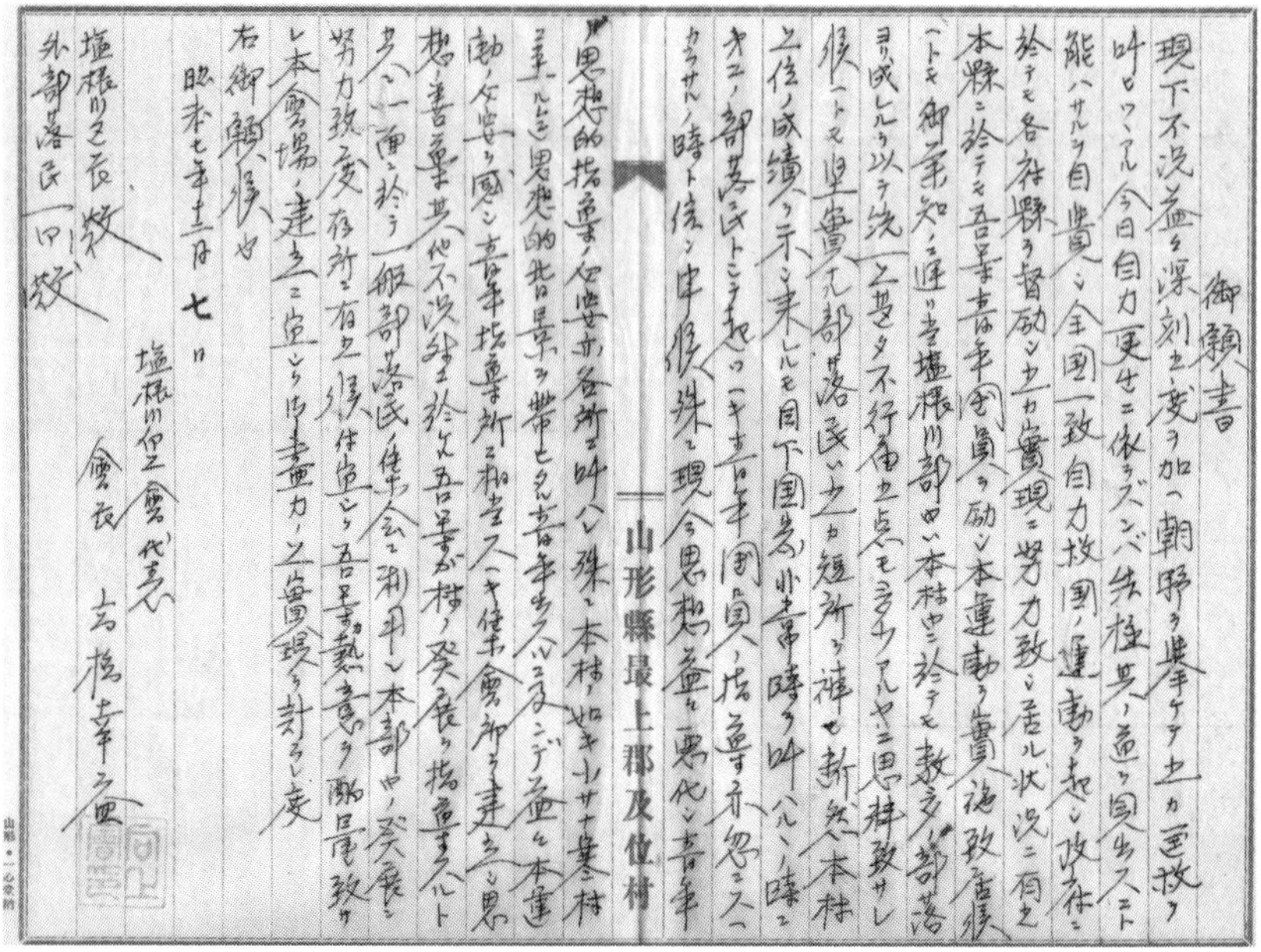

昭和7年12月7日、向上会長より区長・部落民一同宛集会所建立願書。『塩根川向上会記録群』「文書往復綴」。

費用・労力ともに高負担が見込まれる施設の建築など、その発想自体が生まれなかったのではないかと推察される。「向上会」では、事業が盛んになるにしたがって備品類や蔵書などが増え、会員がいつでも集合できる場所の確保が急務となったものと考えられる。彼らは、当時の社会状況を敏感に察知し、部落の経済的困窮という事態をチャンスと捉えて、有力者が反対できない状況を上手に作り出したのだ。

会館建設に伴う特別の収支決算書の存在が認められないため多くは推測になるが、そのなかでも確かな事実は、前掲〔表4―2〕にみられるとおり、昭和一〇年度に建設資金として郵便貯金三〇円と会館建設積立金払い戻しとして六〇円、合計九〇円が支出されていることである。しかし、これだけでは会館建築は不可能である。そこでこの件について先述のT氏に確認すると、建築用地は国有林を借地し、ほとんどの建築用材は営林署からの無償払い下げで賄ったという。そして、実際の建築になると部落の人びと総出で整地や基礎固め、「ドンヅキ」いわゆるヨイトマケを行う。一方、用材を伐採し乾燥させて運搬する作業があり、そのほかにも大工や左官、屋根葺き・ガラス屋といった技術職も必要で、部落の人びとは日常の農作業のほかにその建築に協力しなければならず、それは彼らにとって大きな負担となる。それゆえ仕事の後は酒肴を供して謝意をあらわさなければならず、その費用負担も大きかったことだろう。こうした事情から、集会所建築には区長はじめ部落の人びと全員の承諾が必要であり、先の「御願書」提出後完成まで丸二年を費やしたのだろう。

一方、塩根川では、「向上会」を部落内の若者組織と認めていたゆえに、建築を許可し人びとも協力したのだと考えられる。

〔『記録群』No24「文書往復綴」昭和一〇年度　塩根川共同作業組合「契約書」〕にみられるように、新築間もないこの会館が経済更生事業の一環である共同作業場として、所有権が付帯設備ともども及位村に移管された。「向上会」には、新たに「塩根川共同作業組合」の名が冠せられて、逆に及位村長から会館管理が委託される事態に遭遇した。そのとき当組合長に任命されたのは、「向上会」を脱退し及位村青年団副団長を経て団長となった佐藤篤である。彼の父親が塩根川区長だったことがこのような結果を生んだのだろうか。

「共同作業組合規約」〔『記録群』No24「文書往復綴」昭和一〇年度〕には、「向上会」会員全員が署名・捺印させられた。その第一条には「本組合ニ於テ及位村ヨリ委託ヲ受ケタル共同作業場並附属設備ハ組合長之ヲ管理ス」とあり、第二条には「共同作業場ハ組合員ヲシテ左ノ目的ノ為使用セシムルモノトス

一、各種農事作業　一、各種副業作業　一、青年ノ修練」と規定された。もちろんこれは経済更生事業

遂行の観点からの形式的な対策であり、その名称が「共同作業場」であったり「修養道場」であったり用途に応じて使い分ける程度で、実質的には「向上会」が自由に使用したという。反面、手続き上その使用には組合長の許可が必要だったうえ（「共同作業組合規約」第三条）、場合によっては使用料を支払わなければならないことなどが規定されていた（「共同作業組合規約」第六条）。

以上のことから、この事態は「向上会」の会員にとってはまことに屈辱的な措置だったのではないかと推察される（＊17）。昭和一〇年九月、佐藤篤は塩根川共同作業組合長名で山形県知事金森太郎宛に「共同作業組合規約設定報告」を行った（『記録群』No24「文書往復綴」昭和一〇年九月付）。こうして「向上会」の会員たちは、部落の青年団として独自の諸活動を展開しながら時代の潮流に諍うことができず、村や官製青年団への協力を余儀なくされたのだった。

ところで、『及位村経済更生計画書』（昭和一〇年一二月）には「自治祭」の開催が定められている（＊18）。それは、毎年八月二一日を村の経済更生記念日として、次の項目が開催されることが規定されていた（『及位村経済更生計画書』一六・一七頁）。

1、自治功労者の追善。
2、各部落別の事業経過発表。
3、優良部落または団体の表彰。
4、本年度事業計画の発表。
5、名士の講演。
6、余興（映画会）。

「自治祭」当日、午前七時から村の弁論大会が開催された。「弁論会」終了後、各部落の代表が経済更生事業の取り組みを発表し、最後に、真室川営林署長、秋田営林局庶務課長、村山農学校職員、真室川営林署員、山形県経済部長など「名士」による講演が行われて「自治祭」は終了した（『記録群』No14「弁論部　部誌」昭和一〇年八月二一欄より抜粋）。

昭和八年二月、山形県では前出の「郷土更生ニ関スル青年協議会決議」がすでに採択されており、県の社会課はそれを小冊子にして配布していた。ここでは農村・都市・漁村に分け、それぞれの決議が詳細に述べられている。本書との関連により、「農村更生青年協議会決議」から「更生運動」に際して、県が青年団に期待した事柄を確認しておきたい（『記録群』No15「関係書」「昭和八年　郷土更生ニ関スル青年協議会決議」山形県社会課）（＊19）。

本冊子中、「農村ノ更生建設ニ際シ青年修養上特ニ留意スベキ事項並ニ之ガ為ニ執ルべキ適切ナル具体的施設」「特ニ留意スベキ事項」の第一番に掲載されているのは「建国ノ精神ヲ明徴ニシ国民志操ノ涵養ニ努ムルコト」であり、「適切ナル施設」では「青年団産業部ノ設置ト其ノ活動ノ促進」や「共同作業、共同実習ノ実施」などの項目がみられる。このことから、先述の及位村青年会の組織や諸活動が県の指示によるものだったことがわかる。

以上、及位村における「経済更生運動」の展開は、全村民と諸団体を組織化し、村役場の下位組織として位置付けられた及位村青年団もこれに歩調を合わせた改組と諸事業を展開したことを確認することができた。

③旧青年会の塩根川向上会への収斂

前章で述べたとおり、当地在住で筆者の協力者であるTさんは、昭和三年の生まれで、戦前の塩根川部落では大きな部類の自作農家の長男である。Tさんは及位高等小学校卒業直後「向上会」に入会した。その当時、塩根川では旧の若者集団はそれとしては活動しておらず、青年団といえば「向上会」だったと記憶している。通常の事業のうえにケーヤクの実働隊としての機能と部落の祭礼を、ともに本会が担ったならば旧組織は不要になる。後述するように、本会では意図的に旧組織を吸収しようとした形跡が散見される。その足跡は次の三点であり、それらを『記録群』から抜粋し次に掲載する。

（1）、経済更生に関する協議会で中心的な役割を果たしたらしいこと。
（2）、お金の流れから。
（3）、部落の祭礼の余興が「向上会」名で開催されたこと。

以下各項目にしたがって確認しておきたい。

（1）、創設以来、「向上会」の活動は会員の協力のもとで順調にその事業を展開した。上述の、村の経済更生事業の取り組みから、当該時期には村民の承認をえていたものと思われる。次の二種類の通信文書はいずれも経済更生に関するものである。先ず、〔『記録群』No25「文書往復綴」「昭和一一年一月一八日付　第八分団長より及位村青年団長宛　協議会開催案内」〕。この文書は、その文面から及位村青年団員と部落の関係者を集めての協議案内だと推察される。注目されるのは五〇名の「臨場者」が参加しての協議で、内容は「縣指示徹底」および「青年計画」である。協議会後「講演」「向上会歌合唱」と続き閉会した。

次の事例、〔『記録群』No25「文書往復綴」「昭和一一年一月二五日付　塩根川向上会長他より塩根川部落戸主、主婦、壮年宛　協議会招待状」〕。この文書は、部落内「協議会」の案内状である。「本部落更生上亦《また》極めて参考となる可《べき》点も多々有之《これあり》」との文面から、部落の経済更生に関わる会合だと推測される。本状の発信元は、「塩根川部落更生會長　佐藤今朝吉」「塩根川向上會長　佐藤軍治」「後援及位村青年團長　佐藤篤」の連名である。しかし、「共同作業場を中心とする協議會」だと明記されていることから、参会者には「向上会」の存在が印象付けられたことだろう。

以上二点の記録は、創設から丸八年を経た昭和一一年の時点では、村でも部落でも「向上会」が承認され、本会が中心になって、経済更生の方法が協議されたことを物語る。

(2)、前掲〔表4―2〕の収入欄をみると、昭和三年度「祭禮費余剰金」として九円六二銭、同四年度、「旧青年会」から「剣道防具購入資金」として一五円が、そのうえに「祭禮費余剰金」として一〇円二四銭の寄付金が計上されている。さらに同六年度には同じく「旧青年会」からの寄付として五円の入金がみられ、これ以降、「向上会」の「会計簿」には旧青年会からの入金がみられなくなる。つまり、この流れは、旧組織がその会計を本会に移管しようとしたことと、それが昭和六年度で完了した可能性を示唆する。

(3)、先述のT氏によると、部落の祭礼は若者組が主催するのが慣例になっており、通常招待客は「ハナ」と呼ばれるご祝儀を主催者に贈った。主催者は祭礼の余興として田舎芝居を招聘しての興行や幻燈会・映画会など、戦時期には有志によるコーラス大会などを開催したという。

「向上会」創設前年の昭和二年八月、及位村青年会塩根川支部長の佐藤孝治は支部の総会と、「雄弁会」「武道大会」への招待状を発信していた（『記録群』No16「文書往復綴」昭和二年八月二〇日付）。当日、午前中に「總集會」が、午後に「雄弁武道大會」が開催された。宛先が空欄になっているが、「不動尊祭礼の吉晨をトし」と、祭礼と同日の開催であることを付加したことから、おそらく部落の住民や他の支部に宛てた文書だろう。祭礼の余興だとは明記されていないが、孝治は祭礼と青年団との連結を意図したのではないかと推察される。

「向上会」が部落の祭礼にどのように関与したのかを示す数少ない記録のひとつが、昭和四年旧七月二五日付、近隣の部落宛てに送った不動尊祭礼余興への招待状である（『記録群』No18「文書往復綴」「昭和四年旧七月二五日付　塩根川向上会より」宛先空欄）。当該文書にみられるように、「向上会」創設の翌年の祭りでは、招待状の発信人が「向上会」であり、塩根川不動尊境内では余興として「青年角力大会」「雄弁大会」「剱道大会」を開催すること、つまり招待客に「向上会」の事業と祭礼の余興とを同時に観せるよう企画したのではないか。部落の住民や招待客が、この事態をどのように受け止めたのか『記録群』は何も語っていない。しかし、本会では創設当時から意識的に旧青年会との融合を進めたということの根拠になるだろう。

同様に、村内各部落でも祭礼は当地の若者たちが担当したようだ。次の三通の葉書は、村の別の部落から塩根川支部に宛てた祭礼の招待状である。

①〔『記録群』No15「関係書」から抜粋　「旧一四日付　祭礼招待状　朴木沢青年有志から塩根川青年会一同宛」〕。ここでは「當村祭礼ニ際シ活動寫眞催シ候」として、祭礼の余興に映画を上映した

ようだ。本状には発信年の記載がないが、塩根川青年会宛になっていることで、村の青年会発足以前、つまり大正六年以前の案内だということが判る。

②〔『記録群』No15「関係書」から抜粋　「昭和八年九月一日付　第七分団から第八分団一同宛　朴木澤部落神社祭典招待状」〕。本状は、上記①と同じ部落の祭りに際して「活動寫眞」を上映するという内容である。

③〔『記録群』No15「関係書」から抜粋　日付なし　「新及位若衆一同から第八分団一同宛　山神社祭典招待状」〕、本状には日付が記されていないが、宛先が第八分団となっているため、昭和八年以降のものだと思われる。文面は次のとおり。「当日をトし不景気挽回を意味すて（ママ）当若衆主催のもとに午前十時より角力大会を開催、夜は名流花形芝居一行を迎へ山神社境内に於て演出致可候付御参詣傍々御観覧の栄を賜り度此の段御案内申上候」。この通信文書の発信元は新及位若衆一同であるため、新及位部落では旧来の若者集団が祭礼を取り仕切っていたことが明かである。

以上、村内他部落からの三通の祭礼招待状をみた。少ない事例ながら、塩根川部落では、「向上会」を創設したことによる新旧組織の交代または融合を、部落の祭礼に関連させるかたちで行った。まことに見事というほかはなく、この柔軟な巧智が敗戦後の社会的変革のなかでも青年団活動を継続させる源動力になったのではないだろうか。

第四節　塩根川向上会の「弁論部」――新しい青年をめざして

（一）「塩根川向上会」「弁論部　部誌」について

「向上会」弁論部の活動は、丁寧に記録された「塩根川向上会弁論部　部誌」（『記録群』No14―以下「弁論部　部誌」と略称）が語るように、本会ではもっとも盛んに展開された事業だった。当該簿冊の大きさはB5版、表紙は厚手の和紙、中は同じく縦罫線の金粉を散らした高級感のある美濃紙二つ折りの袋綴じになっている。綴じ込み紐は劣化しているが、墨またはインクで記録された内容は鮮やかさを保ち、文字には会員の弁論会に対する思い入れの強さと、書き継いだ担当者の性格が表れているようだ。なお、同記録や通信文書には、弁論会・弁論大会・雄弁会など時によって呼称が異なっているが、本書では弁論会と統一表記する。

本節の主たる課題は、この史料に記録された論題の分析を通じて、恐慌期の閉塞感に満ちた東北山村の若者たちが、共同体が要求する若者と国家が期待する青年との狭間で揺れ動きながら、新しい青年像を模索する姿を浮き彫りにすることである。

「文書往復綴」の最初のページが及位《のぞき》村青年会からの弁論会開催および弁士出演要請の文書である（『記録群』No16「文書往復綴」推定大正一四年一月付）。なお本文書には発信年月日が記入されていないが、次ページの日付から大正一四年一月頃の発信だろうと判断した。この文書は、大正末期の及位村青年会では既に弁論会が開催されていたことを示している。

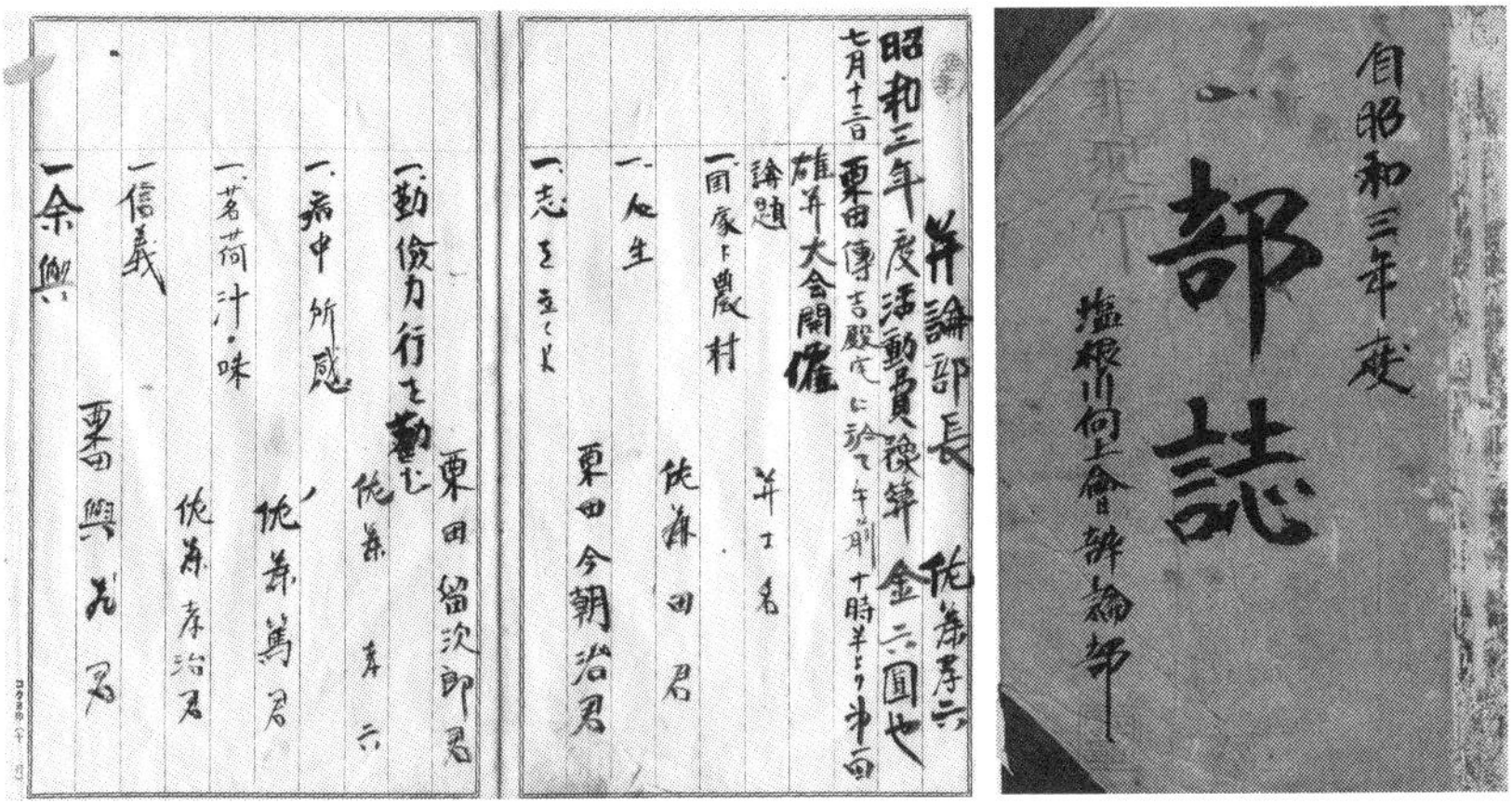

『塩根川向上会記録群』「塩根川向上会弁論部　部誌」。表紙と1、2頁。論題と弁士が記載されている。

「弁論部　部誌」には、論題のみで演説原稿は記録されていない。しかし、当該活動記録は、「向上会」が設立された昭和三年度から昭和一一年度に至る九年間、会内部での活動および、及位村青年会（団）、最上郡（最上郡北部連合青年団主催の「雄弁会」を含む）レベルの「弁論会」、「経済更生運動」開始以降は「自治祭」の記録に至るまで、おそらく本会会員が出場したと思われるすべての弁論会の弁士名・論題、懸賞付きの弁論大会については順位も記載されている。

「弁論部」は、「向上会」の中心的な活動のひとつであり娯楽でもあった。明治四三年六月四日（土）付『山形新聞』「評論」欄は、当局が「演説討論会」の開催を奨励していることを論じつつ、「雄弁会」を通じて青年の「政治的知識の涵養」を行うことを訴えた。すなわち、「県当局者が訓諭の精神とも見るべき『自治の民たるべき階梯を作る』の本意に適応するものにあらずや、敢て県下各地の青年団諸君に告ぐ」、と（＊20）。このように、弁論会は明治以来社会的にも肯定的な評価をえて、山形県でも青年団の修養活動として開催が奨励されたものと推察される。

「向上会」では、及位村青年会の事業でもあった弁論会を組織内にとり入れ、会の主たる事業として位置づけて積極的な活動を展開した。「弁論部　部誌」の最初の頁には、昭和三年七月一三日、「弁論部長　佐藤孝六、昭和三年度活動費豫算　金六圓也、栗田傳吉殿宅に於て　午前十時半より第一回雄弁大会開催」と記された。大会終了後は余興および会歌の合唱で午後二時に閉会した。

(二) 塩根川向上会で弁論会が盛んに開催された理由

以上述べたように、「向上会」では定期的に弁論会を開催して聴衆を前に自身の意見を表明したのだった。本会の会員がこれほど該事業に情熱を傾けた理由は何か。

第一に、弁論会の開催それ自体に意味があったのではないかと推察される。本章の冒頭で述べたとおり、政治の埒外で無権利状態におかれ、部落内ではケーヤクの実働隊にすぎなかった若者が、訓令以降、国家に有用な青年として期待され、自身や家族、部落が抱える問題の解決を模索する自由をえたのだ。弁論会の開催は、権利意識に目覚めはじめた若者たちが農村社会を覆う陰鬱な閉塞感からの解放を求めて、許されたわずかなチャンスを最大限に活用したいという意識の表現だった。彼らは弁論会を通じて自身の生活信条や自家の経済を語り、国家の行く末を考えるチャンスをえたのだ。

第二に、弁論会の開催は、近代青年を指向した若者たちの自己改革の訓練ではなかっただろうか。演説には論点を簡潔にまとめた原稿の作成が不可欠である。記録することは、共同体内の力関係で物事が決まるうえ記録を残さない旧来の部落自治への無言の批判であるかのようにみえる。弁論会に際して原稿を書き、自身の意見を確認することで、より説得力をもつことばを使って演説することができる。

第三に、方言の矯正の必要からではないか。同郷者同士では問題にはならないにしても、他所の者には彼らの言葉はすこぶる理解し難い。演説に説得力をもたせるためには、その内容が聴衆に分かりやすく伝わることが何よりも重要な要件となるだろう。この件について、『記録群』には一切の記述がなく、あくまでも筆者の推測にすぎないが、当地の若者の多くが他所の土地で生活しなければならないという事情があることや、下の二つの事例からこの推測はあながち的をはずれたものではないように思われる。

明治四一年一二月、山形県馬淵鋭太郎《まぶちえいたろう》知事は、伊澤修二《いざわしゅうじ》の『視話応用東北発音矯正法』なる著作に序文を寄せ、そのなかで「思想交換の用を辨じ難」い山形県の方言が自身の悩みの種であり、その解決が「目下の急務」であると述べている（＊21）。前出の河西英通《かわにしひでみち》は、自著『東北―つくられた異境』のなかで一八八八年から一九三〇年までに発刊された「東北方言に関する文献」をまとめており、そのなかで、故井上ひさしが『視話応用東北発音矯正法』の発刊に対して、「とうとう方言を話す人間を肉体的欠陥者にしてしまった」と皮肉を述べたことを明らかにしている。

また、河西の指摘でもうひとつ重要な点は、明治二九年六月一五日夜発生した三陸海岸大津波の際、迷信と方言が救助を困難にしたという新聞記事で、津波の被害とともに東北の人びとの言語が「解し難き」「閉口」する方言として社会的に位置づけられ中央に伝えられたという事態である（＊22）。

河西が指摘したように、方言ゆえの社会的差別的な眼差しが、『視話応用東北発音矯正法』の発刊につながったのかどうかはともかく、他出する若者には生活に直接かかわる大問題だったことは間違いないだろう。

方言に関するもうひとつの証例は、小学校の授業で発音練習が行われていたことである。明治七年に設立された『及位小学校沿革史』は、同三五年から記録が始まっており、「発音練習」の記録がみられるのは大正一〇年度からである。同年の「発音練習」の記録の次の行に「青年弁論大会ヲ三回開催ス」という記載がみられ、「発音練習」と「弁論大会」との関係を連想させる。その次に同様の記録があるのは昭和五年度、同八年度であり、同一〇年度には「言語改良ニ考慮」、同一二年度「言語教育発音矯正ニ重キヲ置キ方言撲滅ニ力ヲ注グ」、同一五年「言語教育ヲ重視シテ朝行事ノ際発音矯正ヨイ言葉ノ練習ヲ行ヒリ《ママ》」、同一七年度「言語教育　学級毎ニ訂正表、尚家庭ニアリテハ各部落ニ訂正表ニヨリテ《ママ》言語ノ矯正ニ努ム」、同一八年「前年度同様」としている。

沿革史の記録はそのときの校長の仕事である。人物が変われば記録法も順序も変わり、人によっては丁寧なもの、簡単すぎるものと多様になる。しかし、上記のように、及位小学校で例年「発音練習」が行われていたことは事実のようで、昭和一七年度・一八年度では学校を離れても練習ができるようにとの配慮の跡がみられる（＊23）。

以上述べたように、方言の克服は当地の子どもたちにとっては切実な問題で、したがって、小学校卒業後の若者たちには青年団が開催する弁論会が、意見表明訓練の場としてばかりでなく、正しいとされることばを使う場としても重要な役割を担ったと考えられる。

(三) 弁論会では何が論じられたのか——論題分析を中心に

本項では、若者たちの主張を読み解きその傾向を把握するため、「弁論部　部誌」に記載された論題を以下の手順によって分析を試みる。論題分類・分析枠・分析手順および凡例は次のように設定した。なお、本書では、「向上会」「及位村」「最上郡」「上位入賞論題」の分析を行い、その結果を掲載した。

また、「向上会」主催のものを含め、創設以降会員が参加した、会員別全二三〇論題を後掲した（表4―10―①②③「塩根川向上会　会員別論題」）。

（1）論題の分類・一覧化

1、「向上会」会員別論題（表4―10―①②③）、ここには「向上会」・及位村青年団・最上郡レベル、それぞれが主催した弁論会の論題が含まれる。
2、及位村青年団主催の、開催順弁論会の論題の分類・一覧化（掲載を省略する）。
3、最上郡レベル主催（郡北部連合・郡東部連合青年団を含む）の弁論会の論題の分類・一覧化（掲載を省略する）。
4、上記弁論会での上位（一等～五等）入賞論題の分類・一覧化（及位村青年団主催の論題のみ分類・掲載する）。

（2）分析枠の設定と分析手順

分析枠の設定には、それぞれの論題に、AおよびB、イおよびロを当てはめる作業を三回繰り返して精度を上げた。

A「自律的論題」―自身の生活信条などを述べた論題―自分の存在様式への関心。

B「ステロタイプ・説諭的論題」―Aの対極として、国家や社会が要求する青年像とそれを説諭的に訴えた論題―若者の存在様式に対する社会的要求への関心。

イ主張の中心が「自己（仕事）・家族・郷土」など、自己の生活世界におかれた論題。

ロ 主張の中心が「社会・国家・世界」(イの対極として)、自己の生活世界よりも広い世界におよぶ論題。

(3) 凡例

1、「未定」論題は除外。
2、同一論題の複数回弁論は、論述内容変更の可能性を重視しそのまま採用。
3、呼びかけ論題はBへ。
4、一般的精神論はB―ロへ。
5、「所感」「雑感」など感想論題はA―イへ。

(4) 論題単純分析

〔表4―8〕は、全論題を単純にA・B、イ・ロに分類した表で、A+B、イ+ロが同数であり、これがサンプルの総数になる。各レベルの論題数にばらつきがあるため、総数を一〇〇とした場合の、枠組みごとの割合を計算・掲載し、分析グラフには縦軸にA・Bを横軸にイ・ロを置いた。

(5) 論題クロス分析

上記四種の分析枠A・B、イ・ロをクロスさせると以下①~④の四種類に大別できる。次にそれぞれのレベルでの論題をこれにあてはめて〔表4―9〕にまとめ、論題単純分析と同じくそれぞれの割合をグラフ化した。

① A―イ　自己の存在様式を生活世界と結びつけた論題。

〔表4-8〕
「塩根川向上会」弁論会　単純分析結果 論題数と割合

	向上会		及位村		最上郡		上位入賞	
	数	割合	数	割合	数	割合	数	割合
A	109	47.3%	52	41.9%	37	36.0%	28	43.1%
B	121	53.1%	72	58.0%	66	64.1%	37	57.0%
イ	188	81.7%	104	83.8%	54	52.5%	35	53.9%
ロ	42	18.3%	20	16.1%	49	47.6%	30	46.2%

※サンプル数「向上会」－ 230、及位村－ 124、最上郡－ 103、上位入賞－ 65

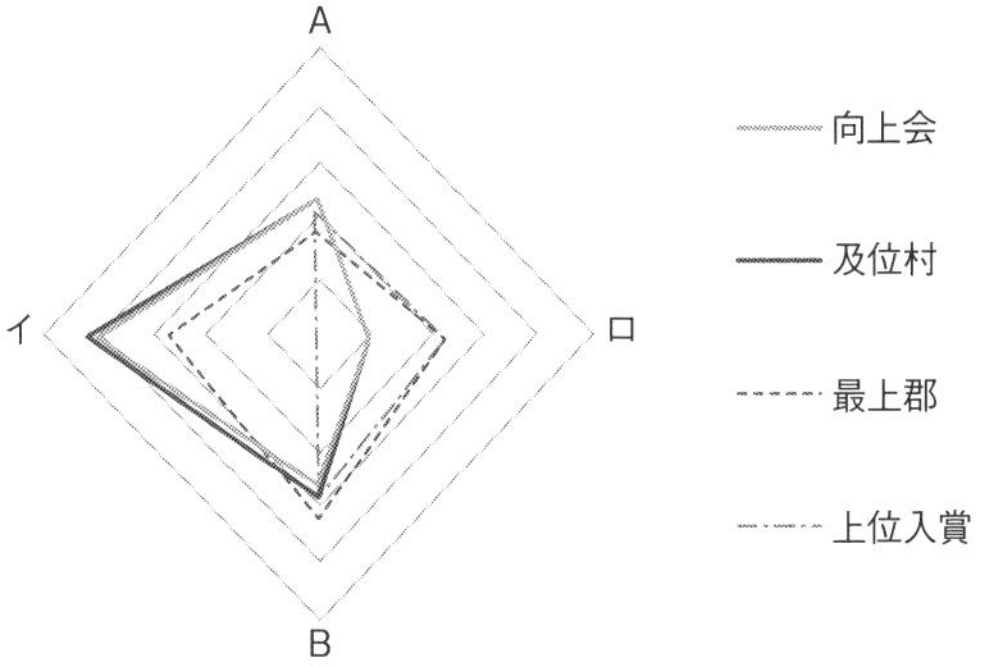

〔表4-9〕
「塩根川向上会」弁論会論題　クロス分析結果　論題数と割合

	向上会		及位村		最上郡		上位入賞	
	数	割合	数	割合	数	割合	数	割合
① A-イ	106	46.1%	50	40.3%	36	35.0%	23	35.4%
② A-ロ	3	1.3%	2	1.6%	1	1.0%	5	7.7%
③ B-イ	82	35.7%	54	43.5%	18	17.5%	12	18.5%
④ B-ロ	39	17.0%	18	14.5%	48	46.6%	25	38.5%
合計	230	100%	124	100%	103	100.0%	65	100.0%

※数字はサンプル数およびそれぞれのサンプル総数を 100 とした場合の割合 (%)

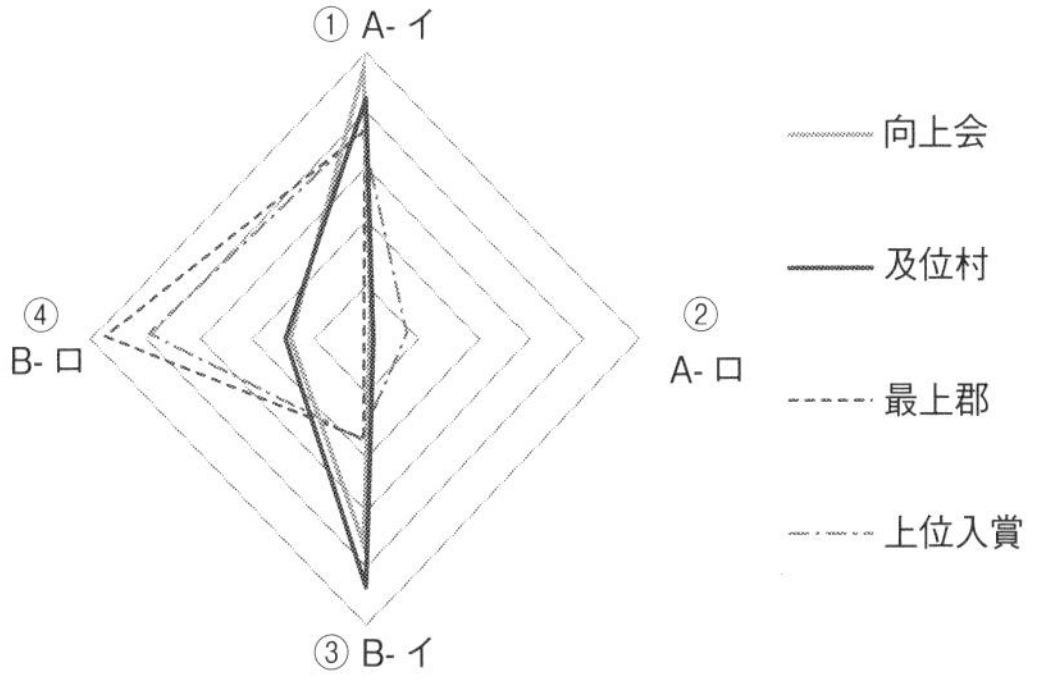

②Ａ―ロ　自己の存在様式を生活世界よりも広い世界と結びつけた論題。
③Ｂ―イ　国家の期待を自己の生活世界での存在様式に結びつけた論題。
④Ｂ―ロ　国家の期待を、より大きな世界に生きる自己の存在様式に結びつけた論題。

（6）分析結果と結論

①論題単純分析では、Ａ「自律的論題」とＢ「ステロタイプ・説諭的論題」の数がそれぞれのレベルでほぼ同じ割合で拮抗する。
②論題単純分析・クロス分析、どちらも「向上会」・及位村および最上郡・上位入賞論題、それぞれのグラフがほぼ同じ形状を示す。
③「向上会」および及位村では、論題単純分析・クロス分析、どちらもイ論題（分析枠のイまたはＡ―イ・Ｂ―イ）が突出している。
④最上郡および上位入賞論題クロス分析では、Ｂ―ロが突出している。
⑤論題クロス分析では、どのレベルの論題もＡ―ロが極端に少ない。

これらの分析結果から導き出すことができる結論は、第一に、上記①の結果では、自身の存在様式に主張の中心をおくA論題と、国家・社会が要求する存在様式に主張の中心をおくB論題がほぼ同じ割合で出現しており、学校・役場・青年団・在郷軍人会そして新聞・雑誌などのメディアを通じて注入されただろう政治的キャッチフレーズが、約半数の若者に論題として採用された様子がみられる。

第二に、上記②の結果は、同じ郡内でありながら自然環境が異なる地域に居住する若者の意識が異なっていた可能性を示す。また、郡内町村の代表者が集まる郡レベルの弁論会には、連合青年団長・学校長・町村の有力者らで構成される審査員団や彼らの思想的背景にある国家の意向がより強く反映された論題が選抜された可能性を示唆する。そのような演説が聴衆から喝采を浴びると、本人のみならず聴衆にも拡大再生産され、若者たちは国家の価値観を無意識のうちに内面化させたのだろうか。ただし、郡のレベルでの弁論会は開催回数自体が少ないうえ、「向上会」における懸賞付き弁論会の開催は極端に少ない。さらに、上位入賞論題では一等から五等までの入賞論題であるためサンプル数が少ない。このような条件下での分析結果はおおよその傾向を示すにすぎないことを付記しておく。

第三に、上記③の結果から、「向上会」と及位村主催の弁論会の論題では、圧倒的多数の者が主張の中心に自己の生活世界（イ論題）をおいており、若者たちが当地での生活者としての立場から自身の存在様式を模索する姿が透視できる。

第四に、上記④の結果（分析（2）のグラフ）は、最上郡および上位入賞論題で（B—ロ）論題が突出している。これは、上記第三の結論と反対の結果を表わすもので、指導者好みの、したがって生活者としての一般的な若者の主張の主流からかけ離れた論題が入賞してしまうということが往々にしてあったことを表わしている。

第五に、上記⑤の結果は、眼差しを自身の生活世界よりも広い世界に向ける者がごくに少数であることを示す。

では彼らが直面した窮状を脱する道をどこに求めようとしたのか、この分析から推測すると次のようになる。

第一に、自己の存在様式を変更することなく、共同体の旧慣に従って極限状態にまで労働の時間と量

〔表4-10-①〕塩根川向上会「会員別論題」

佐藤孝治　S3			
A - イ	①	茗荷汁の味
A - イ	①	農人の誇り
A - イ	①	土百姓の誇り
B - ロ	④	皇天の恵に感謝せよ
B - ロ	④	全力を盡して進め
A - ロ	④	唯一人行く旅び
A - ロ	④	唯一人行く旅び
A - イ	①	向上の礎
A - イ	①	野人何を語
A - イ	①	酔漢ヨロメイテ犬の糞を踏む
A - イ	①	愚人の雄叫び
A - イ	①	真善美を求めて
A - イ	①	真善美を求めて
A - イ	①	真善美を求めて
A - イ	①	田園魂
A - イ	①	真善美を求めて
A - イ	①	雑感
A - イ	①	古キ信念に立脚して
A - イ	①	古キ信念に立脚して
A - イ	①	古キ信念に立脚して
A - イ	①	古キ信念に立脚して
A - イ	①	古キ信念に立脚して
A - イ	①	所感

田 S3		
B - ロ	④	国家と農村
A - イ	①	努力
A - イ	①	人生の真価
B - イ	③	青年の使命
B - イ	③	護国の精神を喚起せよ
A - イ	①	偉人の足跡を尋ねて
A - イ	①	偉人の足跡を尋ねて
A - イ	①	宜しく一致団結せよ
A - イ	①	勤勉
A - イ	①	勤勉
A - イ	①	難局ノ打開
A - イ	①	鍬のひらめき
A - イ	①	鍬のひらめき
A - イ	①	鍬のひらめき
A - イ	①	鍬のひらめき
A - イ	①	真剣
A - イ	①	働く者は幸福なり
B - イ	③	農本来の使命に目覚めよ
B - イ	③	節約の眞意義
B - イ	③	魂の故郷に還れ
A - イ	①	百姓の真骨頂
A - イ	①	熟考然して断行せよ
B - イ	③	働く者は幸福なり
A - イ	①	所感
B - イ	③	天は自ら助くる者を助く
B - イ	③	自力更生と農道の眞髄

孝六 S3		
A - イ	①	勤倹力行を勤む
B - イ	③	農村振興の為に
A - イ	①	吾人の生命は活動にあり
A - イ	①	吾人の生命は活動にあり
A - イ	①	自己を確信せよ
A - イ	①	時鳥の叫び
A - イ	①	行ふべきか論ずべきか
B - イ	③	神聖ナル労働
B - イ	③	神聖ナル労働
A - イ	①	労働
B - イ	③	働きの歎びに徹せよ
B - イ	③	働きの歎びに徹せよ
B - イ	③	働きの歎びに徹せよ
A - イ	①	昔ノ青年ト今ノ青年
A - イ	①	農民の覚悟
B - ロ	④	愛国心の徹底
B - ロ	④	愛国心の徹底
B - ロ	④	愛国心の徹底
A - イ	①	農奴の雄叫び
A - イ	①	農奴の雄叫び
A - イ	①	農奴の雄叫び
B - イ	③	農民の使命を知れ
B - イ	③	農民の使命を知れ
B - イ	③	農民よ悟れ
B - イ	③	青年の生命は活動に在り

篤 S3		
A - イ	①	病中所感
A - イ	①	青面金剛の精神
A - ロ	②	眼鏡より見た日本
B - イ	③	起て諸君昭和の心臓は震えて居る
B - ロ	④	建国の精神に帰れ
A - イ	①	所感
A - イ	①	所感
A - イ	①	所感
A - イ	①	今感ジタ事
A - イ	①	眼前ニ横タハレル事柄ニツイテ
A - イ	①	時々雑感
A - イ	①	感想
A - イ	①	雑感
A - イ	①	吾等の郷土を守るもの
		雑感

栄之助 S3		
B - イ	③	個人の責任

政元 S4		
B - ロ	④	一粒の種子

慶太郎 S5		
B - ロ	④	国家の中心なる青年諸君
B - ロ	④	平等論
A - イ	①	青年の思想果して悪化せりや
A - イ	①	青年の思想果して悪化せりや

A＝自律的論題、B＝ステロタイプ・説諭的論題　イ＝自己(仕事)・家族・郷土、ロ＝社会・国家・世界

〔表4-10-②〕塩根川向上会「会員別論題」

		勇 S3
B-イ	③	人間の幸福は己が心より
A-イ	①	昭和青年の意気
B-イ	③	人間の幸福は己が心より
B-イ	③	青年の意気
B-イ	③	青年訓練
B-イ	③	青年訓練
A-イ	①	所感
B-イ	③	覚よ農村青年
A-イ	①	些細なる事に注意せよ
		今朝治 S3
A-イ	①	人生
A-イ	①	所感
A-イ	①	剛健発らつの気風
B-ロ	④	忠
B-ロ	④	忠
		末吉 S3
B-イ	③	成功の機会はいつでもある
B-イ	③	勇気
B-イ	③	時代はいかなる人物を要求するか
B-ロ	④	来て共同戦線に立つ
B-イ	③	青年の意気
		善兵エ衛 S4
B-イ	③	勤勉は成功の母なり
B-イ	③	剛健ナル思想ヲ養へ
B-イ	③	剛健ナル思想ヲ養へ
A-イ	①	出鱈目を吐く
		興蔵 S3
B-ロ	④	信義
B-ロ	④	禮儀
		茂松 S3
B-ロ	④	社会主義
		栄吉 S4
A-イ	①	所感
B-イ	③	努力せよ吾農村青年
		東吉　S6
A-イ	①	理想の人物
		金繁　S6
B-イ	③	生活の論理化
B-イ	③	土に帰れ
B-イ	③	土に帰れ
A-イ	①	眞を求むる心
A-イ	①	眞
B-イ	③	他力の救済と自力更生
B-ロ	④	国家の本質に目覚めよ
B-ロ	④	国家の本質に目覚めよ
B-イ	③	自力更生
A-イ	①	桜
A-イ	①	眞剣の二字提唱ス

		幸益 S3
B-イ	③	希望と努力
A-イ	①	勝負の分岐点
A-イ	①	勝負の分岐点
A-イ	①	所感
B-イ	③	吾々は何んの為に働くか
B-イ	③	農村及ビ農民ノ救ヒ
B-イ	③	昭和農民ヲ顧みて
B-イ	③	芸術の清純境
B-イ	③	逆境は幸福なり
A-イ	①	所感
B-ロ	④	祖国の鶏鳴
B-イ	③	農村救済は自力更生より
B-イ	③	農村救済は自力更生より
B-イ	③	多収穫による農村更生の尖鋭
B-イ	③	新日本農民の改造
A-イ	①	田舎の片隅より一農人の叫び
A-イ	①	雄弁は成功の武器なり
		留次郎 S3
B-ロ	④	志を立てよ
B-イ	③	不幸な時でも落膽するな
		与蔵 S4
A-イ	①	所感
		軍治 S6
B-イ	③	立て若人
B-イ	③	立て若人
A-イ	①	唯斯く信ずるのみ
A-イ	①	唯斯く信ずるのみ
B-ロ	④	人の和を強調して
B-ロ	④	人の和を強調して
A-イ	①	吾等の娯楽
A-イ	①	吾等の娯楽
A-イ	①	吾等の娯楽
B-ロ	④	国家の土台は農村にあり
B-ロ	④	国家の土台は農村にあり
A-イ	①	眞の幸福
B-ロ	④	国家の土台は農村にあり
B-ロ	④	国家の土台は農村にあり
B-ロ	④	此の際における農村更生は精神更生から
B-ロ	④	国運の進展は青年の双肩にあり
B-イ	③	純ナ農村魂ニ還レ
B-イ	③	純なる農村魂に還れ
B-イ	③	勤倹貯蓄
B-イ	③	青年団の使命に目醒めよ
B-イ	③	純なる農村魂に還れ
B-イ	③	勤倹貯蓄
		正之 S9
A-イ	①	凶作に立つ吾等青年
A-イ	①	所感

〔表4-10-③〕塩根川向上会「会員別論題」

正一 S10		
B-イ	③	帝国の若き農民として
B-イ	③	農村更生と青年の覚悟
B-イ	③	農村更生と青年の覚悟
孝治郎 S11		
A-イ	①	行ふ哉か論ず哉か
傳治 S10		
A-イ	①	努力
良作 S10		
A-イ	①	社会トシテノ私
A-イ	①	社会人としての私
A-イ	①	考えるより為せ
カツエ S10		
B-イ	③	生活ノ合理化
B-ロ	④	社会ノ合理化
B-イ	③	生活ノ合理化
タツ S10		
B-ロ	④	理想の社会人
B-ロ	④	理想の社会人
トキヨ S10		
A-イ	①	幸福を捨てて不幸を求める人達
A-イ	①	幸福を捨てて不幸を求める人達
松枝 S10		
A-イ	①	楽天生活
A-イ	①	楽天生活
A-イ	①	楽天生活
サト S10		
B-ロ	④	弥太郎の母
B-ロ	④	岩崎弥太郎の母
B-ロ	④	岩崎弥太郎の母
タマヨ S10		
B-ロ	④	一粒の種子
B-ロ	④	一粒の種子
B-ロ	④	一粒の種子
信男 S8		
B-イ	③	努力
B-イ	③	勤勉第一
B-イ	③	幸福
B-イ	③	仕事の熱愛心
B-イ	③	仕事に対する熱愛心
B-イ	③	仕事に対する熱愛心
正作 S10		
B-イ	③	太陽を崇拝せよ
A-イ	①	大と小
B-イ	③	太陽を崇拝せよ
A-イ	①	大と小とについて
盛益 S9		
B-ロ	④	祖国意識の教化
B-イ	③	青年の力
B-イ	③	青年の力
兼蔵 S10		
A-イ	①	心意気一ツ
A-イ	①	心意気一ツ
B-イ	③	青年に呼ぶ
B-イ	③	青年よ自覚せよ
B-イ	③	青年よ自覚せよ
B-イ	③	青年に呼ぶ
B-イ	③	青年よ自覚せよ
B-イ	③	青年よ自覚せよ
春五郎 S9		
B-イ	③	境遇の不遇に悲観するな
勝一 S11		
B-イ	③	農業は天の芸術なり
宗太郎 S10		
A-イ	①	田園生活
A-イ	①	田園生活の本義
B-イ	③	大和魂と青年
B-ロ	④	現代青年の使命

※名前横は「向上会」設立後初めて弁論会に参加した年を表わす。S3は昭和3年。

を増やし、支出を極端に切り詰めることで困難を乗り切ろうとする（A―イ）。

第二に、国家の指導を共同体内で実践することによって問題解決の糸口を見つけようとする（B―イ）、つまり共同体における彼らの存在様式を、国家の期待に沿って変更することで事態の打開を図る。

第三に、わずかではあるが眼差しを彼らの生活世界よりも広い世界に向けて行動することで事態への対応を図ろうとする姿もみられ（A―ロ）、それは上位入賞論題に集中する。上位入賞のなかには、昭和五年一一月二三日開催の最上郡北連合青年団雄弁大会（『記録群』No14「弁論部　部誌」会場　金山小学校）で、「向上会」会長が二等に入賞した「眞善美を求めて」という論題があった。「弁論部　部誌」には、「我及位村青年団は断然優勝し五十嵐源三郎氏□（判読不能）賞優勝カップ受領ス」と記録された。五十嵐源三郎氏は、当時新庄町の青年団長を勤めていたことが判明している。

当該論題は「向上会」、及位村青年団、最上郡連合青年団それぞれ主催の弁論会で三回論述された。先述のとおり、及位村青年団とは一歩距離をおいてきた「向上会」だったが、上位の弁論会では村の代表として名誉をかけて熱弁を振るった。弁論会の開催それ自体は若者の自己啓発のひとつの方法として有効であったにしても、地方の弁論会が若者の自発性を国家に対する使命感へと転換させる装置として機能した側面を見落としてはならない。

（四）弁論会と青年思想の統制

以上のべたように、「向上会」の弁論部は彼ら独自の目的をもって展開されたのだが、満州事変という大事件および、前述の「経済更生運動」、東北大凶作を機に、弁論会をつうじて直接的に若者の思想を統制しようとする動きが出現した。本項ではその実態と、それに対して本会はどのように対応したのかということを明らかにしておきたい。次に掲載する三通の文書からその重要な部分が見えてくる。

①〔『記録群』No21「文書往復綴」「昭和七年八月一〇日付　及位村青年団長より分長宛　団長会議報告」〕。

この文書の要旨は、1、山形県連合青年団総会と「県下雄弁会」に関する件、2、最上郡連合青年団運動会開催に関する件、である。弁論会の論題として次の四題が指定された。「一、時局ニ鑑ミ青年興國ノ意気ヲ如何ニシテ日常生活ニ実践スヘキカ」「一、青年團ニ於ケル産業部振興ノ方策ヲ論ス」「一、本縣々民性ノ長短ヲ述ヘテ青年團ニ於ケル之カ対策ニ及フ」「一、満蒙問題ノ重要性ヲ論ジテ國民ノ覺悟ニ及フ」。

②〔『記録群』No21「文書往復綴」昭和七年八月一一日付　向上会長より幹事宛県雄弁会指定論題案内〕（＊24）。

③〔『記録群』No21「文書往復綴」昭和七年八月一一日付　向上会長より佐藤幸吉宛　郡聯合運動会出場依頼〕。

以上、一連の経緯を見ると、先ず①の文書が「向上会」に配信され、「向上会」では②および③、二通の文書に書き換えて会員に再信した。しかし、これらのなかで①の通信文書で示された「山形県連合青年団総会」の案内を行っておらず、したがって該文書は及位村青年団と「向上会」の複雑な共存関係を表わす文書であるといえる。

②の、「貴部落ヨリ出場辯士有之候哉　希望者本月十六日迄会長宛申出ラレ度候」と、論題指定された「県下雄弁会」への出場者有無の確認と思われる文書に関して、「弁論部　部誌」には会員が当該弁論会に出場した記録がなく、「向上会」からの参加が見送られたことを強く示唆する。本会にとって、弁論会は日頃の練習の成果を発揮することができる場のはずである。『記録群』はこれに参加しなかった理由を何も語っていないが、論題の指定は本会の活動理念に反すると考えられた可能性がある。

前章で述べたように、明治以来、日本政府は大きな事件に遭遇するたびに、地方の若者の思想統一を早急に解決すべき国家的課題と位置づけ、その対策に乗り出していた。地方青年団の官製化もその一環であったことを考えると、当該論題の指定は上位団体の指示によるものと推察され、したがって「向上会」では、正面から異議申し立てをしないまでも回避すべき事態だと考えた可能性は大きい。

③の文書は、最上郡連合青年団主催の運動会に、本会会員の佐藤幸吉個人に出場を要請した文書である。前述したように、本会では、官製青年団には個人で加入していないため、本状は上位団の要請を受け、幸吉に出場依頼したということだろうか。なお、該運動会に幸吉が出場したという記録はみられない。

次の一連の文書も、弁論会の論題が指定された事例である。当該文書は、及位村に経済更生委員会が組織され、村全体の再組織化が行われた時期に発信されたものである。前述したように、昭和九年には農村恐慌に加えて東北が大冷害に見舞われ、及位村も甚大な被害を蒙った。村民の生活に直接関わることだけに、この事態に際して村の青年団でも対策協議が行われたようだ。下に掲載したのはこれに関連する四種の記録を時系列に並べたものである。前の事例と同じく、この非常時に際して青年思想の統一が国の重要課題となり、それが地方末端ではどのように実践されたのか、これらの記録が示す。⑤の文書には日付が付記されていないが、④や⑤の内容に「本村経済更生ノ実行期ニ当リ」という記述があることと「雄弁会」の開催日から、昭和一〇年二月頃のものだろうと推定した。

④〈『記録群』No24「文書往復綴」「昭和一〇年一月二八日付　及位村青年団長より分団長宛　役員会召集の件」〉。

この文書は上部が破損しており、従って通信内容も一部に欠損がみられるためそれは□で表示した。「協議事項」は、「□弁大會ニ関スル件」「一、凶作ニ付青年團トシテノ対策　共同作業ニ関スル施設、其ノ他」「一、青年者精神作興之件　国旗掲揚、標語制定、朝起会、勅語捧読、其ノ他」「一、更生ニ関スル青年團協力之件」などである。

⑤〈『記録群』No15「関係書」「昭和一〇年二月（推定）及位村青年團役員會決議」〉。

この文書はおそらく上記④の及位村青年団役員会の決議事項だろう。弁論会開催部分には次の文言が記載された。すなわち、「雄弁会」の開催は精神修養上必要ではあるが、従来の論題選定と弁論内容が名家の受け売りである、と。そう批判したうえで、村の青年団が決めた次の四種の論題指定を行い次回の開催を予告した。「一、非常時局に立ち吾等の郷土を守る可き者の覚悟」「二、経済更生と青年團の活動」「三、明るき郷土の改革は吾等青年の修養にあり」「四、凶作に対する青年の覚悟」。

⑥〔『記録群』No25「文書往復綴」「昭和一〇年二月二二日付　及位村青年団長より分団長宛　郡産業組合青年連盟主催『非常時克服青年雄弁大会』開催案内」〕。
当通信文書では論題指定されていない。

⑦〔『記録群』No25「文書往復綴」「昭和一〇年三月一六日付　向上会長より幹事宛　村青年団雄弁会開催の件」〕。
これは、上記⑤の文書の、指定論題を削除して「向上会」の会員に再信した文書である。なお、当該文書が上掲⑤の文書の再信であることは、弁論会が及位村青年団主催だということ、開催日が三月二一日と同日であることから判断した。

〔表4-11〕及位村青年団主催弁論会結果（昭和10年3月21日）

分団	順位	分類	論題
一	1等	A－イ　①	体験に立脚して唯実行を叫ぶ
三	2等	B－イ　③	更生は一致協力より
八	3等	B－イ　③	自力更生と農道の眞髄◇
三	4等	B－イ　③	及位更生への活路を求めて
六	5等	B－イ　③	郷土の繁栄は愛郷心の涵養から
一	6等	B－イ　③	農村図書館論
一	7等	A－イ　①	裸一貫
八	8等	B－ロ　④	此の際に於ける農村更生は精神更生から
一	9等	A－イ　①	穴掘り体験
六	10等	B－イ　③	沈み行く吾等の郷土

上の事例で、本項の課題にしたがって「弁論会」開催に関する事項を抽出すると、上記案内⑥に関しては、「向上会」では会員への再信はみられず、「弁論部　部誌」にも参加記録がみられない。つまり、この弁論会への参加が見送られた可能性を示唆する。

一方、同年三月二一日に開催予定の、及位村青年団主催の弁論会の案内文書⑦に関しては、「向上会」では部落幹事をつうじて全会員に再信した、しかも全員出席が指示されているのだ。にもかかわらず、ここには論題の指定は記されていない。下に、〔『記録群』No14「弁論部　部誌」〕

〔表 4-12〕塩根川向上会
弁論会（昭和 10 年 2 月 4 日）

分類	論題
B - イ ③	青年の力
B - イ ③	自力更生
B - イ ③	天は自ら助くる者を助く
A - イ ①	凶作に立つ吾等青年
A - イ ①	出鱈目を吐く
B - イ ③	青年の生命は活動に在り
B - イ ③	吾等の郷土を守るもの

〔表 4-13〕及位村「自治祭」
弁論会（昭和 10 年 8 月 21 日）

弁士	分団	分類	論題
かつ江	第 8	B - イ ③	生活の合理化
まつ江	第 8	A - イ ①	楽天生活
サト	第 8	B - ロ ④	岩崎弥太郎の母
トキヨ	第 8	A - イ ①	幸福を捨てて不幸を求める人達
タツ	第 8	B - ロ ④	理想の社会人
たまよ	第 8	B - ロ ④	一粒の種子
田	第 1	A - イ ①	眞の幸福を求めて
良作	第 8	A - イ ①	社会人としての私
兼蔵	第 8	B - イ ③	青年に呼ぶ
信男	第 8	B - イ ③	仕事に対する熱愛心
十三松	第 1	B - イ ③	美し社会の建設
宗太郎	第 8	A - イ ①	田園生活の本義
正作	第 8	B - イ ③	太陽を崇拝せよ
軍治	第 8	B - イ ③	純なる農民魂に還

〔表 4-14〕塩根川向上会「懸賞弁論会結果」
昭和 10 年 8 月 19 日

宗太郎	1 等	A - イ ①	田園生活の本義
信男		B - イ ③	仕事に対する熱愛心
兼蔵		B - イ ③	青年に呼ぶ
正作	2 等	B - イ ③	太陽を崇拝せよ
良作	3 等	A - イ ①	社会人としての私
軍治		B - イ ③	純なる農民魂に還れ
かつ江	2 等	B - ロ ④	社会の合理化
松枝	3 等	A - イ ①	楽天生活
サト		B - ロ ④	岩崎弥太郎の母
トキヨ	1 等	A - イ ①	幸福を捨てて不幸を求める人達
タツ		B - ロ ④	理想の社会人
多満与		B - ロ ④	一粒の種子

※氏名は「弁論部 部誌」に記載どおり転載した。

から、該「雄弁会」の項目を抜粋し、前述の論題分析と同じ方法で分類した。その結果は〔表4―11〕にまとめた。

これによると、村の若者たちの関心は「更生」や「郷土」にあり、該弁論会の入賞論題は前項の分類「B―イ」論題―国家の期待を自己の生活世界での存在様式に結びつけた―が全体の六割を占めたことがわかる。その理由には次の三種類の可能性が考えられる。（1）上記役員会で決議された論題が何らかの方法で予告されていた。（2）予告されてはいなかったものの、生活に関わる非常事態であると認識されたため、自由に選んだ論題だが多くの者が指定論題と同種のものを選択した。（3）さまざまな論題のなかから役員会で決議された論題に近いものが入賞した。なお、一等に選ばれたのは「A―イ」論題―自己の存在様式を生活世界と結びつけた論題―だった。
〔表4―12〕は、上記弁論会の一ヶ月前の同年二月四日、「向上会」で開催された弁論会の結果であり、ここでも「B―イ」論題が全体の七割を占めた。
〔表4―13〕は前項で詳述した、「自治祭」当日に開催された及位村青年団主催の弁論会の結果である。ここでも多くが「A―イ」論題および「B―イ」論題で占められており、この結果は、本会の若者たちの眼差しは自身の生活世界の改善に向けられていたことを示す。
〔表4―14〕は、「自治祭」直前の同年八月一九日、「向上会」が主催した懸賞弁論会の結果である。ここで注目されるのは、他の弁論会と異なり、「B―ロ」論題が出演会員の三割に選択されたことである。最上郡レベルでの論題選択を意識したのか。または、彼らの眼差しはより大きな世界に向けられていたのか、いずれにしてもサンプル数が少ないため結論を導くことは難しい。ただ、ここでも入賞論題は現実の世界を扱ったものであり、山村部落における弁論会の論題にも時代の性格が色濃く顕れた様子を示す結果だといえるだろう。
なお、〔表4―13〕および、〔表4―14〕ではほとんど同一の会員が出場したと思われるが、名前の表記が異なっているのは「弁論部　部誌」に記載どおり掲載したためである。これら論題のキーワードである「合理化」「青年」「自力更生」「凶作」「郷土」などは、当時の人びとの最関心事であったためか多くの若者に採用された。つまり、時代の気分に溶け込む若者が多く存在したこと、さらに先の論題分析に則していうならば、論題指定があるなしにかかわらず、自身の生活に直接関る事態に際しては、国家の期待が彼ら自身の生活世界の存在様式であるかのような論題が多く選択されたということを強く示唆している。

前項の弁論会論題分析結果に表れたように、若者たちの多くは自身の生活再建に関して国が提示したモデルに経済再建の幻想を抱いたのか、もしくは他にモデルとなる様式をもたなかったのか。明治以来、強力な国民の思想統制が行われてきたうえに、及位村の地理的特殊事情によりメディアの流入・定着も緩慢だった。当地の長い歴史のなかで村人を拘束した規範の中心は勤倹貯蓄と自力更生であり続けたし、当時もそれは変わらなかっただろう。そしてそれは「経済更生運動」で国家が提示した農村再建策の基本方針と矛盾しなかったため、及位村の若者たちにはその受け入れは容易だったのではないかと考えられる。

第五章■『塩根川向上会記録群』にみる満州および満州移民

問題の所在

繰り返しになるが、昭和七年、部落独自の青年団である塩根川向上会（以降、「向上会」と略称）を創設し初代会長を務めた佐藤孝治は、本会を満期退会した直後満州に渡り、同年一〇月、第一次武装移民団の一員として佳木斯《チャムス》に上陸した。

満州事変（柳条湖事件――本書では満州事変と称する）が契機の、一五年戦争の開始期にあたるこの頃、『塩根川向上会記録群』（以降、『記録群』と略称）にも満州に関わる記録が出現し次第に増加傾向を示した。このような視点で『記録群』を読み込むと、及位村青年会塩根川支部発足の大正六年から昭和一七年までの入会者一〇三人のうち一二名、全体の約一二％にあたる若者たちが、満州に永住の地を求めて移住した事実が判明した。

なぜ彼らは満州に移住したのか――本章はこの観点から次の仮説を設定した。

第一に、かつて遠くて危険な戦地だと思われていた満州が、満州事変以降、ぐっと身近な土地として村民に認識され、受容されはじめたのではないか。

第二に、その結果、「向上会」の若者たちに、満州が次・三男の他出候補地として意識されはじめたのではないか。

以上を踏まえ、本章では上の仮説がどのような経緯で進行したのかということについて、『記録群』を読み解きその実態を究明することを課題に据え、以下論述する。

第一節では、予備作業として満州移民事業の性格と変遷を確認する。なお、満州移民史は優れた研究の蓄積があるため、本章では、本書の主題と研究視点との関連を視野にいれつつ、戦争の拡大とともに満州移民事業の目的が変更される経緯を概観する。なお、満州という土地について、本書では、満州事変後関東軍の主導で建国された満州国、現在の中国東北部に位置する吉林省・遼寧省および黒竜江省からなる地域を指す（＊1）。

第二節では、満州事変後の及位《のぞき》村におけるさまざまな行事のなかで、村の若者たちの視線を満州に向けさせるための種々の行事が行政主導で展開されたことを確認する。

第三節では、「向上会」の若者たちが満州に移民した経緯と実態を明らかにする。

第四節では、「向上会」の会員が、農村青年を対象にした拓植講習会・講演会に参加した実態を確認する。

前章で詳述したとおり、昭和初期の日本、とりわけ農家の経済は窮乏のどん底にあった。昭和五年、米が大豊作だったことで米価の暴落に一層の拍車がかかり豊作飢饉を出現させていた。続く昭和六年は凶作、同八年の豊作、同九年の記録的な東北大凶作と米の生産高の乱高下が続いた結果、農家経済は破局の様相を呈していた（＊2）。

当時及位村の農会技手を勤めていた故菅原官兵衛が書き残した統計資料には、玄米一俵当たりの価格が、昭和二年一四円、昭和三年一三円、昭和四年一二円、昭和五年九円五〇銭、昭和六年七円、昭和七年七円と下落を続けたことが記録されており（＊3）、米農家が次第に窮乏化していく様をうかがわせる。『記録群』No3「会員名簿」によると、「向上会」会員家族の職業は、農業七四人、日雇一五人、木挽き職三人、大工二人、役場職員一人、未記載八人の順になっていて、農家が全会員の約七割を占める（兄弟会員も数に入れたため世帯実数よりも大きい）。

このように、稲作が中心の及位村など東北山村の農家にとっては、昭和初期は特別深刻な経済状態だった。したがって、当地の若者たちの最重要課題は、自家の経済再建だったことは疑う余地がない。こういう状況下における家族の立場からは、一家の基幹労働力である息子が家に収入をもたらすことなく、生命の保障さえない満州に送りだすということがどれほど大きな決断だったのか察するに余りある。

当然、経済的なゆとりのない家では彼らを送りだすことは不可能だっただろう。こういう状況下で、若者たちは、家や部落の旧慣と国家の期待の狭間で、ある者は立身出世を優先させ、またある者は自立への欲求を国家への忠誠心へとすりかえながら進路を模索していたのではないか。当時の社会背景を考えると、日本の国が選択した潮流に、危険を承知で身を委ねる若者が塩根川に出現したことは必然だったのではないかと思える。

第一節　満州移民事業の性格と変遷

（一）満州移民事業の契機

満州移民事業は、後藤新平《ごとうしんぺい》の「文装的武備論」にその淵源が認められる。明治三九年一月七日、西園《さいおん》寺《じ》内閣が成立し、満州鉄道会社設立に際して、その初代総裁に後藤が起用される。そのときの児玉源太郎《こだまげんたろう》の後藤への勧説の言では、国防上の見地から満州移民の必要性を強調した（＊4）。これはそのまま後藤の意見であり、彼は以前から「南満州に於ける帝國の特殊の使命」（＊5）を遂行し全うするためにも、ロシアとの再戦に備えるためにも五〇万の移民と数百万の家畜とを満州に入れるべきだと主張していた。この案が昭和初期の満州農業移民事業となって具体化されたのだった。しかし、後藤が提唱した移民は農業移民だけを指したものではなかったし、敗戦時の、ソ連の満州侵攻で多くの日本人農民が犠牲になったことは、歴史が証明する。

拓務省が位置付けた初期の事業は、昭和七年の開始から第四次送出の昭和一〇年度までを試験移民期、同一一年の第五次は、五ヶ年二万戸送出計画の先駆として、その後集団移民と名称を変更した（＊6）。

満州事変当時の日本が世界恐慌に連なる農村恐慌のただなかにあったため、農村救済と満州移民事業とは結び付けて考えられがちだが、その成立過程について詳細に検討を加えると、そうとばかりはいえないことがわかる。結論を述べると、初期の満州移民は、満州国を建国させ、反日本帝国主義勢力と対峙していた関東軍がヘゲモニーを掌握して、在郷軍人や屯田兵移民を満州の治安維持協力者として位置付け、満州地方の農業地帯を日本人農民で埋めようと企図した事業だった。

その一方で、「農本主義社会の建設を彼地に営まんとする点に、より強力なる衝動を禁じ得なかった」（＊7）加藤完治《かとうかんじ》とそのグループが、日本農業圏を満州の地に拡大するため、「鴨緑江を何とかして突破しようと云ふので種々画策をした」（＊8）結果の実現だった（＊9）。その意図は、戦後編纂された『満洲開拓史』序文の最後に、加藤みずから記した言葉が明確に表している。

すなわち、「要するに日本農民の満蒙農業移民は、絶対に可能なりと極印を押さしたことは、戦争で負けて出来た耕地はとりあげられ、また多くの可愛い子供のみならず、その父母兄弟の多くの人が生命財産を失った悲しみを以てしても、替え難い大事業をして下さったのである。我等は一面悲しむと同時に、他面本当に有り難く感謝すべきだと信ずる」と（＊10）。加藤は、自身の野望を実現したことで、肉親を失い、侵略者として罪悪感に苦しむ移民経験者に、謝辞をのべ、該事業の議論に終止符を打とうとした。

（二）満州移民事業の開始

満州事変以降、関東軍は中国東北地方全域を対ソ連戦略の前線基地として整備するとともに、経済開発をつうじて満蒙の軍需資源を確保する計画を立案した。「関東軍がとくに経済開発を重視したのは、第一次世界大戦後に軍部が着手した総力戦準備のための国家総動員政策において、軍需動員に満蒙をはじめとする大陸資源の確保が不可欠の前提になっていた」という理由からだった（＊11）。しかし、昭和六年一二月八日に関東軍第三課が策定した「満蒙開発方策案」が指摘したように、まずは北満の治安を回復し「商租権の解決を期し邦人移民を奨励し機関を特設」しなければならなかった（＊12）。そのうえソ連と国境を接するほど奥地への商工業者の大量移民は当面実現不能で、荒蕪地を開墾しながら定着し、有事の時にはその土地を死守するほどの覚悟をもつ日本人農業移民しか方法がなかった。

　現に昭和七年の第一次から同一一年の第五次までの日本人の入植地は、その大部分が北満州三江《さんこう》省樺《か》川《せん》県・依蘭《いらん》県および浜江《ひんこう》省密山《みつさん》県に集中した。満州国軍事顧問部調査課によると、このような配置は「単に此等の地域が可耕未墾地多く土地入手に便宜であった許《ばか》りでなく、初期の移民政策に於ける軍義的評価の優位の結果」であり、「予算関係」の必要から「産業移民的特色」が附与されたためだという（＊13）。後述するように、満州移民事業を日本政府がはじめて国内農業問題解決策として明確に位置づけたのは、昭和一四年一二月に、日・満両政府が発表した「満州開拓政策基本要綱」においてである。したがって事業開始初期では、なんとしても農業移民を推進したい加藤らが関東軍に大幅に譲歩した結果、武装移民が実現したというべきだろう（＊14）。

　満州事変以降、関東軍では軍務以外の案件処理のために特務部を開設し、さらに、同七年一二月、「移民部設置要綱」を発表した。このように、満州事変以降の関東軍は移民の取り扱いについて種々模索したようだ。昭和八年五月の五省会議には「日本人移民実施要綱案」が提出されたものの、時期尚早として暫定的、部分的に処理されることになる（＊15）。このような、関東軍内における協議と同時進行したのが加藤完治の日本国内および満州での奔走だった。

　日本国内では満州移民への反対論が多数を占めたが、加藤・橋本傳左衛門・那須皓など、帝大グループが農村疲弊の打開策としての過剰人口の移転という主張を展開した（＊16）。昭和七年八月の第六三回帝国議会（時局匡救臨時議会）にその予算二〇万七八五〇円が上程され、その後承認された（＊17）。

翌同八年、第六四回帝国議会において、第二次試験移民五〇〇名分関係の予算として三八万二〇七五円が可決され、同年七月五日、団長宗光彦《そうみつひこ》以下幹部八名、団員四九六名の計五〇四名が東京を出発し、同一八日には佳木斯に到着した。入植地である七虎力《チーフーリー》に本隊が到着したのは同二〇日のことだった。この第二次移民団は後述の土龍山事件と称された大規模な反満抗日武装集団の襲撃を受け、入植地を湖南営に移転せざるをえなかった。

試験移民期における入植地は、いずれの年も三江省《さんこう》が中心であり、それも匪賊《ひぞく》とよばれる武装集団が蟠踞《ばんきよ》する地域だった（＊18）。これは農村過剰人口の移転という初期移民事業の理由が、予算獲得のための議会向けの口実にすぎず、移民団入植の真の目的が当該地域の治安の確保にあったのではないかと疑うに足りる材料だろう。第四次移民団の応募資格から在郷軍人が除外されたのは、土龍山事件以降、抗日武装勢力による襲撃事件がやや下火になったという理由による。試験移民期の送出予定人数はいずれの年も五〇〇名であり、その予算額は毎年漸増した。

土龍山事件というのは、昭和九年三月八日に発生した、依蘭県「土龍山区五保（八虎力）地方で、謝文東、景振卿の指導する農民暴動」のことである。該事件は、土地と家を奪われた中国農民の慟哭の、日本人に対する暴発だった。この後、武装農民は総司令謝文東のもとに民衆救国軍を名のり、その勢力は一万余に増大したという（＊19）。

『満洲開拓史』によると、この事件による日本側の損害査定額は第一次九万一七〇〇円、第二次一六万四〇〇円にのぼった（拓務省派遣員の査定による、第二次では当初の入植地を放棄したために生じた損害額を含む）（＊20）。しかし、現地の農民に与えた打撃はそれ以上で、五〇〇〇名以上が日本軍に殺害されたという（＊21）。

満州側の頭目である謝文東は武装蜂起の主因が以下の項目にあると述べた。①第一次屯墾大隊附近の鮮系通訳より、土民が金メタル、金環、貴金属等の財産を、暴力を以て没収せられしこと。②第一次屯墾大隊中の不良者により，付近原住民の家畜・蔬菜・貴金属等が頻々竊取《せつしゅ》せられしこと。③第一・第二屯墾大隊は土地買に対し、要求通りの金額を支払わざりしため、将来の土地没収を懸念せること。④政府による民間所有銃器回収に対しての反抗のため、「屯墾隊を佳木斯に引き上げさせることが目的であり、第一大隊・第二大隊に対し包囲陣をとった」（昭和一四年四月一二日、佳木斯協和旅館に於ける謝文塘の談話）など。

上の主張は、もっぱら日本人移民による満州国民に対する犯罪行為ならび、日本側の移民事業に対する不信感、とくに移民用地取得の暴力的な方法に対する不満だった。東北反日連合軍第九軍民衆軍政治部宣伝課が散布したビラには、日本人による中国東北七県の不当な買収と独占的土地所有に反対して抗日闘争を行ったことが明示されていたという（＊22）。

移民事業開始当初、移民地獲得担当である関東軍の、「満洲における移民に関する要綱案」（昭和七年九月一三日、関東軍特務部）中、農業移民の移住地についての方針は、「満洲国をして官有地、逆産地、不在地主の所有地等を調査の上、その保留を為さしめ無償または有償にて提供せしむるを要す、右の外満洲国政府をして、日本人移民に対しあらゆる便宜を供与せしめ、就中土地権取得手続きを簡易にし、土地権確保の方法を樹てしむることを要す」というものだった（＊23）。これは、用地代節約主義と日本人優遇策を高圧的な態度で打ち出したものである。

その後数回にわたる研究会を重ねた結果、該要綱案には多少の修正が加えられて軍の決定案となった。関東軍は、その後の大規模な移民計画の策定にあたり、昭和八年一〇月、新京《しんきょう》（現、吉林省長春《ちょうしゅん》）の日本総領事館内に「第一回移民用地買収会議」を招集し、広瀬《ひろせ》寿助《じゅすけ》第一〇師団長の提案で大量の移民用地買収方針を確定した。

翌同九年一月二三日の、第二回打ち合わせ会合を経て、広瀬は日本軍指揮官の名で、地元住民に対してこの方針を布告した、ここでは次のように述べた。「満州国は農業立国を本位とせるに稽《かんが》へ耕地の有効適切なる開拓利用を図り、産業の興隆を期し、もって国家富強の資を培養すること肝要」である。「一般住民は、須《すべか》らく大局を察し、全般の福利を慮《おもんぱか》り進んで本商租の施行を容易ならしむべし」「もし不法の徒にして詞を捏造し他を扇動し民心を混乱するが如き者あらば厳重に処断して許すところなし。ここに布告す」（＊24）。

該方針は、現地住民には拒絶の自由は認めず、移民用地に指定された区域に居住する者には強制的に売買契約を締結させる、まさに軍事力をバックにしての収奪だった。加えて依蘭・樺川・勃《ぼつ》利・宝清など各県での土地買収価格は、荒地では時価五〜二五円のところが二円ないし四円で、熟地では時価五〇ないし一〇〇円のところが一五円という驚くべき低額だった（＊25）。

移民の将来的増加を期待していた関東軍は、移民事業実行機関設立までの暫定として、東亜勧業株式会社に用地買収を委託し、軍の工作班に用地獲得工作を開始させた。しかし、土龍山事件発生により一時それを見合わせたものの、当該事件の主原因は移民用地の買収工作ではないと都合よく判断した。その結果、買収は再開され昭和九年七月、ようやく土地商租の完了をみたのだった。

買収用地は地券面積で約七〇万町歩、実面積は推定約一〇〇万町歩もの大規模な広さで、そのうち可耕地は約五〇万町歩、つまり買収総面積の七割にも達していた。これは、とりもなおさず商租完了地内で多数の現地住民が農耕に従事していたことを意味しており、移民用地買収が、彼らの日本・満州両国への怨嗟の原因になったことを示している。

そこで、関東軍主体の大量の土地取得方法は、満州国政府が主体となる機関、当面東亜勧業株式会社に移管することで問題の解決が図られた。これはその後の移民用地取得の「定型的な方式」となった（＊26）。ちなみに「吉林省東北部移民用地買収実施要綱」（昭和九年三月二九日）で提示された買収額は、「荒地は一晌《しゃん》当り（一晌＝約七反二畝歩）国弊二円を標準とし、熟地の売買価格はなるべく安価に現地の実情を参酌し二十円を越えざることとす」「荒地のうち事実熟地なること明白となりたるものに対してはさらに一晌当り八円程度追加交付す」というものだった（＊27）。

なお、比較のために南満州鉄道調査部が調査・編集した『北満農業機構動態調査報告（第二編）北安省綏化県蔡家窩堡』から、北安省綏化《すいか》県下の土地売買価格の実例を挙げると、熟地一晌当り最高価格三三〇円、最低価格四〇円、荒地一晌当り最高価格六五円、最低価格一〇円を示している（＊28）。土龍山事件発生の原因が一〇〇万町歩の移民用地確保にあったことはすでに述べたが、後述の「満州開拓政策基本要綱」による必要用地は一〇〇〇万町歩だった。『満洲開拓論』を著した喜多一雄によれば、昭和一六年四月末現在の満州国および満州拓植公社が確保した移民用地総面積は二〇〇〇万町歩に上っていたという（＊29）。

このような経緯で大量の用地が確保され、その後の「円滑な」移民送出が可能になった。昭和九年春の第六五回帝国議会では、第三次試験移民五〇〇名分五三万九八六円の予算が可決されたものの、同年一〇月に敦賀を出発したのは団長林恭平以下本隊・指導員合計で二六二名、計画人数の約半分だった。しかし、この年から募集が全国に拡大され、同年一〇月末、彼らは入植地である綏稜《すいりょう》県王栄廟地区北大溝、後の「瑞穂村」に入植した。

〔表 5-1〕満洲移民計画概要　単位（人＝戸）

	送出年度	予算額（円）	送出予定移民数	退団	戦・病死	補充	青少年義勇軍		義勇隊開拓民計画	定着（開拓団のみ）
		義勇軍予算は含まず	（人＝戸）				計画	実績		
第 1 次	昭和 7 年度	207,850	500人	197人	35人	33人				294 人
第 2 次	8 年度	382,075	500人	224人	35人	176人				413 人
第 3 次	9 年度	530,986	500人	91人	8人	13人				204 人
第 4 次	10 年度	484,526	500人	52人	22人	13人				415 人
第 5 次	11 年度	1,239,000	1,000人	60人	28人	6人				1,025 人
	小計		3,000人							2,351 人
以上は喜多 97、130、139、141、144、153、154、460 頁より作成										
	20 ヶ年 100 万戸計画第 1 期		集団・集合							
第 6 次	昭和12年度	300 戸集団 /43 万円	5 千・1 千人	316人	94人	136人				3,925 人
第 7 次	13 年度		1 万・5 千人	121人	112人	194人	30,000人	21,999人		3,939 人
第 8 次	14 年度	200 戸集団 /32 万円	1.5 万・6 千人	68人	34人	660人	30,000人	8,887人		2,507 人
第 9 次	15 年度		2 万・8 千人				30,000人	8,922人		9,091 人
第 10 次	16 年度	4,000 円 /1 戸	2 万・1 万人				12,600人	12,622人		17,780 人
	小計	（満拓無担保融資）	9 万 1 千人				102,600人	52,430人		37,242 人
		その他、団本部・学校などインフラ整備					「集団開拓農民人口移動表（実数）」昭和 15 年 1 月 喜多 460 頁			
	20 ヶ年 100 万戸計画第 2 期		商・工鉱者含む	（不明）					商・工鉱者含む	
	昭和17年度		25,000				10,200人	11,795人	9,000	14,626 人
第 11 次	18年度		29,000				15,000人	10,658人	9,000	11,944 人
第 12 次	19年度		31,000				13,500人	7,799人	11,000	15,279 人
第 13 次	20年度		33,000				10,000人	3,848人	18,000	11,356 人
第 14 次	21年度		35,000						18,000	
第 15 次	小計		153,650				151,300人	86,530人	65,000	53,205 人

送出予定・退団・戦病死・補充・定着の第 6 次～第 8 次まで喜多 245、399、460 頁、第 9 次・第 10 次定着人数、浅田 566 頁より作成。

第 11 次～第 14 次までの定着人数、浅田 567 頁より転写。喜多一雄『満洲開拓論』昭和 19 年、明文堂。

浅田喬二「満州農業移民政策史」山田昭次編『近代民衆の記録 6 満州移民』昭和 53 年、新人物往来社。

※家族は含まない。また、他の資料、たとえば蘭 1994、46 頁とも異なり、正確な人数が分からない。

「青少年義勇軍」計画・実績、満洲開拓史刊行会編・発行『満洲開拓史』（内原訓練所送出名簿による）昭和 41(1966) 年、267 頁、白取道博『満蒙開拓青少年義勇軍史研究』平成 20(2008) 年、北海道大学出版会、5 頁「表 1」より転載。

第 11 次から第 15 次までの送出予定数および義勇隊開拓民送出予定数は、拓務省拓北局『大東亜共栄圏確立と満洲開拓－第二期五箇年計画の全貌－』昭和 17 年、51 頁「一般開拓民第二期五箇年計画」より転載。

第四次試験移民に対しては、昭和一〇年春の帝国議会において、五〇〇名分四八万四五二六円の予算が承認され、同年六月、五〇〇名を半分に分けて、東安省城子河《じょうしこう》および哈達河《はたほ》地区に入植させた。団長には第一次「弥栄村」の農事指導員を勤めた佐藤修が着任した（＊30）。

右の〔表5―1〕は、各文献から満州移民計画人数を抜粋し、筆者が作成したものである。移民予定人数は予算獲得の必要からか比較的明らかだが、その実態となると、戦・病死者や退団、それに補充人員など増減が不明確であり、正確な人数はわからない。そのような資料だが、第一次・第二次の退団者、戦・病死者が他の年度に比較して圧倒的に多いことを確認することができる。その最大の理由が、上述した反日武装集団による度重なる移民団への襲撃だったものと思われる。試験移民期の四年間で一五〇〇戸の移民を送り出し、そのうち退団・戦病死者合わせて約五〇〇戸を減じた。先述のとおり、拓務省は、昭和一一年の第五次では、五ヶ年二万戸送出計画の先駆として集団移民と名称を変更し、一〇〇〇戸を計画・送出した（＊31）。

困難を極めた試験移民期が終了しつつあった当時、積極的な移民推進派の加藤グループは、「満州国に於ける日本農民の移住事業なる特殊重要性及び其の積極的資源開発なる使命に鑑みるも、将来、日本側の農村人口過剰問題に徴するも、少なくとも百万乃至《ないし》二百万戸の農民移動を実行せずんば、我等の目的を達成し得べからず」と強力に主張したのだった。しかし、〔表5―1〕から試験移民期の政府予算をみてわかるように、現実問題としてこれに要する資金とその調達方法など実行可能の限界を考えたとき、当面二万戸程度を数年間に分けて入植させるのが精いっぱいだと判断されたようだ（＊32）。昭和八年二月、関東軍は、特務部・参謀部・大使館・拓務省・朝鮮総督府・満鉄経済調査会などの協力をえて日本人移民の統制を目的とする移民部を編成した、が、まもなく軍参謀第三課に吸収された（＊33）。

（三）二〇ヶ年一〇〇万戸五〇〇万人移民計画

昭和九年一一月から一二月にかけて関東軍特務部主催で開催された第一回移民会議では、用地の取得とともに、資金面・営農面で移民者や移民団を助成する現地機関設立の必要性が確認された。この過程で策定されたのが、昭和一一年度から開始予定の「五ヶ年二万戸送出計画」であり、現地助成機関として設立したのが満洲拓殖株式会社（昭和一〇年一二月満洲国勅令第一四五号「満洲拓殖株式会社法」により、満洲国・満鉄・日本民間各々五〇〇万円の出資で同一一年一月設立）および、日本内地助成機関として宣伝・大量募集の促進を期した満洲移住協会（昭和一〇年一一月設立、初代会長児玉秀雄拓務大臣）だった。これは、政府の補助金だけでは既入植者の用地の確保・建設・経営に支障が生じるという事態を受けての措置だった。満洲拓殖株式会社は移民団の新旧を問わず助成を行わなければならないとされた（＊34）。昭和一一年七月の第五次移民団送出はこのような時期に実行されたのだった。

二・二六事件（昭和一一年二月）以降、とりわけ日中戦争の勃発とその拡大によって、国内では農村疲弊の救済という大義が相対的にトーンダウンされて、「民族協和を本義とする満州国の道義的築成」（＊35）が前面に押し出された。昭和一一年四月、関東軍の主催による第二回移民会議が開催され、上記五ヶ年二万戸送出計画には大幅な修正が施されて、二〇ヶ年一〇〇万戸五〇〇万人の満州への移民計画の早急実施が決議されたのだった。その根拠となる考えは、「建国当時三千万と推定されし満洲国の人口が、二十年後に於ては五千万人に増加すべしとの想定に基き、其暁において同国人口の一割—五百万人を、土着的、健康的にして辺陬《へんすう》地帯に分布するところの日本内地人によって占むることが、我が国防上の生命線を守る所以なりとの見解に基」き、同国の治安維持および北方隣接国家の軍備充実への対抗上、予め五〇〇万人の日本農民を移住させる、というものだった（＊36）。

同年五月、関東軍は「満州農業移民百万戸移住計画案」「暫行的甲種移民実施要領案」（昭和一一年五月一一日、関東軍司令部）を発表し、その第一期五ヶ年で一〇万戸の移民送出を企図した（＊37）。さらに同年八月、陸軍省は在満兵備の充実増強の実施に際して、「満洲開発方策綱要」（昭和一一年八月五日陸満密第二八九号）を発表した。そのなかで「対満移民国策を速に樹立し其実行を期す」として、拓植機関の設立・拡充などを決定した（＊38）。このような事態は、日本陸軍・政府両者に「満洲の地には不抜の日本的秩序を維持すべき民族的配置」を準備することの必要が痛感され、満州における農業移民には「満洲の産業開発の一部門としての農業開発」という目的が付与されたということにほかならず、国防的必要からの移民政策に対する認識の転換期となったのである（＊39）。

昭和一一年八月、広田弘毅《ひろたこうき》総理大臣は関東軍の要求に即応して二〇ヶ年一〇〇万戸満州移住計画を重要国策として閣議決定した（＊40）。同年一二月の第七〇回帝国議会一般施政方針演説において、広田総理はとくに満州への移民政策の「完遂必要」を力説したが、ここでは日本国内の農村疲弊対策としての移民にはまったく言及していなかった。曰く「満州移民ヲ奨励スルハ、即チ、両国ノ不可分関係ヲ強化シ、満州国ノ健実ナル発達ニ寄与スル所以デアリ、又満州国ノ経済発展ヲ援助スルハ、日満経済提携ノ実現ヲ図ル捷径《しょうけい》デアリマスカラ、多数移民送出ノ計画ヲ樹立シ、対満投資助長ノ方策ヲモ併セ講ジタノデアリマス」、と。こうして議会における初年度予算の通過と並行して、現地の移民助成機関である満洲拓殖株式会社を改組して大増資を行い、これを日・満両国の特殊法人、政府の代行機関として位置付けた。

元来、満州移民政策は、北満州における治安問題が誘因となって展開されたとはいえ、日本国内における移民送出の実権は拓務省が掌握していた。しかし、二・二六事件を契機に二〇ヶ年一〇〇万戸移民計画が閣議決定され、同時に開拓行政が満州国の産業開発の重要な柱のひとつに位置付けられるにおよんで、その主導権は名実ともに満州国側に移ったといえる。

翌昭和一二年一月、拓務省は第一回満州移民地方協議会を開催し、重要国策に定められた二〇ヶ年一〇〇万戸満州移住第一期計画の実施を各道府県に指示し、地方自治体の積極的な協力を求めたのだった（＊41）。同年五月、政府は「第一期計画実施要領」を発表した。移民の種類は農業集団移民と自由移民の二種として前者に重点をおいた（＊42）。自由移民はさらに、農業自由移民と「少年移民を中心とする農業労働者および統制ある組織に於て送出さるべき商工鉱労務者移民」に区分された（＊43）。また、「5、募集」の項において、政府は満州移民事業と、農林省が昭和七年以来推進してきた「農山漁村経済更生運動」とを連動させるよう指示したのだった（＊44）。

後述するように、農林省経済更生部が「満洲農業集団移民分村計画要項」を発表したのは同年七月のことで、当該計画は、疲弊農村の救済というよりも一時に大量の移民を送出させうる方法として採用された感が強い。本要項にしたがって、一二年度には第六次農業集団移民五〇〇〇戸、自由移民一〇〇〇戸計六〇〇〇戸分の予算が計上され、翌一三年度も第七次農業集団移民と自由移民とが同数計画、予算計上された。また、政府の補助金は、第一次〜第五次の集団農業移民に比較すると高額になり、集団農業移民一戸当たり一〇〇〇円、自由移民に対しては一戸当たり五〇〇円が交付されることになった。移民希望者は、この交付金に満拓からの一戸当たり一〇〇〇円の融資を合わせた額で営農の基礎施設を賄うことになった（＊45）。

昭和一二年八月、日・満両国で「満州拓殖公社の設立に関する協定」が締結された。その事業目的として、「一、移住者ニ必要ナル施設及其ノ経営」「二、移住者ニ必要ナル資金ノ貸付」「三、移住土地ノ取得管理及分譲」「四、移住者ニ必要ナル事業ノ経営ヲ目的トスル会社又ハ組合ニ対スル出資及金融」「五、前各号ノ事業ニ附帯スル業務」などの項目を掲げ、広汎な業務を強力に実施した（＊46）。また、これに即応して、昭和一二年四月には満洲移住協会も財団法人に改組し事業の拡大に備えた（＊47）。

日中戦争の拡大・長期化は、日本国内農村の人口過剰を次第に解消させるとともに、部分的に労力不足を現出させていた。また、戦争勃発時に移民用地の大量買収が行われている最中だったことで、これが満州国建国の理念である「五族協和」や「王道楽土」といったスローガンの欺瞞性の象徴だと捉えられ、満州国の治安をさらに悪化させる要因になっていた。ここに「民族協和を本義とする満州国の道義的築成」が前面に押し出される原因があり、「支那と戦う盟邦日本への忠誠なる協力の方向へ」満州国の人びとを誘導する政策が展開される必要があったのだった（＊48）。それに伴い移民用地も試験移民期同様、「努めて先住民に悪影響を及ぼさざる様考慮する」として、国公有地・不明地主の土地、その他未利用地を取得すること、いわゆる「未利用地開発主義」が採用された（＊49）。ただし土地は商租権ではなく、所有権の設定が可能なように満州国の法律を整備し（＊50）、現満拓所有地一〇〇万町歩を含む、一年一〇〇万町歩一〇年一〇〇〇万町歩もの面積の確保が目標に定められた。

（四）「満洲開拓政策基本要綱」発表

①「満洲開拓政策基本要綱」の目的と性格

昭和一四年一二月、日・満両国政府は「満洲開拓政策基本要綱」（以下、「基本要綱」と略称）を発表

した。そのもっとも大きな特徴は、満州開拓政策が法的規制のもとに日本・満州の共同事業として運営されることになり、後述する分村移民や満蒙開拓青少年義勇軍など敗戦後の悲劇に繋がる政策を公的に容認したことである。これを前出の喜多一雄は次のように簡潔な評価を下した。すなわち、開拓政策の、従来のおおむね口伝・申し合わせ、「縦横なる国士的策動などによる無統制」を是正し、国営事業として関係機関の連携・統一性・秩序性を確保して法的規制のもとに展開される必要があったのだ、と(*51)。

「基本要綱」は、第一「基本方針」、第二「基本要領」、それに「附属書」「参考資料」から成る浩瀚《こうかん》なものである。「基本方針」および「基本要領」で明示された目的および内容は、おおむね次のようになる(*52)。

①開拓政策の新たな理念を、東亜新秩序確立のための日本内地人開拓民を中核とした民族協和国家満州の建設に置き、大陸政策の拠点にすること。
②開拓政策の範囲を、従来の日本内地人ばかりではなく、同国内の鮮・満・漢民族にまで拡張され推進されること。
③開拓政策に対する、満州国の強力な統制権・関与権を実現すること。
④日本内地人開拓民・開拓団内部の諸問題に対する改善を図ること。

一方、ここには日本人開拓民の保護・助成は拡大するものの満州国の負担は増大し、原地住民の生活をますます困難な状況に追い込む危険性を孕む政策であることが示唆された。日本陸軍には、人的・物的資源の総動員を前提とした日本の総力戦体制構築は、満州国全体を巻き込んで遂行される必要があると認識されていたようだ。しかし、昭和一二年一月、関東軍司令部による「満洲産業開発五年計画綱要」発表当初、日本政府の反応は概して鈍かったという（＊53）。

満州国内の治安維持機能をも期待された日本人開拓団の入植計画である一〇〇万戸移民の実施は、切実な軍事的、政治的要求だった。それは当時の関東軍開拓関係三品参謀の言によって明らかである。すなわち、「移民ニ対シテハ辺境地帯ノ防備ニツキ重大ナル価値ヲ期待シテヰル。其ノ間接的価値トシテハ、戦時ニ於テ国境地帯ニ日本人ノ家ト人トガ有ルコトガ絶対ニ必要デアリ、又平時ニ於テ日本開拓村ハ辺境防備ノ日系軍警ノ重大ナル慰藉《いしゃ》トナル。其ノ直接的価値トシテハ、国境地帯及ビ同地帯軍事施設ノ防衛、交通路ノ確保、軍用食糧供給等ニ重要ナ意義ヲ有ツ」（昭和一四年三月、臨時満州開拓民審議会準備会における演説「開拓民の国防的必要性」より）、と（＊54）。

「基本要綱」は、開拓政策が、「原住民に与ふる侵略的印象部面を強力に払拭すると共に、原住民の生活安定を目標とする国内開拓事業をも開始」し、在満州朝鮮系の人びとに対する保護助成の徹底を採用することを明文化した（＊55）。また、日本人開拓民や開拓団に対しては、高度国防国家体制確立の前提条件となる食糧自給を目して手厚い保護と補助が加えられる。満州国ではこれに伴う法律を整備し、日本人移民は満州国の地方制度のもとに国営事業として位置付けられた。これ以降、それまでの移民ないし移住者は開拓民に、移住地は開拓地に、満州移民政策は満州開拓政策に統一される（＊56）。

こうして「基本要綱」が日・満両国に協定されたことによって、満州国内における開拓政策の指導監督は開拓総局（昭和一三年一二月、満州国国務院が設置）に一元化され、日本内地の募集・宣伝などは拓務省が主管するという棲み分けが確定した。それは、「開拓政策に於ける満洲国政府の異常なる権限

〔表 5-2〕内国開拓民入植実績

省	勘領実績戸数			内国開拓民助成事業戸数		
	康徳 6 年度	康徳 7 年度	計	康徳 6 年度	康徳 7 年度	計
三江				4,500	2,110	6,610
東安		6,246	62	600	250	850
間島		322	322			
浜江				5,134	3,350	8,484
北安				326	130	456
吉林				420	950	1,370
牡丹江				850	350	1,200
龍江					70	70
黒河					155	155
興安東					1,000	1,000
合計		6,568	6,568	11,830	8,365	30,195

※ 三江省勘領戸数は康徳七・八年度において 10,000 戸予定実施中。
出典：満洲国通信社編「満洲開拓年鑑」昭和 16 年版『満州移民関係史料集成』1992 不二出版 72 頁。

伸暢《しんちょう》を意味し、之と対蹠的に、日本政府の支配権の満洲内に於ける褪色を意味」した（＊57）。満州国の開拓政策の展開により、多くの開拓民の営農や福利が進展し、入植した日本人はかつてなかったほど厚遇されることになる。後述する「大八《おおや》洲《しま》開拓団」の新設はこの潮流に沿ったものだった。しかし、経済的に自立可能な自作農になることが開拓民に約束されたわけではなかった。

「基本要綱」が日本人に対して優遇措置を採る一方で、原住の開拓民もその統制下に置かれた。その「目的」が謳う「日満両国ノ一体的重要国策」とは、ここに現地の人びとも組み込み、「特ニ日本内地人開拓農民ヲ中核トシテ」、その「目的」達成のために協力させようというものだった。満州国原住の開拓民は内国開拓民とよばれ、開拓のための「移住」「助成」「補導」の対象になることが明文化されたのだ（＊58）。

内国開拓民は、その移動状況によって現地住民中の小作農である一般内国開拓民と、現地住民中の自作農である勘領実施開拓民の二種に分けられていた。昭和一六年度版『満洲開拓年鑑』によると、日本人開拓団の入植予定地に居住する、現地農民に対する満州国政府の方針は、「日本開拓民の耕地拡張と共に計画的に逐次、政府の指定未利用地に入植する」とされた。この短い文章の意味は、日本人の入植により、「原住農民は数十年又は数百年に亘り住み慣れた土地を離れ、転住を余儀なくされ」た、という事実である。そのため、「政府はこの点に留意し原住民を内国開拓民として助成」する、とした（＊59）。

ところが、この表向きの保護制度は充分機能しなかった。彼らへの助成の詳細については劉含発《りゅうがんぱつ》が明らかにしているので本書では省略するが（＊60）、現地住民との摩擦を回避するため、日本人の入植地は未利用地開発主義を採用したにもかかわらず、土地を巡るトラブルが頻発した理由を、満州国の移民機関の担当者は次のように弁明して「民族協和」が空文にすぎないことを露呈させた。すなわち、「（前略）民族協和を如実に具現するのが理想的ではあるが、言語、風俗、習慣及び各種施設等を全く異にする両民族が直ちにかかる理想的境地に達するものと期待するは困難である」と（＊61）。

前出の昭和一六年版『満洲開拓年鑑』による内国開拓民入植実績を〔表5―2〕にまとめた。「勘領」は東安省に集中しており、助成事業は三江省および浜江省がその八割を占める。換言すれば、康徳六、七年度（昭和一四、一五年度）の二年間で、この二省の現地住民約一万―一世帯の成員を五人とすると約五万人―の人びとが「日本開拓民の入植に適しない」無住地帯に強制入植させられたということになる（＊62）。

なお、ここには勘領実績戸数については買戻および換地分譲の区分がなされていないことを付記しておく。買戻勘領とは、自作農の移転に際し、かつて支払った土地代金を受け取ることができるという制度のことである。とはいえ、恐らく地価は過去数年・数十年間に高騰していただろうし、長年耕作した土地を原状回復した後に、当局に明け渡さなければならなかったという意味で彼らの経済的負担は大きく、とりわけ他所に移転するだけの資力を持たない農民にとってはさらに犠牲が大きかっただろうことは容易に察しがつく。

また、換地勘領とは「原住民の耕地が日本開拓民の入植用地に指定せられたため、その隣接地区に於て換地を勘領せしめる」制度で、この場合、「未利用地であるときは原住民は開墾を為さねばならず、その苦労と経済的負担には少なからざるものがある」、しかし、「原住民は自己の旧所有地と換地たる未利用地とは土地価格に於て相当の差額を生ずることとなるので、経済的には充分酬いられる」と、日・満両政府ともその責任を回避した（＊63）。

しかし、現地の農民にとって、移転した土地の価格がもとの所有地に比較して高額だったとしてもそれによって利益が生じるわけではない。何よりも住居を建築し、荒蕪地の開墾にゼロから取り組まなければならないのであり、代替地が農地として整備できる土地であるという保証は何もないのだ。結局現地の住民は、勘領・助成事業どちらも日本人の入植者に所有地を差し出し移転せざるをえなかったものと考えられる。彼らの不安や恐怖は如何ばかりだったことか察するに余りある。現に大量の日本人流入により土地・家屋ともども収奪された現地の人びとの多くはこのような内国開拓民として不毛地帯に追いやられて生存の危機に陥った者や、日本人開拓民の小作に転落する者も増加したという（＊64）。

開拓用地取得をめぐる問題が、犯罪にまで及ぶことが往々にしてあったことを、満州国最高検察庁検察官野村佐太男が「満州国開拓地犯罪概要」（昭和十六年）に実例を挙げ、「開拓ノ為ノ土地買収ノ方法ノ当不当カ如何ニ満系各階級ヲ刺激シテ居ルカヲ窺フニ足ルカヲ信ス」、と鋭く指摘した（＊65）。

②分村移民および満蒙開拓青少年義勇軍創設

「基本要綱」の最末尾ではじめて農村の更生が明示された。ここで、「開拓農民大量送出ヲ容易ナラシメ且開拓団組織ノ健全ナル発達ヲ促進スル為」に、「内地農村ノ恒久的更生並ニ開拓政策ノ趣旨ニ照応シ郷村単位ノ計画的組織的団体移住ニ付有効適切ナル措置ヲ講スルモノトス」(「基本要領」16―〈2〉)(＊66)、と明文化されたことは注目に値する。換言すれば、「基本要綱」によって窮乏の内地農村と農民が、満州への大量送出をとおして全面的に国防に寄与することを求められたということである。前出の『満洲開拓史』には、一〇〇万戸送出計画が策定された昭和一一年八月以降、「この大量移住計画と分村計画を、如何に結びつけるべきかについては、当時の拓務省と農林省とで再三折衝協議を重ねて計画樹立に当たった」との内情が記載されており(＊67)、分村計画の主たる目的が農村救済などではなく大量移民自体にあったことが明らかになる。

農林省経済更生部は、分村移民計画と一〇〇万戸移民送出計画とを連結させるため、次のような利点を強調した。すなわち「氏神ト共ニ分村スルコトニヨリ我ガ国農山漁村固有ノ美風タル隣保共助ノ精神ハ其ノ儘満洲ノ野ニ移植サシ共同事業ノ遂行ヲ確実ニシ且ツ満洲ニ新日本農村ヲ建設セントスル大理想ヲ確実ニナシ得」る、と(＊68)。そして分村移民計画は、広田総理が表明した「満州国ノ健実ナル発達」という大義に副う政策として推進されることになる。

「全然無関心」(＊69)だと拓務省から批判を受けていた農林省が、重い腰を上げ分村移民への取り組みを開始したのは、昭和七年以来の農山漁村経済更生運動自体が行き詰っていたからだった。農林省では、それまでの分散的助成施設から村単位ノ総合的助成政策に転換し、「農村経済更生特別助成施設案要綱」(昭和一〇年一一月)を策定した(＊70)。翌一一年六月、「農山漁村経済更生特別助成規則」が制定され、特別助成村指定を開始したことで、農業政策のなかに満州移民事業が組み込まれた(＊71)。

分村移民の特徴をごく大雑把に捉えると、その自治体で農業収入のみで黒字経営が可能な農家を適正規模（標準）農家と定め、これを基準としてその自治体の農家戸数を算出すると、自治体で包摂しうる農家戸数が割り出される。それ以外の標準に満たない零細農家を過剰農家と仮定し、それらを満州に送出する。その計画の「樹立、実行ハ全テ挙村的問題トシテ取扱ヒ」、自治体で主体的に推進させようとした。つまり、村内に幾重にも内在する力関係によって、農家によっては意に反する移民を選択せざるをえない状況に追い込まれる危険性があったということなのだ。ちなみに、農林省が示した昭和一三年度全国の分村計画に対する実績は次のとおりである（＊72）。

A　指定分村計画町村数　二七五町村
B　町村内総戸数　一九万五四九八戸
C　町村内農家戸数　四万八一二二戸
D　送出すべき移民予定数　三万六八〇四戸
E　一三年度送出実績　一八五八戸
F　E／D　五・〇％
G　青少年義勇軍送出実績　八九九人（注：Fは筆者が挿入）

分村移民の実現で、それ以前とは比較にならないほどの多くの移民を満州の地に送出した。とはいえ、一〇〇万戸移民計画の第一期、昭和一二年度から五年間に一〇万戸を送出するとした計画は、前掲〔表5―1〕に表れたとおり、その達成にはほど遠い状態だった。

その後、農林省は一〇〇〇名の調査員を配し全国一〇〇〇〇町村に対して「満洲農業移民ニ関スル調査」

を実施した。その結果は農林省経済更生部から「第十三回地方事情調査報告」として発表された。これを基に、昭和一二年七月、農林省経済更生部は「満洲農業集団移民分村計画要項」、および「満洲青年移民実施要綱（青少年義勇軍）」を発表したのだった（＊73）。

以上のような経緯で、農林省は短期間のうちに満州への大量移民を可能にする計画を樹立し、分村移民および青年移民送出を推進する担当機関のひとつに位置づけられた。分村移民は、農村の「過剰人口ノ適当ナル処理」策として「農山漁村経済更生特別助成」の対象になったのであり、昭和一二年後半から全国的に具体化されはじめ、昭和一三年から本格的に実施された（＊74）。

ところで、農林省経済更生部による、「満洲青年移民実施要綱（青少年義勇軍）」の「目的」は、「概《おおむ》ネ十六才乃至十九才迄ノ青年ヲ多数満州国ニ送出シ大量移民国策ノ遂行ヲ確実且ツ容易ナラシメ以テ東洋安定ノ根基ヲ確立セントス」と謳った（＊75）。これをそのまま解釈するならば、「青年移民」は単に「確実容易」な「大量移民国策ノ遂行」の方策だったことになる。農村の「過剰人口ノ適当ナル処理」策としての分村移民はともかく、なぜ経済更生に青年移民送出が位置づけられるのか、上記要綱は明らかにしていない。そこで、毎年輩出される膨大な人数の義務教育修了後の青少年に対して、戦前期の日本の国家はどのような目的で、どのように彼らを動員し満州に再配置しようとしたのか、という点に留意しながらその創設過程を確認しておきたい。

「満蒙開拓青少年義勇軍」（以下、「青少年義勇軍」と略称）の研究は少ないながら、白取道博《しらとりみちひろ》による『満蒙開拓青少年義勇軍史研究』（二〇〇八年、北海道大学出版会）の丁寧な検証、「青少年義勇軍」創設過程についての論述が本書に多くの示唆を与えた。また内原訓練所史蹟保存会事務局編・発行の『満州開拓と青少年義勇軍―創設と訓練』（一九九八年）は、参考・引用文献の表示に不備があるものの、少年たちを満州に送出する日本国内の訓練拠点だった地域の史蹟保存会が著した研究書で、関係者でなければ知りえない情報も記載されていると考え、この成果も参考にした。

後述するように、未成年者の満州移民構想は満州移民事業開始当初から準備され、軍事的要求に民間から応えるかたちで推進された。すなわち、第一次移民の、佳木斯市内における蛮行に頭を悩ませていた東宮鉄男《とうみやかねお》が提出した「第一次武装移民の精神動揺状況および第二次以降の人選に関する要望書」(昭和七年一二月八日付け)で、少年移民の必要が述べられていた(＊76)。その計画が具体化しはじめたのは昭和九年七月、東宮がソ連国境を望む東安省烏蘇里《ウスリー》江河岸の饒河《じょうが》を視察し、ここに対ソ連戦略の基地建設を構想した時期にあたる。この年のうちに東宮は日本内地の加藤を訪ね、饒河に送る少年隊員の募集選定を依頼した。また、彼は当時仙台の第四連隊長であった石原莞爾《いしわらかんじ》も訪問し、満州の近況とともに少年隊募集についても話したようだ(＊77)。同年一〇月、一三名の少年たちが饒河県の北進寮に入り、この地に「北進寮大和村」を建設したのだった。

このときの隊員のひとりが、北海道帝大農学部出身の松川五郎が校長を務める、宮城県遠田《とおだ》郡南郷村立国民高等学校出身の小林少年だった。加藤は講演のため、昭和九年に二度同校を訪れていた。松川校長は加藤との出会いがきっかけで、当時一五歳だった小林謙吾をその年のうちに饒河《じょうが》少年隊の一員として満州に送った。謙吾は農家の六人兄弟の三男だった。

翌昭和一〇年、松川は満洲移住協会に迎えられ参事や宣伝部長を務めている。分村移民は松川の発案によるもので、内地人の大量移住計画初年度の実績が振わないなか、彼がかつて勤務した宮城県遠田郡南郷村を対象に計画・実行したのだった(＊78)。

北大農学部出身の松川が加藤グループの協力員として満洲移住協会に取り込まれ、農村に密着した分村移民と少年移民の実績を積みあげたのだと仮定すると、農林省が農村経済更生の一環として農家の次・三男を満州に送出しようと企図したことは推測可能である。満洲移住協会の初代理事長は大蔵公望《おおくらきんもち》、理事は石黒忠篤《いしぐろただあつ》で、石黒は農村更生協会（昭和九年設立）会長を兼務し、二つの協会が人脈で繋がっていたからである。さらに、石黒が農林次官を勤めていた時代に経済更生部長の任にあった小平権一《こだいらごんいち》は、昭和一一年九月、現職のまま関東軍の顧問として招聘され満州に渡っていた。小平もまた、加藤とは友人だった。

しかし、事はそう単純ではないようだ。昭和一二年一一月二二日、拓務大臣官邸に拓務省・陸軍省・関東軍・拓植委員会・満洲移住協会・満洲拓殖公社等の代表者が集まり、「満洲青年移民実施要綱」を決定した。この内容は、先の経済更生部が発表した要綱と同じ内容である。後述する「満蒙開拓青少年義勇軍ニ関スル建白書」の提出はこの前の月だった。翌同一三年、拓務省拓務局は、「昭和十三年度満洲青年移民（青少年義勇軍）募集要綱」を発表し、ただちに募集に着手した（＊79）。農村更生協会の松田延一によると、加藤の命により、実際にはそれ以前から募集が行われていたという（＊80）。

詳細は不明ながら、上の経緯は、当初の募集には農林省の外郭団体である農村更生協会が中心的な役割を担ったことを明らかにした。農村における少年移民の募集には、経済更生運動をつうじて組織された教育会などのネットワークが必要だった、ということだろうか。

上述の松田によると、農村更生協会の当時の男子職員は、満洲移住協会の嘱託として、その事業に協力することになったという（＊81）。以上のように、青年移民の初期の計画・実行に関しては、複数の資料が農林省の関与を示している。しかし、本書ではこれ以上追跡することができなかった。

記述が前後してしまうが、昭和一二年一一月三日、農村更生協会石黒忠篤理事長はじめ理事六名が、近衛内閣の全閣僚と参議宛に、「満蒙開拓青少年義勇軍編成ニ関スル建白書」(以下、「建白書」と略記)を提出し「青少年義勇軍」の早期制度化を要望した。「建白書」は、未成年の移民に「満蒙開拓青少年義勇軍」という「意匠」を与え、その編成・送出は、「真に国民精神を作興する一大国民運動」であり、「満州移民国策拡充即行」の「最モ適切有効ナル実行方法」であるため「即時断行ヲ要求セントス」と、政府に迫った(＊82)。

「建白書」を受けた拓務省は、同月三〇日の閣議に「満州に対する青年移民送出に関する件」を上程し、「速かに多数の日本内地人を満洲に移住定着せしむるの要あるところ、規定計画たる壮年の移民のみをもってしては、この必要を充たすこと困難なるに付」、との理由で、「青少年義勇軍」の制度化は即日決定した。これに基づき、満洲移住協会の役員は拓務省と協議し、日本国民高等学校協会および同協会の責任で内地訓練所の建設実施を決定した。長文の「建白書」を起草したのは、当時の農村更生協会調査部長の任にあった杉野忠夫という人物で(＊83)、杉野もまた加藤の信奉者だった。

閣議での決定は、一二年度の追加予算を計上して「急速に具体案の作成に努むること」という内容だったため、拓務省はただちに「青少年移民実施案」を作成し、関係者が会合して審議し「青少年開拓民実施要領及理由書」(昭和一二年一二月二二日)を発表した。その「理由」は次のように謳った。すなわち、「(前略)少年移民に在りては大量の送出容易なるのみならず、単独移住の期間長く、且つ建国精神並に満洲移住の重要使命を徹底せしむること易く、又春秋に富むを以て充分なる農道の教養に依り理想農村の建設を期すること容易なり。翻って内地の現状を観るに就職適齢期に達する者毎年五十萬を算へ職業を求めて離村する者亦二十萬を下らす」と(＊84)。翌一三年の内地訓練所入所者が、三月一日および四月に五〇〇〇人ずつと決まったことから、各地では「満蒙開拓青少年義勇軍募集要綱」を配布し、訓練生募集と同時進行で内原訓練所の建設を開始し、所長は加藤完治が勤めることになった。

「建白書」提出の前、昭和一二年七月九日から同一五日までの一週間、関東軍は満州国、拓務省、満鉄、満洲移住協会などの他関係者を新京（長春）に集めて会議を開催し、義勇軍制度の前身となる「青年農民訓練所（仮称）創設要綱」（関東軍参謀第三課―以下、「訓練所創設要綱」と略称）を発表していた。この会議には加藤も参加しており、帰国後彼は「痛切に感じた事は内地より真面目な青少年を一刻も早く大々的に満州に送り込むと言うことである」と述べ、その理由として次の四点を挙げた（＊85）。

①満州建国の大業には、真面目な日本青少年が多数満州にゆき、満州国の一員として努力する必要がある。
②一万キロに及ぶ満州の鉄道を護る為には、青少年が一〇万から二〇万程度必要である。
③満州の未開地は「山東の苦力」等による乱開発を防ぐ必要がある。
④既設移民団の労力補給は現地人ではなく、日本の青少年によって賄うべきである。

関東軍が日中戦争開始直後というタイミングで上記会議を開催し、「訓練所創設要綱」を発表したのは、対ソ連国境紛争に対応する警備強化のために大量の内地人移民を実現し（＊86）、不足の人員を未成年者移民で補完することを期待したからである（＊87）。そのため、壮丁検査以前の少年にはその任務にみあった訓練が必須であり、「満洲産業開発五年計画綱要」（昭和一二年一月、関東軍司令部）が要求する諸資源増産計画も彼らの働きを必要としていた（＊88）。また、満州青年訓練所の特技訓練として、多くの種類が明記されていることから（＊89）、昭和七年以降の開拓団の入植で、靴職人や桶職人など、既設開拓団のなかでは充足することができない技術者の需要が発生し、それを青少年移民で補う意図があったことも判る。

内地では、未成年移民の送出に情熱を燃やす加藤とそのグループによる訓練計画が、その機関の設置および予算の獲得を含めて着々と進められつつあった。昭和一二年九月に開催された、第一回移民団長会議における加藤は、大量移民の送出計画達成のためには青少年移民が「目的を達し易い、斯う云うので考え出した」と、この計画が彼自身の発案だということを述べた。さらに当該会議の配布資料である「青年農民訓練所創設案説明」には、「青少年移民に於ては何事も修養と言ふ心持にて事に当らせ得るが故に此の期間に於て充分に農民魂を鍛錬陶冶し置けば将来彼等をして集団移民を結成せしむる場合に理想的の移民村を作らしむこと容易なり（後略）」、という文言があり、加藤の農民教育に対する方針が色濃く反映されていることから、この説明も加藤が起草したものだと推察される（＊90）。加藤は、青少年は修養の名においてタダ同然の労働力として使役可能と考えていたのだろう、農民魂とは天皇に奉仕する精神なのだから。

「訓練所創設要綱」の「方針」は、「純真なる日本内地農村青少年の現地訓練により、真の建国農民たるに必要なる精神を鍛錬陶冶するとともに、満州開拓を促進し民族協和を徹底し、以て満州建国の理想実現を期す」ことだとされた（＊91）。青年農民訓練所の設置は、上述の饒河少年隊の実績が良好だと判断されたことから、同一趣旨で計画されたものであり、備考欄の記述から、関東軍がいかに青少年の労力に期待していたのかということを読みとることができる。

この年、先遣隊の募集は長野県のみに絞られ、それは県下の小学校をつうじて行われた。応募者は長野県御牧原《みまきはら》修練農場での約半月間の訓練を終えると同時に、龍江省嫩江《のんこう》県靠山屯伊拉哈《こうざんとんいらは》の嫩江開拓訓練所に送出された。それは、昭和一二年七月一五日の「訓練所創設要綱」の発表から送出までの四五日間に、募集・内地訓練を終了するという慌ただしさだった。

この経緯については、当時御牧原修練農場長の任にあった西村富三郎が明らかにしている。西村もまた、加藤の配下だった。ただし、なぜ長野県だけが指定されたのかということは不明である（＊92）。長野県の出身であり、当時「経済更生運動」を主導しながら関東軍の顧問を勤めていた小平に配慮したのだろうか。

満洲移住協会は機関誌『拓け満蒙』誌上に「満蒙開拓青少年義勇軍の新制度成る」「行け！満蒙の新天地」「若人よ守れ大陸を」などの見出しを掲げて制度の内容を伝え、刺激的な言葉で若者の関心を集めるよう努めたのだった（＊93）。この結果、翌同一三年二月二五日現在の応募者数は、既に青少年義勇軍内原訓練所で建設作業に従事していた者も含めて九六〇〇名を数え、関係者を安堵させた（＊94）。

以上の経緯で一〇〇万戸移民計画の第一期に当たる昭和一二年度から一六年度まで、「青少年義勇軍」は、一般開拓団送出計画に毎年三万人が上乗せされ、それが全国各府県に割当られて推進されることになった（＊95）。しかし、満鉄東京支店調査課では、送出計画発足二年目にして一般開拓民・「青少年義勇軍」ともども計画の達成は困難だろうとの懸念を示していた。そのうえで、計画達成のためには、①新社会経済組織の構築、国内労力配分の適正化を推進し、そのための組織を創設すること、②国民再組織運動に基礎を置く「青少年義勇軍」の送出は、「国民大衆ノ内部ニ迄喰込ミ得ルタケノ強力ナ細胞組織ヲ有ツコトカ要請サレテ来ル」ことなどを指摘した（＊96）。

この発想は、高度国防国家が要請する総力戦体制の完成を急ぎ、満州開拓民送出をつうじた国民統制・

再編のなかに未成年者を位置づけるものであり、学校教育をつうじて義務教育終了後の大量の青少年を、安価な労働力として活用しようという具体的な提案だった。幸いこれが法制化され、強制執行されることはなかったが、それでも敗戦までに九万人近い少年が満州各地に送りこまれたのだった（＊97）。

現地の訓練所は、満州北部ないし東部に集中的に設置され、昭和一六年三月現在、渡満後一年間の基本訓練を行う訓練所が四ヶ所、その代替機能をもつ特別訓練所が三ヶ所、これらの訓練終了後移行する実務訓練所が、甲種三五ヶ所、乙種一八ヶ所、満鉄三一ヶ所、丙種三ヶ所、合計九四ヶ所建設され、在籍訓練生は三万七九四六人に達していた（＊98）。なお、「青少年義勇軍」についての統計は少なく、敗戦直後焼却処分されたこともあって正確な送出人数は不明である。また、内原訓練所史蹟保存会事務局が各方面から資料を収集しまとめた送出人数が前出の著書に記載されているが、その人数はどの資料も一定ではない（＊99）。本書ではその開始から敗戦までの送出人数を、前出の白取が掲載した「満蒙開拓青少年義勇軍　送出状況」より〔表5―1〕に転載した（＊100）。

このうち、昭和一八年度から同二〇年度までに送出した二万二三〇五人の少年は、敗戦時には現地訓練所在籍中と思われ、それに対して同一七年度以前の入所者は、すでに義勇隊開拓団その他に配属されたものと推測される。昭和一九年末、不足要員補充のため、青少年義勇軍訓練生の、軍への派遣が計画・実施された（＊101）。次の内原訓練所史蹟保存会事務局による記録は、この派遣軍の実態を指摘したものと思われる。すなわち、昭和二〇年五月一日、内原訓練所で最後の渡満壮行会が開催され、翌日から順次出発した。

しかし、彼らは渡満直後から軍需工場・警備・輸送などの勤務に従事し、わずか二ヶ月あまりで敗戦を迎えた。最後の渡満中隊のひとつである宮城県の沢井中隊一八四名は、同年五月一三日に内原を出発して嫩江訓練所に入所したものの、その直後から軍需工場・警備・輸送など諸任務に従事させられ、半数の九〇名の少年が満州各地で死亡した（＊102）。

（五）「満洲開拓第二期五箇年計画要綱」策定

満州開拓政策は、治安維持機能をもつ農民集団を人的資源として日本内地から満州の地に効率よく配置するシステムだった。しかし、「基本要綱」による開拓政策は期待どおりの成果を挙げることができず、それればかりか、計画のほころびは拡大の一途をたどった。それにも増して日中戦争の深刻化・長期化、加えて太平洋戦争の開戦がたちまち満州における労働力および食糧不足を深刻化させ、それらの補充は多く日本内地からの開拓民に期待された。

戦時体制のなかの日本と満州国とをめぐる情勢は、移民団に求めた役割をふたたび変化させ、山積する課題の緊急解決を要求した。この緊迫した状況打開のため、前掲『開拓資料第六輯　大東亜共栄圏確立と満洲開拓―第二期五箇年計画の全貌―』は、開拓政策をさらに推進するとの見解を示した（＊103）。

この方針に則り、昭和一六年一二月、日本は「満洲開拓第二期五ヶ年計画要綱」を閣議決定した（同一七年一月日・満両国政府発表―以下、「第二期要綱」と略称）。「第二期要綱」の「方針」では、①「東亜共栄圏内ニ於ケル大和民族ノ配分布置ノ基本国策ニ照応シ」、②「東亜防衛ニ於ケル北方拠点ノ強化」のため、第一期と合わせた入植農家累計三〇万戸達成という目標を設定した（＊104）。

「第二期要綱」は、先の「基本要綱」の反省のもとに修正策定され、それは一三の項目と備考による具体的指示から成っている（＊105）。この「方針」および「要綱」は、上記二点に加え、③食糧増産を目的とした満州農業の改良、の三点に集約される。つまるところ「第二期要綱」における開拓団送出の目的は、満州の食糧生産基地化に重点が移されたということなのである。

康徳一〇年（昭和一八）一月に満州国開拓総局が作成した「康徳十年度開拓政策實行方策」の「方針」では、「開拓聖業を通シテ大東亜戦争完勝ニ一意邁進ス」と述べるとともに、「増産完遂ノ為採ル可キ方策」を明らかにした（＊106）。また、「農業開拓民の使命は一粒の麦をも増産するにある」との満州国開拓総局長稲垣征夫の言のとおり（＊107）、「第二期要綱」の大量開拓民確保の目的は食糧増産ただ一点にあり、それが大和民族の再配置および「北方拠点強化」に繋がると、ここに至って目的と手段がすりかえられたことに気付かされる。

前出の喜多は、第一期計画が達成できなかった要因として、「基本要綱」を、「満洲国のあるべき実力を、あるがままの実力と遊離して描ける處の」「過誤」として次の四点を挙げた（＊108）。すなわち、①開拓運営機関の重複に伴う事務の煩雑能率の低下、②未利用地開発主義による開拓者の困難度の増大、③満州国政府の財政的負担の加重化、④満州国の地方行政機関未整備による（開拓団への—筆者補足）助成手段低下、など。これは、大局的には開拓団への助成の不備を指摘したものであり、その解決によって大量の移民が実現されるはずだ、と暗に指摘したことにほかならない。

一方、満州国から見ると、国家と国民の社会的、経済的諸条件が大量の日本人開拓民受け入れの負担に堪えられないということを表わしており、この時点で日本人の大量移民政策は破綻寸前にまで追い込まれていたと見るべきだろう。それにもかかわらず、戦争の拡大・継続はさらなる食糧増産を要求し、大量の日本人開拓民送出でその充足を図ろうとしたのである。

「第二期要綱」のうち注目される項目の第一は、日本国民の再配置を謳ったことである。先の「基本要綱」では、「北方の拠点」として満州国を建国・育成することがその目的だった。しかし、「第二期要綱」では、「東亜共栄圏」をその「指導者たるに相應しい資質優秀な人間を培養する基地」として建設・確保すると変更され、「資質優秀な人間」とは農民だと持ち上げたのだった（＊109）。

昭和一六年一月二二日に閣議決定された「人口政策確立要綱」は、その「趣旨」および「資質増強ノ方策」として以下のように述べた（＊110）。すなわち、「内地人口ノ四割ハ之ヲ農業ニ確保スル」という目標を設定するが、昭和五年現在六四四五万人の日本内地の人口が昭和三五年に一億人に増加したとしても、これだけの人間が「亜細亜十億の民衆の指導をやってゆく為には其の一人々々が指導者として、十分としての資質を完備することが當然に要求されてくる」。そのうえ、食糧自給の観点からもこの間の農村増加人口のための農地の準備が必要で、それは内地農村だけでは不可能である、と（＊111）。

注目される項目の第二は、満州国の社会・経済諸条件が、これまで以上の日本人大量開拓民入植の負担に耐えられないほどの窮迫状態であったにもかかわらず、開拓団への助成が大幅に増大したことである。それは、開拓地設定に際する「未利用地開発主義」の修正に表れる。「第二期要綱」「計画実行方策案」は、開拓団優先の姿勢を明確にした（＊112）。広大な開拓団の入植予定地内に現地住民の農地が存在したことはすでに述べたが、この規程でこれまでの実態を公認したことは、既耕地を含む開拓用地のその後の獲得がさらに強権的な方法で遂行されることを予感させるものである。

これに関連して変更された方針は、①かつて二〇〇ないし三〇〇戸とされた集団開拓団の規模を五〇戸以上に縮小したこと、②入植適地調査および土地改良事業の拡大促進により、開拓団入植の前々年末までに入植地を決定して内地送出母体に割り当て、その代表者に現地踏査を許可したことである。開拓民にとって、満州に入植した最大の理由は自らの経済生活改善への欲求であり、その意味で彼らはまったくの経済移民だった。彼らの欲求充足なくしてはその後の開拓団の送出は不可能であり、戦時体制が食糧増産を要求する以上、開拓団が抱える諸問題を早期解決することが政治的・軍事的要求に応える最善の方法だと、当局に認識されたのだった。

こうして、内地では最底辺におかれ、安価な食糧と労働力の供給者として日本資本主義に奉仕させられていた農民が、満州では「偉大なる生産者」（＊113）として厚遇されることが約束された。「第二期要綱」における「開拓地農法」の改善については、前出の佐藤孝治が満州と戦後の国内開拓で採用した農法と密接に関わるため、次章で詳述する。

第二節　及位村における満州事変での戦死者の葬儀とその後

(一) 本節の概要

本章冒頭で述べた観点から、あらためて『記録群』を丁寧に読み込んだ結果、以下の実態が浮上した。まず、満州事変以降の、及位村の行事の変化である。

すなわち、村の青年団をつうじて、若者を満州の地に誘導するかのように演出された場面が出現しはじめたのだ。その発端は、満州事変での戦死者の、村を挙げての葬儀だった。また、村の若者たちが次々と満州の戦地へと派兵され、彼らが除隊・帰村しはじめると、村でも歓迎会や従軍体験講演会などの行事が開催されるようになる。やがて青年団員を対象に満州駐屯軍への義捐金や慰問品が募集され、満州移民自体の募集要綱も配信される。

次に、「向上会」の変化としては、入営・除隊に関する諸活動が正式事行化される。前章で明らかにしたように、当青年団では、その設立以降、事業資金の公平な分配の原則によって、出稼ぎや入営・出征者には餞別を贈り、時には送別会を開催して仲間の無事を祈り、絆を確認しあってきた。そして会計上その出費は「臨時費」として処理されていた（＊114）。ところが、昭和七年度からはそれまでみられなかった行事、すなわち、入営・除隊者に対して奥羽本線「及位駅」までの見送り・出迎えが全会員に案内されるようになり、記念の弁論会や帰郷者の体験講演会を行うようになったのだ。それに付随して、昭和六年度からは、会計上でも入営・除隊に関する費用が臨時支出ではなく「社会費・兵役慰問費」として予算・決算処理される（＊115）。つまり、その費用が「臨時費」で賄いきれないほど入営・除隊者が増加したということなのだ。

（二）及位村における満州事変後の行事

昭和六年一〇月、及位村青年団長の佐藤篤は、村内各支部に対し次の文書を発信した、（『記録群』No20「文書往復綴」「昭和六年一〇月二〇日付、及位青年団長より支部長宛、満州事変戦死者葬儀参列依頼」）。当該記録は、満州事変で戦死した、当村出身菅原友治の遺骨の出迎えと葬儀への参列を青年団員に呼びかけた文書である。この件について、前出の『及位小学校沿革史』には、当時の校長が「盛況前古未曾有ト称セラル」と記録しており、小学生までも含む全村民が当該葬儀に参列したほどの大事件だったことに驚きを隠せない心情を表した（＊116）。ここには補習学校、青年訓練所生徒、男女青年団から弔慰金が贈られたという記述もあり、村役場や在郷軍人会、さらに上位からの通達による住民統合の演出だったのではないかという疑念をもたせる。

昭和一一年度までの『記録群』には、本件以外の戦死者の葬儀は記録されていないため比較することはできないが、菅原友治の葬儀は、「日本の生命線」である満州を（＊117）、及位村出身の一兵卒が死守したということを村民の情緒に強く印象付ける効果を狙った儀式であり、経済困窮で揺らぎつつあった天皇制体制の支持基盤としての、地方農村民の意識を再統合するための、中央の政治戦略であるかのようにみえる。

友治の葬儀から約一ヶ月後の同年一二月四日、及位村青年団長は各支部長宛てに次の文書を発信し、在満州軍への義捐金を募った、(『記録群』No20「文書往復綴」「昭和六年一二月四日付、及位村青年團長より各支部長宛、皇軍慰問ニ関スル件」)。村の若者が従軍していたこともあり、青年団員が当該計画に賛意を示した心情は理解できる。しかし、これは青年団の発案ではなく村長からの通牒によるものであることが明記されており、さらに上位からの通達による可能性を示唆する。このように、行政の末端組織としての村の青年団が村内の若者の統合機能を果たし、満州事変後の早い段階で彼らの眼を満州に向けさせる策が行政主導で実施されたことに注目しておきたい。

昭和七年七月に開催予定の及位村青年団役員会では、次の議題を議論することが予告された、(『記録群』No21「文書往復綴」「昭和七年六月二八日付、及位村青年団長より正副支部長宛役員會開催通知」)。すなわち、一、「郡北運動會ニ関スル件」、二、「本團雄弁會開催ニ関スル件」、三、「農事視察ニ干スル件」、四、「分團制施□ニ干スル件」、五、「満蒙□□□ニ干スル件」、六、「負担金□□□促進之件」、七、「愛国號寄附金ニ干スル件」、八、「青年修養施設ニ干スル件」、九、「昭和六年度決算認定ニ干スル件」など。残念ながら破損した箇所があるため全文を確認することができないが、五番目の議題はおそらく「満蒙問題」だろう。しかし、実際に「満蒙問題」が議論されたか否か『記録群』では確認することができなかった。

また、前章で述べたように、同年九月二二日に予定された山形県連合青年団の弁論会でも、「満蒙問題ノ重要性ヲ論ジテ國民ノ覺悟ニ及フ」という論題が指定され「向上会」内にもそれが案内されていた(『記録群』No21「文書往復綴」昭和七年八月一〇・一一日付)。県当局は、「満蒙問題」の解決にむけ、若者たちの自発的な協力を引きだすべく弁論会を利用しようとしたのだろうか。

さらに、昭和七年九月一六日、及位村青年訓練所および同補習学校合同の主催による、「満州事変一周年記念講演会開催」が案内された（『記録群』No21「文書往復綴」「昭和七年九月一六日付及位青年訓練所主事・補習学校長より塩根川部落高橋幸益宛」）。「向上会」では、同文が部落幹事経由で会員に再信された（『記録群』No21「文書往復綴」「昭和七年九月一六日付、向上会長より幹事宛」）。なお当該文書には開催年が記載されていないが、その文言から昭和七年の文書だと推測した。以上のように、満州事変勃発から一年間に、山形県最北の及位村にも戦争や満州に関する文書が配信され、若者たちの日常にそれらが浸透する様子をうかがうことができる。

満州事変の「成功」と戦局の拡大が、村の「経済更生運動」にも影響を与えた。次に掲載する文書は、農業補習学校長・青年訓練所主事連名による、村青年団塩根川支部長宛ての軍事教練視察と同校への登校推進依頼である（『記録群』No21「文書往復綴」「昭和七年九月九日付、及位農業補習學校長・青年訓練所主事より支部長宛」）。当該文書で注目されることは、経済更生と非常時時局とを連結し、村民の意識を次の戦争に向けて統一しようという地ならし的態度がみられることである。

当該文書によると、軍事教練および視察は、昭和七年九月三〇日および同年一一月五日の二回開催され、前者には「縣社會課　赤間安吉大尉」が、後者には「聯隊区司令官　某中佐」がそれぞれ視察予定であることが記載されている。農繁期に行われる軍事教練への、若者の出席が少ないことを危惧した当局が面目を保つためか、青年団にむけて「各生徒子弟の出席方に就き特別の御骨折の程願上候　一々参堂御依頼可致の処恐縮ながら書面を以て右懇願仕候」といって平身低頭懇願しているのだ。

再三の繰り返しになるが、農村の経済危機は封建制を内包して推進された日本資本主義の矛盾の激発であり、農民個人の奮闘努力で解消される類の問題ではない。しかし、この文書の趣旨は、「自力更生の實を挙ぐる根本精神を養成」する目的をもって、若者を教育することで危機が解消されるとするものである。このような、経済再建策に戦争を潜り込ませた教育論からは、農業危機を戦争で解消し、その政策を若者に肯定的に受容させようとする指導層の意図を読みとることができる。

（三）満州事変後の塩根川向上会活動

昭和七年四月、「向上会」では、初代の佐藤孝治が満期退団し、代って髙橋幸益が会長に着任した。同年七月一五日、満州に派兵されていた会員の佐藤善治が帰村するという情報がもたらされたらしく、会長名で幹事宛てに文書を配信し、歓迎祝賀会への参加人数の報告を促した（『記録群』No21「文書往復綴」「昭和七年七月一五日付、向上会長より幹事宛」）。（『記録群』No3「会員名簿」）の佐藤善治欄によると、善治は明治四三年一〇月生まれで「向上会」には大正一四年五月に入会した。昭和六年一月一〇日、旅順駐留第九連隊に看護兵として入隊、満州事変から一年を経た同七年七月、旅順衛成《ママ》病院を帰休兵として除隊し、その直後帰村した。

　同月二四日付の善治宛ての歓迎会招待状には次の文言がみられる。「貴君には国家の代表者として名誉ある帝国軍人満州事変参加無事郷里に除隊されましたことは我等の喜びとして致し処に御座候」（『記録群』No21「文書往復綴」昭和七年七月二四日付）。この文言から、「向上会」では、善治が満州事変に参戦して「無事」帰郷したこと自体が特別の「喜び」として処遇したことが見てとれる。

　ところが、出征の場合、若者たちの心情には除隊・帰村とは異なる微妙な違いがみられる。すなわち、満州への出征祝いの記録では、出征者本人にも会員にも、満州はもはや危険な土地というよりも「意儀アル地」として認知されつつあった。次の、同年一一月七日付の部落幹事宛の文書は、「満洲獨立守備隊」

〔表 5-3〕山形県における満州移民数

年度	西暦	集団	集合	自由	小計（戸）	義勇軍（人）
昭和 7 年度	1932	86			86	
8 年度	1933	62			62	
9 年度	1934	55			55	
10 年度	1935	110			110	
11 年度	1936	115			115	
12 年度	1937	356		66	422	42
13 年度	1938	415		28	443	1,201
14 年度	1939	348		40	388	371
15 年度	1940	285	92	40	417	302
16 年度	1941	438	75	23	536	492
17 年度	1942	308	93	21	422	562
18 年度	1943	114	13	18	145	368
19 年度	1944	27	1		28	348
計		2,719	274	236	3,229	3,686

出典：【開拓民送出状況調 昭和 19 年 6 月現在】『山形県史』本篇 4 拓殖編、642 頁。

に入営が決まった栗田末吉の送別会開催予告と出席人数照会の案内である（『記録群』No 21「文書往復綴」「昭和七年一一月七日付、向上会長より幹事宛」）。ゲストの栗田末吉本人への招待状は、「貴君ニハ名誉アル帝国軍人トシテ　満州意儀アル地入營致《（ママ）》シコトニ相成リタルハ吾等会員一同モ忻幸《（ママ）》ト致《（ママ）》シ處ニ御座候」と述べた（『記録群』No 21「文書往復綴」昭和七年一一月一〇日付）。その文言からは満州への、出征の緊張や恐怖感などは感じられず、むしろ出征が祝い事として型どおりの儀式となりつつあった感さえ滲ませる。若者たちの意識では、満州事変から一年を経て、当地が身近な土地に変わりつつあったのだろうか。

他方、及位村でも、満州からの帰村者に対して特別プログラムによる祝賀会開催が計画されていた。昭和九年七月三〇日付、「向上会」会長から役員に宛てた文書では、青年団・在郷軍人分会・村当局の連合主催で、「満州事変従軍凱旋兵歓迎祝賀会」が開催されることが案内された（『記録群』No 23「文書往復綴」昭和九年七月三〇日付）。当該通信には「向上会」の事業案内が付加され、会内通信に省力化の形跡がみられる。

なお、〔『記録群』No23「文書往復綴」昭和九年八月一五日付〕で、及位村村長・在郷分会長・村青年団長から分団長宛てに、同祝賀会への参加人数報告が依頼されている。おそらくこの場では帰還兵による従軍体験談が披露され、参会者は満州の情報をえるとともに彼の地への関心を深め、若者たちは憧れを募らせたものと推察される。次章で詳述するように、上記歓迎会が開催された昭和九年八月は、「向上会」を満期退団した佐藤孝治が、第一次武装移民団のメンバーとしてすでに満州永豊鎮《えいほうちん》で移民団の建設に従事して二年が経過しようとしていた時期に当たる。当然ながら塩根川の若者たちばかりではなく及位村の人びと皆が孝治の動向を気にかけていただろう。そして、いよいよ満州への移民が人びとの意識に現実味を帯びて上りはじめたのではないかと想像される。

以上述べたように、昭和七年以降、「向上会」では会員に対して入営・除隊の歓送迎会の開催が案内されるようになり、本人にも丁寧な招待状が配信されはじめたのだ。

このような動向は山形最北の山村での小さな現象にすぎないが、〔表5―3〕の移民増加傾向をみると、同様の事態が少なくとも県下全体に拡大定着し満州移民の増加に繋がったものと考えられる。満州という外国の地が、いつしか多くの日本人に自国の領土として受容される一方、「向上会」の次・三男会員には、自身の他出候補地として意識される一過程のようにみえる。上に掲載した数種の記録は、地方末端の及位村では、軍事力で獲得した満州という土地を、村民、とくに若者たちに特別な愛着を抱かせようとするかのような、さまざまな方策が企図されたことをうかがわせる。

一方、満州事変による戦死者の葬儀が特別なものであったことが、徴兵検査前後の若者たちの精神に強烈な刺激を与え、同村民の戦死が自分のことのように思われたのか、無事で帰村した者には特別な感情をもって対応したものと考えられる。

第三節　塩根川向上会会員の満州への派兵と満州移民

（一）『塩根川向上会記録群』にみる満州移民

満州事変が契機の、一五年戦争の開始期にあたる頃、『記録群』にも満州に関わる記録が出現し、次第に増加傾向を示す。このような視点で〔『記録群』No３「会員名簿」〕を分析すると、後述するように及位村青年会塩根川支部発足の大正六年から昭和一七年までの入会者一〇三人のうち、孝治も含めた一二名、約一二％にあたる若者たちが、永住の地を求めて満州に移住した事実が判明した。

後掲〔表５―４〕は〔『記録群』No３「会員名簿」〕から、入営・出征者と派遣先および満州移民者を抜粋し一覧表にまとめたもので、ここには大正七年から昭和二年までの入会男子会員五四名を掲載した。内訳は「入営」「入隊」「応召」など兵役の記録がある者四七名、「海軍横須賀海兵団」入団者（〔表５―４〕No36、佐藤貢）もこれに加えた（＊118）。兵役の記載がなく満州移民となった者は六名、記載はないが別の資料から同会退会後満州移民となったことが明確である者が一名（〔表５―４〕No54佐藤孝）となる。

兵役体験者のなかには、満州事変・支那事変などに派兵された者、つまり大陸生活の経験があると思われる者が一九名おり、それは入営者全体の約四割にあたる。また、農業移民として満州に入植した者は、本会退会後に渡満した者および満州で除隊後そのまま移民として留まった者も含め一二名を数えた。ほかに、同名簿には記録されていないが、満州報国農場勤労報国隊員（＊119）として渡満した者が一人となっている〔表5―4〕No50佐藤久松)。久松は半年ほどで帰国し、弘前八〇部隊に入隊した後敗戦を迎えた。同じく、終戦当時未成年で「挺身隊」「応徴」の記載がある者は一覧表から除外した。なお、「青少年義勇軍」への入隊はみられない。

このように、この小さな部落からも若者を満州の戦地へ送り出したし農業移民も送出した。移住しないまでも、満州や支那での生活を経験した若者の割合は高く、上述の事態の出現と相まって、人びとは満州や支那をそれまでよりも身近な土地として意識しはじめたのではないだろうか。前章で詳述したように、本県には拓植教育を重視した「自治講習所」がある。前掲〔表5―3〕に表れたように、本県は敗戦の直前まで移民を送出し続けた(＊120)。

(二) 山形県における満州移民推進策

前節で述べたとおり、初期の満州農業移民の推進者は、主として加藤完治のグループなど民間の有志で、県の行政は消極的だったといわれる。その後の県民の移民希望者増加への対応として、昭和九年、知事を会長にした官民一体の山形県拓務協会を設置して補助金を出すとともに、民間有志から寄付を募るなど、移民の斡旋・送出を奨励するようになったという(＊121)。そうして農村問題解決の道を満州移民送出に求める議論が定着したとみるや、県民の移民実現に向けて活発に動き出すようになる。

その施策の第一は、二・三男会の組織奨励である。二・三男会は、町村では町村長を会長、青年団長・在郷軍人会分会長等が副会長、産業組合・青年学校・小学校等も参加して運営に当たるというもので、県内全域にまたがる組織である。前章で述べたように、この設置は昭和八年当時「郷土更生ニ関スル青

〔表 5-4〕塩根川向上会 会員名簿にみる入営・出征・渡満

氏名	生年月日	入営・出征・渡満		移民地
1 栗田勝太郎	明治 38.01.19	大正 14.12.01 昭和 2.10.31	第七師団歩兵第二七聯隊入隊ス 満期除隊	
2 佐藤孝治	明治 39.04.17	昭和 2.04.01 7.06.	第八師団輜重兵第八大隊入隊、同年 05.26 満期除隊 日本国民高等学校北大営分校入学 北満移民(第1回自衛移民)	弥栄村 大八洲
3 栗田三次郎	明治 39.07.03	大正 15.12.10	第7師団野砲兵入隊、昭和 3.10.30 満期帰休除隊	
4 栗田板五郎	明治 39.09.14	大正 15.12.01	海軍舞鶴練習部入隊　昭和 4.11.30 満期除隊	
5 佐藤栄吉	明治 40.02.07	昭和 03.01.10	騎兵第 24 聯隊ニ入隊、昭和 4.11.30 満期除隊	
6 佐藤　繁	明治 41.09.21	昭和 04.05.01	第七師団輜重兵第七大隊入隊、昭和 4.06. 除隊	
7 佐藤　田	明治 42.04.21	昭和 10.08.22	北満移民（訓練生トシテ)、終戦後、北海道入植	弥栄村
8 佐藤　勇	明治 42.11.06	昭和 5.06.01 6.09.19 7.07.01	満州公主嶺独立守備隊入隊、歩兵 満州事変突発南嶺激戦ニ参加 公主嶺守備隊延期中、本日除隊、引キ続き在満	不明
9 佐藤正治	明治 43.02.25	昭和 6.01.10 7.01.27	歩兵第三十二聯隊へ入隊 満州守備の為派遣(上等兵)、昭和 8.12.26 除隊	
10 佐藤善治	明治 43.10.03	昭和 6.01.10 7.07.06	旅順駐□第九聯隊入隊、看護兵 旅順衛成病院ヨリ帰休兵トシテ除隊	
11 栗田壽兵衛	明治 43.08.19	昭和 6.01.10 6.12. 8.12.22	第八師団野砲兵第八聯隊入隊、 千葉砲兵学校へ転ズ、満州へ出征 除隊(上等兵)	
12 佐藤春五郎	明治 44.04.14	昭和 7.01.10 7.04.11 8.07.12 8.10.10	歩兵第三十二聯隊第一中隊入隊 山形県二聯隊ヨリ満州国守備ノ為出征セラル 討伐一段落、山形原隊に凱旋 再び満州ニ出征、昭和 9.03.29 凱旋除隊（上等兵)	
13 佐藤袈裟五郎	明治 45.02.04	昭和 7.12.01 9.11.	満州公主嶺独立守備隊入営（歩兵) 同除隊、引続キ在満	不明
14 佐藤善治	大正 3.03.07	昭和 10.06.10 11.12. 12.12.	朝鮮会寧歩兵第七十五聯隊入隊、 除隊、帰還ス（一等兵) 支那事変ニヨリ應召、昭和 14.01　支那ヨリ帰郷	
15 佐藤高蔵	大正 3.01.05	昭和 10.01.20 昭和 12.10.	山形歩兵第三二聯隊ニ入隊、昭和 12.03　除隊帰郷 支那事変ニヨリ応召ス、昭和 14.01　支那ヨリ帰郷	
16 佐藤　忠	大正 3.04.17	昭和 14.01.06	満州農業移民トシテ渡満ス	大八洲
17 佐藤幸吉	大正 4.02.15	昭和 10.09.22 12.12.15	北満移民訓練生トシテ渡満ス 北満ニテ匪賊ノ為名誉ノ戦死	弥栄村
18 佐藤金兵衛	大正 4.03.10	昭和 11.01.10	弘前野砲兵第八聯隊ニ入営、昭和 14.03　除隊帰郷	
19 佐藤卯吉	大正 4.12.07	昭和 12.02.01 12.03.28	弘前輜重兵第八聯隊入営、 同満期除隊帰郷ス	
20 佐藤幸一郎	大正 6.04.27	昭和 12.01.10 16.08.	第八師団野砲兵第八聯隊入隊、昭和 15.09　除隊ス 支那事変ニヨリ応召ス	
21 佐藤東吉	大正 6.05.05	昭和 12.01.10 記載なし	山形歩兵第三十二聯隊ニ入営 満州国○○ニ活躍中	不明
22 栗田信男	大正 6.03.29	昭和 12.01.10 13	鉄道第二聯隊ニ入営 除隊ニヨリ再役ス、工兵伍長トナル	
23 栗田　清	記載なし	昭和 15.01.10 15.09.11	歩兵トシテ青森ニ入営 北支山東省ニ於テ名誉ノ戦死ヲ遂グ	
24 佐藤竹松	大正 5.07.19	昭和 12.03.01 15.04.	満州独立守備隊ニ入営、昭和 14.11　病気為メ帰郷ス 軍工ニ職工トシテ就職ス、他出	
25 佐藤軍治	大正 5.06.13	昭和 15.04.24	支那事変ニヨリ応召ス	

※「向上会会員名簿」から入隊・入営・渡満の記載がある者のみ抜粋・転載、□は判読不能

氏名	生年月日	入営・出征・渡満		移民地
26 高橋金繁	大正 4.10.25	昭和 11.06.29 11.09.17 13.04.19	教育召集ニヨリ千葉鉄道第一聯隊入隊 同満期除隊　帰郷ス 支那事変ニヨリ応召ス、18.5.25 応召解除帰郷ス	
27 佐藤勝一	大正 7.10.15	昭和 14.12.01 15.08. 16.09.	朝鮮歩兵第七十四聯隊入営 北部第□□□部隊ニ転隊ス 満期除隊ス（兵長）	
28 佐藤孝治郎	大正 7.10.15	昭和 18.05	満州移民ニテ渡満ス	大八洲
29 佐藤正作	大正 7.02.11	昭和 16.04 18.09	徴用令ニヨリ応徴ス 大東亜戦争ニテ召集サル	
30 佐藤兼蔵	大正 7.11.23	昭和 14.05.01 15.05.10 18.1	支那事変ニヨリ応召ス 召集解除トナル、歩兵一等兵トシテ帰還ス 大東亜戦争ニテ召集サル	
31 佐藤銀兵衛	大正 6.11.29	昭和 13.01.10 16.08	山形歩兵第三十二聯隊ニ入営、同 16.03 満期除隊ス 支那事変ニヨリ召集、昭和 18.05 帰還	
32 高橋正一	大正 7.12.02	昭和 15. 02.01	騎兵トシテ旭川入営、同 18.01 満期除隊ス	大八洲
33 佐藤良作	大正 7.05.08	昭和 14.01.06 15.04 16	農業移民トシテ渡満ス 山形聯隊入隊ス 目下満州国○○地活躍中	大八洲
34 高橋宗太郎	大正 7.08.01	昭和 14.01.06	農業移民トシテ渡満す	大八洲
35 高橋傅治	大正 9.02.07	昭和 16.05	支那事変ニヨリ応召	
36 佐藤　貢	大正 8.04.06	昭和 15.01.10	海軍横須賀海兵団入団舞鶴軍港天龍乗組員トナル	
37 佐藤義次郎	大正 8.09.07	昭和 15.02.01 15.03. 18.03.	工兵トシテ旭川入営 満州国東安省東安沼崎部隊野見山隊ニ変隊ス 満期除隊（一等兵）	
38 佐藤朝松	大正 3.05.22	昭和 9.12.01 10.01.25	弘前輜重兵第八大隊ニ入隊ス 除隊帰郷ス　昭和 10.07　北海道へ出稼	
39 栗田一郎	大正 9.01.18	昭和 16.08.	支那事変ニヨリ召集現在満州国○○地ニ奮戦中	
40 栗田円次郎	大正 11.03.032	昭和 09.12. 17.11.	他出　奉公（東京）、昭和 13.04　帰郷ス 盛岡部隊ニ入隊ス	
41 栗田　武	記載なし	昭和 15.03.	北部十八部隊ニ入隊直ニ渡満警備ニ付ク 現在○○ニ活躍中	
42 高橋　豊	大正 10.04.08	昭和 17.08.	大東亜戦争ニ依リ応召ス	
43 栗田　忠	記載なし	昭和 17.11.	東京東部○○部隊ニ入隊	
44 栗田保太郎	記載なし	昭和 17.12.	山形北部十八部隊ニ入営ス	
45 高橋久典	大正 11.04.21	昭和 17.12.	弘前北部二十二部隊ニ入隊	
46 佐藤長太	大正 11.05.23	昭和 18.03.20.	大東亜戦争決戦下ニテ応召セラル	
47 高橋祐四郎	記載なし	昭和 16.08. 19.01.	徴用令ニヨリ応徴セラル、現在横須賀ニ勤務中 北部十九部隊ニ入隊	
48 高橋正太郎	記載なし	昭和 18.09. 19.02.	応徴セラル 北部十八部隊入隊ス	
49 栗田善治	記載なし	昭和 18.02.	入営セラル	
50 佐藤久松	記載なし	昭和 18.04. 19.09.10	満州報国農場ヘ勤労報国隊ノ参加渡満ス、 10 月帰郷、昭和 18.10 国民勤労報国隊小隊長トナル 弘前八〇部隊入隊	
51 栗田行雄	記載なし	昭和 19.01. 19.04.05.	最上郡飽海に 40 日間練成生トシテ出発 東部五九部隊ニ入営ス	
52 高橋正三	大正 15.02.07	昭和 19.04.	満州農業移民トシテ渡満サル	最上郷
53 佐藤寛行	大正 14.05.30	昭和 20.02.10 21.10.24.	山形東部五九部隊入隊ス 満州ヨリ復員ス	
54 佐藤　孝	明治 42.	昭和 18.02.	「会員名簿」に記録はないが「満州移民」	大八洲

※ 54 佐藤　孝＝「向上会」退会後「大八洲」へ、現地で死亡。

年協議会決議」のなかにあり、二・三男会は昭和一一年には県内三三町村で組織化されるに至った（＊122）。

施策の第二は、山形県拓務協会と二・三男会の指導者たち二三名が、全国ではじめての、県の予算による北満州一帯の開拓団視察旅行を計画・実行したことである（＊123）。昭和一一年八月二〇日から三一日間の日程で視察旅行を終えて帰郷した参加者は、ただちに山形県拓務協会の地方委員に任命され、満州移民運動の推進主体として県下各地で報告講演会を開催しながら募集にあたることになった（＊124）。

同年一〇月一五日、満州「弥栄村」は佳木斯《チャムス》上陸記念の日を期して正式に独立を宣言しており、翌一二年二月一一日の村政施行と同時に団の経営は共同経営から団員個人の独立経営に移行することが決まっていた（＊125）。「弥栄村」は、その頃には匪賊《ひぞく》問題も一応収束し、団内の生活も平穏に営まれていただろう。県の視察団もここを訪れ、団内の様子に安心して帰国したものと推察される。山形県が本格的に満州移民の推進に取り組んだのはこの視察以後のことで、前掲〔表5―3〕にみられるとおり、「青少年義勇軍」を除き、昭和一一年度に一一五戸だった移民数が同一二年度には四二二戸に激増した（＊126）。これは北満視察の目にみえる成果である（＊127）。

なお、昭和一九年時点の県の調査による満州移民は三二二九戸（人）、「青少年義勇軍」三六八六人合計六九一五人で、これは長野県に次ぐ人数である。満州移民の単位が「戸」と表わされるのは団員数の意であり家族は含まない、それに対して「青少年義勇軍」の単位が「人」と表記されるのは、未成年の彼らはまず現地の訓練所に入所し、訓練終了後、義勇隊開拓団などに配属され改めて団員になることを見込んでのことだろう。それらの人数は資料によって異なる。

昭和九年三月、民間機関である満鮮開発協会からの「北満先遣移民隊員募集要綱」が及位村青年団経由で各支部に配信され、公然と移民募集が行われた（『記録群』No23「文書往復綴」「昭和九年三月一五日付及位村青年団長より分団長宛北満先遣移民隊員募集要綱」）。満鮮開発協会というのは、山形県人の朝鮮農業移住を推進する加藤完治グループが、「移住希望者ノ指導ヲ目的」として大正一三年に設立した社団法人朝鮮開発協会が満州事変後に改称した組織の名称である。最初の事務所は「自治講習所」内におかれたが、翌一四年、加藤が茨城県の国民高等学校に移ると同時に事務所もこの地に移り、昭和六年、満州移民事業が発足すると本協会も上記名称に改称した（＊128）。

もう一件は、及位村村長名による公式文書（『記録群』No25、「文書往復綴」「昭和一一年一一月一三日付、及位村長より佐藤軍治、区長・方面委員会・青年団分団長・在郷軍人分会班長宛、第六次満州移民先遣隊要員募集の件」）である。既述のように、村のレベルでは満州事変以降、戦死者の特別葬儀、帰還兵の祝賀会開催、移民募集という順を経て、青年団が移民募集の窓口になるという道が整えられていた。「向上会」の記録のなかで、満州移民募集がみられるのは上掲二回である。しかし、後述するように、この募集によって「向上会」の若者が満州に渡ったわけではなかった。

上掲二種類の先遣移民募集案内は、日本の国家が本格的に満州移民政策を推進・強化しようと企図した時期のものである。京都帝国大学教授の橋本伝左衛門の述懐によると、移民事業の「トーチカのようなもの」だと称されたほど当該事業に懐疑的だった高橋是清《たかはしこれきよ》大蔵大臣が、二・二六事件で暗殺されたことが同事業の追い風になったという（＊129）。しかし、これらの募集で奇異に感じられることは、どちらにも具体的な入植先が記されていないことである。昭和九年の民間団体による募集は、北満吉林・黒龍両省という地名が記載されているが、これではあまりにも範囲が広すぎるし、この場合は「移動先遣移民」募集である。先遣隊の目的が「移民地ノ基礎工作ニ従事」することにおかれていることは、当該

「募集要綱」「三、任務及将来」に明記されているものの、「移民地」と「定住地」とが使い分けられており、入植地が提示されていない。

それに対して、同一一年の募集では、移民に対して政府からの補助金が提示された、国策としての公式な募集である。しかし、ここでも応募資格が厳格に規定されている割には入植地が記されておらず、移民地をめぐる状況が必ずしも安定していなかっただろうことを連想させる。「向上会」では、上記二種の募集を会員に再信した記録は残されていない。また県内でもこのような危険な香りが濃厚な募集に応募者が少なかったことは、前掲〔表5—3〕の移民数が示すとおりである。

(三) 及位村の満州移民推進策と塩根川向上会の対応

村の若者の応募を期待してか、昭和一一年三月一三日、及位村長から次の文書、〔『記録群』No24「文書往復綴」「昭和一一年三月一三日付、及位村長より佐藤軍治、各区長、各在郷軍人分會班長、各青年團分團長宛、満州移民講演會並移民團体奨励ニ関スル件」〕が配信された。この案内によると、講演会の開始が「午后七時」、終了後その日のうちに、村に「移殖民団体」を設置しようという強行スケジュールである。これに関して、孝治の弟で同年四月から「向上会」の会長を務めていた佐藤軍治が会員に再信した記録は残されていない。

筆者の推測では、分団長を兼務する軍治は立場上参加したと思われるが、塩根川では会長以外はこの講演会に参加しなかったのではないか。なお、上掲二種の案内で注目されることは、青年団分団長とは別に佐藤軍治個人を指名して配信されたことである。まるで、兄である孝治と田に続《さかえ》いて満州に行くことを彼に期待し圧力をかけるかのような文書のようにみえる。軍治の兄の田は、訓練生の名目ですでに弥栄村の孝治の元に入植していた（〔表5―4〕No2、No7）。

後日談になるが、昭和一五年、軍治は第一〇次「劉美最上開拓団」（＊130）に入植を決意した直後召集され（〔表5―4〕No25）、満州移民の話は立ち消えになったようだが、戦後、孝治が茨城県菅生《すがお》沼《ぬま》地区に再建した「大八洲《おおやしま》開拓団」に入植し国内開拓に従事した。なお、「大八洲開拓団」というのは、「向上会」を設立し初代会長を務めた佐藤孝治が、弥栄村から分村の形で創設した開拓団の名称で、これについては次章で詳述する。

塩根川の若者に、満州とはどのような土地だと受けとめられていたのか推察すると、上述の経緯で若者たちに受容されはじめた土地ではあっただろう。しかし、当地で死亡した会員もおり、見知らぬ土地で生きていくためにはその土地の情報がなくてはならないし、新参者でも生活可能という確信がもてるまでは慎重にならざるをえない。メディアの浸透が遅い山村に断片的にもたらされる情報では、満州は必ずしも安心して永住することができる土地ではないと厳しい評価がなされたのではないか。

実際に満州国の独立をめぐっては、日本政府は国際連盟からも非難されていたし、中国政府の抗日政策はますます強化されており、それは帰還兵をつうじて村内にも伝えられていたものと思われる。このような情勢のもとでも、「向上会」会員の満州への移民は合計一二名になったことがわかる。ここから、移民者は大きく三種のタイプに分類できる。第一は「向上会」退会後移民した者、第二は「向上会」在籍中に徴兵され、そのまま移民として満州に留まった者、第三は、「向上会」在籍中移民として渡満した者である。

先述のT氏によると、塩根川部落では佐藤孝治郎・髙橋正三の二名および一二年に匪賊の襲撃で死亡した佐藤幸吉は、孝治の勧めで満州移民の決心をしたと伝えられているという。また、戦後孝治が記録した『大八洲開拓團建設史』の名簿のなかには佐藤孝・佐藤良作および佐藤忠の名前がみえる。名簿に氏名が記されていないが、孝治の弟の佐藤田《さかえ》も訓練生として「弥栄村」に入植したのだから、孝治の影響があったとみるべきだろう。

「大八洲開拓団」の団員には山形県出身者が多い（＊131）。それは開拓団創設の際、本県の出身者が中心になったことと、その縁故で入植した者が多かったからである。前掲〈表5―4〉で、「弥栄村」ないし「大八洲」と記載されているのは、孝治の縁故で入植したものと考えられ、その人数は塩根川部落から入植した一二名のうち、本人を含めて八名認められる。

通常、及位村では、転出先の情報は先に行った先輩からもたらされるか、信頼できる募集人をつうじてえるという方法が一般的だったようだ。このような小さな村では住民同士の結束は強固で親密である。したがって、満州への移民は経験者からの情報によるものか、もしくは派兵によって短い期間でも当地での生活体験で土地勘もできた場所だから行われたとみるべきだろう。次章で採りあげる、除隊後そのまま満州の地に留まった佐藤勇《いさみ》の例のように、若者にとって満州移民は生きる道の選択肢のひとつだが、全体的にみれば少数である。また、塩根川には、最初から移民を目指して未知の世界に飛び込んだパイオニア的若者は孝治のほかにはいないし、大正末期から大陸への農業移民に興味を抱いていた孝治でさえ、勇から除隊後も在満するという決心を記した郵便を受けとり、自身も背中を押されるように満州の地に出たのではないか、と筆者は推測している。

次に掲載する文書〈『記録群』No25「文書往復綴」「昭和一二年三月一五日付、及位村長他より区長・班長・青年団幹部宛、満州事情紹介講演会並座談会開催の件通知」〉は、孝治の結婚式のための帰郷に際して（＊132）、及位村の関係者が企画した講演会の案内である。該文書によると、新及位作業場・旧及位作業場・大滝作業場・釜渕小学校など村内四か所で講演会と座談会が開催された。おそらく「向上会」でも歓迎会と講演会が開催されただろうが、その記録は残されていない。在村時代から人格者として一目置かれていた孝治が、同じ村の娘を妻にして満州に連れて帰るのである、孝治の体験談には人びとの関心が集まったことだろう。

以上述べたように、満州移民は、満州事変を契機として急速に具体化され、その過程で国民に対してはさまざまな回路や手段を駆使してプロパガンダが展開された。前述の山形県拓務協会と二・三男会の指導者による満州開拓団視察旅行を終えて帰郷した参加者が、山形県拓務協会の地方委員に任命された例にあるように、本県の当局者は入植者本人の一時帰村というチャンスを無駄にしなかっただろうし、彼らの講演や座談会は、移民を推進したい当局にとって絶好の宣伝の場だっただろう。

また、「満蒙新建国祝賀行進曲」のような歌がつくられ（『記録群』No15「関係書」「満蒙新建国祝賀行進曲」）、国民に親しみやすく満州国を理解させ受容させるよう図られた。この歌詞の空欄には佐藤孝治の印鑑が押印されていることから、このコピーは孝治が「向上会」に在籍中、つまり昭和七年四月以前には、全国津々浦々最末端の自治体や青年団に配布されたものと推察される。人びとは日本政府が発信する宣伝文句に触れ、あるいは体験者の講演を聴くことによって、満州についての知識をえ、憧れを募らせたのかもしれないが、上述の事情から、及位村では孝治の講演で移民希望者が続出したとは考えにくい。

第四節　拓植講習会と満州移民

（一）塩根川向上会会員の拓植講習会受講の実態

「向上会」では、文書の記録と整理を開始した大正末期から拓植講演会の類の案内を受信しており、会員がそれらに参加した記録も確認することができる。現時点でそれらを見ると、満州事変以降、移民がにわかに現実味を帯び、満州への移民こそが農民を経済的困窮から解放し、立身出世を可能にする数少ない方策であるかのような幻想を若者に抱かせてしまったのではないか、それは同時に拓植講演会や拓植講習会などの受講経験から導きだされた若者自身の回答ではなかったかという疑念をもたせる。

本項では、「向上会」の会員で満州に移住した者のうちの五名が「自治講習所」が行う拓植講習会の受講経験を有し、これが満州へと若者を誘導する契機のひとつになったのではないかという視点から、「向上会」の会員の当該講習会受講の実態を確認しておく。

前章で明らかにしたように、加藤完治は、「自治講習所」設立当初から、農業教育のなかで日本体操《やまとばたらき》を指導し拓植訓練も行って、受講生に皇国思想の浸透を図っていた。山形県連合青年団では、大正初期から同所での拓植講習会・中堅青年講習会など短期講習会を企画しており、県下の青年団には強制的に受講が割り当てられていた。

そのなかで満州がいかに日本にとって重要な地であるか、そこに行って農業をやることがいかに本人のためであり、国家への奉公になるか、つまり個人の利益と国益とは一致するということが、精神・肉

〔表 5-5〕塩根川向上会 会員名簿にみる中堅青年および拓植講習会受講一覧

氏名	開催年月日	内　　容
孝治 *	大正 14、06、21 から	県連合青年団主催拓殖講習会　10 日間
田 *	昭和 2、08、26 から	県連合青年団主催大高根修養道場講習会　7 日間
	7、08、18 から	県連合青年団主催大高根修養道場講習会　7 日間
	9、10	塩根川経済更生実行督励員となる
孝 *	昭和 8、08、31 から	県連合青年団主催中堅青年講習会　大高根 7 日間
善兵衛	昭和 7、08、18 から	県連合青年団主催大高根修養道場講習会　7 日間
勇 *	大正 14、07、21 から	県連合青年団主催拓殖講習会　10 日間
四郎	昭和 8、08、31 から	県連合青年団主催中堅青年講習会　大高根 7 日間（養子）
盛益	昭和 8、08、31 から	県連合青年団主催中堅青年講習会　大高根 7 日間
	9、10、から	塩根川経済更生実行督励員となる
孝次郎 *	昭和 15、09	県連合青年団主催中堅青年指導講習会

※氏名に付した * 印は満州への移民者を指す。

体両面から受講生に叩き込まれたのだ。

もっとも、先に述べたとおり、同講習所への入所は、一般的には一週間から一〇日間の短期入所となる。それでも、「向上会」を創設した佐藤孝治の実家のように、比較的大きな自作農で経済的に多少ゆとりがなければ息子を講習会に参加させることができなかっただろう。自給自足的自然経済に近い生活を営んでいた及位村では、農業に従事した時間と量が一家の生活レベルを左右した。そのため、小規模農家ではたとえ短期間でも一家の基幹労働力である男子成員が家を空けることを許さなかっただろう。しかし、よほど強烈な体験だったのか、それを体験した若者の多くは満州を目指したのだ。

繰り返しになってしまうが、『記録群』には、幹部講習会や中堅青年講習会など呼称は異なるにしても、拓植講習会への受講生の募集の通信文がファイルされている。〔表5―5〕は、〔『記録群』No３「会員名簿」〕から、会員名と該当項目を抜粋し一覧表にまとめたものである。先述の、「向上会」会員の満州への移民のうち五人に実習を伴う短期拓植講習会の受講が認められ、その多くが大高根修養道場での講習会だった。

次の事例、〔『記録群』No16「文書往復綴」「大正一四年六月

一五日付、及位村青年会長より塩根川支部長佐藤孝治宛、青年手簿の件・拓殖講習会開催案内」」によると、この講習会は同年六月二一～三〇日までの一〇日間の予定で開催された。

開催場所の記載はなく、各会より二名の受講割り当てがあり、参加者は、食費として一日三五銭、全日程で三円五〇銭を必要とした。しかし、及位村青年会から全費用と交通費および手当として五〇銭が支給されたようだ。なお、〔表5－5〕により、当該講習会は佐藤孝治が受講したことが明かである。しかし、上掲文書で、村から指名された高橋吉蔵は受講しなかったようだ、彼の家の経済的事情が許さなかったのだろうか。なお、講習会の日課に「直心陰流剣道」や「皇国体操」がみえることから、当該講習会の講師は加藤完治だった可能性が高い。

多くの講習会で会場になった大高根修養道場というのは、標高五〇〇メートルの寒冷地に造られた「自治講習所」の実習農場で、加藤所長が元陸軍軍馬補充部山ノ内支部の採草地だった場所を借り受け、大正九年九月に設置したものであり、もっぱら農閑期を利用して中堅青年講習会などが開催された施設である。同所が青年道場として正式に認可を受けたのは昭和七年だった（＊133）。

繰り返しになるが、「自治講習所」は加藤の信念によって、筧克彦《かけいかつひこ》が創案した日本体操《やまとばたらき》の精神を中核に、思想活動として皇国農民育成を展開した特殊な施設である。この体操は、大きくは九種の特殊な動作のなかに祝詞の暗唱と数種の特殊な形態の動きとを組み込んでおり、最後に天皇陛下弥栄《いやさか》を三唱、二拝・二拍手・一拝で終了する（＊134）。ひとつひとつの動きのなかに天皇崇拝の精神が集約的に表現されるようデザインされた体操である。前出の昭和三年生まれのT氏も及位尋常高等小学校在学中、農業科の授業でこの体操を行った経験があるという。つまり農村の小学校の高学年または高等科では、授業で「やまとばたらき」が教えられ、天皇崇拝の精神は子どものうちから知らず知らずのうちに叩き込まれていたことを示唆する。

「自治講習所」の特殊性は、加藤という特異な敬神思想の保持者が、天皇崇拝の精神を、農業と大陸への移民に直結させて若者を教育したところに見出すことができる。講習所の日課と大高根修養道場での日課はほぼ同じで、午前五時に起床、朝食前に禊・武道・「やまとばたらき」・礼拝を行い、その後講義と教練、午後は主に農業実習が行われた。以上のように、山形県が加藤を招聘すると同時に、「自治講習所」は拓植教育・訓練の拠点となり、それゆえ山形県連合青年団は疲弊した農村の再建に同講習所を利用したのだろう。

(二) 加藤完治による講演の衝撃

大正末の冬期間、加藤が友人であり京都帝国大学教授である橋本伝左衛門を伴って山形県内の農村に移民を説いて回ったことを、橋本自身が拓殖大学の研究会主催の講演会で語っている(＊135)。そのとき、彼らは真室川小学校にも巡回し講演したようだ。孝治の農業移民への夢の端緒は、大正一四年二月、最上郡連合青年団が企画した該巡回講演会であり、そのときの講師が加藤だった。『満州武装移民』で孝治の体験を採りあげた桑島節郎は、孝治の存命中にインタビューしたのか、講演を聴いた彼の感想を自著に記載した(＊136)。

農村青年の生き方と大陸への植民問題について、えんえん6時間におよぶ大講演であった。外は吹雪の寒い日であるが聴衆は1人として席を立たず、寒さも忘れて加藤の熱弁に固唾をのんで、手に汗を握りながら最後まできいた。加藤完治という名は知っていたが、その講演をはじめてきいて若い魂をゆす振られ、まるで電気にでも打たれたようであった。

その後、孝治は自治講習所に短期講習生として入所し、直接加藤の薫陶を受けることになる。孝治の述懐で加藤が農村の若者に与えたインパクトの強さを改めて知る。上記講演会の案内が『記録群』に遺されている（『記録群』No16「文書往復綴」「大正一四年二月一八日付、及位村青年会長より塩根川支部宛、郡連合青年団主催巡回講演会開催案内」）。これは、加藤の巡回講演会が、同一四年二月二六日に真室川小学校で開催されるという予告で、ここには次のように記して村の若者を誘った。

申す迄もなく仝《どう》先生の講演は既に定評あり聴者をして感動せしめずんば止まずの弁論振りは既に御承知の事と存じ候。

以上のように、満州事変以降、及位村では若者たちを満州の地に誘うかのような諸行事が展開されていたのだが、大正初期に「自治講習所」を設立していた山形県では、大正期をつうじて県内各地の若者に加藤の講演を強制的に聴講させ、可能な者には同所に入所させて拓植教育を受講させた。以上述べたような、加藤式の精神的農民教育を理論面で補強したのが上述の那須皓や橋本伝左衛門であり、満州移民事業の実現に際しては、国防上の必要から移民を期待した関東軍が用地を提供した（＊137）。

次の文書、（『記録群』No16「文書往復綴」「（日付なし―推定昭和二年）及位村青年会会長より大高根青年道場講習会要領（抜）」）は、上述の「自治講習所」付属大高根修養道場で開催された青年道場講習会の受講案内である。発行日付が未記載だが、「文書往復綴」にファイルされていた順序から、また〔表5―5〕でも当該講習会への受講者があったことから、昭和二年当時のものと推定した。

当該講習会の開催は、八月二六日～九月二日までの一週間で、講習内容には起床直後に禊・皇国運動・武道・礼拝があり、午前中は講演・教練、午後には農場実習が行われた。また、農具および米・味噌は各自持参、副食代として一円を負担するとされた。講義には「1、如何ニシテ自己ヲ發見スベキカ、人口問題解決ノ一策、如何ニ人生ヲ楽シムベキカ、青年團ノ本質トソノ生命、青年時代ト其ノ生活」「2、農村問題、3、邦人海外植民状況、農民ノ自覚」「教練」などがあり、担当講師には農学博士那須皓の名がみえる。しかし、満州移民に関する記載がないため、この時期ではそれが政治的要求ではなかったということがわかる。前掲〔表5―5〕で確認されるように、当該講習会には孝治の弟の田が参加した。

第六章■満州開拓から国内開拓へ

――塩根川向上会初代会長　佐藤孝治の体験を中心に

問題の所在

本章では、塩根川向上会（以下、「向上会」と略称）が追及してやまなかった活動理念を、退会後の会員が実社会で具現化する過程を、会の創設者である佐藤孝治（以下、孝治と略記）の体験を事例にして明らかにすることを課題の中心においた。

大正初期の日本では、毎年約一二〇万人もの義務教育卒業生を輩出し（＊1）、彼らの大半はせいぜい高等小学校を経て実業補習学校に進むか、あるいは追加の教育を受けることができずただちに勤労生活に入らなければならなかった。そうしたなか、満州の実質支配のために、日本人農民の大量移植民事業が推進されたのである（＊2）。

一方、若者の側からは、その矛盾に満ちた政策に自己の立身出世のチャンスを見出し、それを選択した者が現れた。それが孝治の満州への農業移民だった（＊3）。本書の課題に関連させていえば、辺境の山村に住む若者が自らの境遇をどのように認識し、どう評価してどのように変えたいと望んだのか、厳しい環境のなかで自身をどのようにドリフトさせたのか、行き着いた先が満州への移住とそれに連なる戦後の国内開拓の経験だったということになるだろう。

繰り返しになるが、「向上会」では政治的な期待とは異なる「会員相互の向上弥栄」を「自治」によって追求した。とはいえ、彼らが辿り着いた先は、政治の要求とそれほど異なるものではなかった。孝治の生活体験は個人の特殊な歴史だが、上の観点からいうならば、一面では当時の日本の多数の若者の生き方を代表するものであり、それゆえ本章では、個別事例をつうじて普遍を描くことができるのではないかと期待される。

筆者は、個人の思想に基づく日常生活の蓄積が未来でその意味を表し、彼の生活を形成するというパ―スペクティブに立脚し、本書の最後に孝治の生活体験中心の章を布置した。これは、本書全体の課題に対してひとつの回答を提示しようという試みであり、以下の方法で論究する。

第一に、前章までに『記録群』を分析し、共同体の伝統や国家政策の狭間で伝統的な若者集団をいかに再編し、文化活動と会員福利の獲得をどのようなかたちで行ったのかという、「向上会」の事業の実態や運営哲学を導きだした。この結果は、今を生きる筆者の常識の範囲において、『記録群』という資料から索出した仮説にほかならない。七二年間の孝治の人生で、青年団員として活躍した期間はわずか一〇年である。しかし、東北農民受難の大正・昭和初期に青春時代を送った孝治にとって、この期間に自身の人生や地域社会の将来について悩み進路を決意したのだと考えると、退団後も自身がおかれた環境に満足せず積極的に働きかけてそれを改善し、いずれは農民のユ―トピアを建設して自身や仲間たちの幸福を追求し続けたと仮定することは可能ではないか。

第二に、第一と関連して、孝治が新設した開拓団の組織と性格を明らかにすることも課題のひとつとなる。それは具体的にどのような世界だったのかを前章までの経過を踏まえて推測すると、基本的には食糧生産者である農民が生きる権利と福利の保障がえられる世界だということになるだろう。そして、農民としてそれらを実現する基礎条件が、当時の日本では未整備だった。このように考えると、彼が敗戦後も共同体制を維持しながら既存の制度のなかで農村建設を継続したことが無理なく説明される。孝治にとって満州への入植も劣悪な条件のなかでの国内開拓も、どちらもが理想実現の手段だった。

第三に、可能な限り生活者の視点に立脚して論述する。本章の課題は満州移民史を対象にしたものではないが、なかでも武装移民と別称された第一回の移民団のメンバ―のひとりが本章の主人公であるため、日本の満州移民政策全体からみて、とりわけ第一回目の送出はどのような意味をもち、どのような問題を抱えて次の政策に連結されたのか。また移民政策の変更にともなう、移民団の政治的役割の変化、実際の生活面での変化などに留意しながら彼らの日常生活の実態を究明する。団員の生活は、送出時期、入植場所、移民地の諸条件、政策に伴う補助内容などが異なり、それに団内の人びとがどのように対応したのかということなどは、彼らの記録や語りがなければ明らかにすることができないだろう。

以上を踏まえ、第一節では孝治が武装移民として渡満する経緯を述べる。第二節では、「弥栄村」の建設過程について、第三節では団員の妻たちの口述を参考にしながら、孝治が新設した「大八《おおや》洲《しま》開拓団」の経営理念と団内の生活に記述の中心をおいた。第四節では敗戦・引き揚げ、戦後の国内開拓でも「大八洲開拓団」では「向上会」と同じ理念が追求された実態を明らかにする。

第一節　孝治、満州へ

（一）日本国民高等学校北大営分校設立と移民募集

昭和七年三月の臨時議会で、自ら奔走して立案した移民案が否決された頃、加藤完治《かとうかんじ》は渡満の途中の朝鮮に滞在中で、この結果は石黒忠篤《いしぐろただあつ》農林次官が電報で連絡していた。しかし加藤は同年の正月に、石《いし》原莞爾《わらかんじ》中佐が橋本伝左衛門に明言した「加藤氏の日本国民高等学校になら、分捕《ぶんどり》した建物と土地とを場合によっては貸してあげてもよろしい」ということを実行してもらって、ここに小規模の移民をやってみせるか、または将来の移植民決行の準備教育をやることに希望を抱いて、たいした落胆もなく奉天《ほうてん》に着いた。そうして直ちに中国軍の兵営だった北大営《ほくだいえい》の建物や周囲の状況を視察をした（＊4）。

加藤完治と石原莞爾との連携によって、奉天北大営の一角に日本国民高等学校の分校設置が決まり（以下、「北大営」と略称）、ここがその後の満州移植民事業の足がかりとなった。当時、山形県の国民高等学校校長として加藤の後を継いでいた西垣喜代次《にしがききよじ》は、「命と金を出す青年二〇〇名を、こっそり集めてくれ」という加藤からの電令を受け、同校の卒業生および保護者の関係をつうじてめぼしい者の口説き落としを開始した。最初集まった一二名の若者たちは、訓練後ただちに「北大営」に送られた（＊5）。彼らが出発したのは昭和七年五月上旬のことで、「北大営」は同月下旬にはすでに開校していた。

しかし、一〇〇〇戸の農民を入植させるためには、最低でも二万町歩程度の土地が必要であり、移民案を再度提出して議会を通過させるためにも入植地の確保は急務だった。昭和七年六月初旬、加藤はふたたび石原参謀を訪ね土地の提供を求めた。石原は、「吉林《きつりん》省にならし一万町歩位は出来ましょう」と答えたという。

この土地は佳木斯《チャムス》東南に位置する孟家崗《モンジャカン》付近のことである。ここはかねてから満州国護路軍司令官于《うし》琛澂《んちょう》将軍より、江東一二県の匪賊三万を掃討するために、日本の屯墾軍一千戸を入植させることを条件に、東宮鉄男《とうみやかねお》に無償提供の申し出があった土地のことである。屯墾軍に関する具申は、その時点で東宮から石原をつうじて参謀長に提出されたのだった。しかしそれは、「時期尚早」との理由で軍当局に却下され、石原参謀に差し戻されていた（＊6）。用地確保の相談のために石原を訪問した加藤は、その具申書を見せられ、この時点で東宮との接点ができたといえる。

遡って昭和七年三月、第一回移民案が閣議で否決されたあと、拓務省は次の機会のための準備を始めていた。そのひとつは各府県知事に満州移民希望者数を照会したことである。これに対して四〇府県から回答があり、それによると、戸数で回答したものが一二〇五戸、人数での回答は一万二七名にのぼったという。この結果に移民可能の確信をえた拓務省は移民事業の遂行に積極的な姿勢で臨んだ。このようなとき、海軍将校を中心とした部隊がクーデターを起こし犬養首相が暗殺された。しかし、拓務省が根気よく折衝をつづけた結果、同年六月、第六二臨時議会で、満州移住地および産業調査に関する経費一〇万五四四円が承認された。同年八月、三度目の臨時議会（第六三回）に際して、拓務省は臨時移民計画（昭和七年七月一八日）六〇〇戸案を作成した。結局この閣議で昭和七年秋に入植する試験移民五〇〇人分の予算、二〇万七八五〇円が決定された（＊7）。

議会で予算が通過するまでは正式な募集ができなかったため、通知は九月一日に発送された。しかし上述したように、在郷軍人会をつうじての、内密の募集が行われ慎重な選抜決定がなされていた。そのとき配布された募集規定は次のようなものだった（＊8）。

一、移民選定区域および人数、東北六県に加え新潟・長野・群馬・栃木・茨城各県から四一人。

二、移民候補者の資格、農村出身者にして多年農業に従事し経験を有する既教育在郷軍人中身体強壮品行方正、思想堅実、困苦欠乏に耐えうる者、家庭上係累少なき者（なるべく次男以下の者）、年齢三〇歳以下の者。

北大営では、主として勤労をつうじての精神訓練に重点が置かれ、残暑の中での猛烈な肉体労働、そのほかに満州事情・農業経営などの講義、農産加工・武道などの実習が九月二八日までの約三週間続けられた。「之等の全隊員は、貧窮農民層といはんより、寧《むし》ろ経済的余裕ある中農の二・三男にして興国的意気の旺盛なる者がその過半数を占めたるを特色とする」、満州拓殖公社参事の任にあった喜多一雄は自著のなかで、最初の満州移民をこのように評した（＊9）。

（二）一通の軍事郵便

昭和七年一月、「向上会」会長である孝治のもとに、本会会員で満州公主嶺独立守備隊第一大隊に服役中の佐藤勇《さとういさみ》から、後掲の軍事郵便が配信された（『記録群』No２「文書往復綴」昭和七年一月二一日付、注：原書縦書き、軍事郵便、岩川の確認印あり、検閲の跡か）。

勇からの便りは、一〇〇日余り後の除隊後も在満州のため、履歴書が必要なので送ってほしいという内容だった。そのうえ満州の地は気温が低い割に積雪は少ないことが判明した。自身も以前から憧れを抱いていた満州である。孝治は勇からの便りに刺激をうけ、敬愛する加藤完治が推進する満州移民に応

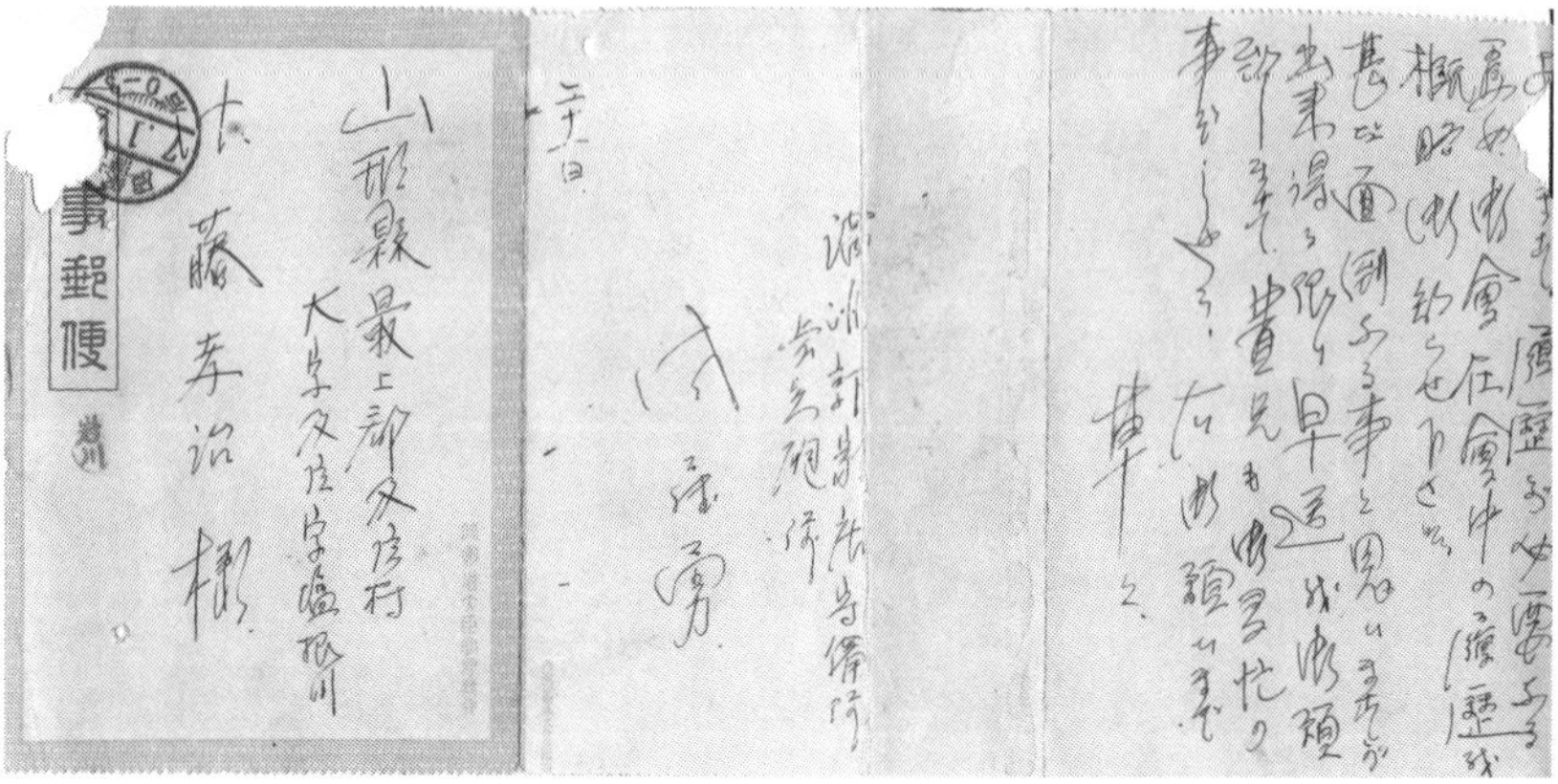

昭和7年1月21日付、佐藤勇から佐藤孝治宛の軍事郵便。表裏と風景の間を四つにたたみ、その中に本分を書くような形式になっている。

募したいと強い願望を抱いたものと思われる。

勇の手紙には「除隊し其の際は断然在満の覚悟にて色々多忙の期に入りました」とだけ記されており、屯墾軍に参加するのか、または別の仕事に就くのかということは不明である。

東宮の屯墾隊構想は昭和二年当時の奉天における満州独立守備隊中隊長時代からすでに練られており、除隊する彼の部下で日本に帰国しなくてもいい者を移民に仕立てることに努めていたという（＊10）。彼のその考えは年追うごとに強固なものになり、昭和七年一月、当時の吉林省応聘武官として長春城内吉林鉄道守備隊司令部教官長に着任したときには、「憂国の志に燃えた血気の若者」のなかには、「北に東に又奥地の討匪行やら、治安工作に、或は移民事業の援助に」東宮の手足となり、「生命を投げ出して、立派な働きをやった人が少なくなかった」、と『東宮鉄男伝』は伝えている（＊11）。

また、前出の満州国軍事顧問部調査課の記録によると、関東軍では満州国軍建軍に際して北満州の雑軍の整理が急務となり、過剰な吉林軍の、依蘭《いらん》道への屯墾化を企画していたという。石原参謀は東宮大尉にこの秘密構想を打ち明け、調査を命じていた（＊12）。

東宮はソ連が一九三〇年頃から計画し実行していた赤兵移民に注目し、その研究結果でますます満州地方への屯墾隊移民の必要性の認識を深めたという。同年六月七日、東宮はこの結果をもとに、石原参謀宛てに、「イ雑軍（敵、過剰軍、兵匪）ノ消化　化農、ロ開拓、ハ国防」の見地により、「在郷軍人ヲ以テ屯墾〇〇〇隊ヲ編成シ〇〇方面ニ〇〇駐屯セシムル件意見」を具申した（＊13）。東宮はこれをさらに整理し、同年六月一〇日、橋本虎之助参謀長に提出したのだが、「時期尚早」との理由で返されていたのだった（＊14）。

関東軍には上のような事情があって、屯墾軍の実現は困難な状況だと認識された。しかし、時代の風は確実に満州移民送出に向って吹いており、その直後の加藤と東宮との劇的な出会いが一気に追い風となった。

こうした状況下で、近々満期除隊予定の塩根川部落の零細農家の次男だった勇が、屯墾軍に入りたいと希望したとしても不思議ではなく、帰村しても居場所がない勇の将来への決心であったという可能性は高い。

なお、除隊後しばらくして、勇からの音信が途絶えたが、戦後、戦死の知らせが届いたという。勇は、出征後一度も故郷に帰ることなく、満州の土となったのだろうか。

(三) 孝治、日本国民高等学校北大営分校に入学

「向上会」を満期退会した孝治は、昭和七年六月一二日、及位《のぞき》村塩根川を出て、まず茨城県友部に加藤が設立した日本国民高等学校に入学した。

その時孝治が携行した金は一二〇円であった。加藤の指示は二〇〇円ぐらい用意せよとのことであった。内訳は友部における三週間の宿泊訓練費と渡航費、それに雑費を合わせて八〇円。北大営の一か月の費用が一〇円で一年分一二〇円。合計すると二〇〇円になる。二〇〇円を用意することができない者は八〇円だけでもよい。足りない分は毎月一〇円ずつ家から送金してもらうこという条件であった(*15)。

前章までに詳述したとおり、大正から昭和初期にかけての農村、とりわけ東北農村の窮乏は甚だしく、次・三男のために二〇〇円の現金を支出することができる農民はそう多くなかったのではないか。塩根川でも大きな部類の自作農家だった孝治の家でさえ、一度に全額を用意することができなかった。しかし、孝治が「北大営」に入って一か月の後、個人負担の必要がなくなった。拓務省から補助金が支給されたためである。次の一文は、桑島による孝治の体験談を筆者が要約したものである(*16)。

孝治は友部の日本国民高等学校で二〇日間の訓練を受け、昭和七年六月三〇日、他の受講生二四名とともに同地を出発、下関から関釜連絡船で釜山に上陸、旅館の窓から日本に向う途中の国際連盟リットン調査団一行をみた。七月四日、北大営に到着、その夜二・三発の銃声を耳にし、治安の悪い満州ではたして移民としてやっていけるだろうかと不安を感じた。北大営の日課の八割が農民魂の鍛錬陶冶としての開墾作業で、その他柔道と警備訓練を行った。

「北大営」には同年五月以来、加藤の呼びかけで集まって訓練を受けていた山形県出身者が中心の六八名の若者がおり、彼らは市川中佐の指揮のもとで、北大営小隊として移民団に合流することになった。小隊長には石田民夫少尉が任命された（＊17）。

（四）孝治、永豊鎮に入植

昭和七年一〇月一〇日、第一次武装移民団は「北大営」を出発、臨時列車で哈爾濱《ハルピン》まで行きここで二泊、その間に関東軍から各人に小銃一挺に弾薬や防寒服などが配布された。団に対してはピッカース式機関銃三挺と迫撃砲二門、食糧・入植機材が支給され、司令官武藤信義《むとうのぶよし》大将および参謀副長岡村寧次《おかむらやすじ》少尉から訓示を受けた（＊18）。同年一〇月一三日、哈爾濱から汽船に乗船、松花江を下り佳木斯《チャムス》に向う。佳木斯には一〇月一四日の夕方到着した。

次は、戦後産経新聞社のインタビューに応えた孝治の談話である（＊19）。

> 武装移民というので、隊員には在郷軍人が多く、全員カーキ色の軍服姿でした。編成も五〇〇人が一二小隊、四中隊、一大隊の軍隊式で、大隊長は退役中佐、中隊長も尉官クラス。機関銃、迫撃砲まで持っており、軍隊そのものという感じでした。（中略）冬は氷点下四〇度以下にまで下がり、何もかもガチガチに凍りつく。夏は決まって大洪水で赤痢やチフスが大流行、みんなバタバタ倒れてしまうひどいところでした。匪賊の襲撃もしょっちゅうで、到着したその晩から銃撃されたほどです。毎年四・五人が殺されたほか、負傷者は数知れぬありさまでした。匪賊といっても、本物の盗賊は数えるほどで、ほとんどが、われわれが「抗争匪」と呼んでいた反満抗日パルチザンでした。

敗戦後、国内開拓に従事して一応の成功を収め、生活が安定してはじめて孝治は土地を追われた中国の人びとの心情に想いを馳せることができたのだった。

第一次移民団の入植地は、樺《か》川県《せんけん》長である唐氏の意見を尊重し、なるべく耕地区を避け、官有地が多い永豊鎮《えいほうちん》から東の地区に限定され、最終的には東宮が決定した。既述のように昭和七年八月の臨時閣議で試験移民の予算を獲得した拓務省だったが、肝心の入植地が未定だったのだ。調査班が現地に派遣されたのは同年九月一九日から二一日までの三日間で、その結果樺川県永豊鎮が「最も適当なる屯墾農地」の候補に挙げられた。しかし、同年八月四日付東宮大尉名で、「第一次屯田地ヲ樺川県内ト決定セル理由」書が、関係当局に上申され、すでに決定されていたという矛盾した経緯があった（＊20）。

次の一文は、第一次武装移民団員で開拓団の名称が「弥栄村」と改称されると同時に、村役場庶務係となった渡邊千代江が、屯墾第一大隊から「弥栄村」に至るまでの開拓団建設の概略を記録した『弥栄村建設の五年』の中から、団内警備についての、東宮大尉からの報告を抜粋したものである（＊21）。

団員には知らされていなかったようだが、移民団には最初から江東一二県の匪賊三万を掃討するという役割が付与されており、当面吉林軍に所属する軍隊として佳木斯の警備を担当し、翌年、雪解けを待って佳木斯から一三邦里、約五二キロメートルほど南に位置していた永豊鎮に入植する予定だった。

事実上吉林軍ノ一部トシテ佳木斯及附近ノ治安維持ハ屯墾軍ヲ主体トスルニ至レリ。即チ城周囲ノ警備（大刀會匪撃退一回、密偵一名逮捕）附近部落示威行軍巡察ニヨリ城内ノ治安日ニ回復セラレ市民ノ信頼ヲ受ケツツアリ。

「松花江岸における有力な都市として商業の殷賑を極めていた」佳木斯は、満州事変後に蜂起した土匪や彼らに合流した兵匪の垂涎の的であって、彼らはあらゆる方法、手段を講じて侵入を企てた（＊22）。その地に、招かれざる客の五〇〇人もの武装した日本人が到着したのである。上陸の翌日、昭和七年一〇月一五日、移民団は東宮大尉が準備した兵舎にやっと入ることができた。その頃の移民団は、佳木斯治安維持隊・屯墾第一大隊・屯墾隊佳木斯治安維持移民団・特別農業移民団・屯墾試験移民団・第一次吉林省在郷軍人屯墾移民など、さまざまの名で呼ばれていた（＊23）。一方、移民団は先住民から「屯匪」と呼ばれ蔑まれていた。それは、佳木斯上陸後一か月もたたないうちに、団員の一部が住民の村で無銭飲食や喧嘩、食物や家畜の強奪、強盗果てはレイプなどの蛮行を繰り返していたからである（＊24）。『満洲開拓史』は、移民団の異様な恰好自体が「屯匪」と呼ばれる原因のひとつであったと指摘する。すなわち、「当時の恰好といったら、まるで匪賊そのままであった。歩哨に立ったときなど、防寒のためのカマスを背負い、腹が空くので腰に沢庵をぶら下げていた。それに一三文もある日露戦当時に用いた黒ラシャの製の防寒靴をはいてでかけた」と（＊25）。この一文が指摘するように、極寒にもかかわらず、団員には古くて不充分な防寒着で、「昼夜の別なく市内の警備」が義務付けられていた（＊26）。そのうえ匪賊襲撃の恐怖、粗食・空腹などで次第に気持ちが荒んで、屯墾病といわれた一種のノイローゼ状態に陥る者が多発した。それが先住民の村での蛮行の原因のひとつだったことは疑いえない。

昭和八年二月、準備のため先遣隊として一個中隊一四〇名が入植地である永豊鎮に入った。しかし度重なる匪賊の襲撃により輸送路が遮断されて食糧が欠乏し、先遣隊員には夜盲症患者が続出した。そんなとき、「中には耐り兼ねて原野に飛び出して、伸びてきた雑草の芽を摘んで汁に入れる有様だった」という（＊27）。永豊鎮は「紅槍會匪《こうそうかいひ》」とよばれた匪賊の本拠地だったため、団員たちは常時生命の危険にさらされていたのだ。同時に移民団による反撃で、匪賊化せざるをえなかった土地の人びとにも多数の死傷者を出しただろうことは想像に難くない。

同年三月二八日、移民団の本部になった旧紅槍会本部の一室において、土地協定会議が開催された。出席者は唐純礼樺川県長、東宮大尉、原住民代表孫徳増、市川益平《いちかわますへい》隊長、山崎芳雄指導員だった。その日の午後、全一〇条からなる議定書に調印した（「第一次特別移民用地議定書」記載省略、以降「議定書」と略称）（＊28）。

「議定書」による永豊鎮の移民用地は、可耕地一万町歩を含む推定四万五〇〇〇町歩で、協定区内の既耕地は熟地五〇〇町歩を含む七〇〇町歩もあり、ここには中国人の地主・農民九九戸約五〇〇名が居住していた。用地内の住民は一人あたり五円の移転料で家も土地も奪われて追い出され、同年四月の移民団入植時には、ひとりの中国人農民もいなくなったという（＊29）。

農業を営んでいた現地の人びとの生活が、日本人の入植者に脅かされたことは事実だろう。しかし、協定区内にひとりの中国人農民もいなくなったというのは以下の点で疑わしい。

第一に、「議定書」では、「第二条　現在農耕中ノ満洲人ノ生活ニ脅威ヲ及ボサヾルコト」「第三条　未耕地を主トシテ選定スルコト」と定められていること（＊30）。

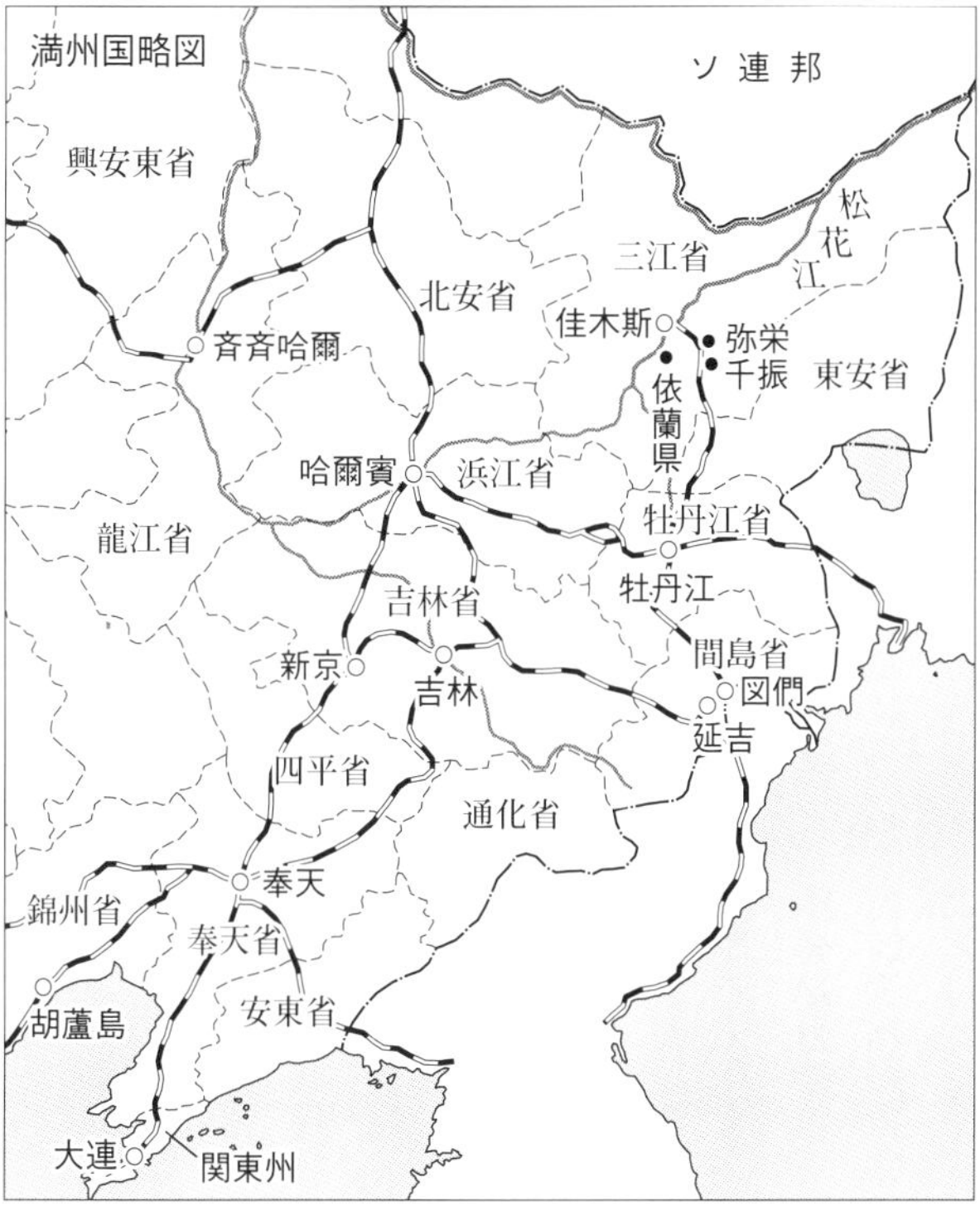

第二に、第一次移民団が永豊鎮に入植して四ヶ月が過ぎた昭和八年八月、財団法人東亜経済調査局主催の講演会に招かれた本団初代団長の市川益平が、そのときの講演で、「農場から（原住民を）遠く立退かすのは気の毒だから、若《も》し欲せざるものは本年はこれまでの半分を貸与する」との方針が採用されたと述べたこと（＊31）。

第三に、上記市川の弁は、「議定書」で明文化された規定だったこと（＊32）。

第四に、根拠を明らかにしていないことに不安はあるものの、前出の桑島節郎は、「弥栄村」が創設された当時、村内に住む中国人と朝鮮人の合計は一四〇〇戸、六八〇〇人だったと記録していたこと（＊33）。

第五に、後述するとおり、団員に配

分された一人二〇町歩の土地は家族労働の範囲をはるかに越えており、移民団の営農には現地の住民が不可欠の労働要員だったこと。

以上五点から推論されるのは、協定地区内で農業に従事していた人びとの一部は移転料を受け取って立ち退き、別の者は農地を半分に縮小されて残り、その他の住民は村の隅に追いやられて移民団の苦力《クーリー》などとして居住し続けたということになるだろう。

（五）幹部排斥事件と「大陸の花嫁」募集

昭和八年四月一日、ともかく第一次移民団全員の永豊鎮入植が完了し（＊34）、直ちに入植地の測量、各部隊の配置、個人家屋の建築、作物の播きつけなどが開始された。このようななか、同年六月二〇日、現地武装農民の襲撃で山林伐採班三〇名のうちの三人が死亡するという事件が発生した。さらに同年七月にかけて夏季特有の風土病であるアメーバ赤痢が蔓延し、四〇〇名もの罹患者を出すに至ると、同年七月一日付屯墾隊代表者八名の連名で、次の要求を拓務大臣永井《ながい》柳太郎《りゅうたろう》宛てに提出、屯墾隊員の待遇改善と幹部更迭を求めるという大事件に発展したのだった（＊35）。すなわち、①「聲明書」（幹部不信任案提出の）、②「決議文」（幹部総辞職勧告）、③「幹部不信任案」、④「屯墾隊員請願書」、など。

佳木斯に上陸して間もなくの昭和七年一一月、隊員の目に余る蛮行に業を煮やしていた幹部たちは東宮を交えて協議し、不良隊員処罰のための「屯墾隊懲罰令」なる移民団独自の法令を制定していた。その罰則は、除名のうえ内地に送還するというもので、佳木斯上陸後一年間でこの法令の適用を受けた団員は約五〇名にも達していたという。

しかし、孝治の所属部隊である北大営小隊には処分者は一人もおらず、幹部排斥事件後の退団者もごく少数だったという（＊36）。この小隊は、加藤の指導を直接受けた者で構成されていたため、彼の教育がもっとも行き届いていたからだろうか。しかし、不満をさらけ出した団員の言い分にも一理あった。拓務省の事業で送出されたはずの移民団ではあるが、入植地の確認・調査のため、同省から派遣され後に第一次武装移民団長になった山崎芳雄さえ入植地の確認もせず、匪賊出没については、「兎に角匪賊も何も心配ないと云って呉れ」と東宮からいわれ、拓務省にはそれと口裏を合わせるような報告をしていた。加藤は加藤で、「吾々は武装移民であるから匪賊が居っても差支へない」（＊37）、と開き直るありさまで、まず移民ありきで詳しい調査も説明もせず五〇〇人もの若者を極寒の地に送ったのだった。

結局、幹部排斥事件は、同八年七月二〇日、第二次移民団の五〇〇名を引率してやってきた加藤と東宮、他の幹部とともに協議の結果、除名は撤回して自由退団とし、「不良分子」には退団を勧告するという案に落ち着いた（＊38）。桑島によると、最終的には一九八名が退団したというが、『満洲開拓史』『東宮鉄男伝』どちらもこの顚末の詳細を記載していない。入植の途中で永豊鎮に宿泊した第二次移民団も、「現地に到着するや、退団希望者は指導員室の前に列をなし」「悪性の伝染病のようにたちまち十数名の落伍者を出して、五百名は四百数十名に減じてしまった」とされる（＊39）。

こうしてこの事件は一応終息したが、前述したように、東宮が提出した「第一次武装移民の精神動揺状況および第二次以降の人選に関する要望書」（昭和七年一二月八日付）では、その後の移民の人選を、とくに農業経験者および少年に限ることの二点が強調されており、これが後の満蒙開拓青少年義勇軍の創設に強く影響を与えたものとみられる。なお、同要望書七項には、「北大営国民高等学校出身者ハ最モ可ナリ」（＊40）と、加藤の精神的農民教育を評価した。

当初の屯墾隊移民応募資格には、「独身者なると、妻帯者なるとは問わざるも渡満後約三ヵ年間は独身生活に差支なき者」と規定されていた。しかし、「如何に諸施設を宣伝するも、彼等に家庭内の慰安を与え得ざれば、要するにこれに永住は不可能」であると判断した東宮は、「内地の少女達や親達の心を安心して大陸に嫁ぐ如く導く」ような「大陸の花嫁」招致を計画した（＊41）。昭和八年二月には、東宮は「新日本の少女よ大陸へ嫁げ」で始まる内地向けのポスターの図案を自ら製作した（＊42）。拓務省ではその年のうちに花嫁募集を開始したものと思われる。

その後、三年間の独身生活という団員の条件は撤回され、同八年秋には早くも団員の妻子二〇名ほどを招致し、その後順次家族が到着した。銃を持った三〇名の花嫁たちが永豊鎮に入植したのは翌九年春だった（＊43）。第二次千振《ちぶり》開拓団では、同一〇年三月、団内各県の代表が花嫁招致のため直接内地に出向いている（＊44）。「大陸の花嫁」は、内紛や退団を防ぐことを優先して計画されたのである。つまり、前出の喜多による文言が端的に示すとおり、内地の多数の生身の若い女性が花嫁という美名で「調達」され、北満州の地に誘導されたということなのだ。

以上のように、団員の配偶者や家族の招致は、「屯墾病」防止の特効薬として指導層に認識された結果、比較的早い段階で実現していた。満州移民事業が国策となり、大量移民の送出に伴って花嫁送出もまた国家政策として推進されることになる。前出の「満州開拓政策基本要綱」の「参考資料」では、「女子指導訓練施設に関する件」という項目を設けて具体的な政策が明記された。曰く、「満洲開拓民の大量送出に伴い一般女子の積極的進出の気運を喚起し開拓民の伴侶として確固たる信念を有する女子の育成に努むるものとす」。その文言により、昭和一四年には「大陸の花嫁政策」が満州開拓事業の一環として組み込まれたことがわかる（＊45）。

度重なる移民団への襲撃事件は、日本軍による暴力的な土地収奪に対する現地住民の反対運動であったことは疑いえない。そういう意味で、満州国軍事顧問部調査課による発表のように、永豊鎮への日本人集団入植が付近の治安維持に貢献したというよりも、かえって中国民衆の匪賊化を促進したという指摘がより説得力をもつ（＊46）。関東軍主導の、狂ったような大量の日本人入植地確保の結果、不要な流血事件が多発することになり、家や土地を追われ露頭に迷った人びとの群れが匪賊化するという負のスパイラルの渦中に、日・中双方の善意の人びとが巻き込まれた。匪賊問題の本質を見抜いていた孝治は、昭和五〇年、『産経新聞』のインタビューに答えて、次のように語った（＊47）。

確かに武装移民の入植は警備力の拡大鞏化を意味するもので匪団活動を抑制する力を持ってゐる。併し第一次第二次移民の経験から云へば、治安確立に役立つよりも、寧ろ原住民の民心を刺激悪化せしめ、治安紊乱に導いた點少なしとせぬ。これは、土地買収及入植の前後措置が極めて拙劣であったことに直接起因する。永豊鎮の局部的治安好転と雖も移民自身の手よりも、日本軍の駐屯に負ふ所が多い。これを以てしても「移民を多数濃密に送って要所要所を軍隊で抑へ」れば滿洲の匪賊問題が解決するとの見解は、単純皮相で問題の核心が把握されてゐない。

第二節　「弥栄村」における矛盾の露呈

（一）満州「弥栄村」の建設

永豊鎮に移民団全員が入植を終え住居が必要だった団員たちは、とりあえず移転させた原住民の空き家を利用したものと思われる。昭和八年四月二二日、入植から二〇日ほどで早くも「彌榮村部落用地ニ関スル議定書」が作られ、「用地ハ成ルベク小、中隊毎ニ集団スル如ク定ルコト」（「第一条」）と決められ、これを各小隊長が一通ずつ所持した（＊48）。

「弥栄村」というのは、昭和七年一〇月に上陸した佳木斯《チャムス》屯墾第一大隊、すなわち第一次武装移民が、入植の地である永豊鎮（入植当時は吉林省だったが、満州国設立後の行政区の改編に伴って三江《さんこう》省に変わった）で事業を開始し、昭和一〇年四月の小隊長会議において正式に決定した名称である（「永豊鎮屯墾隊経営案」）。名前のとおり村政を敷き、共励組合を併立させて経済活動を行うことが決まった（＊49）。「拓務省第一次武装移民永豊鎮移民団ハ四年ニ亘ル準備諸事業ノ建設ヲ終了シ此処ニ共同ノ経営ヲ解ク爾今《じこん》独立ノ経営ニ移ルコトヲ宣ス」と宣言したのは同一一年一〇月一五日のことで、この日は、佳木斯上陸記念日に当たっていた。

「弥栄村」は翌一二年二月一一日から村政を施行したのだが、上記宣言文のとおり、開拓団の経営も村政施行と同時に団員個人の独立経営に移行することが正式に決まった（＊50）。「永豊鎮移民団弥栄村独立宣言実施要領」によると、「満州に於ける日本農業移民の使命は満州に移住して独立した家庭生活を樹て、皇室御統治の下に日本帝国を延長するに在る」というものだった（＊51）。

しかし、入植後一年程度で早くも矛盾が露呈しはじめていた。第一は、土地の配分に関してであり、第二は営農に関するものだった。そのため全団員が経済的に「独立した家庭を樹て」ることは頗る困難な状況だった。前出の喜多一雄は、昭和八年秋頃の様子を次のように評価した。「暗黒全無なる北満開拓地に、ほそぼそとした炊烟があがり来たり」て匪賊の襲撃も収束にむかい団自治の兆しが見えはじめた、と（＊52）。

しかし、当事者の、生活への不安は募る一方だったのではないか。現地の住民を追い出し、日本内地とはまったく異なる自然環境のなかで、見たこともないほどの広大な土地に、家も技術も道具もないまま立ち向かわなければならなかったのだから。

こうしたなかで、団員は現地の武装集団から連日のように襲撃を受けながらの農作業そして組織づくりに忙殺されており、出身県ごとに編成された各小隊の隊長は部落代表としての役割も果たさなければならなかった。

本団の組織は膨大であるため掲載を省略するが、村長・助役・収入役・庶務・村会議員そして区長（各県は小隊ではなく区に改められたため、これ以降○○区と称する）など、また生活必需品の自給を目的に編成された醸造・蹄鉄などが担当の特殊班の役割は多種に上った。組織編制過程の煩雑さや作業量の多さ、なにより農業以外に要する人員の多さは（＊53）、当然本来の開拓・営農事業の阻害要因になることは避けられなかっただろう。

(二) 土地の配分に関する矛盾

昭和九年六月、移民団を率いた初代の市川益平が退任し山崎芳雄が団長に就任した(＊54)。『彌榮開拓十年誌』を著した工藤儀三郎によると、開拓団の基礎建設も未完成だった九年春、つまり入植一年ですでに共同生活が破綻をきたしはじめたという。

当初、本村における各区の建設期間中にはすべて共同経営が指示されていた。しかし、それを無視した団員たちは、速やかな小隊単位の独立を主張し、抽選で各入植地を決めて、早々に個人単位の生活へと分立の兆候を示しはじめたのだ。その結果、未だ治安の確保もされず個人の割り当て地も確定しないまま、とりわけ住居の建築を急いだ小隊では、後に個人への配分地の実測が終了した時点で、土地と家屋との距離が大きく離れすぎた者や農業経営上の不便を訴える者たちが多数出現したのだった。開拓団では、入植当初からこのような「不便」「欠陥」を生じていたという(＊55)。

土地は次の要領で配分されることになっていた。すなわち、第一次として、独立宣言の際に団員一人当たり畑一〇町歩、水田五反歩、残りの一〇町歩は灌漑の状況を調査し治安が確保された時点で配分される。また、配分地以外の山林・原野は林業と共同牧場が経営されることに、それ以外は村有地として団員の小作が許される。

団員への土地の分割はおおむね次の形で行われた。まず、丘陵の傾斜に直角に一〇〇メートル、傾斜地に並行して一〇〇〇メートルをとって一〇町歩にする。さらに個々の土地の間には四メートル幅の道路を設ける。不良地には、それに見合うだけの土地が別途付与される。部落を形成する各区は、総戸数に二〇町歩を乗じた土地にその一割を加えたものが標準地とされる。個人への配分は各小隊に一任されたのだが、区画後も二年以内は共同耕作を行い三年目に個人に配分されるとした。しかし、実質的には個人経営が進行し、その結果上述のような問題が生じていたのだった。

配分地の地権の確定は「弥栄村」独立宣言と同時にその作業が始まっていたのだが、その完了は「満州開拓政策基本要綱」（昭和一四年一二月、以下「基本要綱」と略称）（＊56）およびいわゆる開拓三法すなわち「開拓団法」（昭和一五年五月、満州国勅令第一〇七号）・「開拓農場法」（昭和一六年一一月、満州国勅令第二八〇号）・「開拓協同組合法」（昭和一五年六月、満州国勅令第一六二号）の制定・施行を待たなければならなかった（＊57）。

既述のように、昭和一一年八月には二〇ヶ年一〇〇万戸移民計画が議会を通過したため、日本・満州両国の担当官庁はその実現のための準備作業を行っていたものと思われる。「基本要綱」で、「開拓用地ノ整備、利用開発、配分等」について定めた「六−（一）　開拓用地ノ整備ニ関シテハ原則トシテ未利用地開発主義ニ依リ之ヲ国営トス」という条文は、「弥栄村」の団員にとっても重要だった（＊58）。「基本要綱」発表後においても、満州拓殖公社（満州拓殖株式会社は昭和一二年九月、公社に変更された。以後、「満拓」と略称する）の既整備地が個人に分譲されるときには、一旦満州国がこれを買い取り、国有化した後に払い下げると定められたからである。「弥栄村」では地権確定の作業に際してこれが問題になったのだった。

上記昭和八年三月二八日付の「議定書」で決められた移民用地は、各県の小隊が分散入植する過程で三〇〇〇町歩が拡張されていた。単純計算では一人二五町歩×五〇〇人で充分な広さの用地が確保されていたはずだったが、実測の結果可耕地の不足が判明したという。この拡張分の用地代負担について、昭和一二年一〇月二六日付、「満拓」総裁から「弥栄村」に宛てた「第一次彌榮村用地決定ノ件」という文書で、以下二つの案が提案されていた。

それは、①「協定」の四万五〇〇〇町歩はそのまま認め、それ以外の「現在移民団ノ使用シ居ル」三〇〇〇町歩、四万七八三八円は「弥栄村」で買い取る。②「協定」の四万五〇〇〇町歩を「満拓」に譲渡し、「満拓」からは一戸二五町歩として五〇〇戸分、合計一万二五〇〇町歩が村に譲渡され、昭和一一年一二月現在の戸数三〇三戸を、縁故自由移民を推進することによって、当初の予定数五〇〇戸にまで充足する。また山林・原野の利用は認める（＊59）、と。協議の結果、「弥栄村」が選択したのは①案で、「満拓」の正式な回答がないままこれを基に土地が分割され、「彌榮村土地ニ関スル議定書」（昭和一二年九月）が作成されたのだった（＊60）。

地権の確定時点で、上記北大営区は「分進地域広範囲なため」二分され、新たに羽陽区が設置され、さらに役場や組合関係機関が集中する永豊鎮には永豊鎮区が設置されて全一四区で運営されることに決まった（＊61）。用地を拡張せざるをえなかった背景には、移民事業推進の拙速さにあったことはもちろんのことだが、そのうえに団員が各区への割り当て地に対して不公平感を抱いていたという事情があったようだ。参考に「弥栄村」における各区の配置図を『彌榮村史—満洲第一次開拓團の記録』から抜粋し転載した〔図6—1〕（＊62）。

ちなみに孝治が所属した北大営区は、当初、中央東寄りの長野区のさらに東方に位置する山岳地が割り当てられていた。この地は、「弥栄村」役場までは馬車で半日以上もかかるほどの奥地で、「三方が山で白楊、楢等の木がうっ蒼として、薪や用材は豊富にあった。しかし北大営小隊六十余名が農耕するには土地が狭く」（＊63）、移転せざるをえなくなったという。〔図6—1〕で確認すると、北大営区は、永豊鎮南西の川のほとりの平野部に移設されたことを確認することができる。

〔図 6-1〕「弥栄村」配置図

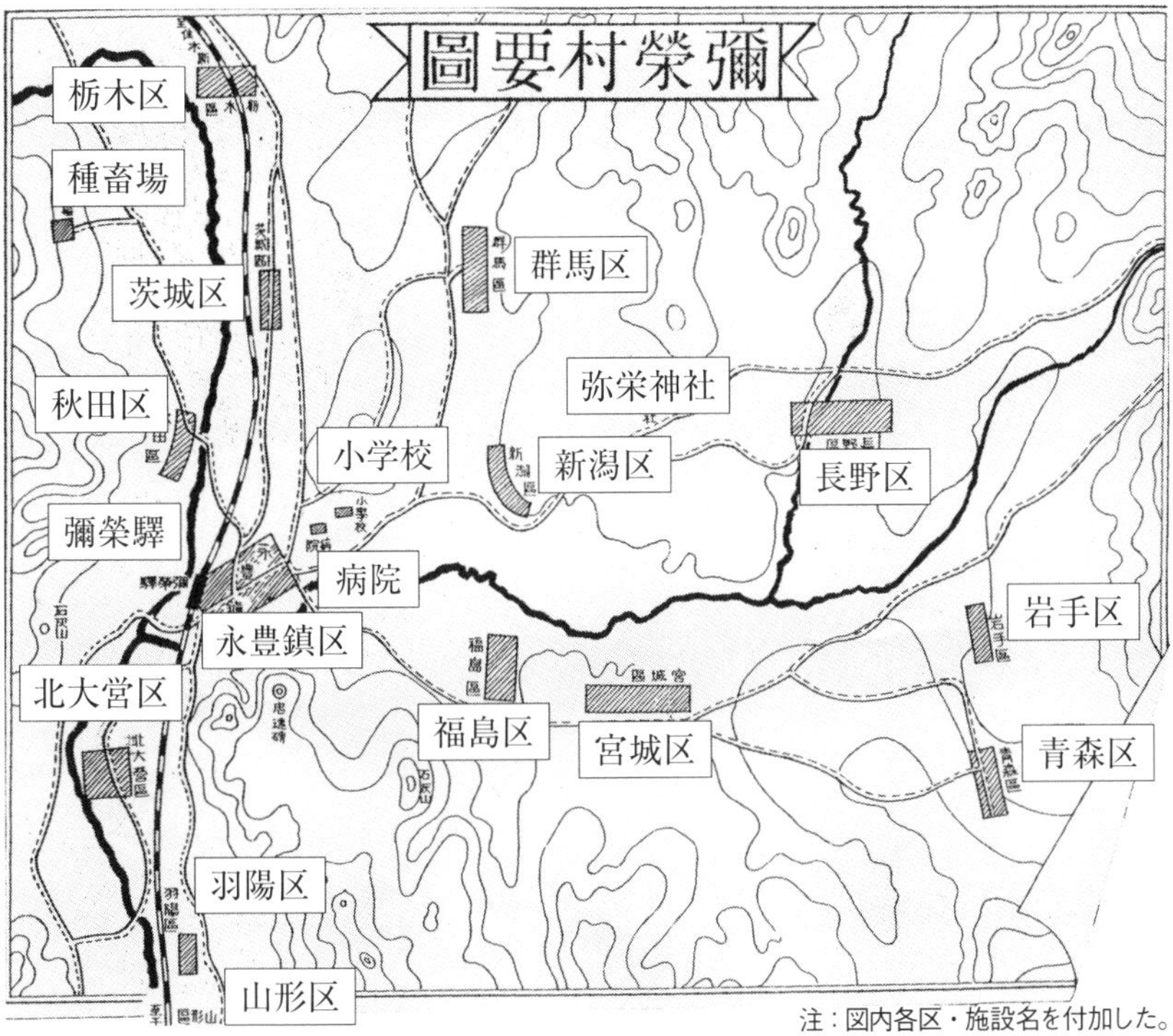

注：図内各区・施設名を付加した。

出典：『彌榮村史—満洲第一次開拓團の記録』612頁。

北大営区の移動の経緯については、戦後編纂された『彌榮村史—満洲第一次開拓團の記録』に寄せられた元団員の手記に詳しい（なお、本著の引用回数が多く煩雑さを避けるため、簡易表示する）（＊64）。

北大営区は内地の東北六県を中心に団員が募集された他の区とは異なり、他区の倍の七〇名ちかくの団員を擁していた。実測の結果、当初割り当てられた土地は地形が悪いうえに可耕地が少ないことが判明したのである。そのため団員たちは将来の営農に不安を感じ、翌昭和九年春再度移動した。その年の二月、「弥栄村」は現地武装農民の襲撃を受けたものの現役兵の応戦により事なきをえていた。

北大営区は、この事件による「占領という形」で現地の部落を接収し、再入植を断行したのだった（松下光男編、斉藤一九六頁）。その結果、新しい入植地は、前よりも「地形も平坦で面積も広く、満人による既耕地もかなりあったので、直ちに耕作を始めることが出来」（松下光男編、髙橋二〇二頁）、「馬鈴薯だけでも二町歩から蒔いた」（松下光男編、斉藤一九六頁）という。

他の区で阿片を栽培して儲かったという話を聞き、本区でも一町歩ほど作った。しかし、一年目は収穫物の盗難に遭い、二年目は花盛りの時期に騎兵隊に見つかって全部踏みつぶされた。そのため阿片の栽培は諦め、麦・大豆・高粱・包米など本格的な農業に移行した（松下光男編、斉藤一九六—一九七頁）。以上の髙橋の述懐は、現地住民の土地が日本人に強制的に接収されたことを明らかにしたもので、これにより、団内ひとつの地区の判断で原住民の生活を危機に至らしめたこともあったという事実も判明した。

北大営区が移設された後、山形区も永豊鎮の東方奥から羽陽区の南方に移動・入植した（松下光男編、髙橋二〇二頁）。さらに、昭和一三年五月一五日には、羽陽区からも「弥栄村」の分村として岐阜県出身の栗田実を団長とした「西弥栄村開拓団」が設立されていた（＊65）。

『彌榮村史』によると、「弥栄村」で個人経営に移行する時期になると北大営区ではふたたび面積の不足が顕在化したという。そこで区内の各組から一・二名の団員が転出することになり、内地から縁故者を呼び寄せて「弥栄村」の分村として新たに設立したのが、佐藤孝治を団長とした「大八洲《おおやしま》開拓団」である。これは昭和一四年一月のことで、新設はその前年から準備されていたという。つまり、北大営区は羽陽区および「西弥栄村開拓団」そして「大八洲開拓団」に分割・拡張されたことになる。

確証はえられなかったものの、三〇〇〇町歩にも及ぶ入植地拡張の背景には以上のような事情があったものと思われる。このような「弥栄村」本部の意に反する移転が容認されたのは、山形区の団員だった菊池菊次郎の述懐が説得力をもつ。すなわち、「幹部排斥問題の出たあとゆえに、屯墾隊本部も一寸考えて進出には余計な口を出さぬのであったろうと思う」と（松下光男編、菊池二四三頁）。ひとり当たり一〇町歩の耕作地の配分という約束は、危険を冒して入植した団員たちにとっては厳守されるべき契約だと思われたのだろう。しかし、土地が不足したというのは、既耕地やそれに近いほど肥沃で平らな耕作適地が不足したということで、とりもなおさず「弥栄村」の拡張や分村により現地住民の居住地が蚕食《さんしょく》されたということにほかならない。団員たちは、自力で荒蕪地の開墾作業を行うよりも、少しでも農耕に条件の良い土地を求めて協定地区外に進出したのではないか。

そのような試験移民が抱える問題の解決策としてか、後述するように、一〇〇万戸移民計画の発表後は、「満拓」が開墾や開田を担当する構想が浮上した。これ以降、満州移民には必ずしも開墾による開拓が期待されたわけではなかったことになる。

康徳四年（昭和一二）一二月一日、満州国勅令「街制」「村制」が制定されると（＊66）、その施行により「弥栄村」もまた満州国の地方行政制度のなかに組み入れられ（康徳六年〈昭和一四〉一月）、村の運営の一切がその監督官庁である樺川県の監督下におかれることになった。そうして「弥栄村」の全地域が満州国地方行政村に設定されたことで、朝鮮系・満州系の全居住民が村に包含された。「弥栄村」役場は村公所と改称され、職員には現地住民の吏員が加わって、それまで区と称していた部落は屯に変更された。

これに伴い、開拓団の事務は村から分離され、財政面でも諸経費は予算計上されるなど大きな変更が加えられることになった（＊67）。

(三) 農業経営上の矛盾と開拓地農法

1、経営耕作地適正規模の矛盾と団員の地主化

昭和一一年八月に閣議決定された一〇〇万戸移民計画発表後、この大量の移民団に対して経営上の指針を示すため、同年一〇月、拓務省東亜課は「北満における集団農業移民の経営標準案」(未定稿)を起草していた。そのなかから「移民の営農方針」を抜粋し以下に掲載する(*68)。「弥栄村」での土地の個人分配案から察すると、入植当初の政府の見解もまた下記「方針」に類似したものだったのではないか。

「北満における集団農業移民の経営標準案」(未定稿)「移民の営農方針」(抜粋)

①農家一戸当経営面積は耕地一〇町歩とし、内水田一町歩を含む。
②その他村または部落の共有地として放牧地、採草地、林地等を適宜これに付加する。
③役畜及び用畜として、牛、馬、成牡種豚各一頭および緬羊《めんよう》五頭を飼養する。
④移民農家は自家労力を主とし自給自足を原則とする自作農経営を為す。
⑤「満拓」において移民入植前に予定地内の水田適地全部を、移民に代りて開田し置く。
⑥畑地は既耕地一町歩のほかに、入植前に満拓において四町五反歩を開墾し、その他は移民自ら順次開墾するものとす。

共同営農という開拓団の指導は、投下労力の節約・縮減という見地からすると合理的である。しかし、

前述したように「弥栄村」の団員たちは、その指導を受け入れなかった。そのため、やむをえず現地の労働者を雇い入れた。このように、多くの団員が地主化の傾向を示しはじめたのである。

満州移民事業開始当初、団員たちは武装勢力が蟠踞《ばんきょ》するただ中に配置され、連日の襲撃の恐怖・警備の疲労・餓え・寒さなどと戦いながらなんとか各自の永住拠点を定めて奮闘した。そのような環境下でも昭和一〇年から同一五年に至るまで、満鉄や「満拓」からトラクターを導入し荒蕪地の開墾を行った。その結果、「弥栄村」の農地は入植当時の既耕地を含めて三〇〇〇町歩にも達していた（＊69）。しかし、団員は二〇町歩という広大な土地を与えられても、結局満州の在来農法に頼り、しかも現地の農民を雇って自分たちの食糧を生産するのが精いっぱいだったようだ。

満州国軍事顧問部の調査によると、昭和一〇年度、第一次移民団のうち一二戸の農家が、平均わずか一・七町歩の農業経営を行うのに雇用した労働者は六一一二人、労賃支払金額合計五一七九・七四円（一戸当り四三一・六円）にのぼったという。農業労働者の雇用にこのような支出を伴うとすれば、不作の年、それは開拓農家に破壊的打撃として襲いかかることは必至だった。さらに、翌一一年の同じ調査では、一七〇町歩の開拓地が朝鮮系農民に小作に出されたことが明らかになり、団員の地主化が憂慮された。調査年が異なるが、この小作面積は後述の京大の学生による調査が明らかにした貸付地合計の一〇分の一にも満たず、実態が過小評価された可能性を示唆する。団員の立場からは、自身が耕作できない農地を小作に出すのは地主化による「安全第一主義的経営」であって、これが「危険を回避する最良の方法」だった。

つまり、この行為は「必然的な経済法則の貫徹」だったことになる（＊70）。初期の移民者にとって、「自給自足を原則とする自作農経営を為す」とはまったく絵に描いた餅でしかなかったし、土地を奪われた現地住民の怨念も深かっただろう。

満州の気候・在来農法を調査した満鉄弘報課《ママ》による、農耕に関する説明は次のようなものだが、紙幅の都合により、これを要約した。すなわち、満州は雨が少なく気温の高低差が著しい。開拓民の入植予定地としての松花江下流地帯では、作物が生育する霧霜期間は一四〇日以下、嫩江地帯では一三〇日以下、興安西南地帯は一一〇日前後となっている。

このような短期間で耕起・播種・除草・収穫まですべての行程を終わらせなければならない。さらに、作物の発芽適温はだいたい三〇度のため、作物によって播種期が異なり、人力と畜力が短期のうちに集中投下される必要がある。そして少ない雨が夏期に集中し、重粘の土質のために水分が浸透せず、耕地が水浸しになる。こういう満州地方特有の自然的諸条件のなかの農業では、①畑の乾燥防止、②排水、③地温維持という対策が収穫量に直結するため、開拓民たちはまずこうした未知の在来農法をマスターしなければならない、そのうえで新しい開拓地農法が樹立されるべきだと指摘した。移民者にとっての満州における農業の先生は、彼らが雇い入れた現地の農民であり、「馬の使い方から耕起の方法・播種の加減・除草の仕方・はては収穫に至る迄習わなければならなかった」という（＊71）。

ところで、昭和一六年、上記満鉄弘報課は、『満洲農業圖誌』という調査書を出版していた。これは上述の調査結果をさらに分かりやすく示したものである。ここでは、「満洲在来農法の概況」「農耕法」「農作物」「農機具」および「販売事情」から、現地住民の社会生活に至るまで、丁寧な調査内容とその結果とが写真入りで掲載されている。これによると、満州における農耕の特性として、「農業労働者群」の存在と「役畜に頼る点」、さらに農業労働者には職分があって、それに基づく分業と協業があることが指摘されている。

この職分のなかに、「打頭打《ダートーデ》」とよばれる親方がおり、「打頭打」の指揮・監督の下、牛・馬の使役を行う者から炊事係までそれぞれの専門が細かく決められていた（＊72）。彼らの技術と協業が収穫量を左右するため、現地の農家はできるだけ優秀な「打頭打」の確保に躍起になり、そのためおのずと彼らの労賃は高くなった。

日本から来た開拓民たちは、三頭の馬にひとつの犂《すき》をつけて土地を耕起するなどということは初めての体験で、日本語が通じない、馬が動かない、ということはしょっちゅうあった。これはまったく笑い話にもならず、耕作それ以前の問題だった（＊73）。この馬に「老板子《ラオバンズ》」とよばれる役畜使いがひとことふたこと囁くと、馬はすぐに動きはじめた、という話もあった（＊74）。『満洲農業圖誌』が、「一般に満洲農業を『低い技術』と一概に言ふが、このあたりは強《あなが》ちさうとも言はれない」（七頁）、と指摘したことは、現地における調査員の偽りのない感想だろう。

この報告に照らすと、「弥栄村」で当初各団員に割り当てられた一〇・五町歩の土地を家族労働だけで耕作することが果たして可能なのか、また北満州の地での農業経営が成り立つのかという疑問を持たざるをえない。この件については満鉄弘報課でも同様の疑問を投げかけている。すなわち、現地人の農家で、農耕で生活を維持することができる階層は、自作農では一四町歩以上三六町歩を耕作する中農下層に分類され、平均一九・六町歩の農地を耕作している。その場合、家族数は一〇・六人うち労働力は二・六人であり、その上に年傭い一人、月傭い数人、日傭いを延べ六三・三日雇用し、家畜を五頭飼育している（＊75）。このように、現地の農民でさえ生計維持のためには最低でも二〇町歩程度の耕作地が必要だとすると、日本人開拓民も同様だろう。換言すれば、一〇町歩前後の耕作地面積を有する農家は、満州では農業収入だけでは生活がなりたたない過小農群に分類されるということに外ならない。

〔表 6-1〕彌榮村屯別農地経営状況（昭和 15 年夏現在、畑地のみ、面積単位：町）

屯　名	調査農家	農家数（戸）		割当地	畑地総面積		1 戸当平均畑地	
	戸数	耕作	不耕作	総面積	自家耕作	貸付	自家耕作	貸付
	A	B	C	D	E	F	G=E/B	H=F/A
青森	16	13	3	157.0	28.80	128.20	2.22	8.01
岩手	15	8	7	160.0	26.30	122.70	3.29	8.18
宮城	29	18	11	290.0	48.00	238.00	2.67	8.21
福島	22	18	4	222.0	37.70	177.00	2.10	8.05
長野	29	25	4	299.0	142.15	151.40	5.69	5.22
新潟	26	18	8	266.0	72.65	188.95	4.04	7.27
群馬	26	18	8	260.0	25.70	234.30	1.43	9.01
栃木	13	11	2	130.0	12.80	117.20	1.16	9.02
茨城	12	11	1	120.0	29.95	90.05	2.72	7.51
秋田	13	13	0	130.0	15.00	115.00	1.15	8.85
北大営	21	14	7	232.0	39.10	159.70	2.79	7.60
羽陽	19	15	4	192.7	99.80	77.40	6.65	4.07
山形	32	29	3	324.5	264.70	39.80	9.13	1.24
合計	273	211	62	2783.2	842.65	1839.70	3.99	6.74

屯　名	牧草・採草地		自家耕作面積別農家戸数					
	自家耕作	貸付	0 － 1.0 町歩		1.1 － 5.0 町歩		5.1 － 10.0 町歩	
	I	J	戸数	面積	戸数	面積	戸数	面積
青森			8	4.6	3	7.7	2	16.5
岩手	11.0		4	2.8	2	4.5	2	19
宮城	2.0		10	3	5	22	3	23
福島		1.0	12	7	3	7	3	23.7
長野			2	1.1	14	59	9	82.05
新潟			6	3.55	8	29.1	4	40
群馬			12	6.8	5	8.9	1	10
栃木			7	3.3	4	9.5	0	0
茨城			4	1.45	6	18.5	1	10
秋田			10	3	2	5	1	7
北大営			8	4.1	3	7	3	28
羽陽			2	1.2	1	5	12	93.6
山形	3.0		1	0.7	0	0	28	264
1 戸平均				0.49		3.27		8.94
合計	16.0	1.0	86	42.6	56	183.2	69	616.85

※満洲国開拓研究所「彌榮村総合調査」『彌榮村史』昭和 61(1986) 年、558-560 頁、「表 14」「表 15」「表 16」から作成。昭和 15 年現在、彌榮村農家総戸数は 301 戸、上記資料 557 頁。

康徳七年（昭和一五）の夏休み、京都帝国大学農学部の学生たち数名による「弥栄村」の調査が行われ、その結果が昭和一七年に発表された（＊76）。それによると、調査当時の「弥栄村」の耕作地は約三〇〇〇町歩、総戸数は三〇一戸でそのうちの調査対象は二七三戸であり、未調査の大部分は村外居住の不在地主だったという（松下光男編、五五七頁）。〔表6—1〕は当該調査結果から作成・掲載した。ここにみられるとおり、「弥栄村」全体の自作畑地面積平均は三・九九町歩だが、貸付畑地面積の平均は六・七四町歩にのぼる。この数字は各地区によって大きな差があり、自作面積のみでは最大の山形区の平均九・一三町歩に対して、栃木区では一・一六町歩ともっとも少ない（松下光男編、五五八頁「表15」「表16」）。

調査当時、各戸ほぼ二〇町歩の土地の分配が終了しており、この結果から入植八年目に至っても家族労働による自作農の創設という指導層の思惑とは程遠い実態が明らかにされている。満州の在来農法では、雇用労働力を投下しなければ農業自体成立しない。日本の政府や農学者の知識不足・認識不足は入植者を窮地に追い込み、その結果、彼らは地主化することで危機を回避しようとしたのだ。

以上のような農業経営の改善策としては、①「生産過程に新しき農業技術と経営様式を導入すること」、②「封建的な自給自足的自作農の画一的スローガンを廃し、機械化農業を加味する経済的移民即ち新しい農業形態を創造すること」であり、「これに依って雇用労働力を機械力に出来得る限り置きかへ、生産力を昂め、他方地主化を防止して勤労性を拡大発展せしめて行く事が出来る」と、上記調査報告書は述べている。しかし、後述のとおり、現実的にはそれは簡単なことではなかった。前出の「基本要綱」「基本要領」第七項は、「開拓地の自然的経済的條件を考慮し之に即應する営農形態に據らしめ大陸新農法の積極的創成を目途とす」と謳った（＊77）。にもかかわらずその導入は実現されていなかったのだ。

2、開拓地農法の導入

ところで「基本要綱」が想定していた大陸新農法、「第二期要綱」が謳った開拓地農法とは北海道農法の応用形態のことであり、具体的にはプラオやハローという農具を使用した完全耕起および整地・雑草根の除草などの作業である。それにカルチベーターによる畜力除草などをつうじての労力節約と季節配分、また乳牛飼養による堆肥の自給化、乳製品の生産を行う総合的な農法で、開拓団の経営安定化と団員の栄養改善までを含んでいた（＊78）。

この農法の満州への導入は、昭和一三年頃には一部の学者から提唱されていたようだ。それは、当時奉天農大教授だった松野傳が農村更生協会と満州拓殖公社からの委嘱を受け、北海道の農家である三谷正太郎を同伴し、北満州移民地の農業経営について仔細な調査研究を行ってその結果を発表したことに始まる（＊79）。これが契機になり、翌昭和一四年には、やはり北海道の農家である小田保太郎が加わり、三谷は第三次瑞穂村（北安省綏稜《すいりよう》県）に、小田は第一次「弥栄村」に、それぞれ三ヶ月間入植し営農実験を行った。彼らは北海道から農具や雌牛を携行し一家を挙げて満州に入植して、自家労力による農業経営を始めたのだった。その結果はおおむね良好であると認められ、康徳七年（昭和一五）には満州国開拓総局は主要一〇ヶ所の開拓地に開拓農業実験場を設置した。そこには七〇戸の農家が入植し大陸新農法の創成を目指して実験を開始した（＊80）。

前出の松野傳は、現実の開拓団の悩みを以下七点にまとめた。①在来農法では、自家労力で一〇町歩の農地経営ができない。②雇用労働に依存する農業では経営が成り立たない。③除草期の労力が不足することから耕作面積が規定される。④年を追うごとに地力の消耗が著しくなる。⑤開拓団本部や共同施設の建設に重点がおかれ、営農が後回しになる。⑥資金の大部分が固定施設や消費に費やされる。⑦団の幹部に団育成の自信が乏しく、開拓民も将来的見通しが暗い、など（＊81）。これらを踏まえたうえで、松野は満州で開発した新農法が課題解消に有効であると考えたようだ。

　松野がまとめた上記開拓団の悩みは、拓務省東亜課による開拓団の「営農方針」が実態と乖離していることを表していた。そこで、自然的・経済的条件がそれぞれ異なる土地に入植した開拓団の適正規模の研究が課題として浮上した。その結果、日満農政研究会による適正規模調査委員会が結成され、その研究に当たることになった（＊82）。当委員会の研究結果は、開拓民一戸当たりの経営規模として、①主に自家労力で経営可能であり、農家の生活が安定・向上し得るに足る農家所得を確保することができる面積であること。②経済規模は、粗収益を年額四〇〇〇円、経営費一四〇〇円、二六〇〇円程度の純利益を目標にする、など、二点が想定され修正・提案された（＊83）。繰り返しになるが、これが先述の「基本要綱」「基本要領」第七項に結実されたわけである（＊84）。

　以上のように、実験という合理的な方法によって開拓団経営の指針が示され、それらを総合的に含んだ改良農法が採用決定されることになった。開拓総局は各省次長宛に開拓総局長通牒「開拓民営農指導要領」（康徳八年一月二〇日付）を発表しその実現を指令した（＊85）。

　上述の日満農政研究会というのは、玉真之《たましんの》介《すけ》の説明によると、昭和一四年に「日満農政一体化の提唱に応えて第一線の官吏、研究者、技術者を集結して組織されたもので、農経関係では那須皓、橋本傳左衛門、高岡熊雄の大御所に加え、東畑精一、近藤康男、大谷省三、岩片磯雄、神谷慶治、篠原泰三、川俣浩太郎等が専門委員として入り、日本側幹事は和田博雄と近藤康男が勤めた。そしてここでの研究テーマは、日満双方における食糧需給と適正規模、そして農業技術（農法）等であ」り、「戦時下における労働力不足と食糧増産というアンチノミーの克服のため、農法の高度化と適正規模による労働生産性の高い自立経営の創設が問題にされていた」。「この意味において満州への北海道農法の導入という試みは、言わば農業技術（農法）の高度化が遅れた農業構造の変革にどの程度有効性をもつかというテーマの純粋培養に近い『実験』ともいうべきものだった」（＊86）。

玉真之介の指摘は的を射たものであると筆者も考える。開拓地農法の導入は、戦時体制下における食糧増産という切実な要求に即応し、満州移民事業開始当時から加藤完治という特異なリーダーが繰り出すイデオロギーの力で推進された精神主義重視の開拓政策の性格が、科学と技術と補助金、そして農事指導体制を動員した合理的開拓政策への転換点になったといえるだろう。

以上、大陸新農法について、松野傳の著作に依拠し、簡単にその創設・導入の経緯を述べたが、これは決して平穏裏に進行したわけではなく、とくに加藤はそれを真っ向から否定し旧来の農法採用を主張した。とりわけ日満農政研究会の第二回総会（昭和一五年七月）の席上における加藤の、北海道農法への攻撃は激烈で、自身の教え子が指導する開拓団を模範にするよう松野に噛みつく場面がみられた（＊87）。

ただ、満州における労力不足に関しては、満州国・日本政府ともに内地青少年の労力奉仕で補うという考えで一致していたようだ。当研究会における加藤の主張は、食糧増産の必要性は認めながら、それは開拓地と開拓民の大量確保で推進するべきであり、「いざとならば徴兵をやる覚悟でやればゆくと思ふ」と強く主張している。それに賛同する稲垣征夫満州国興農部開拓総局長からは、国民精神総動員・国民再組織の観点から、日本内地の五〇万人の若者を開拓挺身隊として組織し、労力不足を補うことが提案された。これに対して、石坂弘満州国興農部参事官から次のような質問が提出された。すなわち、「結局勤労奉仕隊と云ふのは開拓挺身隊と云ふものと大體内容は同じですが別の言葉でゆくと勤労奉仕隊は現在やって居りますが、この勤労奉仕隊と云ふものがうんと擴大されて挺身隊になると思はれますが、さうするとその點に研究會の要望として出す際にそこの所の関係を整理しないと可笑しくないかと思います」と。この意見に対する本会会長の酒井忠正の回答は、「字句の整理は幹事にお委せしたらい、と思います」と、文言の問題にそっけなくすり替えられて採用に至った（＊88）。上記勤労奉仕隊の正式名称であると思われる、満州建設勤労奉仕隊の設置について定めた「満州建設勤労奉仕隊要綱」（康徳六年五月）による満州建設勤労奉仕隊は、「毎年概ネ十万人」が想定されていた（＊89）。

本節の最後に、『開拓農業実験場営農成績概要』（康徳八年二月、開拓総局資料第九号、営農資料第三号）から、上記開拓実験農家として「弥栄村」に入植した小田保太郎（五八歳）の実験結果の概要を参考に掲載したい。

小田が当村に入植したのは康徳六年（昭和一四）三月であり、この年度内に二五・五坪の住宅、牛舎（二一・五坪）、厩舎（二四・〇坪）を完成させた。場所は永豊鎮部落東寄り地区内、「弥栄村」の本部から東北約六〇〇メートルに位置した傾斜地で、耕地の形態も不正形のうえ土質も悪く巾六メートルの道路が中を通る、営農条件の悪い土地だった。小田はプラウ・ハロー・除草カルチベーターといった農具も豊富に持参したが、それはどの農具がこの土地に適するかということを確かめるためだったという。

小田の家族構成は、本人と妻、長男とその嫁、三人の孫、それに一五歳の姪の八人であり、主として小田と長男夫婦が農耕および家畜の飼育を担当した。小田の妻は、農繁期以外は家事に従事している。この他に住み込みで現地人の子ども（一二歳、性別不明）を雇用し、牛馬の放牧・飼育等の作業に当たらせた。土地は、畑一〇町歩とそのほかに放牧・採草地一〇町歩の購入を予定しているものの、面積の測定・地価ともに未定だった。当該調査当時、小田の耕作面積は八町二反歩だったが、荒地を開墾する

〔表6-2〕「弥栄村」における実験農家 小田保太郎の実験結果（単位：円）

現金収入の部		現金支出の部		翌年２月までの予定経費	
（昭和14年３月～10月）		労賃	22.40	労賃	25.60
牛乳代	1,899.26	（牛追いの現地子ども）		種子・肥料代	50.00
（1升0.3円10月分225円加算）		装蹄費	10.20	（満拓より斡旋を受けたもの）	
労賃	15.00	家畜衛生費	21.00	装蹄費	10.00
合計	1,924.26	農具費	107.35	小計	85.60
14年度の現金収入予定		飼料費	301.00	支出総額	734.05
	3,115.00	畜舎費	1.50	家計費	1,217.71
		小計	463.45		
		臨時農具費	185.00		
		合計	648.45		

必要があったことと、多雨量・多雹《ひょう》など気象条件が悪かったことにより、農作物の成績は良好とはいえなかったようだ。反面、養畜重視経営の、自然条件の変化に対する抵抗性の強さが証明される結果となった。同書より入植の翌康徳七年度の収支を〔表6－2〕にまとめた（＊90）。

この実験結果では、現金収入合計金額が予定どおり三一一五円になったとしても、上述の、適正規模調査委員会が提示した目標には届かないものの、開拓総局による小田への評価は高く、当局の北海道農法に対する期待の大きさがわかる。すなわち、「入植二年目にして而も未だ完全に一〇町歩を耕作せざる中に斯る成績を挙げ得たのは因より多大の家畜資本を有し、且つ営農全般の技術に於て勝れて居るからであるが、家族全體が自己の分野に於てよく働き農業を楽しみて生活してゐる姿は開拓団の充分範としなければならぬ處である。尚同農家に於ては将来牧草畑を作る計畫の下に康徳六年来チモシー、赤クローバー、ルーサン等の試作をなし、満洲に於て越冬困難とされて居るチモシーの越冬に独特の方法をもって成功して居る等極めて研究的であり、更に七年には秋耕四町歩を行ひ十月迄に堆肥一萬五千貫堆積して居るので、八年度は更に大きな発展を示すものと思考せらる」と。

こうした実験農家の成績が、開拓団への新しい農法導入の要因になったことと思われる。

第三節　満州「大八洲開拓団」の建設と運営

(一) 満州「大八洲開拓団」建設

『大八洲開拓史』は、戦後、大八洲開拓団入植二〇周年記念事業として故佐藤孝治が編纂した。本書には満州での事業の概説および、引き揚げ後茨城県守谷の菅生沼《すがおぬま》地区に入植した後の歩みが記録されている。本節は、孝治が「向上会」会長時代からの信念ともいうるほどに固執した運営理念、すなわち「自治」と成員「相互の向上弥栄」追求の実態を究明することを中心課題として設定した。「向上会」の運営理念は即孝治の生活信条であり、その内実は既述の「共働」「共有」「公平」の原則だった。したがって、この精神が戦前・戦後をつうじて彼の生活を貫いたものと仮定した。本節では、特に団員の安定した生活が保障された「大八洲開拓団」(以下、「大八洲」と略称) の生産組織と経済機構および福利厚生機構に焦点を絞り、その具体的な方策を明らかにする。

以下、多くを戦後孝治が編集した『大八洲開拓史』の記述に依拠して論述するため、煩雑さ回避の観点から、本書の引用は、(佐藤〇〇頁) と略記する (＊91)。繰り返しになるが、「弥栄村」の分村としての「大八洲」の創設は、昭和一四年一月のことで、入植地は三江省樺川《かせん》県千振《ちぶり》街柳毛河《りゆうもうこう》だった (佐藤、一六〇頁)。本団は現地結成の団であるがゆえの手続きの不備から、「第一三次集団開拓団」として正式に認可を受けたのは昭和一九年であり、そのため本来受けるべき補助金や幹部の俸給は未受領のまま敗戦を迎えた (佐藤、二一一頁)。

先述したように、日本・満州両国連名で「基本要綱」が発表されたのは、昭和一四年一二月である。それに伴い同一五年五月には満州国勅令第一〇七号をもって「開拓団法」が、続く同年六月に満州国勅令第一六二号「開拓協同組合法」、翌同一六年一一月満州国勅令第二八〇号「開拓農場法」などの関連法令が公布され、開拓団の運営は法的規制のもとに展開されることになっていた（＊92）。「大八洲」の正式な認可の遅れは、本団の開設初期がこのような開拓団関係法の整備期に当たっていたことが理由のひとつだったものと思われる（＊93）。

昭和一九年には満州国開拓総局が「大八洲」の農地配分を計画し、翌二〇年に正式な認可を受け、同二一年から開拓協同組合への移行が実施されることになっていたという（佐藤、一六一一七頁）。つまり、敗戦当時の「大八洲」はすでに「開拓団法」が規定する建設期を過ぎ、「開拓協同組合法」および「開拓農場法」の適用を受ける開拓団として運営されるはずだったことになる。「開拓団法」では、満州国の「街制」「村制」施行後も、開拓団は、入植後五年間は特殊法人格が付与され保護されるなかで、「団員ノ鞏固《きょうこ》ナル団結ニ依リ開拓地経営ノ基礎ヲ確立スルコト」がその目的であると明記されている（「開拓団法」第一条）。そして、創設期を過ぎると「開拓協同組合法」の適用による保護を受け、開拓団は行政的には満州国の地方制度に吸収されるが、経済的には独自の機能を保有し維持することが是認された（＊94）。「開拓農場法」は、団員の土地やそれに付随する財産の私有制度に一定の制限を加え、世襲家産制で保護することで（「開拓農場法」第一条）（＊95）、国家の意思に沿った農場運営が展開されることを目的に制定されたものである。

大東亜戦争開始以来、開拓事業の最重要目的が食糧の増産におかれたことは、農業を目指す孝治の理想実現の追い風になったことは間違いない。孝治は新しい共同体の建設に着手し、理想実現のために徹底した協同主義を採用した。孝治の開拓団建設の目標と特色は次のようなものだった（佐藤、二頁）。

すべて協同に根拠を置き、家族的に団結し、各人個々の活動も協同の本流に添って流れるごとく、団の発展なくして個人の生活なく、村づくりを通して各個の安定をはかり、団の基礎を固めて個人の繁栄が得られるように密接不離の関係に置き、団本部は団員の生活を保証し、団員の活動はそのまま団本部を擁護するように計画し、運営した。

つまり、「大八洲」の組織化と農業生産量増大の追求は、団員の幸福実現の手段であり目的ではなかったということである。ここに国家の移民事業遂行の目的と、孝治の理想実現の方法との一致がみられ、孝治は国家と積極的に共犯関係を結んでしまった。すなわち、政治は食糧増産目的達成のため開拓団を厚遇し、孝治は理想の実現のために政治を利用しながら事業を展開したのだった。孝治は、ひとりの落伍者も出さず、かといって有能な団員には「個人の繁栄が得られる」ように団の経営に工夫を凝らした。ただ、当時の孝治は日本軍の侵略による現地農民の犠牲のうえに、日本人移民の幸福実現を図るという計画自体に、崩壊の可能性が内在する矛盾を孕んでいたことには思い至らなかったようだ。

ところで、孝治はなぜ「大八洲」を創設しなければならなかったのか。用地不足がその要因であれば、「弥栄村」内に新たな区を設置するか不足面積分を拡張すれば済むはなしではないか。既述のとおり、「弥栄村」の退団者は二〇〇名近くに及んでおり、この「虫喰い団」は新たな入植者を待っていた。だとすると、「大八洲」の創設が用地不足という理由によるのでは辻褄が合わない。むしろ耕作適地不足のほかに分村・独立の理由があると考えるべきだろう。推測だが、最大の理由は、当地での数年間にわたる農業経験から、満州では個人的農業経営は成り立たないことを孝治が理解していたからではないか。

先に明らかにしたように、当地では農耕で生活を維持することができる階層は、一四町歩以上三六町歩を耕作する農家である（＊96）。翻って日本人の移民に分与された一〇町歩程度の農地では、農業での生活維持が不可能なクラスに属した。そのうえに農業労働者を雇用したならば収益など到底見込まれない、それどころか赤字が続き負債は増える一方で返済も不可能になる。新しい農法も未だ試験の段階である。与えられた一〇町歩の農地を効率よく経営して利益を出し、そのうえ成員の生活が保障され福祉も充実させなければならない、その欲張りな目標の達成はどうすれば可能か、孝治はそう考えたのではないか。「大八洲」創設当初、孝治は団員に次の質問を発して彼らの意思を確認していた。

> 我我《ママ》は開拓民として入植、建設を完了して一人前の農家を構成するまでには、普通三千円から五千円の借金が残る。各戸の農家は十ヘクタールの農地を耕作して生活を維持し、子女を教育し、普通の交際を続け、公租公課を負担し、なお年年歳歳その償還の責を完全に負担できる自信があるか？

この問いに対して自信があると答えた者はほとんどおらず、「それでは償還の責を負う必要がなかったら安心して営農を続けられるか」と問うと、それなら大丈夫との回答をえたという（佐藤、一八―一九頁）。現実に、敗戦直前の「大八洲」の、満拓からの借入金合計は五二万円で、団員一人当り平均五八四三円のにのぼっていた（佐藤、一八頁）（＊97）。

孝治の理想は、「生活に追われ償還に追われ、負担に追われる事は人間が委縮する事であ」り、「借金に災されず、生活に追われず、安心と立命を得て余剰を公共に蓄え、無理なく楽しく理想を抱いて働ける」、そういう人間を育てることだった。彼はそれが国家に対する最大の奉公だと信じていた（佐藤、二一頁）。そのためには「稼ぐに追いつく貧乏なし」のことわざどおり、成員が喜んで働くことができる生産組織と経済機構を整備・確立し（佐藤、一三頁）、それを「自治」的に運営する必要があったのだ。

考えられる理由の第二は、すでに個人営農が進行していた「弥栄村」では、孝治が希望する経済機構の構築は不可能だと考えたからではないか。農民のユートピア建設のためには、志を同じくする者が集まって新しい開拓団をつくる以外に方法はない。

以上から、孝治は、新しい経済組織を有する開拓村の建設に着手したのだった（佐藤、一九頁）。

（二）「大八洲開拓団」の生産組織――「共働」の原則

本団の立地条件をみると、総面積は二三〇〇ヘクタール、うち当初の既耕地は二〇〇ヘクタールだった。これは、上述の永豊鎮『第一次特別移民用地議定書』「第八條」で、原住民の「耕作代地ヲ向陽山及ヒ八虎力《パーフーリー》河岸地区ニ与フ」（本章第一節〈四〉参照）と既定したことにより、用地内の八虎力河岸地区に移転を余儀なくされた原住民の開墾地だったことが示唆される。筆者の推計によると、団の面積は東西約三・五キロメートル、南北約六・五キロメートルである。参考に、「大八洲開拓団略図」〈図6―2〉を掲載した。部落ごとの世帯数は〈表6―3〉のとおりである（佐藤一六頁）。

この略図によると、団の位置は大八虎力河を境にして北側に「弥栄村」が、西側には「晃辰《こうしん》開拓団」があり、さらに西方には千振街がある。配置図には記載がないが、そこには第二次「千振《ちぶり》開拓団」が営農を展開していたものと思われる。昭和一一年一〇月には千振街の西側を南北に鉄道図佳《とか》線が開通した

〔図 6-2〕大八洲開拓団略図

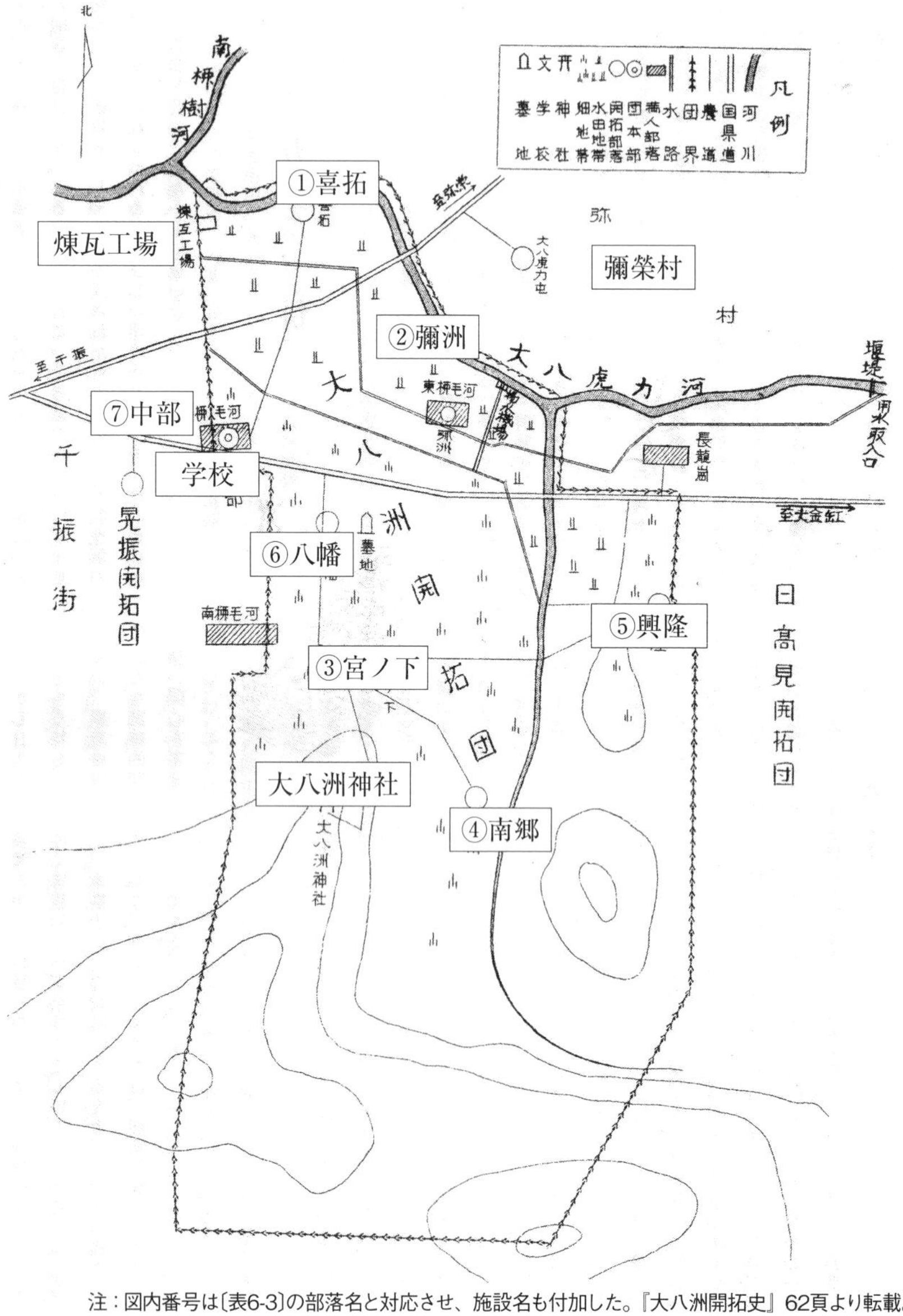

注：図内番号は〔表6-3〕の部落名と対応させ、施設名も付加した。『大八洲開拓史』62頁より転載。

〔表 6-3〕「大八洲開拓団」内部落配置および世帯数

部落名	主な経営	世帯数
①喜拓	水田	10
②彌洲（やしま）	水田	10
③宮ノ下	畑	12
④南郷	畑	12
⑤興隆	畜産	14
⑥八幡	建築	14
⑦中部	本部	17
合計		89

（＊98）。団の最北を東西に流れる大八虎力河の支流が団の中央を縦貫し、団北部は米作の好適地だったことがわかる。

ところで、前述した開拓団の利益目標達成のための施策は、与えられた土地の徹底利用による合理的な経営と、「弥栄村」での反省として住居から農地への移動時間の無駄をなくし、土地の条件に適した農業を行い、なおかつ長い氷結期間にも働くことが可能な副業を創出することだった。そのうえ、生産者と消費者間の搾取を廃し、団員には生産や労働に見合った農業収入の保障を行うことが必要だった。それらを可能にする方策の第一は、団内の部落配置に表れている。〔図6—2〕によると、職掌ごとに配置された部落は、地形に沿った、つまり営農が効率よく展開できる配置になっている。すなわち、北の大八虎力河に沿った地帯に水田部落①②を、その南には畑作中心の部落③④が、東の丘陵地帯には畜産中心の部落⑤、団の中央西よりの鉄道に近い区域には本部⑥と建築が主体の部落⑦がそれぞれ配置されていたことを確認することができる（佐藤、六二頁）。

この配置は「弥栄村」とは異なり、各部落の農家がほぼ専門的な営農を行うためのもので、それによって公的には個人経営であっても部落内の協同労作も可能であり、労力雇用や機械の導入では費用・移動時間ともに無駄を省くことができる。そして前出の小田保太郎の実験に共鳴したのか、孝治は「開拓団営農の根本は養畜にあり、家畜なき農村は衰亡する」（佐藤、八頁）という信念をもつに至り、畜産部落の「興隆《こうりゅう》」には入植と同時に協同畜産場の建設を急いだ。

牧畜は肥料の自給と団成員の栄養面を充実させ、反対に畑地区では飼料の栽培も行い畜産部落に提供

満州での佐藤孝治（前列左から二人目）**・スヅ夫妻**（及位　佐藤明智氏所蔵）。

したださろう。全体の保有数ではあるが、敗戦直前の「大八洲」は、移植日本馬三二頭、満蒙馬三五頭、乳牛七頭、鮮牛一九五頭、綿羊二一〇頭、乳用山羊二五頭、豚一三頭、家兎二六〇羽、鶏九五〇羽、家鴨七〇羽を飼育する堂々とした有畜開拓団を形成していた（佐藤、一七頁）。団の組織のうえではこれら各部落がそれぞれの生産拠点であり、実行会となって構成員は連帯責任を負った（佐藤、一六頁）。

「大八洲」では、入植当初の補助金や借入金は、生産に直結しない住宅建設などには極力使用せず、畑地の開墾や開田、家畜の購入、農産加工場建設とその設備に費やした。

「大八洲」でもっとも孝治の運営理念の特殊性を表す施設は、孝治が「団運営の心臓部」（佐藤、一三頁）と位置付けた農産加工場である。彼が「団運営の中心をなすものとして、当初より重点を置き建築にかかった」のは、建坪一〇〇坪の煉瓦平屋建ての醸造工場で、ここには麹室二室、井戸二眼《ママ》、仕込みタンク四基、釜場四基、味噌擂《す》り機特号一台、発動機一台、搾汁機一台、仕込み桶二〇石桶六個などを施設し、入植の翌昭和一五年には竣工して味噌・醤油、漬物などの生産を開始した。

同一六年からは軍納品の注文も受け販路を拡大している。建物に使用した煉瓦や屋根瓦は自前の工場で生産したものを使用し、建築材も大八虎力河上流から団員が伐採・搬入したもので、これらは無料で入手できたうえ余剰は販売してちゃっかりと利益を上げた。しかし、運営が安定した時期からは団内に造林することも忘れなかった（＊99）。この加工場は同一六年、一九年の二回にわたり増改築し、続けて精穀工場・搾油工場・農業倉庫なども初期の段階で建築して「団運営の基礎」の拡大・強化を図った（佐藤、四—六頁）。当然、この一連の施設建設は開田や開墾と同時並行で行われた。

水田は、昭和一五、一六両年に各五〇ヘクタールを新たに開き、即播きつけを行ったが、この時点で工事が完了した水路の総延長は八キロメートルに達していた。結局、敗戦時点での水田面積は二五〇ヘクタール、畑面積は七三〇ヘクタールに増加し、団内の食糧は早い段階で完全に自給されていた。

以上は「大八洲」の生産機構の一部を『大八洲開拓史』から抜粋しまとめたものだが、こうしてみると、各部落に配置された団員は、とりわけ団の建設期には互いの協力がなくては作業が進まなかっただろうし、妻たちも多忙を極めただろう。孝治は、土地の条件にみあった経営のために団員を集団配置し、自然的な協力態勢を構築して彼らの働きが極力生産に結びつく複雑な経済機構をデザインしたのだ。

団の機構は、『大八洲開拓史』に図式化されているので、本項では概略を述べるにとどめる。各部落から成る実行会をベースに、農業生産をまとめる機関として農務課、農産品の加工課、購買・販売・倉庫・配給を管理する購販課、それに建設課が配置され、各課は勧業部として括られる。また、庶務・経理・管理（土地・施設）・郵便事務の取扱いは総務部として括られ、日本馬管理委員会および共済会は協議会にまとめられて、生産関係以外の部門を担当した。それらを統括するのが正・副団長と補導監査役で、それぞれの部署で働く団員には最大の報酬が支払われた。昭和二〇年現在、全世帯に主食と味噌を無料配給することができた（佐藤、一五頁）。

（三）「大八洲開拓団」の負債償還構想──「共有」「公平」の原則

孝治の団運営の独自性を表す第二の施策は、借入金の返済計画にあった。この件について孝治は次のように述べ、借金全額を設備の建設に回したことを明らかにした（佐藤、一九頁）。

それは常に借りた時から団員の総力を労働によって蓄積して置く事である。団員の日常働いた結果は、各人の生活を維持した残余はすべて消費される事なく本部に蓄積され、本部財産として確保されているので、金を借りたら借りた金に相当する本部施設、本部財産が常に残るように建設して団を運営し、団員を動員して間接に団員の生活を維持できるように活動させる事である。

「大八洲」は預託制度を採用した。それは、団員の労働に対する報酬や生産物納入の代金を、団員個人名の帳簿に全額貯蓄として記載し、そのなかから団施設の建設負担金を徴収し、個人の農具や家畜の代金、また生活に必要な物資の代価を差し引くという制度である。これはすなわち、団員は「共働」および協同営農によって、物で生活を維持していくということにほかならず、経営の進度によっては個人の独立経営に移行するが、本部との関係は独立後も現物によって労働本位の経済を維持する。そうすることによって、団員とその家族の生活は保証され、借金は極力少なく、預託金は個人名義の帳簿に全額蓄積される。後述するように、この方式は引き揚げ途上の難民生活でも、戦後の国内再開拓時代でも継続して採用され、これによって団成員全体の「向上弥栄」が達成されたのだ。

孝治は入植と同時に「あらゆる障害を突破して」（佐藤、一三頁）加工場の建設・運営を行った。孝治はもともと、「大八洲」の農産加工業は儲ける必要はない、団員の生産物であれば、加工用の原料には比較的高価な対価を支払ってもよいと考えていた（佐藤、一三頁）。高価な原料費・高価な労賃を支払うといっても、それが団員による生産物であるために、実際には労力供出者自身の貯蓄として確実に蓄積されるのだ。そうすることで知らず知らずのうちに貯蓄が増え、団員の経済は潤う。すると各自働く喜びが増大して農閑期には進んで加工場の仕事に従事する。そのため、本部では老人や婦女子に至るまで、ちょっとした閑にでも働けるよう、つねに仕事を用意し充分な報酬を支払った。

このように農産加工場には、団員が働くことに希望を持つことができるような施設としての役割が付与されていたため、もし経営的に儲かっていなくても団員の貯蓄は増え、裕福になっている。団全体からみると、赤字は内部からの借金であり、加工場は団員の貯蓄で運営されていくということで、現金がなくても工場は稼働する。「すべての団の運営活動はそうした組織のもとに団員の力によって運営すべきであろう」と孝治は述べている（佐藤、一三頁）。

ただし、付記しておかなければならないのは、後述の庄司きいによる戦後の回想で明らかなように、軍納品である漬物・味噌・醤油などは現地の住民を雇って製造しており、女たち全員が必ずしもそれに関わっていなかったという事柄である（＊100）。これは、事業の拡大に伴う労働力として現地の住民を雇用したことを示唆している。

（四）「大八洲開拓団」の厚生事業

以上みてきたように、満州「大八洲」では経営が安定することで団員の経済も次第に潤った。しかし、不安がまったくなかったわけではない。団員も彼らの家族もつねに怪我や病気、死の危険と隣り合わせの生活を送っていただろうことは容易に推察される。そういう理由から、孝治が構想した団員の厚生事業の一部を確認しておきたい。

前項で、団の組織のなかに共済会が組み込まれたことは、すでに述べたところである。孝治によると、「共済会は災厄に対する共助機関であって、これに本部共済、支部共済の二段階を設け」て、団員やその家族の疾病や死亡時には二重に救済するよう手当した。たとえば団員や家族に疾病による入院が必要になった場合、その費用の三分の一を本部共済が補償し、三分の一を支部共済が補償する、つまり個人負担は三分の一の費用で済む（佐藤、一六頁）。死亡の場合には、団葬として総費用を団が負担する。それは、孝治の協同精神の表現で、団員が「冠婚葬祭の虚栄虚礼に、やせ我慢をしてまで必要以上の浪費をして、心ひそかに臍《ほぞ》をかむていたらくを演ずる」ことを強く戒める狙いがあった（佐藤、二〇頁）。

孝治の理念を象徴する「大八洲」の厚生事業は、自前で医師の養成を計画したことだった。「既設開拓団の医師がややともすれば団員との関係が円滑にゆかないため、長く踏みとどまる者が少なく身をもって開拓保健に挺進する者の少ない現実を見て、その弊を避けるため」（佐藤、一四―一五頁）、団員のなかから「医師かせめて看護の出来る程度の勉強をしたい」という希望がある者を募った（＊101）。

山形県綱木（現、米沢市）出身の団員の、一七歳になる息子の加藤恒夫（大正一一年六月生まれ）がそれに応じ、孝治は恒夫を弥栄村病院に看護見習いとして派遣した。その後、昭和一五年、佳木斯医科大学が開設されると（＊102）、恒夫は本大学病院の形態学教室の宮本医師のもとに助手として勤務した。尋常高等小学校しか出ていない恒夫は死にもの狂いの勉学の末、同一七年には本医大に入学することができた。学生の恒夫には団の医師としての活動が充分できなかったため、孝治は一計を案じ、近隣の「鶴立《かくりつ》開拓団」内の樺川県立病院から、当院の産婆兼看護師だった光子（旧姓市原、大正一一年長崎県生まれ）を恒夫の嫁に迎えるよう図った。後述の、光子の回想にみられるように、孝治は光子を医者がわりとして半ば強引に「大八洲」に迎えた、昭和二〇年二月のことだった。

光子によると、夫の恒夫は一週間に一度位は自宅に戻り「大八洲」で診療にあたったという。同一九年の夏頃からは、佳木斯医大から特別に「大八洲」に巡回診療が行われたというから（佐藤、一五頁）、恒夫の佳木斯医大への入学は、孝治の期待以上の成果をもたらした。昭和二〇年秋には恒夫が医大を卒業する予定だったため、「大八洲」ではそれに合わせて開拓診療所の建築を計画した。残念ながら、診療所開所前に敗戦になり、計画は満州の地に露と消えた。しかし、加藤夫妻の奮闘の甲斐あってか、団の乳幼児死亡数は他団の驚異の的になるほど少なかったと孝治は自慢した（佐藤、一六頁）。

（五）「大八洲開拓団」内の生活の諸相——妻たちの回想を中心に

1、「大八洲開拓団」の妻たち——入植の動機と経緯

石原八重子は、故佐藤孝治が戦後再編成した茨城県の「大八洲開拓団」で主に女性たちへの聞き取り

調査を行い、『聞き書き　大地を拓いた女たち―満州開拓から近代農法に行き着いて―』を刊行した（＊103）。筆者は、本書の執筆に際し、現大八洲開拓農業協同組合組合長の杉原利昭氏から、組合所有になっていた石原の聞き取り原稿を借り受け、それに現時点で聞き取り可能な方々の協力をえて―当事者の多くは故人か、ご存命でも高齢のため聞き取りができなかった―以下採用・掲載する。後掲⑥に記載した加藤光子のみ筆者の聞き取り調査の結果である（＊104）。石原氏と杉原氏には、この場を借りて感謝申し上げたい。なお、本項では煩雑さを避けるため、石原の著作の引用は、（石原、○○頁）と略記する。

石原の聞き取り調査から明らかにされたことは、まず、事例の女性たちが花嫁として入植した経緯。次に入植地内の生活の実相などである。残念ながら、筆者が当初期待した「大八洲開拓団」創設の理由と経緯については、妻たちは建前上の事柄しか語らなかった。

「基本要綱」発表以前の花嫁は、各府県の代表者が直接内地に戻って招致したり、郷里に頼んで探してもらったりと、団員自身が積極的に行動した。「大八洲」の場合、事例に採用した佐藤スヅや安藤まさのように、団員本人の希望が故郷に伝えられることで、満州と故郷との人的ネットワークが発動し縁組がすすめられることが多かったようだ。口述のとおり、娘たちが満州に嫁いだ動機の多くは家が貧しかったからではなく、「満州へのあこがれ」だった。しかし、前章までに明らかにされたように、その根底にあるのは、若者が自身の将来に希望をもつことができない日本国内の経済状況が横たわっていた、と筆者は考えている。自ら開拓団員になる資格をもたない娘たちは、その閉塞感から逃れるために、花嫁となって満州で幸福実現の夢をみようと決断したのだと思われる。

「大陸の花嫁」に関する研究を比較的早い段階で行った陳野守正は次のように述べた。「大陸の花嫁を選んだ動機」として、「自分の意思で」「大陸にあこがれて」「お国のために」「（拓務訓練参加者の―筆者注）町村役場への割り当て、教師のすすめ」「貧しさのために」「結婚難」「宣伝にひかれて」「縁故関係」「家庭の事情」などを挙げ、「実際は以上の項目のいくつかが重なり合って大陸の花嫁を決意させたのではないかと考えられる。そうしたなかで、縁故関係によって渡満した大陸の花嫁が一番多かったように私には推測される」と（＊105）。

縁故とは聞こえがいいが、「大八洲」では、娘をだまして強引に縁組した事例も聞かれ、孝治のワンマンな性格の一面がみられる。このような及位《のぞき》式略奪婚と呼ぶべき縁組に、妻たちも「おら、騙《だま》さってここさ（嫁に）来た」と屈託なく、伴侶になった男性と結構うまく（？）いったようだ。実際、妻たちの回想から、敗戦直後の惨状のなかの彼女らのおおらかさと潔さが、連帯感や生きる原動力を生みだした場面もみられる。数年来の筆者の調査でわかったことは、戦前の及位村では、婚姻は人びとがより良く生きるための戦略として親や保護者が決めるもので、娘も見知らぬ男性のもとに嫁ぐことにさして抵抗感はなかったらしく、そのような習慣は戦後もしばらく続いた。前章で詳述したように、冷害・凶作のたびに餓死すれすれの生活を余儀なくされるほど厳しい自然環境のなかで暮らす人びとの、生きる知恵だったのだろうか。

本項では採用しなかったが、後述の庄司きいもまた、彼女の兄から孝治の妻のスヅを手伝うよう命じられて孝治の家に行くと、そこが彼女の結婚式の場で、そのうえ相手ははじめて会う人で、まるで「だましうちのような結婚のさせかただった」と述懐した（石原、五五―五六頁）。それは昭和二〇年三月のことで、きいはそのとき数えの一八歳だった。また、満州で孝治の養子になった紀之に、戦後嫁いだ佐藤加代子（昭和一四年生まれ）は、孝治から「手伝ってほしい」といわれて塩根川から茨城県の「大八洲」に来た。昭和三五年のことである。ところが、孝治の自宅に着いたその日が紀之との結婚式で、「おら、騙さってここさ来た、おらのと─ちゃんどれか分かんねかったぞ」と筆者に話した（＊106）。女性たちの瞬時の決断力と大胆さには驚かされる。

①佐藤スヅ──満州に憧れて──昭和一二年四月「弥栄村」北大営区に入植

彼女は大正三年四月一六日生まれ（昭和五八年一二月一二日没）で、孝治のもとに嫁いだのは二四歳のときだった。スヅは孝治と同じ山形県最上郡及位村の出身で、大滝の実家は部落一の素封家だったという。そんなスヅの元に二九歳になる孝治との縁談を持ちこんだのは、塩根川部落で「向上会」設立に関わった佐藤篤だった。話の内容から、孝治との縁談は、どうやら昭和一〇年頃、つまり東宮鉄男《とうみやかねお》が内地からの花嫁招致に奔走していた時期に当たっていたことがわかる。スヅの父親は、郷里で結婚式を挙げることと条件を出した（石原、五二─五四頁）。昭和一二年四月一日、孝治とスヅは孝治の実家で式を挙げた。

新婚の孝治夫妻は、写真見合いで同じく「弥栄村」北大営区の花輪源三郎の妻になる予定のふく、高橋辰左右衛門の妻になるトキ、それに満州に永住希望の辰左右衛門の父親を伴って、新潟港から船で清津《チョンジン》へ渡った。清津からは図們《ともん》経由で佳木斯まで鉄道が開通していたため（＊107）、最寄りの「永豊鎮駅」までは汽車で行った。三人の花嫁が北大営区に入ったことで、合同結婚式が開催された。「式には、団員夫婦が普段着のまま集まってきて、満州の菓子や角砂糖に、大根や白菜の漬物を酒の肴にした宴が用意された、アルミ製の大きな食器で酒盛りをしただけ」というごく質素なものだった（石原、五〇─五一頁）。石原は調査日を明確にしていないが、スヅが昭和五八年一二月には他界していることから、聞き取りは同五〇年前後に行われたのではないかと推測される。

②花輪ふく――環境を変えたくて――昭和一二年四月「弥栄村」北大営区に入植

花輪ふくは、明治四五年四月五日生まれで、入植当時二六歳、山形市内の農家の出身である。婚約が破談になり、「何もかも嫌」になっていた頃、それを見かねた姉が持ってきたのが「弥栄村」北大営区の花輪源三郎との縁談だった。ふくは、「振袖を着て山形から三里ほど離れた」天童の花輪の実家で、花婿のいない婚礼を挙げた。それから実家にもどって、満州へ連れて行ってくれる人を待った。孝治夫妻に伴われて「永豊鎮駅」に到着したふくは、花輪源三郎の出迎えを受け、そこであらためて孝治から夫になる当の男性に引き合わされた。はじめて会った源三郎に対する彼女の感想は、「物静かな感じのするよい人のようで安心した」ということだった。花輪夫妻は「大八洲」が「弥栄村」から分村した後も北大営区に残っていたが、戦後の引き揚げ後「大八洲」に入った。

ふくは「弥栄村」での生活を、驚きと戸惑いをもって語っており、その内容は当事者である女の目をとおして観察した開拓団の生活そのものだったと思える。とりわけ、ふくの匪賊に関する洞察力は鋭く、「弥栄村」で体験した生活面での細々した事柄から、日本人に従順ではない満人が匪賊と呼ばれたのだということを理解したようだった。また、ふくの口述からは、「弥栄村」の団員が地主化していった過程も明らかにされた。さらに、「大八洲」が新設されたのは朝鮮系の部落を内包した農業条件のよい土地であったことを言外に滲ませた（石原、五一、六三―六五頁）。

③安藤まさ――封建的なイエの桎梏から逃れて――昭和一〇年一〇月「弥栄村」北大営区に入植

安藤まさは、大正元年一〇月四日生まれで山形県東置賜郡出身である。まさの父親は小学校の代用教員で、家は養蚕農家だったから、彼女は毎日忙しかった。村の青年学校の教官の奥さんから、二井宿にある彼女の実家の母親の紹介だと、安藤惣太郎との縁談が持ち込まれた。まさは、彼女の一〇歳年上の姉の、農家の長男の嫁としての苦労話をたびたび聞かされ、それで農家との縁談は断り続けていたのだった（石原、四八―五〇、六一―六三頁）。

④斉藤いせよ――叔父に勧められて――昭和一四年八月「弥栄村」八虎力屯に入植

いせよは、大正三年、山形県南置賜郡綱木（現、米沢市）で生まれた。当地は山形県の南端で福島県堺の山村だった。そのため農地が少なく、人びとは主に養蚕と製炭で暮らしをたてていた。いせよは尋常高等小学校卒業後、家で養蚕を手伝いながら夜学に通っていた。彼女もまた、満州に憧れを募らせながら、募集に応じたら「どんな旦那さんにあたるか分からない」という理由で決心がつきかねていた。その矢先、叔父の勧めがあり嫁ぐことにした（石原、四七―四八、八三頁）。なお、いせよは引き揚げ後「大八洲」に入植した。

⑤吉田セン――姉夫婦に「だまさって」嫁に行かされた――昭和一八年一二月「大八洲」に入植

センは大正七年、山形県最上郡及位村大滝部落で生まれた、孝治の妻のスヅの妹である。連れ合いに先立たれ大阪で会社勤めをしていた頃、スヅから「満州に来ねえか、来ねえか」と再三にわたり誘いがあった。その頃姉夫妻はすでに「弥栄村」から分村した「大八洲」に移っており、センを独身の団員と再婚させようと仕組んだのだった。仕方なく嫁いだ先では何度も嫁に来たことを後悔した。及位村の裕福な家庭で育ち、大阪では気ままな生活をしていたセンには、とくに妊娠中だった頃の姑の世話や手作業での農業が辛かったし、食べ物が自由に食べられなかったことも不満だった。

花嫁の多くは団員との水入らずの生活を楽しんだようだが、老親夫婦との同居はセンにはことさら辛く感じられたようだ。ただ、妊娠中の農作業の辛さが語られているものの、農業は現地住民が中心になって行っていただろうと想像され、センの働きが期待されていたとは思われない。また、センが日本を出発したのはいつ頃か明確にされていないが、口述の内容から昭和一八年一二月一〇日前後のことだと思われる（石原、五七―五八、八三頁）。

⑥加藤光子――昭和二〇年二月――勤務病院の院長の命により「大八洲開拓団」の加藤恒夫に嫁ぐ

筆者は、平成二六年三月三〇日、一一月六日の二回にわたり、加藤光子氏にインタビューを行った。そのとき彼女は九三歳だったがお元気で、インタビューの依頼を快く承諾してくださった。光子は大正一一年二月一一日生まれで長崎県北松浦郡鷹島村の出身である。生家は菓子製造業を営み比較的裕福な環境で育った。彼女は男二人女四人兄弟の次女である。村の尋常高等小学校卒業後、看護学校に入学したものの寄宿舎の空きがなく、近隣の助産所に食費六円で下宿して通学したが一年で退学した。下宿先の勧めで産婆の見習いをしながら、翌年夜間の産婆学校に入学し免許を取得した。その後、親戚の世話で平壌《ピョンヤン》の病院に一年間勤務した。その頃満州で警察官をしていた叔父の推薦で「鶴立《かくりつ》開拓団」内の樺川県立病院に勤務しはじめた、光子が一九歳のときだった。昭和二〇年二月、勤務先の院長から「大八洲開拓団」の加藤恒夫に嫁ぐよう申し渡された。

光子は、恒夫とは同い年のうえ顔見知りだったし、「もしもらいに来られたら嫁になってもいい」と思っていたという。突然のことに驚いたとはいえ、恒夫との縁談話に内心彼女は喜んだようだ。光子は団の「トバカン」という畑作中心地区の加藤の家に入り、医者代りとして往診の日々を過ごした。ただ、この名称の部落は、前出の〔図6―2〕によると「大八洲開拓団略図」には掲載されておらず、「宮ノ下」か「南郷」という畑作部落が、「トバカン」と呼ばれた現地住民の集落を内包していた可能性を示唆する。光子によると、当時開拓団の中には満人の部落があったという。そして敗戦、女と老人・子どもが中心の引き揚げには気丈な彼女が先頭に立った。

2、「大八洲開拓団」の生活

既述のように「弥栄村」では、独立宣言の際土地は正式に分配され個人経営に移行していた。しかし、妻たちの口述によると、北大営区ではその後も農耕班・蔬菜班・水田班など、班編成による共同の農業経営が行われていたことと、温床による苗の栽培が行われ、団員の家族も団内の加工場で働くことができるよう環境整備がなされていたことが判る。

一方「大八洲」は、現地住民の既住地を接収して設立されたため、創設当初から一〇町歩の畑といくらかの水田が個人に分配されており、「弥栄村」に比較すると圧倒的に有利な条件で営農がスタートしていた。上述のとおり、「大八洲」では数所帯ずつが七つの部落を形成し、安藤まさ夫婦に割り当てられたのは「喜拓《きたく》」という水田部落で団最北の川の近くに設置されていた。反対に吉田センの家族には「南郷《なんごう》」という団の最南端に位置する農耕部落が割り当てられ、セン一家を含め四世帯が有畜畑作経営を行っていたことがわかる。安藤まさによると、夫の惣太郎は団本部の仕事のため多忙で、割り当てられた水田のほとんどは現地の住民が耕作したという。

前項では採用しなかったが、昭和一四年の秋に「大八洲」に入植した今井ヤイ子の夫は大工だった。新設間もなくの「大八洲」では、生産設備や住居の建設に大工を必要としていたため、知人の勧めもありヤイ子の家族は一家を挙げて「大八洲」に入植したのだった。今井一家は団の本部東側に位置する「八幡」地区に住んだものと思われる。彼女の家にも農地が配分されたようだ、しかし、彼女の夫は大工仕事に明け暮れ、とても農業どころではなかった。自家用の野菜畑以外の農地は現地人に任せ、彼女自身は本部購買部で砂糖や塩など日用品の販売を担当したという（石原、七六―七七頁）。このように、とりわけ団の建設期には職人たちは日々忙殺され、団長や役員たちもまた多忙を極めていた。

妻たちの口述により、長く共同体制を採り続けた「弥栄村」北大営区でも、分村した「大八洲」でも、現地の住民を雇い入れたり農地を小作させたりと、一部の団員が地主化し、妻たちもまた、家事にも「満人」を使役したことが明らかにされた。では、団内に残っていた現地の住民はどういう存在だったのか。前章で詳述したとおり、「満州開拓第二期五ヶ年計画要綱」（昭和一六年一二月閣議決定、同一七年一月、日・満両国政府発表）では、未利用地開発主義という文言が姿を消して、「現下ノ戦時態勢ニ即応シ日満両国一体的ノ重要国策タル使命ヲ更ニ昂揚シ」と表現を濁しており（＊108）、開拓団が現地住民の既耕地を利用することを容認していた。

既述のように、「大八洲」には団内に朝鮮系の原住民部落があり、設立準備の段階で彼らの耕作地を買収するよう工作したようだ。その結果、入植当初から二〇〇ヘクタールの耕作地を入手することができたのだった。妻たちの回想だけでは明らかではないが、現地住民の一部は内国開拓民として政府が指定する土地に転住した可能性が大きく、「団員の手不足のため鮮系住民の協力を得て耕作、当初より予想以上の成果を得て自給食糧を獲得した」と孝治が語っていることや、妻たちの回想から察すると（佐藤、九頁）、一部の住民は小作や苦力など雇用労働者として団内に残ったのだと推察される。

第四節「大八洲開拓団」——引き揚げから国内開拓へ

(一) 敗戦、そして避難

「徹底した大家族的な協同体制は、彼らが満洲から持ち帰ることができた、唯一の貴重な遺産」だった。昭和二二年五月に「大八洲」の状況を調査に来た全国開拓民自興会(＊109)の菊田義男はそう指摘した(＊110)。しかし、筆者は孝治が満州から持ち帰ることができた最大の土産は、戦後の国内開拓でも採用した有畜大農場多角経営のノウハウだったと確信する。協同体制は、成員全体の「向上弥栄」実現のための最良の方法だということは「向上会」時代から彼の信念であり、短い期間だったが満州でそれを実証した。

戦後、孝治がおかれた状況は一変したが、「大八洲開拓団」経営の基本理念である協同の内実は、「向上会」時代と変わらず、共に働き共に幸福を追求することだった。もっとも、引き揚げ後入植した茨城県の菅生沼《すがおぬま》地区は、あまりにも自然条件が悪く、弱い人間が生きるための資金と労力、生活の徹底的な協同が必須だということは、誰の眼にも明らかだった。孝治は次のように述べ、戦後の国内開拓事業でも彼の信念が揺るがなかったことを明言した(佐藤、一二四頁)。

最初入植した四十戸のうちには、十八戸の女世帯があり、また妻をなくした男やもめも、両親と別れた孤児も居るという有り様で、片割れ者同志の集団で入植した、食えない最悪の状態から、開拓

〔表 6-4〕昭和 20 年 10 月～昭和 21 年 7 月までの長春市での食品加工統計

	販売数量	生産合計	販売金額	自家消費高	加工味噌原料
味噌醸造	36,157.00Kg	42,636.50Kg	267,164 円	3,580.50Kg	1,575.00Kg
醤油醸造	3,817.80L	4,345.20L	26,028 円	300.60L	
濁酒醸造	3,610.80L	4,140.00L	64,555 円	511.20L	
甘酒製造	9.00L	315.00L	130 円	306.00L	
軟化葱	359.50Kg	483.50Kg	3,473 円	124.00Kg	
もやし栽培	71.50Kg	717.50Kg	386 円	696.00Kg	
乾燥味噌	210.00Kg	325.00Kg	11,625 円	40.00Kg	
鉄火味噌	477.50Kg	555.00Kg	47,750 円	77.50Kg	
合計			421,111 円		

出典 : 佐藤孝治編『大八洲開拓史』44-46 頁から抜粋、作成。

〔表 6-5〕昭和 20 年 10 月～昭和 21 年 7 月までの長春市での現金出納表

収入の部		支出の部			
項目	金額	項目	金額	項目	金額
借入金	71,650 円	公租負担	3,924 円	旅費交際費	48,537 円
補助金	7,700 円	営農備品	8,228 円	被服費	1,821 円
加工収入	543,187 円	加工備品	31,915 円	医療費	7,749 円
勤労収入	10,841 円	加工原料	269,054 円	貸付金	12,952 円
農産収入	7,937 円	食料費	83,120 円	消耗費	2,432 円
預り金	9,477 円	償還金	58,453 円	家畜費	5,000 円
貸付戻金	12,969 円	販売運送	1,972 円	預り金戻	9,485 円
雑収入	9,891 円	労力費	28,789 円	借入金利子	2,150 円
		光熱費	51,084 円	雑費	9,237 円
合計	673,652 円				
残高	37,750 円	合計			635,902 円

昭和 21 年 7 月現在資産調書

現金・施設・備品等資産 計	現金・施設・備品等負債 計	差引財産
103,250 円	13,000 円	90,250 円

※負債の 13,000 円は出納表に未記載のため、資産と相殺したものと思われる。
出典 : 佐藤孝治編『大八洲開拓史』48-49 頁から抜粋、作成。

者としていかに立ち上がろうか？　いかにしてその難関を突破しようか？　結論は至って簡単であった「協同」である。

本章の最後であり、本書全体の最後になる本節では、敗戦後の逃避行と難民生活、戦後再入植した茨城県守谷の利根川と鬼怒川が合流する水害常習デルタ地帯で、孝治が「共働」による「自治」に徹し、ふたたび成員の「向上弥栄」の実現にむけて奮闘した実態を、『大八洲開拓史』のなかから抽出し、戦後の口述を含めた記録類から再構成することを課題に据えて論述する。

昭和二〇年八月九日、満州「大八洲」にソ連参戦の情報がもたらされ、翌一〇日の根こそぎ動員によって四五歳までの全男子が招集された。同一一日現在、団内の応召者は七五名だった（佐藤、二三頁）。同一四日、残された老人と婦女子二〇九名は直ちに避難を開始した。幸運事は、日頃から現地住民との良好な関係を築くよう努力していたためか、彼らから協力がえられたことだろう。上述の加藤光子の述懐によると、現地の住民が一〇台の馬車を出し、老人と病人、子どもたちと団員家族の身の回りの品々を積み込んで千振《ちぶり》小学校まで一日避難させ、翌日、「千振駅」まで一行を連れて行ったという。もっとも小休止のたびに馬車は一台減り二台減じて、残ったのは光子の家の馬車「ひとつかふたつ」だったという（二〇一四年一一月九日、筆者の聞き取りから）。翌一五日、一行は「千振駅」を出発、依蘭《いらん》・方《ほう》正《まさ》・珠河《じゆこう》経由で海林《はいりん》収容所に送られ、さらに拉古《らこ》収容所に移送された。

幸運事の二つ目は、拉古収容所に収容されていた光子たちの一行が、八月一〇日に根こそぎ招集され敗戦と同時にソ連軍に抑留されていた孝治たち一〇名の団員と、そこで奇跡的に再会し、同年一〇月四日、彼ら全員がソ連軍から解放されたことである。一行は、同月一四日、ともに長春市にたどり着いた。

しかし「大八洲」全体では、避難途中ソ連軍の襲撃を受けるなどしたため、団員たちは方正《ほうまさ》と奉天および長春三ヶ所に分断され、それぞれが集団で越冬せざるをえなかった。方正組は翌二一年三月になって長春組に合流し、奉天組は同二一年五月、一足先に帰国の途についた。孝治は他の団員の安否を気遣いながら、長春を拠点に直ちに越冬体制づくりを開始した。孝治は、長春における一〇ヶ月間の難民生活でも「共働」「共有」の原則を維持し、団員の健康管理と帰国のための資金作りに奮闘した。

（二）「共働」による難民生活

長春市に着いた「大八洲」の一行には、当面の宿舎として西陽区菊水の陸軍官舎跡が割り当てられたが、孝治はすぐそばの壊れた空き家を改修し、そこに協同炊事場および加工場を造った。費用には、民会から支給された一人当たり三〇円ずつの救済資金を充当した。まず作ったのは豆もやしだった。それは避難中の栄養不足の解消と越冬中の野菜不足を補うためにぜひとも必要だった。次は麹室と加工場の造作で、ここでは味噌と醤油を仕込み、その余熱を利用して葱《ねぎ》の軟化栽培も始めた。ふたたび民会に資金貸与を申請し三〇〇〇円の融資を受けた。この一連の作業は、長春市に到着直後の昭和二〇年一〇月中旬から進められた。翌二一年一月早々、孝治が率いる「大八洲」は、民団西陽区と、難民救済のための味噌の納入契約を締結した、一月分は一・五トンだった。同時進行で濁酒《どぶろく》醸造を開始、ふたたび更生資金八〇〇〇円の融資を受けて加工場拡張に踏み切った。

昭和二一年三月、暖かくなるとともに、孝治は団の全体会議を開いて営農に着手することを決定、四月二日、長春市政府から借地し温床の蒔きつけを行った。また、難民生活の長期化に備え、一二五キログラムもある雌豚を一頭五〇〇〇〇円で購入し飼育を開始した。なお、上記一連の食品加工と収支決算は、『人八洲開拓史』に孝治が掲載した表から抜粋・作成し後掲した（〔表6―4〕〔表6―5〕参照）。

昭和二〇年一〇月に長春市に避難した孝治たち団員は、男三二人（うち一四歳以下の子ども二〇人）、女五三人（うち一四歳以下の子ども一六人）、合計八五人だった。その中から、炭鉱労働など外部で稼ぐことができる者は賃仕事にでかけた。本隊の食品加工生産が軌道にのると団員は極力これに従事し、昭和二〇年一〇月から翌二一年七月までの加工場での労働日数は延べ一七四五日に及んだ（佐藤、四六頁「勤労統計」より抜粋）。

特筆すべきは、この避難生活下でも協同体制が保持され、「共働」「共有」の方針が貫かれたことである。また、孝治は既述の預託制度も継続していた。それは次に引用する、当時一八歳だった庄司きいの口述で明確にされた。きいは孝治と同じ長春で越冬した。住み込みで働いた彼女の給金は団の会計が直接受け取りに来た。しかし加工場の完成とともに住み込み勤務はやめた（石原、一三二―一三三頁）。

若いわしらは行商組だった。朝一番の仕事は豆腐売りだが、なまやさしいものではなかった。一人ひとりに売り上げのノルマが課せられていて、それを果たさないうちは宿舎に帰っても朝ごはんも食べさせて貰えなかった。（中略）それがすむと次はおはぎ売りだった。おはぎは箱に入れて、露店で立ち売りするのだが、ソ連兵はおはぎが嫌いとみえておはぎを見るとひっくり返したりするので、兵隊の姿が見えるとおはぎを隠し、いたずらされないように用心した。

昭和二一年六月九日、西陽更生市場に代用ビールなど生産物を並べて開店する。同三〇日、帰国の際の携行食糧として、民団から乾パンの製造を受注し、かまどを造り製造を開始した。七月四日、帰国用副食物として鉄火味噌の製造を委託され着手する、帰国の噂がいよいよ現実になる予感。「人間界の変転をよそに、自然界には異変なしか」、孝治はこう記録し、望郷の念を深めた。「熟すばかりのトマトを見、収穫を待つばかりの茄子《なす》の色つやを見ながら、その筋の命により故国帰還の準備に入る」（昭和二一年七月四日、佐藤三六頁）。

以上のように、孝治は長春市での難民生活の間に「大八洲」特有の「共働」の力を発揮し、大量の味噌や醤油、豆もやしなどの製造販売により、帰国前には九万円を蓄えた（佐藤、六六頁）。材料の大豆は満州の代表的な農産物のため、簡単に入手できたものと思われる。

（三）引き揚げ後の「共働」体制——「手ある者は手を腹あるものは腹を」

引き揚げ後の「大八洲」でも、徹底した「共働」体制により彼らの生活基盤をつくり上げた。一行は、昭和二一年七月一四日に長春遺送第二四大隊に編入されて同地を出発、葫蘆《ころ》島から引き揚げ船VO27号に乗船、同月二八日に舞鶴港に入港した。ところが船内でコレラ患者が発見されたため、下船が中止になり、船は佐世保に回航されて、ようやく上陸許可が下りたのは九月九日だった。彼らは船内で協議した結果、「内地はどんな状態でも今更他に道を求めるよりも百姓で身をたてよう！『大八洲開拓団』を再建しよう」、満州での見果てぬ夢を日本で実現しようと結論しそれに期待をかけた。上陸後、とりあえず茨城県内原の日輪兵舎に入り、そこを拠点に全員が入植できる土地を探した。

日輪兵舎というのは、「青少年義勇軍」の宿舎兼講義場として建築された円筒形の建物である。関東軍総司令部に勤務していた古賀弘人が考案した（＊111）。

次の孝治の述懐は、団の成員への責任感と不安、そして当局から集団入植は不可能であると申し渡されるという状況下で、彼自身の気持ちが揺れ動き、結局共同による団の再建という結論に行きついた経緯をよく表している（佐藤、七〇―七二頁）。

我我《ママ》の強いところは乞食をするにも共同でやれるというところにある。これをばらばらにしては何のとりえもありはしない、是が非でもまず集団入植できる所をみつける事だ、落ち着く先を見つけたら郷里へ一応帰ることにしよう（中略）大八洲を開拓によって再建するなどと言っても、一人一人をばらばらにしては、再建どころかその日その日の生活もおぼつかない事はわかりきっている。弱い者は弱い者同志で、いかにして力を合わせられるか、協同！、協同以外に何の方策もあり得ない。

未復員の団員が帰ってきた場合の受け入れ余地の確保という観点からも、孝治は八〇世帯くらい集団帰農できること以外、入植地にどんな条件もつけなかった。しかし、茨城県の開拓課は、「『大八洲』という団体をまず解消して、一人一人が帰農するという考えに立ち帰って相談しよう」の一点張りで話が噛み合わない。無理を承知で山形県の開拓課や農林省にも根気よく働きかけ、開拓援護会や茨城県農業会の協力もえながら、結局茨城県菅生沼地区に全員が入植できることに決まった（佐藤、七二頁）。

利根川と鬼怒川の合流点に近い三角州で、一目で北満の湿地帯を連想するような見渡す限りの広い草原であった（佐藤、七二頁）。

いずれにしても一応菅生沼地区に四十戸の入植を認めてもらった以上、開墾を進めなければならず、食っても行かねばならない。農業会では差当り内務省が再開した築堤工事で働いて生活を維持しながら、二、三年もすれば立派な田んぼが出来あがるようになるからそれまでの辛抱だと言ってはくれるが（佐藤、八八頁）。

上述の全国開拓民自興会菊田義男による、「大八洲」の再入植地の説明は以下だった。菊田自身、驚異の眼を見張って「大八洲」の奮闘を見守っていたようだ。

茨城県北相馬郡の菅生村、大井澤村、大野村三カ村に跨《また》り、利根川、鬼怒川菅生沼に依って西南北をくぎられた大湿地帯。毎年、多くは七月から九月頃迄の間に強雨（ママ）があると、利根川の水が菅生沼に逆流しその水が氾濫して、さしも廣い湿地帯が、いちめん海になってしまふ。そしてときにはその水が一週間も十日も引かない。この土地を干拓すべく、菅生沼から利根川に到る約三粁程の堤防工事が着手されたのは、大正時代のことであった。それがほんの少しばかり進んだ時に戦争が起り、その工事は中絶してゐたが、終戦後再び内務省に依って着手され、大半は個人の所有に属するこの湿地帯も遠からず、地元入植者、増反者、その他に對して解放されることになった（＊112）。

結局、この堤防が完成したのは入植からちょうど一〇年目の昭和三〇年で、しかもこの地区は遊水地になっており、溢流堤《いつりゆうてい》の名が示すとおり堤防の一部が二八〇メートルにわたって低くつくられ、利根川が危険水位に達すると開拓地区に水が流入するよう設計されていた。同三三年の二二号台風では溢れた水がこの溢流堤を難なく越え、翌年八月の七号台風では記録的な豪雨のために溢流堤は基礎から決壊、収穫前の稲や作物は六〜七メートルもの水中で腐ってしまうという大災害に見舞われた（佐藤、一三二—一三七頁）。幸か不幸か、この大難が国を挙げての復旧事業推進に転換された。

「手ある者は手を腹あるものは腹を」。「大八洲」の「共働」精神をこれほど端的に云い表したことばはなく、これは全員が働き病人は療養に専念するのが仕事だというスローガンだった（＊113）。菊田によると、昭和二二年五月にはじめて「大八洲」を巡回したとき目にしたのは、組合事務所の入口の「今日の作業」と書かれた木の板と組合員の名札だった。この事務所は、入植直後菅生村樽井部落の集会所を借りて設置した（佐藤、七三—七四頁）。作業表には購販二名、建設三名、出張二名、農耕二六名、工事場九名、休養二名、看護一名、入院三名、雑役二名、水田一六名、内原二名の名札が掛かっていた。内原の開拓援護会と茨城県農業会から借りた六張の大テントが全員の住居で、ここに男女別々に住んだ。「大八洲」では、引き揚げ後も直接生産に結びつかない個人の住宅建築は後回しにされたのだった。もっとも、建築しようにも資金も資材もなかった。入植地の確保はできたものの、食糧および耕作地の確保、それらを可能にする資金調達の方法などが当面の大問題だった。「無一文での明日からの生活！、食わねばならぬ！、生き抜かねばならぬ！、現実は深刻であった」、満州から持ち帰った資金は菅生に着いて落ち着いたら無くなっていた（佐藤、七五頁）。

彼は、内務省鬼怒川工事事務所菅生工場を訪ね、戦後再開された菅生沼囲繞堤《いにょうてい》工事の人夫の職をえた。しかし、男子団員には未帰還者が多く女たちがその主体にならざるをえなかった。一日の労賃の手取りは男一三円五〇銭、女一一円七〇銭という安さで、これで全員の食を賄うことは不可能な状態だった。預託制度を継続していたため、労賃は全額、団の会計に入れた。食糧と蛋白源の確保のため、沼から蛇や蛙・ザリガニなどを採り、イナゴも食べた。菅生村の農業会や農家からは、さつま芋や野菜の寄付を受けて重労働に励んだ（佐藤、七五—七六頁）。

入植の翌昭和二二年の正月、菅生の一言主《ひとことぬし》神社に奉納されたお供え物をご馳走になったことは有難くその旨さは今も忘れられない（佐藤、八一頁）。そのようななかでも、「大八洲」では堤防寄りの砂地を開墾して大麦や小麦を〇・七ヘクタールほど蒔きつけた。シベリアに抑留されているかもしれない団員のことを考えると、「一足先に帰国して落ち着く先を見付けて働いて居られる者はまだ幸運の部類に入る」、と孝治は自身を勇気づけた（佐藤、一一五頁）。

とはいえ、当面全員が食べていくだけの収入をえる一方で、恐慌の嵐を突破できうる態勢は可能な限り早くつくらなければならない。そこで無防備な農民個人のセクターと、カルテル化した資本主義的企業セクターとの不公平な経済行為から、農民を防衛する経済組織構築の必要が生じる。

次は孝治の記録からの抜粋だが、彼の構想は満州での農業経営に準じた有畜農業を基盤にした組織づくりだったことが理解される（佐藤、一二四頁）。

まず、百戸計画の組合として一戸当たり耕地を平均一・五㌶割り当てられるとして、総面積一五〇㌶となるが、その配分地の所有権は各個人にあるようにしても、耕作権を組合に帰属して置き、その耕作方法は、畜力・機械力を充分取り入れれば、一戸当たりの労働力を大人三人と換算して、二毛作地帯でも五㌶の耕作能力があるので、五㌶単位の耕作専業農家を作れば、一五〇㌶で三〇戸の専業農家が生れる。（中略）そうすれば耕作には必要のない七〇戸の余剰労力が生れるので、その内から全耕地の地力維持に必要な家畜を開拓地一㌶当り大家畜換算三頭を目標として四五〇頭の飼育を担当する畜産専業農家を大体三〇戸つくる。そしてそれをいかように合理的に経営するかはその担当農家の創意によらせる。

孝治は営農畜産・加工・販売・医療・教育・宗教・事務・政治、それらすべてが農業の一部であるという、いわゆる広義の農業経営が新しい農村をつくり出す要素であり、その理想は必ず実現できると信じた（佐藤、一二三―一二四頁）。興味深いのは、「大八洲」では戦後日本の生活物資の不足を背景に、当面の「外貨」獲得および塩の自給手段として、昭和二二年一月二七日から四家族を「塩たき」に専従させ、収入をえたことである（佐藤、八九頁）。水戸の専売所で製塩許可を取得し、地元の方の厚意で燃料を確保した。長春での難民生活でもそうだったように、ピンチをチャンスと捉えなおす思考の柔軟性と、それを可能にする政治力もまた孝治の強みだった。

あの寒空の下で、太平洋の塩水を手桶で汲み上げては砂浜にまきちらし、濃度を強めた塩水にして平釜で煮沸する。原理は簡単だが、あの寒空にはだしで塩水を汲み上げる作業はなまやさしい事ではない。出来上がった塩は運び出すのがまた一仕事であった。（中略）水戸の専売局から搬出証明書をもらっては、買い出し部隊のようにリュックサックで女子供が塩運びをやった。

製塩作業はだんだん上手くなり、山形県庁に一貨車分送って売りさばいたこともあった。日頃受けた恩返しにと村の農業会をつうじて村民にも寄付した。「塩たき」は二年位やったろうか（佐藤、八九―九〇頁）。

（四）防疫・保健事業と大八洲開拓農業協同組合の設立

「大八洲」の経営で特筆しておかなければならないのは、入植翌年には簡素な医療施設を完備し、医者と看護師兼助産師を抱えて団員の健康管理体制を整えたことである。満州佳木斯《チャムス》医大で教育を受けていた団員の加藤恒夫は、引き揚げ後九州で医師免許を取得し、翌年八月から「大八洲」で開拓診療所を開所した。次の一文は恒夫が生前記録した、『回想　思い出すままに―開拓医として』（＊114）のなかからの抜粋である。これは、平成二六年一一月、筆者が恒夫の妻の加藤光子にインタビューに伺った際、彼女から譲り受けたA４サイズの用紙四頁程度の簡単な記録である。なお、加藤夫妻は昭和二二年九月、孝治とともに引き揚げたが、いったん長崎県にある光子の実家に身を寄せ、その後恒夫は九州の大学病院で勤務医をしながら医師免許を取得した。

（昭和）二二年四月、医師免許が取れたので、別府温泉病院に勤務の話があり、行くことにしようと思ったが、その前に大八洲の佐藤組合長に勤務する旨の手紙を出したら、組合長から皆が開拓で苦労をしているのに病院勤務とは何事かとの怒りの返信をもらい、早速現状を見に七月初めに菅生に来て見た。当時は天幕に乾草を敷いてムシロを敷き、ゴロ寝の状態。ノミ、シラミで大変。病人が何人かいたが、寺田先生に診療してもらうのにも経済的にも大変なことである。この状態では俺が来なくては皆が大変なことだと思い、就職をやめ開拓に来ることになる。九州に帰り家族を伴い開拓に来て（長女生後七カ月の頃）八月から組合員の診療を始めた。村の患者さんからの診療収入で組合の病人治療をする。（中略）組合には金がない。九州より来る折、親類より餞別を貰った三千円が資金で、その日その日の薬を買って何とか続けられた。そのうち、村の病人も受診に来てもらえるようになり、何とか開拓の無料診療が続けられるようになって来た。

実際、筆者の、光子への聞き取りにおいても（平成二六年一一月六日、加藤氏宅にて）、故恒夫が「大八洲」の視察から九州の自宅に帰ったとき、開口一番「俺が行かなければ大八洲の者はみんな死ぬぞ」と光子に告げたということをお聞きした。加藤医師夫妻が「大八洲」に入植した頃、開設を申請していた開拓診療所が正式に認可された（茨城県指令衛第三八四八号―昭和二二年八月六日）（＊115）。以下、孝治の記録からの抜粋である。加藤医師もまた、「大八洲」の団員として組織に組み込まれていたことがわかる。

医者も身内であり、診療所も組合のものである。組合員の診療防疫も組合の負担であり、医者の生活も組合の協同生活に含まれて居るので、患者が多いから医者がもうかるのではないという事である。そうすると医者の立場から見ても、組合一般から見ても、患者が少なければ助かるし楽だというので、なるべく早く病気を見付け出して、最も簡単に病気を治す事を自ら考えてくれる。病気を治す事よりも病気を出さない方法を考え出してくれる。いわゆる予防医学を地で行く方法である。

開所五年目、恒夫は月賦払いの条件で中古のポータブルレントゲン撮影機を入手した。当時は団内にも結核患者が多く、年二回のレントゲン撮影が病気の早期発見・治療を可能にした（佐藤、一二六頁）。孝治は「大八洲」が自前の医者を養成したことがことのほか自慢だった。満州時代、専属の医者の確保という計画をたてて恒夫を見習いに出し、それを確実に実現した孝治の遠大な構想と、それにこたえた恒夫との信頼関係を繋ぎ続けたのは、成員相互の「向上弥栄」の実現に賭ける孝治の誠意だったのだろう。孝治の最期を看取ったのも恒夫だった。

昭和二二年二月二一日、「大八洲」は茨城県知事の認可を受け大八洲開拓組合として出発することになった。昭和二〇年一一月、国は食糧増産対策として「緊急開拓実施要領」を閣議通過させ、翌年四月開拓局を新設したのだが、確たる政策でこれに臨んだわけではなく、したがって適切な行政措置が施されなかったようだ（＊116）。開拓地や入植という定義も曖昧で、中央の混乱はそのまま地方の混乱となり、当事者は困惑していた。しかし、現実に戦後の混乱と食糧不足のなか、帰農希望者は旧軍用地や国有林を中心に開墾の鍬を振るいはじめていた。そのため、地方自治体では彼らに対する支援が緊急課題になっていた。そこで、「緊急開拓実施要領」閣議決定の前、一〇月一日には農林次官通牒二〇「帰農第五号、集団帰農者就農補助金交付に関する件」を発表し、地方に対して具体的な指示を出した。対象は個人ではなく、知事が定める事業主体への補助交付が原則で、就農に必要な現物・施設・手当などを給付または貸与することが建前だった。国の助成を受けるため、入植者は組合を組織する必要に迫られた（＊117）。

茨城県では、「緊急開拓実施要領」に基づき、開拓用地二万六〇〇〇町歩を取得し、入植者一万戸、増反者《ぞうたんしゃ》二万戸の定着計画を樹立し、この所管のため開拓課を設置した。翌二一年、県は入植、増反の区別を明確にし、選考基準を定めて実態の把握に努めた。一方、農林省も同二二年二月には入植実施方針を決め、入植適格者を厳選して計画的入植と合理的指導の実施を決定した。しかし地方の実情とかみ合わず、茨城県は苦労したようだ（＊118）。

大八洲開拓組合の設立は、以上述べた行政的保護と補助受給のための措置だった。菅生沼地区に入植した翌月昭和二一年一二月、「大八洲」は「茨城県指令開第七八一号」により、一戸当たり一万七〇〇〇円、そのうち越冬資金として県から一戸当たり一七〇〇円という開拓者資金交付の指令を受け、事実上の入植承認を受けた（佐藤、「開拓年譜」一八三頁）。翌二二年一一月、「農業協同組合法」（法律第一三二号）が公布されると（＊119）、「大八洲」でも当該法律施行に基づく法人結成のための作業にとりかかった。設立が認可されたのは昭和二三年三月で、法人としての大八洲開拓農業協同組合が正式に発足し（佐藤、一八六―一八七頁）、その既定による支援の対象になった。

（五）まとめ

「大八洲」は、入植以来順調な成果をだし続けたわけではなかった。毎年の水害で返済が追いつかず、そのうえ事業が時代の要請にこたえられないという問題が蓄積して「不振地区という汚名と対決」したこともあったが、何とか乗り越えてきた（佐藤、一三〇―一三二頁）。入植当時四〇世帯だったが復員や郷里からの参入があり、昭和三〇年には八〇世帯に増加していた（佐藤、一六三頁「組合戸数人口動態」）。また入植当時〇・七ヘクタールだった耕作地面積は、同三〇年には一〇〇ヘクタールを越え、同四八年に至ると二三二・五ヘクタールに拡大した（佐藤、一六四頁「経営耕地及び付帯地の推移」）。同年、約一〇〇ヘクタールの田んぼからの米の収穫は四一一・四トンと膨大な量にのぼった（佐藤、一六五頁「主要農作物の作付と収量の推移」）。同年時点の家畜類は、役肉牛成牛・子牛合計一六二頭、乳牛成牛・子牛合計七八六頭、豚二五七六頭に増加していた（佐藤、一六七頁「家畜飼養頭羽数の推移」）。

以上の統計をみると、「大八洲」は引き揚げ後入植した菅生沼地区を中心とした開拓で、はじめて真の開拓団として確たる地位を築いたの感がある。孝治がいう「開拓」とは、単に農業や農地の問題としてではなく、そこに繋がる政治・経済・社会・文化・人間関係など、農民と農業を取り巻く環境を自らの働きかけと努力で改善し「農民として新しい時代を開拓していく」（佐藤、一六一頁）、その結果として成員の「向上弥栄」が実現されるという意味の「開拓」だった。それが国の体制として構築されない限り、成員の「自治」によって追求せざるをえない。これは、前章で概観した明治期の報徳思想を支柱とした自発的相互扶助的機関の姿を彷彿とさせる。

他事にわたるが、先ほど、台風一八号（平成二七年九月初旬）の影響による豪雨で鬼怒川・利根川の両方の堤防が数か所にわたり決壊し、収穫直前の稲が濁流に流されたと報じられた。「大八洲」も甚大な被害に見舞われなお予断を許さない状況にあるという。前述したように、当地に再入植後の「大八洲」は幾度となく同様の被害に見舞われ、そのつど協同の精神でそれを乗り切ってきた。しかし、二一世紀に至って、自然が相手の農業と農民を取り巻く環境は、かえって悪化した部分があることを思い知らされた。

「向上会」以来の孝治の奥深い生活体験は、さまざまな現実世界との接触をつうじて研ぎ澄まされ、彼の信念をますます堅固なものへと成熟させた。七反歩からスタートした戦後「大八洲」の発展は、もちろん成功例ではあろうが、成功や失敗という単純な図式のなかでは汲みつくすことができない、成員の協力と信頼関係の結果だったのだと思える。

「向上会」時代からの孝治の活動は、国家権力と非妥協的に対立することなく、かといって受け入れがたい強制は上手にかわしながらも、利用できるところはためらうことなく利用し、全成員がより良く生きるために挑んだ闘いの連続だった。これが大多数のしたたかな庶民の普遍的な姿ではないだろうか。

註

はじめに

1 『塩根川向上会記録群』No１「礎《いしずえ》」。当該史料を引用・掲載する場合には、史料に付したNoを記載した――第四章参照。
2 「青年団体ノ指導発達ニ関スル件」熊谷辰治郎『大日本青年團史』一九四三年、日本青年館「附録」、一九〇頁。
3 部落内の墓地にある故佐藤菊次郎氏の墓石には、明治四五年「塩根川青年会」他青年団有志数名の寄付により墓が建造されたことが記されている。筆者の協力者であるＴ氏の話では、明治七年生まれの菊次郎は青年団活動中の事故で亡くなった、三八歳だったという。
4 山形県内務部学務兵事課『山形縣青年団指導綱要』一九一七年、三頁。
5 前掲『山形縣青年団指導綱要』一一頁。
6 前掲『山形縣青年団指導綱要』六―一一頁。
7 参考資料として一覧を添付した。
8 見田宗介「まなざしの地獄」『定本見田宗介著作集』Ⅵ「生と死と愛と孤独の社会学」（二〇一一年、岩波書店）、一〇頁。
9 Ｅ・サイード『文化と帝国主義』（大橋洋一訳、一九九八年、みすず書房）、三頁。
10 明治維新以降の地方自治制度整備にともなって、若連中などの伝統的な若者集団が、その存在意義を喪失して、その弊害によって社会の非難を受けるようになった。そこで、各地方の有志が青年会を結成、あるいは夜学会を開催するなどして、これら集団の矯風・教化を行うという動きがみられた。明治二三年、広島県沼隈郡千年村小学校の雇教員であった山本瀧之助は、村の青年と「好友会」という組織し、若者の補習教育などを行った。熊谷辰治郎『大日本青年團史』（一九四三年、財団法人日本青年館）、五二―五五頁。
11 後述するように、満州開拓団は広大な土地に県または同郷単位で構成され、佐藤孝治が入団したいわゆる第一次開拓団（昭和七年、永豊鎮、後の「弥栄村」）では、東北六県および千葉を除く関東・信越の各県、それに加藤完治が奉天に新設した日本国民高等学校北大営分校の出身者からなる区で編成されており、佐藤孝治は北大営地区に配属された。

12 桜井厚「生が語られるとき」中野卓・桜井厚編『ライフヒストリーの社会学』（一九九五年、弘文堂）、二二九頁。

13 中野卓は、口述の信頼性について、「個人史の場合、本人が自己の現実の人生を想起し述べているライフストーリーに、本人の内面からみた現実の主体的把握を重視しつつ、研究者が近現代の社会史と照合し位置付け、注記を添え、ライフヒストリーに仕上げる」と述べて、口述と虚構とを区別する。中野卓「歴史的現実の再構成　個人史と社会史」中野卓・桜井厚編『ライフヒストリーの社会学』（一九九五年、弘文堂）、一九二頁。

14 大日本聯合青年團編『若者制度の研究—若者條目を通じて見たる若者制度』昭和一一年。

15 くにたち中央図書館編・発行『谷保村青年団活動記録』国立市地域史料叢書第一五集。

16 くにたち中央図書館編・発行『谷保村青年団下谷保支部活動記録　付・下谷保講中共有文書目録』国立市地域史料叢書第六集、一九八五年。

17 前掲『谷保村青年団下谷保支部活動記録　付・下谷保講中共有文書目録』白川宗昭「解題」四—五頁。

18 長野県下伊那郡青年団史編纂委員会編『下伊那郡青年史』（一九七七年、国土社）、「序」頁なし。

19 平山和彦『合本青年集団史研究序説』（一九八八年、新泉社）、一一一—一一二頁。

20 萩原進『群馬県青年史』（一九八〇年、国書刊行会、初版は昭和三二年）。

21 前掲『群馬県青年史』（一九八〇年、国書刊行会、初版は昭和三二年）、一三五—一三七頁。

22 前掲『合本青年集団史研究序説』四頁。

23 前掲『合本青年集団史研究序説』一頁。

24 前掲『合本青年集団史研究序説』四頁。

25 前掲『合本青年集団史研究序説』三二頁。

26 前掲『合本青年集団史研究序説』二六三頁。

27 佐藤守『近代日本青年集団史研究』（一九七〇年、御茶の水書房）、一頁。
28 前掲『近代日本青年集団史研究』一四―一五頁。
29 前掲『近代日本青年集団史研究』一〇頁。
30 藤井忠俊編「特集　日本軍国主義の組織的基盤＝在郷軍人会と青年団」『季刊現代史』（一九七八―七九年、現代史の会）、五頁。
31 芳井研一「日本ファシズムと官製青年団運動の展開―石川県の事例を通して―」藤井忠俊編「特集　日本軍国主義の組織的基盤＝在郷軍人会と青年団」前掲『季刊現代史』三四二―三四三頁。
32 前掲「日本ファシズムと官製青年団運動の展開―石川県の事例を通して―」『季刊現代史』三五七頁。
33 満洲開拓史刊行会『満洲開拓史』一九六六年。
34 山田昭次編『近代民衆の記録』六満州移民（一九七八年、新人物往来社）、「満州国開拓地犯罪概要」（昭和一六年）四八一―五一七頁。ただし、当該資料の著者である満州国最高検察庁検察官野村佐太男によると、「開拓民ハアル意味テハ特別待遇テ其ノ間ノ犯罪ハヨクヨクノコトデナケレバ警察沙汰ヤ裁判沙汰ニナラナイノテ私ノ手許ニ迄知レナイ所謂内済ノ案件カ相当ニ多イモノト推定セルヲ得ナイ」、と述べて、ここに掲載された案件が犯罪のごく一部であることを指摘した、四三四頁。
35 「満州農業移民史研究の基礎資料」五二二頁、前掲『近代民衆の記録6満州移民』。
36 西田勝・孫継武・鄭敏『中国農民が証す「満洲開拓」の実相』二〇〇七年、小学館。
37 松下光男編『彌榮村史―満洲第一次開拓團の記録』一九八六年、彌榮村史刊行委員会。

第一章■近代日本青年団の生成と全国組織化過程

1 福住正兄筆記、佐々井信太郎編『二宮翁夜話　二宮尊徳述』（一九三三年、岩波書店文庫版）、一三五頁。
2 横井時敬「農業教育と農村」大日本農会編纂『横井博士全集』第九巻（一九二五年、横井全集刊行会）、六五七頁。
3 石渡貞雄『帝国主義の展開過程における食糧問題の性格と地位』日本帝国主義講座（第一期、一九〇五

—一九三一年）（一九四九年、白日書院）、一五頁。
4　奈良本辰也『二宮尊徳』（一九五九年、岩波新書）、一七二頁。
5　国立教育研究所編発行『日本近代教育百年史』第七巻、一九七四年、三五八頁。
6　前掲『日本近代教育百年史』第七巻、三四一—三四二頁。
7　佐々井信太郎『二宮尊徳研究』社会問題研究叢書　第四編（一九二七年、岩波書店）、七一頁。
8　斎藤高行原著『訳注　二宮先生語録』（上）、一円融合会佐々井信太郎発行、一九五五年、七—八頁。
9　前掲『二宮尊徳研究』社会問題研究叢書、第四編（一九二七年、岩波書店）、二〇四頁。
10　前掲『二宮尊徳研究』社会問題研究叢書、第四編（一九二七年、岩波書店）、二七六頁。
11　前掲『日本近代教育百年史』第七巻、三五〇頁。
12　前掲『日本近代教育百年史』第七巻、三四四頁。
13　前掲『日本近代教育百年史』第七巻、三五四—三五五頁。
14　「実業補習学校規程」文部省令第十六号、明治二六年一一月二二日、文部省社会局『実業補習教育の沿革と現状』（一九三四年、青年教育普及協会）、三頁。
15　熊谷辰治郎『大日本青年團史』（一九四二年、日本青年館）、六四—六五頁。
16　楫西光速他「日露戦争費予算」『日本資本主義の発展』Ⅱ（一九七三年、東京大学出版会）、二九八—三〇〇頁。
17　「租税収入一覧」前掲『日本資本主義の発展』Ⅱ、三〇三頁。
18　栗原百寿「日露戦後における小作争議の概況」「農業危機の成立と発展　上—日露戦争から昭和大恐慌まで—」『日本帝国主義講座』第一期（一九〇五—一三年）、（一九四九年、白日書院）、五五—五七頁。
19　石田　雄『近代日本政治構造の研究』（一九八五年、未来社）、五五頁。
20　明治三六年の米の国内生産量は三六九三万二千石、同四〇年四六三〇万三千石、同四五年、五一七一万二千石、大正五年五五九二万四千石。大豆生田稔「国内の米穀需給（一九〇三—一六年）」『近代日本の食糧政策』一九九三年、ミネルヴァ書房、八一頁、表二—一より。
21　「農業危機の成立と発展　上—日露戦争から昭和大恐慌まで—」前掲『日本帝国主義講座』第一期

一四五―一四六頁。米穀「取引所法」および「取引所税法」施行は明治二六年。

22 前掲「農業危機の成立と発展　上―日露戦争から昭和大恐慌まで―」『日本帝国主義講座』第一期、五五頁。

23 宮地正人『日露戦後政治史の研究―帝国主義形成期の都市と農村』(一九七三年、東京大学出版会)、四頁。

24 鹿野政直『資本主義形成期の秩序意識』(一九七四年、筑摩書房)、四五四頁。

25 一木喜徳郎「自治制と報徳」、報徳会『斯民』第二偏第四号、一九〇七年七月、三三頁。高村幸藏編・発行『市制町村制附理由書』「市制町村制理由」一八八八年、六〇―六一頁。

26 前掲『近代日本政治構造の研究』五二頁。

明治三二年の「耕地整理法」、同四一の「水利組合法」を契機として、農業生産の基盤づくりに、国の補助金が投入されるようになり、それは同三二年の「農会法」制定により、事実上半政府機関化された従来の地主団体を経由するという形が採られた。工藤昭彦『資本主義と農業　世界恐慌・ファシズム体制・農業問題』(二〇〇九年、批評社)、二八頁。

27 地主の寄生化が進んだ理由として「農業への投資効率が次第に低下したのに対して農外への投資機会が拡大したことが一因だった。農業投資効率低下の要因は、地価の高騰、地租など土地　所有者の租税負担の増大、米価の低迷であった」という。前掲『資本主義と農業世界恐慌・ファシズム体制・農業問題』二五頁。

28 安丸良夫『日本の近代化と民衆思想』(一九七五年、青木書店)、六六頁、前掲『資本主義形成期の秩序意識』四五四―四六九頁。

29 井上友一「地方人心の一新」明治三九年六月、地方事務官及郡長を集めての特別講演の筆記より、前掲『斯民』第二編第五号、一九〇七年七月、二九―三五頁。

30 内務省地方局長　渡辺勝三郎「地方自治の本義」『第九回地方改良講演集』一九一七年、内務省地方局編纂、一八頁。

31 相田良雄「天地を憾せし其初声」、前掲『斯民』第二五編、第一〇、一一号、一九三〇年一一月、三五頁。

32 佐々木豊「地方改良運動と町村是調査」『地方改良運動史資料集成』第一巻(一九八六年、柏書房)、四四頁。

33 留岡幸助「三周年を経たる事の感想」報徳会『斯民』第四編二号、一九〇九年、三〇―三一頁。

34 前掲『斯民』第四編第一号、一九〇九年四月、表紙裏。
35 前掲『斯民』第三編第五号、一九〇八年七月、七七頁。
36 大霞会編『内務省史』第一巻「三十七八年地方経営大観」二五八頁（一九〇七年三月 内務省地方局）一九八〇 原書房。
37 中川望「農村自治と青年団体」、前掲『斯民』第二偏第一一号、一九〇八年二月、一六頁。地方人心の一新」の必要については井上友一も明言している。
38 「自治要鑑」『地方改良史料集成』第二巻（一九八六年、柏書房）、一三四―一九九頁。
39 宮原誠一・丸木政臣・伊ヶ崎暁生・藤岡貞彦『資料日本現代教育史４ 戦前』（一九七四年、三省堂）、一一七頁。
40 西村精一『五人組制度新論』一九四〇年一〇月（初版は昭和一三年三月、岩波書店）、七二頁。大正一四年二月の『斯民』第二〇編第二号では、「全国町村長会記事」欄に「五人組制度の復活法案」を掲載した（七三―八二頁）。その中に「四、五人組制度施行に関し現行自治制度の改正を成すに付ては左の如き事項を要す。一、町村制第十条第一項の次に左の一項を加へ以下順次繰下ぐること。町村は町村事務の処理上に関し五人組制度の設置に関する町村條例を設くることを得」（八二頁）と、町村制改正法案の例を示している。
41 「中央報徳会」に青年部が付設されるのは大正五年一月、同年一一月、立太子記念として「青年団中央部」と改称、翌二年、機関紙『帝国青年』を発刊。前掲『大日本青年團史』一二二―一二四頁。
42 前掲『斯民』第五編 第二号「青年団号」一九一〇年。
43 この一節では、「軍国に対する一般人心の作興は之を時局記念の為めに創設せる事業の夥しきに視るも亦其一斑を知るに難からず時局の徴募に最必要なる壮丁の予備教育を創め又一般子弟に実科教育を与ふるが為に夜学校を設け若しくは補習科を付設するもの、如き日を炊く逐ふて益々其数を増すの趨勢たり之を広島一県に就いても其の青年夜学は数百箇所の多きに上り兵庫県加古一郡に於て時局以来九十八箇所四千三百余人の青年団体踵を接して興り地方の風化農事の改良より軍人の後援に至るまで之れを実行し共同理髪所を設け其収益を以って団体の基金を達成するが如きあり」と。平山和彦「青年集団史研究

序説」下巻『合本　青年集団史研究序説』（一九八八年、新泉社）、一一頁から再引用。
44　前掲『大日本青年團史』附録、一九七頁。
45　前掲『日本近代教育百年史』四八二頁。
46　山本瀧之助『地方青年団体』（一九〇九年一二月、洛陽堂）、一〇六頁。
47　監修：大久保利謙・海後宗臣「壮丁調査概況」『近代日本教育資料叢書』資料篇四（一九七三年、宣文堂書店出版部）、一頁。
48　「壮丁教育成蹟調査実行並報告方」明治三八年一二月二三日巳省普三三号、各地方庁へ普通学務局通牒）文部省編『文部省例規類纂』第三巻（一九八七年、大空社）、五六二―五六三頁。
49　「明治三十三年度大阪府壮丁普通教育程度取調書」、前掲『近代日本教育資料叢書』資料篇四。
50　前掲「明治三十三年度大阪府壮丁普通教育程度取調書」『近代日本教育資料叢書』資料篇、四五頁。
51　文部省「学制百年史」
www.mext.go.jp/b_menu/shingi/chukyo/chukyo6/gijiroku/
52　大川盛行「県下青年団員並に指導者諸君に告ぐ」飯島金次郎編集『山形県教育』（一九一八年二月一日、山形県教育会発行）、八―九頁。
53　官報第六六四四明治三八年八月二二日、前掲『日本近代教育百年史』第七巻四七四頁から再引用。
54　前掲『大日本青年團史』九二頁。
55　前掲『大日本青年團史』九二―九三頁。
56　内務省地方局長通牒「地方青年団向上発達ニ関スル件」、明治三八年九月、内務省地方局長牒、「青年団ニ関スル件」明治三八年一二月二七日、文部省普通学務局長、前掲『大日本青年團史』附録、一九四三年、一九七―一九八頁。
57　「壮丁教育成績調査ノ結果小学校教育ノ内容改善督励及児童卒業後ノ補習教育奨励方」明治四〇年一〇月四日未発普三六七号、各地方庁へ普通学務局通牒文部省編『文部省例規類纂』第三巻（一九八七年、大空社）、五九〇頁。
58　平山和彦によれば、官製青年団とは、「政府当局の指令・勧奨に基づき、青年団が地方当局および地域社会の指導層によって育成され、指導と統括を受けたことを意味する」という。

59 前掲『合本　青年集団史研究序説』下巻、一〇八頁。

60 萩原進『群馬県青年史』(一九八〇年〈昭和三二年初版〉、国書刊行会)、三五五―三五八頁。

61 前掲『日本近代教育百年史』第七巻、六〇二―六〇三頁。

62 前掲『群馬県青年史』三五五頁。

63 内務省秘五四六号内務省地方局通牒大正二年九月三〇日付「地方青年團ニ関スル件」、前掲『大日本青年団史』附録、一九八―一九九頁。

64 前掲『大日本青年團史』九四頁。

65 前掲『日本近代教育百年史』第七巻、六〇四頁、明治四五年の貴族院予算委員会における長谷場純孝文部大臣の発言。

66 倉内史郎『明治末期社会教育観の研究』野間教育研究所紀要第20輯日本教育史基本文献・史料叢書(一九九二年、大空社)、二二頁。

67 前掲『大日本青年團史』附録「第一青年団発達年表」一一頁。

68 「文部省普通学務局長田所美治幹事の談話」『讀賣新聞』(明治四四年五月一九日)『日本近代教育百年史』第七巻、一九七四年、四八九頁。

69 「通俗教育調査委員会官制」前掲『日本近代教育百年史』第七巻、四八八頁。

70 前掲『大日本青年團史』九五頁、附録「第一青年団発達年表」一二頁。

71 ただし、『文部省年報』のなかにおいて最初に通俗教育の用語が現れたのは「第三十三年報」において文部省から地方長官に宛てた通牒のなかに「通俗教育ニ関スル件」が含まれていることを報じたものだった。前掲『日本近代教育百年史』第七巻、四五九頁。

72 前掲『大日本青年團史』一〇三―一〇六頁。

73 山本瀧之助『地方青年団体』(一九三三年、山本高)、三九四頁。

内務省・文部省訓令「青年団体ノ指導発達ニ関スル件」、内務省・文部省次官通牒「青年団体ニ関スル件」・「青年団体ノ設置ニ関スル標準」大正四年九月一五日、前掲『大日本青年團史』附録、一九九―二〇一頁。

74　文部省社会局編『実業補習教育の沿革と現状』（一九八八年八月二〇日第二刷、芳文閣）、三五頁。同書の初版は昭和九年一二月、文部省社会局編・青年教育普及会の発行で、実業補習教育四〇周年を迎えたことを機に研究者に対して資料提供の為刊行したと、同書「序」に記されている。
75　田澤義鋪「青年団の使命」『近代日本青年期教育叢書』「第3期・青少年団・青年組織論」第8巻（一九九一年、日本図書センター）、三八―三九頁、前掲『大日本青年團史』八八―八九頁。
76　前掲『大日本青年團史』八九頁（註）。
77　前掲『大日本青年團史』八九頁。
78　前掲『大日本青年團史』一一五頁。
79　前掲『大日本青年團史』一一三―一一四頁。
80　陸軍少将田中義一『社會的國民教育　一名青年義勇團』一九一五年四月。
81　田中義一伝記刊行会『田中義一伝記（上）』（一九八一年、原書房）、六一五頁。
82　前掲『大日本青年團史』一一六頁。
83　「寺内正毅文書」大正四年九月一日付寺内正毅宛　田中義一の書簡、由井正臣『軍部と民衆統合』（二〇〇九年、岩波書店）、一三九頁。
84　陸軍大臣田中義一『帝国の使命と青年の覚悟』（一九一八年、誠文堂）、一〇八頁。
85　前掲『軍部と民衆統合』一四〇頁。
86　大江志乃夫『国民教育と軍隊』（一九七四年、新日本出版社）、二八三頁。
87　陸軍省歩兵課編纂『国民教育者必携　帝国陸軍』一九一三年八月、帝国在郷軍人会本部、五九頁。
88　前掲『国民教育者必携　帝国陸軍』六〇―六一頁。
89　この点について、遠藤芳信「在郷軍人会設立の軍制史的考察」『季刊現代史』第9号、一九七八年、年九月。三七―三八頁では、国民教育は軍隊教育において完成されると自認されるに至ったとされる。
90　前掲『斯民』第一四編一号、一九一九年一月。
91　社会局社会部「本邦社会事業概要」昭和三年、二〇四頁、社会福祉調査研究会『戦前期社会事業史料集

成』（一九八五、日本図書センター所収）。

92 内務省地方局編『民力涵養宣伝経過』一九二〇年、内務省、一頁。

93 社会局社会部「本邦社会事業概要」大正一一年、内務省社会部、八九頁、社会福祉調査研究会『戦前期社会事業史料集成』第二巻（一九八五年、日本図書センター所収）。

94 大霞会編『内務省史』第三巻（一九七一年、財団法人地方財務協会）、三七七頁。

95 前掲『内務省史』第三巻、三七八頁。

96 前掲『民力涵養宣伝経過』一〇頁。

97 前掲『斯民』第一七編四号、一九二二年四月、内務省社会局伊藤貢「民力涵養宣伝の革新」四三―三六頁。

98 山本悠三「大正期の教化団体史　その1」『東京家政大学研究紀要』第四三集（1）、二〇〇三年、一一三頁。

99 前掲『斯民』第一六編六号、一九二一年六月、五五頁、「民力涵養懇談会」。

100 山本悠三「大正期の教化団体史　その1」『東京家政大学研究紀要』第四三集（1）、二〇〇三年、一一一頁。なお教化団体統合については山本の研究成果に負うところが大きい。

101 前掲『日本近代教育百年史』第七巻、一九七四年、八六二頁。

102 社会教育研究会『社会と教化』第一巻第二号二九頁／復刻版、一九九〇年、大空社。

103 前掲『内務省史』第三巻、三七八頁。

104 前掲『内務省史』第三巻、三六三頁。

105 社会局は、大正一一年一一月一日勅令第四六〇号をもって社会局官制を発布し、内務大臣の管理の下に外局としての社会局を設置し、従来、各省に分属していた労働行政事務を統合して、内務省の所管になった。前掲『内務省史』第三巻、三九一頁。

106 前掲『内務省史』第三巻、三七〇―三七二頁。

107 前掲『内務省史』第三巻、三七四―三七五頁。

108 山本悠二『教化団体連合会史Ⅰ』（一九八九年、学文社）、八頁。

109 前掲『日本近代教育百年史』第七巻、八六四頁。

110 前掲『教化団体連合会史Ⅰ』九頁。

111 前掲『日本近代教育百年史』第七巻、八六四頁。
112 前掲『日本近代教育百年史』第七巻、八六〇頁。小松原英太郎君伝記編集実行委員会『伝記叢書55小松原英太郎君事略』（一九八八年、大空社）、一一〇―一二二頁。
113 前掲『日本近代教育百年史』第七巻、九五〇頁。
114 海後宗臣編『臨時教育会議の研究』（一九六〇年、東京大学出版会）、一〇一二頁。
115 前掲『臨時教育会議の研究』「寺内内閣総理大臣演示」三三―三四頁。
116 前掲『臨時教育会議の研究』五―六頁。
117 前掲『日本近代教育百年史』第七巻、八七〇頁。
118 池田進「臨時教育会議をめぐって」池田進・本山幸彦編『大正の教育』（一九七八年、第一法規出版）、一六五頁。
119 前掲『臨時教育会議の研究』「建議第二」「教育ノ効果ヲ完カラシムヘキ一般説明ニ関スル建議」九五九頁。
120 前掲『臨時教育会議の研究』「建議第二」「教育ノ効果ヲ完カラシムヘキ一般説明ニ関スル建議」九五九―九六五頁。
121 文部省普通学務局編『実業教育五十年史続編』一九三六年、五二頁。
122 前掲『臨時教育会議の研究』「諮問第七号　実業教育ニ関スル件」七八五頁。
123 前掲『臨時教育会議の研究』、「諮問第七号　実業教育ニ関スル件」「答申」七八七頁。
124 前掲『臨時教育会議の研究』「諮問第七号　実業教育ニ関スル件」「答申」七八八頁。
125 前掲『臨時教育会議の研究』「諮問第七号　実業教育ニ関スル件」「答申」（注）八三〇頁。
126 「大学令」大正七年一二月六日公布、勅令第三八八号、同八年四月一日施行、昭和二二年四月一日廃止。
127 文部省社会教育局『実業補習教育の沿革と現状』（一九三四年、青年教育普及会）、三五頁。
128 前掲『臨時教育会議の研究』「臨時教育会議委員略歴」、「諮問第一号　小学校教育ニ関スル件　その二（一）」の「Ｉ答申」一四五―一四六頁。
129 「小学校令及同施行規則中改正ノ要旨並施行上ノ注意事項」文部省訓令第一号改正ノ趣旨説明。前掲『日本近代教育百年史』第七巻　百年史、九三三頁。

130　前掲『臨時教育会議の研究』「臨時教育会議委員略歴」二六四頁。文部科学省HP「学制百年史　第一編　第三章　第六節三　実業補習学校」www.mext.go.jp/b_menu/hakusho/html/hpbz198101/hpbz198101...

131　前掲『臨時教育会議の研究』「諮問第七号実業教育ニ関スル件」「実業教育ニ関スル件答申理由書」七八九―七九〇頁。

132　「実業補習学校規定」大正九年一二月一七日、文部省訓令第三二号、文部省普通学務局編『実業教育五十年史　続編』一九三六年、五三頁。

133　前掲『臨時教育会議の研究』二六八頁。

134　前掲『臨時教育会議の研究』「臨時教育会議委員略歴」一〇二一頁。

135　前掲『臨時教育会議の研究』「諮問第一号小学校教育ニ関スル件　その二（三）」の「I審議経過」二五〇―二五一頁。

136　前掲『臨時教育会議の研究』二五一頁。

137　前掲『日本近代教育百年史』第七巻、二五二頁。

138　前掲『臨時教育会議の研究』「諮問第一号小学校教育ニ関スル件　その二（三）」の「I審議経過」二五三―二五四頁。

139　明治四二年二月一三日、第二五帝国議会で商工関係者を中心に結成された戊申倶楽部の代表清水市太郎が、『非常時特別税』一億六千万円の廃止を要求するなかで、軍事費削減のため、高等小学校以上に兵式教育を加味し、もって二年兵役を一年に短縮せよと論じていたという。竹中暉雄「学生軍事教練の開始」池田進・本山幸彦編『大正の教育』（一九七八年、第一法規出版）、七二五頁。

140　「第四十五回帝国議会衆議院」、「軍備ノ整理縮小案外一件ノ委員会」における犬養毅委員の意見の中で「在営年限ヲ短縮スルト云フノハ、詰リ軍隊ヲ国民化スル」ことだと表明された。『帝国議会衆議院委員会議録三三』（復刻版、発行　片岡英三、一九八五年、臨川書店）、六〇二頁。

141　前掲『臨時教育会議の研究』、「建議第一」「兵式体操振興ニ関スル建議」「理由」九一五頁。

142　前掲『臨時教育会議の研究』「建議第一」「兵式体操振興ニ関スル建議」における、阪谷芳郎（貴族院議

員）の意見、九二四頁、
143 前掲『臨時教育会議の研究』九一八頁、「建議第一」「兵式体操振興ニ関スル建議」における江木（貴族院議員、大正一三年一月から同五月まで清浦内閣の文部大臣）の意見。
144 前掲『臨時教育会議の研究』「建議第一」「兵式体操振興ニ関スル建議」における木場貞長の意見、九二〇―九二一頁。
145 前掲『臨時教育会議の研究』、「建議第一」「兵式体操振興ニ関スル建議」における江木千之主査委員長による「理由」説明、九二八―九二九頁。
146 前掲『臨時教育会議の研究』、「建議第一」「兵式体操振興ニ関スル建議」における意見（発言者氏名不詳）、九三五頁。
147 前掲『臨時教育会議の研究』九四四頁。
148 大久保利謙編『森有礼全集』第一巻、三四八頁、『近代日本教育資料叢書』人物篇一（一九七二年、宣文堂書店）。
149 前掲『臨時教育会議の研究』、「建議第一」「兵式体操振興ニ関スル建議」九四八―九四九頁。
150 同会議に出席した陸軍次官山梨半造委員は、当建議に必ずしも賛成しておらず、むしろ「之ヲ児童ニ用ヒマスト云フト…少々適合セヌ所ガアル…」と否定的である。「建議第一」「兵式体操振興ニ関スル建議」の意見、前掲『臨時教育会議の研究』九三四頁。
151 前掲『臨時教育会議の研究』、関直彦（衆議院議員、国民党）の意見、九二二頁。
152 例えば衆議院議員尾崎行雄や同島田三郎らは、軍事費の縮減による義務教育年限延長および国庫負担増額を主張している。『教育時論』大正一一年一月五日（一九九四年、冬至書房）、二一―二三頁。
153 国立教育研究所内日本近代教育史料研究会『資料文政審議会』第一集（一九八九年、明星大学出版部）、二五頁。
154 前掲『資料文政審議会』第一集、一七二―一七六頁。
155 前掲『資料文政審議会』第一集、一七八―一八一頁。
文部省普通学務局編「青年訓練所義解」（一九二一年七月、社会教育協会）、八〇―八一頁、『近代日本

156 青年期教育叢書』第Ⅱ期　第四巻（一九九一年、日本図書センター）、前掲『大日本青年團史』二一〇頁。「中央報徳会青年部」発足、大正五年一月。「帝国青年」創刊号巻頭における発刊の辞」前掲『大日本青年團史』一二二頁、附録　第一「青年団発達年表」一四頁。
157 前掲『大日本青年團史』一二二―一二三頁。
158 文部省普通学務局第三課『地方青年団体施設概況』一九一七年三月―同七年四月。
159 前掲『斯民』第九編第一一号、一九一五年三月、三七―三八頁。
160 前掲『斯民』第九編第一一号、一九一五年三月、三八頁。
161 青年団中央機関の設立は大正五年五月一日中央報徳会に、「各方面に於ける有力者を商議員となし」青年部を設け、翌二月『帝国青年』という機関紙を発行したことに始まる。中央報徳会青年部は大正天皇による立太子（同五年一一月三日）記念に青年団中央部と改称された。
前掲『大日本青年團史』一二二、一二四頁。
162 大正七年五月三日、内務省文部省訓令「青年団体ノ健全発達ニ資スヘキ要項」、前掲『大日本青年團史』附録、二〇一―二〇三頁。
163 大霞会編『内務省史』第一巻、二五九頁。
164 前掲『大日本青年團史』一二八頁。
165 大正七年五月三日、内務省文部省訓令「青年団体ノ健全発達ニ資スヘキ要項」、前掲『大日本青年團史』附録、二〇一―二〇三頁。
166 前掲『大日本青年團史』一二八頁。
167 大正七年五月五日「第一回青年団全国連合大会」における「宣言」・「決議」、前掲『大日本青年團史』一二八―一二九頁。
168 前掲『大日本青年團史』一二九―一三〇頁。
169 前掲『大日本青年團史』一三二頁。
170 前掲『大日本青年團史』一三九頁。
171 前掲『大日本青年團史』一四九―一五一頁。

172 前掲『大日本青年團史』一四三頁。
173 前掲『大日本青年團史』一四四頁。
174 前掲『大日本青年團史』一四六頁。
175 前掲『内務省史』第三巻、三八〇頁。
176 大正九年一月一六日付、内務省文部省訓令および両省次官牒「青年団体ノ内容整理並実質改善方」、大正九年一月二四日付、内務省文部省訓令「青年団員ニ令旨ヲ賜ヒタルニ付奉戴方」、前掲『大日本青年團史』附録、二〇三―二〇五頁。

177 前掲『近代日本政治構造の研究』三六頁。
178 前掲『軍部と民衆統合』一四四頁。
179 前掲『近代日本政治構造の研究』三五頁。
180 山浦国久『長野県青年団発達史』「八、自主の徹底へ」(一九三五年、信濃毎日新聞社)。
181 前掲『合本青年集団史研究序説』下巻、『日本近代教育百年史』8「社会教育(2)第4章などを参照。
182 前掲『大日本青年團史』一七一頁。
183 大正一一年五月二一日付『大阪朝日新聞』「連合青年団の計画、内務文部省は反対、又―紛糾があろう」(神戸大学電子図書『新聞記事文庫』)。

184 前掲『大日本青年團史』一七二―一七三頁。
185 前掲『大日本青年團史』一七三―一七五頁。
186 前掲『大日本青年團史』一七六頁。
187 前掲『大日本青年團史』一七九、一八六頁。
188 多仁照廣は『青年の世紀』「同成社近現代史叢書⑤」(二〇〇三年、同生社)、一三五頁でこのように述べ、その理由として「大日本連合青年団の規約が、行政系統に沿って府県青年団の下に市町村青年団が所属することになっていたため、六大都市の自主性が確保できないということと、農山村の青年団と大都市の青年団は指導経営が異なることが理由であった」とするが、多仁はこの情報の出典を明らかにしていない。

189 前掲『大日本青年團史』一八四—一八五頁。

190 吉河光貞によると、大正七年七月二三日の富山県下新川郡魚津町における漁民妻女の「哀願運動」は「結局騒擾の程度に至らざりしものなるを以て、寧ろ全国的騒擾の前駆を為したるものは、同月十日に於ける京都及び名古屋市等の騒擾なりと言ふを相当とすべし」としている。社会問題資料研究会編　社会問題資料叢書第1輯『所謂米騒動事件の研究』思想研究資料特輯　第五一号（一九七四年、東洋文化社）、九五頁。『所謂米騒動事件の研究』四—五頁。

191 成田龍一によると、「米騒動」による検挙者二万五〇〇〇人以上、内起訴された者七七八六人、死刑人、無期懲役12人を挙げている、しかしその時期は明確にしていない。「シリーズ日本近現代史④『大正デモクラシー』（二〇〇九年、岩波新書）、八八頁。

192 前掲『所謂米騒動事件の研究』「騒擾犯人別年齢表」より算出したものであり、これを仙台の八、三％と比較すると約三倍と高率になる、二一六—二一九頁。

193 「東京府知事訓令」（『法律新聞』大正七年八月二〇日附）、前掲『所謂米騒動事件の研究』二三三頁より再引用。

194 以上のストライキ発生件数は、楫西光速によるものだが、井汲卓一「最近における経済情勢と経済恐慌（上）」『日本資本主義発達史講座』〈第三部　帝国主義日本の現状〉（一九三二年、岩波書店）、一七—一八頁によると、明治三一年度の労働争議発生件数四三件、参加人員六二九三人だったのに対して、大正一一年度では発生件数二五〇件、参加人員四万一五〇三人の規模に拡大している。また小作争議は、大正六年八五件、大正七年二五六件、大正八年三二六件、大正九年四〇八件が示されている。

195 楫西光速『日本資本主義の発展』Ⅲ「双書　日本における資本主義の発達」五（一九七三年、東京大学出版会）七〇五—七〇七頁、労働争議件数・参加人員は同書七〇五頁「第217表：労働争議件数」の一部を転載した。

196 楫西光速・加藤俊彦・大島　清・大内　力『日本資本主義の没落』Ⅰ「双書　日本における資本主義の発達」六（一九七四年、東京大学出版会）、二二五—二二六頁。

197 前掲『日本資本主義の没落』Ⅰ、二〇八頁。

198　前掲『合本青年集団史研究序説』下巻、九五頁。
199　石田　雄『近代日本政治思想の研究』（一九八五年、未来社）、一一頁。
200　西村精一『五人組制度新論』（一九四〇年、岩波書店）、七二―七五頁、大正一四年二月発行『斯民』第2〇編第二号では、「全国町村長会記事」欄に「五人組制度の復活法案」を掲載した、七三―八二頁。
201　「寺内正毅文書」大正四年九月一日付、寺内正毅宛　田中義一の書簡。
202　前掲『大日本青年團史』一七二―一七三頁。
203　この件に関しては、平山和彦が詳細に分析し議論を展開している。『合本青年集団史研究序説』下巻、八九―九七頁。
204　「大日本青年団制定　青年団綱領」昭和四年三月、前掲『大日本青年團史』二三四頁。
205　前掲『大日本青年團史』二三四―二三五頁。
206　前掲『大日本青年團史』二五四頁。
207　前掲『大日本青年團史』二五四頁。
208　前掲『大日本青年團史』二五四頁。
209　前掲『近代日本政治構造の研究』四五頁。

第二章■地方青年団の組織化と展開――山形県を事例として

1　内務省・文部省訓令「青年團體ノ指導発達ニ関スル件」、内務省・文部省次官通牒「青年団体ニ関スル件」「青年団体ノ設置ニ関スル標準」大正四年九月一五日、熊谷辰治郎『大日本青年團史』附録（一九四三年、日本青年館）、一九九―二〇一頁。
2　山形県教育会会長添田敬一郎「青年団号に題す」、山形県教育会編・発行『山形県教育』第三三二号「青年団号」一九一七年一一月一日一頁。
3　前掲『山形県教育』第三三一「青年団号」「沿革の概略」五八頁。
4　明治四二年四月一五日、山形県知事、馬淵鋭太郎から郡市役所町村役場宛「山形県訓令第二十一号」、

「一六七、青年団体・女子団体の育成のこと」山形県教育委員会『山形県教育史資料』第三巻、一九七七年、一五二―一四三頁。山形県『山形県史』資料篇一九、近現代史料1一九七八年、九二四―九二五頁。

5 内務省地方局長通牒「地方青年団向上発達ニ関スル件」明治三八年九月、内務省地方局長通牒、「青年団ニ関スル件」明治三八年一二月二七日、文部省普通学務局長。前掲『大日本青年團史』附録、一九七―一九八頁。

6 前掲『山形県史』資料篇一九、近現代史料1、八九四―八九七頁、「山形県農会報第百弐拾号」。

7 『最上郡各町村青年団体活動方法並其事績』明治四五年五月五日、編・出版記載なし。なお、同資料は明治四四年五月七日付でも発行されている。

8 『最上郡各町村青年団体活動方法並其事績』五―六頁。「最上郡青年団連合会決議事項」には明治四三年～明治四五年までの決議内容が記載されている。

9 山形高等小学校、鈴木繁太「山形市青年団発会式」山形県教育会編・発行『山形県教育』第三三五号一、九一八年三月一日、五〇―五二頁。

10 前掲『山形県教育』第三三一号「青年団号」五八頁。

11 大正六年一月一六日付、山形県知事添田敬一郎から郡市役所町村役場宛「山形県訓令第一号」「山形県訓令第二号」山形県内務部学務兵事課『山形縣青年団指導綱要』一九一七年、三頁。

12 前掲『山形縣青年団指導綱要』六―一一頁。

13 『山形縣青年団指導綱要』一二―一三頁。

14 「明治四十年二月、青年団体の設立奨励(抄)」、山形県編『山形県史』資料篇1、近現代史料1、一九七八年、八九四―八九七頁、「山形県農会報、第百弐拾号」(山形県立農業試験場所蔵)。

15 山形県知事、添田敬一郎「青年団体に対する訓示」「小学校の課程を卒った者は必ず青年会員となる義務があると云うことも承知して戴きたい、小学校を卒へた者は入会式を行って始めて会員になるに非ずして当然青年会員なのである」、前掲『山形縣青年団指導綱要』三一頁。

16 前掲『最上郡各町村青年団体活動方法並其事績』。

17 「明治四十三年ノ決議」、「明治四十四年ノ決議」「最上郡青年団連合会決議事項」、前掲『最上郡各町村

18 青年団体活動方法並其事跡』五―六頁。
19 大正七年一〇月協定、同一二年三月改正。山形県教育会編・発行『山形県教育』第四一三号「青年団号」一九二四年一〇月、一三〇―一三二頁。
20 「青年団の検閲指導について」、前掲『山形県教育』第四一三号「青年団号」三四―三八頁。
21 「大日本連合青年団加盟過程」、前掲『山形県教育』第四一三号「青年団号」一三三―一三六頁。
22 「青年団体に対する卜部理事官の講演」、前掲『山形縣青年団指導綱要』一―二頁。
23 山形県知事、添田敬一郎「青年団体に対する訓示」、前掲『山形縣青年団指導綱要』一頁。
24 前掲『大日本青年團史』附録、九五頁、「第一青年団発達年表」一二頁。
25 「青年団体に対する卜部理事官の講演」、前掲『山形縣青年団指導綱要』九頁。
26 「青年団体に対する卜部理事官の講演」、前掲『山形縣青年団指導綱要』八頁。
27 「青年団体に対する卜部理事官の講演」、前掲『山形縣青年団指導綱要』四〇―四一頁。
28 「青年団体に対する卜部理事官の講演」、前掲『山形縣青年団指導綱要』三頁。
29 「明治45年ノ決議」「最上郡青年団連合会決議事項」、前掲『最上郡各町村青年団体活動方法並其事跡』六頁。
30 「青年団体に対する卜部理事官の講演」、前掲『山形縣青年団指導綱要』三頁。
南村山郡中川村大字小倉「小倉青年会」は、明治44年模範青年団として推挙された。「その設置区域は大字小倉全部より成立」、「会員の年齢は十五歳以上三十七歳以下」とされた。さらに本会では夜学・植林・蚕業組合、信用組合等を経営し、固定資本金四六〇円、流動資本金一五〇〇円（明治四一年三月現在）を有する事業主体だった。前掲『山形県史』資料編一九、近現代資料1、三九五―三九六頁。
31 「青年団体に対する卜部理事官の講演」、前掲『山形縣青年団指導綱要』四―六頁。
32 「青年団体に対する卜部理事官の講演」、前掲、『山形縣青年団指導綱要』四七頁。
33 纐纈厚『総力戦体制研究　日本陸軍の国家総動員構想』（二〇一〇、社会評論社）、二六三頁。
34 山形県知事、添田敬一郎「青年団体に対する訓示」、前掲『山形縣青年団指導綱要』一八頁。
35 前掲『近代日本政治構造の研究』（一九八五年、未来社）、二八七頁。
36 宮地正人『日露戦後政治史の研究－帝国主義形成期の都市と農村』（一九七三年、東京大学出版会）、

四九頁。宮地氏は、町村内における社会教育指導者としての小学校の役割について述べているのだが、国家主義教育担当としての小学校という意味で、筆者も同様の見解を持つものである。

37 飽海郡視学大沼永造「本県教育会提出問題につきて」山形県教育会編・発行『山形県教育』第三二〇号一九一七年六月、三二―三七頁。

38 藤井武「山形県立自治講習所設置ノ議、大典記念トシテ県立自治講習所を設置スルノ議」「其一、設置ノ必要」『藤井武全集』第九巻（一九七一年、岩波書店）、二六三―二六四頁。

39 山形県内務部『山形縣青年團體概況』「市町村青年團體総覧」（一九一七年）一―一二頁、（一九二〇年九月）一―一三頁。

40 前掲『山形縣青年團體概況』「青年團體組織改善状況調」「規約承認済團體数」一九一七年、六三頁。ただし山形市青年団創立は大正七年二月三日であるため、上記大正六年版には未記載である。同「概況」による北村山郡の二四町村のうち、「規約承認済團體数」は一一町村と五割に満たない、理由は不明である。大正九年九月に発行された『山形縣青年團體概況』では同様の調査は未記載であるが、二四の全町村が揃って記載されているため、大正六年一〇月以降、強力な「規約承認」が推進されたのではないかと推測される。

41 山形県最上郡及位村青年会は、大正六年版には団員数のみ記載（五頁）、しかしこれは対象青年全員が強制加入という意味での記載に過ぎない。同九年版にも支部の記載はない（六頁）、前掲『山形縣青年團體概況』「市町村青年團體総覧」（一九一七六年）一―一二頁、（一九二〇年）一―一三頁。

42 赤松啓介「村落共同体と性的規範」（上）『季刊どるめん』二六号（一九八〇年、ＪＩＣＣ出版局）、八八―八九頁。

43 戸川安章『日本の民俗』「山形」（一九七三、第一法規出版）、一〇九―一一二頁。

44 前掲『日本の民俗』「山形」一〇九―一一二頁。

45 竹内利美『日本の民俗』「宮城」（一九七四、第一法規出版）、一三二頁。

46 前掲『日本の民俗』「山形」一〇七頁。

47 『塩根川向上会記録群』「文書往復綴」「大正十三年起」及位村青年会塩根川支部。昭和三年四月、「塩根川向上会」が設立される。

48 「明治四十四年度ニ於ケル各青年団事績」『最上郡各町村青年団体活動方法並其事績』一九一二年五月五日、編・出版記載なし、六六―七〇頁。当該史料によると、明治末期、及位村には部落名を冠した五青年団が記載されており、そのひとつが「新及位青年団」である、六頁。

49 前掲『山形縣青年團體概況』「町村青年團體総覧」「金山村青年会」一九一七年、五頁。

50 山形県知事、添田敬一郎「青年団体に対する訓示」、前掲『山形縣青年団指導綱要』三〇頁。

51 「地方改良運動」における部落有財産、特に部落有林野の行政市町村への統一に関しては、宮人氏が『日露戦後政治史の研究－帝国主義形成期の都市と農村』（一九七三年、東京大学出版会）、三四―四四頁中で詳細な検討を行っている。宮地氏の分析のように、部落有林野統一は居住民の生存そのものに関る政策であるため、住民の反対も大きかったことと推測される。

52 この点については中央報徳会青年部でも把握していたものと思われる。青年団に関する初めての訓令が発令された翌大正五年八月、同会は関係各官僚を集めて説明会をおこなった。その席上、山本瀧之助は「一町村一団体はや、も致しますれば名のみでありまして、其実は矢張り字々で以って固まって居ります」と述べ、その対策について述べている。「青年団真義」『近代日本青年期教育叢書』第Ⅲ期、第七巻（一九一六、青年団中央部編纂）、三四二頁。

53 福武直「日本村落の社会構造」『福武直著作集』第五巻（一九七六、東京大学出版会）、五〇頁。

54 周知のとおり、明治四三年に始まる公有林野整理事業―部落有林野の行政市町村への統一―の後、部落有林野は統計上からは次第に姿を消しつつあった。しかし、半封建的土地所有と採草地とが密接に結びついている限り、実質的な部落有林の排除は困難であり、従来の利用権をそのまま継承するなど特定の条件付きの統一という形式で、昭和に入ってもなお広汎に残されている。部落有林研究会『部落有林の実態』（一九五五、林野庁）、一二三―一二六頁。

55 山形県下青年団の中には、団自体が小口の融資事業を行っている例がある。前掲『山形県教育』第四一三号「青年団号」六〇頁。

56 福武直氏はこれに関連して、「農村に新風をおくるものとして一応注目すべきものは青年団であるが、村落社会における彼らの力の弱さのために、結局、村の社会や政治を動かす力にはならなかった。（中略―筆者）青年団を去ってゆくとき、彼らは、既につくりあげられている村落社会の中に自然に吸収されていったのである」、と論じている。

57 前掲「日本村落の社会構造」『福武直著作集』第五巻、五九頁。

58 山形県経済部長・同学務部長通牒「遥拝式學行並ニ農村更生施設実施ニ関スル件」昭和一〇年一〇月、山形県編『山形県史』資料篇一九近現代史料2、一九八一、一九八―一九九頁。

59 西村精一『五人組制度新論』（一九四〇、岩波書店）、一八〇―一八一頁。山形県経済更生課『五人組事例』一九三七による東置賜郡大塚村の場合、部落民五世帯を五人組とし、それを三組まとめたものを一五人として、ひとつの部落が三〇の一五人組で組織された、同書四〇頁「組織図」による。

60 石田雄は、「こうした『中堅人物』を農村秩序再編の中核的担い手としそれによって農村の支配体制を維持し、あわせてこれら人物の運動によって、一見農民の自主性をのばすかの如くよそおいながらこれを服従の自発性に転化しようとするのである」と、国家官僚の意図を指摘した。

61 前掲『近代日本政治構造の研究』二八〇―二八一頁。

62 前掲『山形縣青年團體概況』「町村青年團體事業調」一九一七年、三三頁。

63 修養団編輯部「修養団三十年史」一九三六年、『近代日本青年期教育叢書』第Ⅲ期、第一一巻（一九九一年、日本図書センター）、二二八―二三九頁。

64 前掲「修養団三十年史」『近代日本青年期教育叢書』第Ⅲ期、第一一巻二一八―二二二頁。

65 武田清子『増補、天皇制思想と教育』一九七五、明治図書出版、五六頁。

66 前掲「修養団三十年史」一九三六年、『近代日本青年期教育叢書』第Ⅲ期、第一一巻二三九頁、二三四頁。

67 前掲「修養団三十年史」一九三六年、前掲『近代日本青年期教育叢書』第Ⅲ期、第一一巻五三頁。

68 多仁照廣『青年の世紀』二〇〇三年、同成社近現代史叢書⑤、八八―八九頁。

前掲『青年の世紀』八九頁。

田沢義鋪『青年如何に生くべきか』（一九三七年、日本青年館）、一五六頁。前掲『増補、天皇制思想と教育』一六〇頁。

69 中央報徳会「国民の責任益重きを加ふ」『斯民』第九編第六号、一九一四年九月号、一―四頁。
70 中央報徳会「戦時十訓」『斯民』第九編第七号、一九一四三年一〇月号、一―四頁。
71 栗本義彦「体力向上と体育運動」『社会体育スポーツ基本資料集成』第九巻（木下秀明監修、大空社、一九四一年所収）。保健衛生協会、一九四〇年、龍吟社、八八頁「受験壮丁との千分比」より抜粋。
72 坪井玄道「戸外遊戯法―一名戸外運動法」「遊戯」明治一八年、金港堂、大場一義、編・解説『近代体育文献集成』第一八巻（一九八三年、日本図書センター）。
73 伊達源一郎「青年団真義の出版」一四頁、青年団中央部編纂「青年団真義」『近代日本青年期教育叢書』第Ⅲ期、第七巻、一九九一年。
74 乗杉嘉寿「青年団体の訓練」、前掲「青年団真義」『近代日本青年期教育叢書』第Ⅲ期、第七巻、一四五頁。
75 中川、望「青年の体力」、前掲「青年団真義」『近代日本青年期教育叢書』第Ⅲ期、第七巻、一八一―一八四頁。
76 「戸外遊戯法―一名戸外運動法」「遊戯」、前掲『近代体育文献集成』第一八巻。
77 大久保利謙編「森有礼全集」第一巻、三四八頁、『近代日本教育資料叢書』人物篇1、一九七二年、宣文堂書店。
78 前川峯雄「身体と教育」前川峯雄・寿原健吉・長尾十三二・東洋編『教育学全集』一〇（一九六八年、小学館）、二―四頁。加藤弘之『日本人種改良の弁』一八八六年、森有礼『教育論―身体の能力』別名「体力論」一八八九年。
79 「体育奨励に関する実行事項」中央報徳会『斯民』第九編第一二号、一九一五年三月号、二―四頁。同第九編一〇号（新年号）、一八頁「体育奨励に関する実行事項協議会」によると、同会開催日は「旧臘十一日」と記載されている。
80 栗本義彦「体力向上と体育運動」『社会体育スポーツ基本史料集成』第九巻（一九九二年、大空社所収）、木下秀明監修、保健衛生協会（昭和一九四〇年、龍吟社）、二八四頁。栗本義彦は厚生省兼文部省の体育官の任にあった。
81 前掲「体力向上と体育運動」『社会体育スポーツ基本史料集成』第九巻、一一一頁。
82 前掲「体力向上と体育運動」『社会体育スポーツ基本史料集成』第九巻、二八二―二八三頁。

83 「青年体育の奨励」、前掲『大日本青年團史』三三二―三三八頁。
84 「厚生省体力局」設置の経緯は、中村裕司『戦時下の「国民体育」行政－厚生省体力局による体育行政を中心に―』一九九二年、早稲田大学人間科学研究五巻一号による。dspace.wul.waseda.ac.jp/dspace/bitstream/2065/3859/1/
85 前掲『山形縣青年團體概況』「町村青年団体事業調」一九一七年、二五―五〇頁。
86 山形県教育会編・発行『山形県教育』第四一一号、一九二四年一〇月、「青年団号」七五頁。
87 前掲『山形県教育』第四一一号「青年団号」七七―八四頁。
88 明治神宮競技大会は「明治天皇の聖徳を憬仰し」「国民の身体を鍛錬し」「精神を作興する」目的で、内務省が大正一三年に立案したものである。この大会には学生、陸海軍人、青年団員、その他各方面の選手を網羅することになり、財団法人日本青年館がかねて計画していた全国青年団協議会を同大会の一部にしたものである。「第一回明治神宮競技大会」は大正一三年一〇月三〇日から同年一一月三日までの開催であるが、青年団競技会には同年一一月一日、二日の二日間が充てられた。前掲『大日本青年團史』一六七―一六八頁。
89 『塩根川向上会記録群』「文書往復綴」「大正一四年五月二五日付、及位村青年団長より塩根川支部長宛、総集会並運動会開催の件」。
90 前掲『塩根川向上会記録群』「文書往復綴」「昭和二年八月三一日付、及位村青年会副会長より部落幹事宛、最上郡聯合青年団陸上競技会開催の件」。
91 前掲『塩根川向上会記録群』「文書往復綴」「昭和三年八月二四日付、及位村青年会副会長より支部長宛、聯合青年団総会並運動会の件」。
92 前掲『塩根川向上会記録群』「文書往復綴」「大正一五年一〇月二三日付、及位小学校長より佐藤孝治宛、神宮競技会参加祝賀茶話会開催案内」。
93 前掲『塩根川向上会記録群』「文書往復綴」「昭和二年九月一五日付、支部長より及位村青年会長宛、郡聯合青年運動会優良選手の件回答」。
94 前掲『塩根川向上会記録群』「文書往復綴」「昭和三年五月一〇日付　及位村青年会長より支部長宛県北

一町五ケ村聯合競技会の件」。
95 「青年団体に対するト部理事官の講演」、前掲『山形縣青年団指導綱要』三六頁では、「青年団員は必ず実業補習学校又は夜学会に通学する義務を負ひます、第七條は即ちその規程であります」と明言した。
96 県視学寺尾英量「実業補習学校に就て」、山形県教育会『山形県教育』第三二八号、一九一七年八月、四頁。
97 「補習教育と青年団」「文部大臣官邸に於ける実行事項協議会」、中央報徳会『斯民』第九編第一二号、一九一五年三月号、三七―三八頁。
98 「青年団体に対するト部理事官の講演」、前掲『山形縣青年団指導綱要』三七頁。
99 「県内優良青年団状況」「北村山郡大石田青年団」、前掲『山形県教育』第四一三号「青年団号」一一九―一二〇頁、一一六頁。
100 前掲『山形縣青年團體概況』一九二〇年、五頁。
101 「県内優良青年団状況」「北村山郡大石田青年団」、前掲『山形県教育』第四一三号「青年団号」一一九―一二〇頁。
102 前掲『実業補習教育の沿革と現状』一九三四年、青年教育普及会、四〇頁。
103 前掲『実業補習教育の沿革と現状』一四三―一四四頁。
104 「設立者別実業補習学校数及生徒数調」、前掲『実業補習教育の沿革と現状』一二一頁。
105 「公立実業補習学校授業料調」(昭和五年五月一日現在)、前掲『実業補習教育の沿革と現状』一四四―一四六頁。
106 「県内優良青年団状況」「東村山郡豊田村青年会」、前掲『山形県教育』第四一三号「青年団号」一〇九―一一二頁
107 「県内優良青年団状況」「東村山郡大郷村青年会」、前掲『山形県教育』第四一三号「青年団号」一一二―一一五頁。
108 「県内優良青年団状況」「北村山郡大石田青年団」山形県教育会編・発行『山形県教育』第四一三号「青年団号」一九二四年一〇月、一一三頁。
109 『及位小学校沿革史』「明治四十年、一実業補習学校ノ附設、四月、地方実業思想ノ発展ヲ図ランガ為メ

110 実業補習学校ヲ本校内ニ附設ス生徒数約参拾名」、山形県最上郡真室川町教育委員会保存。
111 『塩根川向上会記録群』No３「会員名簿」。
112 「青年学校令」昭和一〇年、勅令四一号即日施行、文部省社会教育局『青年学校関係法令』一九三五年。
前掲『及位小学校沿革史』「大正九年、高等科設置、四月一日ヨリ高等科ヲ設置シ同時ニ授業ヲ開始ス、入学児童男十二名女七名。昭和一六年「国民学校令」発令とともに高等小学校は消滅する。それまでの本会高等科卒業者は六七名である。
113 例外として「塩根川向上会」初代会長佐藤孝治は秋田県院内の高等小学校を卒業した。
114 前掲『塩根川向上会記録群』史料No１「会員名簿」に記載の学歴形態を纏めたものである。
115 海後宗臣編『臨時教育会議の研究』「臨時教育会議委員略歴」一九六〇年、東京大学出版会、一一六四頁。
文部科学省ＨＰ、「学制百年史、第一編、第三章、第六節、三、実業補習学校」。

www.mext.go.jp/b_menu/hakusho/html/hpbz198101/hpbz198101...
116 前掲『実業補習教育の沿革と現状』、一二〇頁。
117 藤井武「山形県立自治講習所設置ノ議、大典記念トシテ県立自治講習所を設置スルノ議」「其一設置ノ必要」『藤井武全集』第九巻、一九七一年、岩波書店、二六三―二六四頁。
118 加藤完治が「山形県立自治講習所」の所長に就任する経緯については、加藤完治著『日本農村教育』五二版、一九四一年、東洋図書、二五九―二六一頁に詳しく紹介されているが、本論稿では省略する。
119 さらに、国民高等学校は昭和恐慌以降、「農民道場」の雛形となって全国に設立された。桜井武雄『日本農本主義』一九、合同出版、一〇八―一一〇頁。
120 山形県立上山農業高等学校創立五十周年記念誌編集委員会編・発行『山形県立上山農業高等学校創立五十周年記念誌』一九六二年、六九―七二頁。
121 加藤完治『日本農村教育』五二版、一九四一年、東洋図書、二六五頁。
122 横井時敬「食物の独立と農村の改良」、前掲『斯民』第九編、第七号、二〇頁。
123 前掲『日本農村教育』一八八頁。
124 山形県立自治講習所修了者」、前掲『山形県立上山農業高等学校創立五十周年記念誌』七八―七九頁。

125 鈴木誠治編『農村に於ける特色ある教育機関』昭和八年、財団法人協調会、参照。「村塾」とは、小野武夫によると、「その名称の如何、規模の大小、塾風の如何に関せず、専ら其塾を主宰する塾頭（即ち校長）の人格を中心として塾生を訓練し、同時に来る可き新時代の要求に髄應して農村生活万般の向上発展を図らうとする農村教育機関の凡てを指して云ふ」。増田作太郎「村塾教育の時代的使命、農村に於ける塾風教育」昭和九年、協調会、三頁、『近代日本青年期教育叢書』第Ⅲ期・青少年団・青年組織論、第一〇巻（一九九一年、日本図書センター）。

126 武田清子『増補、天皇制思想と教育』（一九七五年、明治図書出版）、一七八―一七九頁。

127 参考として「山形県自治講習所第十四期生修学旅行日程」自十一月九日、至十二月十一日（父兄宛て案内書）添付、原本は謄写版刷り、山形県最上郡真室川町、佐藤清夫氏所蔵。

128 本修学旅行が実施されたのは昭和四年であるため、加藤完治は既に「自治講習所」を辞し、茨城県の日本国民高等学校校長として赴任していた。そのため、帰路、生徒たちは同校に加藤を訪問した。

129 昭和一六年二月、奉天省昌図県桜桃村（後の四平省）に建設、昭和一七年、「昌図最上開拓団」と改称。1985、最上郷会『満洲、最上郷覚書』一頁。

130 小平権一『石黒忠篤』時事通信社、昭和三七年八四―八五頁、『伝記叢書三四七石黒忠篤』（二〇〇〇年、大空社所収）。

131 前掲『山形県立上山農業高等学校創立五十周年記念誌』「日課表」七二頁。

132 山形県自治講習所、終了記念アルバム昭和四年一二月、山形県最上郡真室川町、佐藤清夫氏所蔵。

133 前掲『山形県立上山農業高等学校創立五十周年記念誌』七九―八〇頁。

134 鈴木誠治編『農村に於ける特色ある教育機関』一九三三年、財団法人協調会、八頁。

135 前掲『農村に於ける特色ある教育機関』二二頁。小平権一『石黒忠篤』（昭和三七年、時事通信社）、八八―八九頁、前掲『伝記叢書三四七石黒忠篤』（二〇〇〇年、大空社）。

136 日本にはじめてデンマークに関する文献が紹介されたのは明治三七年のことで、佐藤寛治博士の「丁抹の復興」と題する外国雑誌の翻訳であった。翌三八年ハガード著矢作栄蔵翻訳の『丁抹の田園生活』、同四三年ホルマン著那須皓翻訳の『国民高等学校と農民文明』など、多くのデンマーク農村の事情が紹介されている。前掲「農村に於ける塾風教育」二頁、『近代日本青年期教育叢書』第Ⅲ期「青少年団・青年組織論」第一〇巻（一九九一年、日本図書センター）。

137　中央報徳会『斯民』第一一編、第八号、一九一六年一一月号「地方中心人物養成の魁山形県自治講習所」六六―六七頁。

第三章■塩根川向上会設立の歴史的、社会的諸条件

1　及位村経済更生委員会編『及位村　経済更生計画』一九三四年八月、五頁。

2　秋田営林局「及位村　調査書」昭和九年『国有林在町村勢調査』一九三八年、六七四頁。

3　週刊朝日編『値段史年表　明治・大正・昭和』（一九八八年、朝日新聞社）、一七三頁、昭和七年の賃金。

4　前掲「及位村　調査書」一九三四年『国有林在町村勢調査』六七九頁。

5　戒能通孝『小繋事件―三代にわたる入会権紛争―』（一九七一年、岩波新書）、三三頁。

6　「白川以北一山百問」という東北を侮蔑したことばに抵抗する意味を込めて、宮城県仙台では『河北新報』が創刊され、旧盛岡藩出身の原敬は「一山」と号した。河西英通『続・東北－異境と原境のあいだ』（二〇〇七年、中公新書）、一頁。

7　浅野源吾『東北振興史』上巻（一九三八年、東北振興会）、三頁。

8　山形県編『山形県史』第四巻、近現代編、一九八四年、六五三―六五五頁。

9　下村千秋「飢餓地帯を歩く―東北農村惨状報告書―」『土とふるさとの文学全集』⑦「記録の目と心」（一九七六年、家の光協会）、一一〇頁。

10　前掲「飢餓地帯を歩く―東北農村惨状報告書―」一三〇頁。

11　新関庄蔵「東北視察実記」『中外商業新報』一九一四年一月一四日―三月一九日「神戸大学新聞記事文庫」。

12　前掲『山形県史』第四巻　近現代編、六五四頁。

13　『及位式とち・どんぐり脱渋法』『菅原官兵衛統計資料集』故菅原伴実氏所蔵、真室川町史編集委員会編『真室川町史』（真室川町）、一九六九年九〇四頁にも同様の説明が掲載されている。

14 「身賣防止数唄『菅原官兵衛統計資料集』故菅原伴実氏所蔵。ただし、戦前期の「身売り」というのは日本の特殊な雇用慣行のことを指す。通常、保護者である親が、子どもを何年かの年季を決めて奉公に出す。親は雇い主から「前借金」を受け取るため、雇われた子どもには原則として賃金は支払われない。食事と衣類や小遣いが時々与えられたり、とその形態は様ざまであり、契約書のようなものも作られずに口約束だけで売られた例も多い。芸者・娼妓などは最も過酷な奉公だろう。昭和二三年、「児童福祉法」制定をきっかけにこれが問題となる。ＧＨＱの命令があり、内閣府に中央青少年問題協議会が設置され、「身売り」は「いわゆる人身売買」と呼称を変えて廃絶の方策が模索された。詳細は拙稿『戦後日本の農村における子どもの労働と家族の変容―山形県最北部の農村を事例として―』第一章参照（二〇〇四年、明治学院大学大学院社会学研究科、社会学専攻、修士論文）。

15 農林省委託農業発達史調査会、東畑精一『日本農業発達史』第七巻（一九五五年、中央公論社）、三八六―三八七頁。

16 前掲『日本農業発達史』第七巻（一九五五年、中央公論社）、三九一―三九五頁。大野峯治著・発行『東北の主張』（一九二〇年）、八頁。

17 農林大臣官房総務課『農林行政史』第五巻下（一九六三年、農林協会）、一三八五―一三八六頁。

18 「地租改正報告書」大内兵衛・土屋喬雄編『明治前期財政経済史料集成』第七巻（一九六二年、明治文献資料刊行会）、七九頁。

19 前掲「地租改正報告書」『明治前期財政経済史料集成』第七巻　一一二頁。

20 前掲「地租改正報告書」『明治前期財政経済史料集成』第七巻、八一頁。

21 前掲「地租改正報告書」『明治前期財政経済史料集成』第七巻、一〇四頁。

22 前掲「地租改正報告書」『明治前期財政経済史料集成』第七巻、一〇二頁。

23 前掲『日本農業発達史』第七巻、三九六頁。

24 前掲『日本農業発達史』第七巻、三九七頁から転載。

25 前掲『山形県史』第四巻　近現代編、六五五―六五六頁。

26 前掲『東北振興史』上巻、二一五頁。
27 前掲『東北振興史』上巻・中巻・下巻、『続・東北－異境と原境のあいだ』九七頁、『山形県史』第四巻近現代編、六五八頁。
28 前掲『東北振興史』下巻「第三章　東北振興調査委員の東北振興に関する意見」二五九―三六二頁。
29 「官報号外」大正二年三月一九日、「第三十一回帝国議会衆議院議事速記録第十一号」「第十八国防上農村振興ニ関スル建議案（中川虎之助君外三名提出）『帝国議会衆議院議事速記録』二七（一九八二年、東京大学出版会）一八四―一八五頁。
30 真室川町史編集委員会『真室川町史』（一九六九年、真室川町）、八四四頁。
31 新庄市編・発行『新庄市史』第四巻（一九九六年）、七六頁。
32 前掲「及位村　調査書」昭和九年『国有林在町村勢調査』六四九頁。
33 前掲『及位村　経済更生計画』（一九三四年八月）、一頁。
34 前掲「及位村　調査書」昭和九年『国有林所在町村勢調査』六五〇頁。同じ年の発行でありながら、本記録と経済更生計画書の記録は異なっているが、一戸当たりの耕作地の狭さの傾向をみることが目的なので、本書ではそのまま掲載した。
35 前掲「及位村　調査書」昭和九年『国有林所在町村勢調査』六四九頁。
36 前掲「及位村　調査書」昭和九年『国有林在町村勢調査』より。この秋田営林局の調査書と「経済更生計画」とでは、ほぼ同じ時期に発行された資料でありながら、村の面積が異なる。筆者はこの理由を明らかにしえないが、この点は本稿の中心課題ではないので、そのまま掲載した。
37 前掲「及位村　調査書」昭和九年『国有林所在町村勢調査』六四九―六五〇頁。
38 前掲「及位村　調査書」昭和九年『国有林所在町村勢調査』六五四頁。
39 前掲『及位村　経済更生計画』昭和九（一九三四）年八月、五三頁。
40 前掲「及位村　調査書」昭和九年『国有林所在町村勢調査』六五三、六五四、六六八、六七〇、六七一頁より抜粋。

41 安楽城村経済厚生委員会『安楽城村　経済厚生計画』（一九三五年）、三頁。

42 及位村経済厚生委員会編『及位村　経済更生計画書』昭和一〇年一二月、但し総戸数は昭和九年版『及位村　経済厚生計画』「四　協同作業場の設置」五七頁から転写。前掲拙稿『戦後日本の農村における子どもの労働と家族の変容―山形県最北部の農村を事例として―』第二章参照。

43 前掲『及位村　経済更生計画』（一九三四年八月）、一六頁。

44 週刊朝日編『値段史年表明治・大正・昭和』（一九八八年、朝日新聞社）、一六一頁。

45 前掲『及位村　経済更生計画』（一九三四年八月）、一六―一七頁。

46 前掲『及位村　経済更生計画』（一九三四年八月）、一七―一八頁。

47 前掲『及位村　経済更生計画』（一九三四年八月）、一八―一九頁。

48 前掲『及位村　経済更生計画』（一九三四年八月）、一九―二〇頁。

49 前掲『及位村　経済更生計画』（一九三四年八月）、二〇―二一頁。

50 前掲『及位村　経済更生計画』五頁、なお『国有林所在町村勢調査』による農家数は四七二戸である、これに従うと一戸当たりの金肥はさらに高額となる。

51 前掲『及位村　経済更生計画』（一九三四年八月）、二七頁。

52 前掲「及位村　調査書」昭和九年『国有林所在町村勢調査』六五〇頁。

53 有沢広巳『日経文庫四九〇　昭和経済史』上（一九九四年、日本経済新聞社）九〇―九一頁。

54 前掲「及位村　調査書」昭和九年『国有林所在地調査』六七一頁。

55 林業発達史調査会編『日本林業発達史―明治以降の展開過程―』上巻（一九六〇年、林野庁）。林野庁によると、田一反に必要な草木の量は最低四五〇貫、最高一千貫に及ぶ（一二頁）、kg換算では約一七〇〇～三七〇〇kgと莫大になる。

56 前掲『真室川町史』五五〇頁、「寿永軒見聞録」『新庄市史』史料編上（二〇〇一年、新庄市編・発行）、五六四―五六八頁。

57 前掲『東北振興史』下巻、二七八頁から作成。

58 前掲『山形県史』第四巻　近現代編上、七六三頁より転載、ただし本論考の主題との関係上、最上郡を一覧表の最初に移動させた。
59　北条浩『入会林野の史的研究』上（一九七七年、御茶ノ水書房）、三頁。
60　前掲『日本林業発達史―明治以降の展開過程―』上巻、四七―四八頁。
61　農業発達史調査会編『日本農業発達史』第一巻（一九五三年、中央公論社）、七二頁。
62　農林大臣官房総務課編『農林行政史』第五巻下（一九六三年、農林協会）、一一三一頁。
63　前掲『日本林業発達史―明治以降の展開過程―』上巻、六〇頁。
64　明治一三年の調査ヶ所は八万二七九五、面積では五二五万九一八二町歩の増加。明治二一年の調査ヶ所は一四万二七九五ヶ所、面積は七六九万一六七一町歩の「官林」増加である。前掲『日本林業発達史―明治以降の展開過程―』上巻、六一頁「第四表　官林編入の増加」。
65　山形県『山形県史』本篇六「漁業編・畜産業編・蚕糸業編・林業編」（一九七五年）、七六四―七六五頁。
66　前掲『山形県史』本篇六「漁業編・畜産業編・蚕糸業編・林業編」（一九七五年）、七六五―七六七頁、秋田営林局所蔵資料の再引用。
67　なお、本村の庄屋であり後の戸長になった髙橋作右衛門の名は、文書により作江門など異なる文字を使用しており、本書では文書に記載どおりの漢字を使用した。
68　明治四年一二月、髙橋作衛門外七名「苗木植立場所御判紙奉願上面附帳」「髙橋伊之助文書」最上郡真室川町　髙橋秀弥氏所蔵（故人）。以下及位村の山林史料は当文書による。髙橋伊之助（屋号）は、及位村役場の助役だったが、昭和の合併時に書類を自宅に持ち帰り保管していた。髙橋秀弥氏（故人）は伊之助他出の際に当該文書を譲り受け現在に至る。
69　前掲『真室川町史』五五一頁。
70　前掲『山形県史』本篇六「漁業編・畜産業編・蚕糸業編・林業編」七六三頁。
71　「戸籍法」改正に伴い、山形県では、明治四年八月「戸籍法改正ニ付達」を県下各町村に布告した。山形県『山形県史』資料編一九　近現代史料一（一九七八年）、二〇三―二〇五頁。
72　前掲「及位村　調査書」昭和九年『国有林所在町村勢調査』六七二頁。
73　前掲『農林行政史』第五巻下、一一三一八頁。

74 明治七年八月第七大区小三区及位村戸長　髙橋作右衛門から山形県権令　関口隆吉宛「官山取調書上」。

75 前掲『入会林野の史的研究』上、四―六頁より転載、原典は林野制度史研究会『近代林野制度資料集』（一九七七年、徳川林政史研究所）。

76 前掲『入会林野の史的研究』上、七頁。

77 前掲『農林行政史』第五巻下、一三二一頁。

78 前掲『農林行政史』第五巻下、一三二一頁。

79 明治九年一二月上旬「山岳原野官民有区別願」第四大区小三区及位村村長代　髙橋作右衛門、最上郡真室川　髙橋秀弥氏（故人）所蔵、詳細は別添史料参照。

80 前掲『農林行政史』第5巻下、一一〇五頁。

官林という語の使用について、前出北条は以下のように述べている、「明治四年七月以降、各省庁等において使用され、したがって官用語から御林という用語が使用されなくなったといえる」。

81 及位村惣代佐藤仁兵衛・戸長吉村雄吉「最上郡及位村山林ヶ所調表」明治一四年一一月、真室川町　髙橋秀弥氏（故人）所蔵。〔表四―四〕には、〔表四―三〕のうちのNo19倉ノ楯山、No29内ノ沢山が入っておらず、反対に田ノ沢山　反別一六町六反六畝、立木ナシが付加されている。

82 金山町史編集委員会編『金山町史』資料編九（一九八八年、金山町）一一八頁。

83 宮本常一「山村と国有林」『宮本常一著作集』第一四巻（一九七三年、未来社）、八四頁。

84 前掲、拙稿「戦後日本の農村における子どもの労働と家族の変容―山形県最北部の農村を事例として―」第二章。

85 前掲『小繋事件―三代にわたる入会権紛争―』四〇頁。

86 奈良正路「入会権論」『昭和前記農政経済名著集』二一（一九八一年、農山漁村文化協会）、九八―九九頁。

87 前掲『林野入会の史的研究』上、五四―五五頁。

88 前掲『農林行政史』第五巻下、一三二一頁。

89 〔史料4―6〕「最上郡合海町村　議定証」明治十八年八月、新庄市　大友義助氏所蔵（故人）。

90 前掲『日本林業発達史―明治以降の展開過程―』上巻、七四頁。

91 前掲『日本林業発達史―明治以降の展開過程―』上巻、七五―七六頁。
92 前掲『日本林業発達史―明治以降の展開過程―』上巻、八二―八三頁。
93 「官林の被害」、前掲『日本林業発達史―明治以降の展開過程―』上巻、七九頁「山林局調査書」の再引用。
94 前掲『日本林業発達史―明治以降の展開過程―』上巻、八四頁。
95 前掲「及位村　調査書」昭和九年『国有林在町村勢調査』六五五―六五六頁。

第四章■塩根川向上会の組織と性格

1 山本瀧之助『田舎青年』明治二九年、一頁、熊谷辰治郎編『山本瀧之助全集』(一九三一年、日本青年館)。
2 『及位小学校沿革史』大正一一年度「四　寄付」欄、山形県最上郡真室川町教育委員会所蔵。
3 秋田営林局「及位村　調査書」昭和九年『国有林在町村勢調査』一九三八年、六五七頁によると、「国有林事業ニ依ル労働者ノ雇用」は延べ五万三四一一人、賃金総額は三万七二九二円だった。つまり毎日平均一四八人が国に雇用され、一人七〇銭／一日の賃金をえていた。なお、当時村の人口は約三六〇〇人だった。
4 『塩根川向上会記録群』No16「文書往復綴」「大正一五年七月七日付　支部長より支部内夏期弁論会・役員会開催の件」。
5 前掲『塩根川向上会記録群』No16「文書往復綴」。
6 河西英通『東北―つくられた異境』(二〇〇四年、中公新書)、四六頁。
7 塩根川部落契約組合『契約書』昭和二五年四月一七日、山形県最上郡真室川町及位　塩根川公民館所蔵。
8 『幅村青年団記録簿』一九一〇年一一月二〇日、山形県新庄市　大友義助氏所蔵(故人)。
9 山形県最上郡及位村『及位村　経済更生計画書』昭和一〇年一二月一〇頁「部落状況」より算出、最上郡真室川町　佐藤貢氏所蔵(故人)。
10 「及位村青年団収支豫算書」、前掲(『記録群』No15「関係書」)より抜粋、会員数は二〇〇名。
11 農山漁村経済更生運動は、「昭和七年から当時の農業恐慌にともなう農山漁村の未曾有な疲弊と混乱の再建を目指して、全国的に展開された。農林省に経済更生部が設置されたのが昭和七年九月、それが廃止となったのは昭和一六年一月のことである」。武田勉・楠雅弘編『農山漁村経済更生運動史資料集成』一（一九八五年、柏書房）、三頁。

12　楫西光速・加藤俊彦・大島清・大内力『日本資本主義の没落』Ⅲ　双書日本における資本主義の発達八（一九七四年、東京大学出版会）、八一九頁。

13　山形県最上郡及位村『及位村経済更生計画書』「山形県最上郡及位村経済更生委員会規定」による、昭和九年八月、六九頁。

14　山形県社会課「郷土更生ニ関スル青年協議会決議」一九三三年、八―九頁。

15　山形県最上郡及位村『及位村　経済更生計画書』は昭和九年度分も遺されているが、ここには同村の基本調査が中心に掲載されており、組織図の記載がない。しかし、村の組織は既に決定されていたものと思われる。

16　「道路共進会作業ニ就キ指示事項」「作業豫定書」（推定昭和八年）、前掲『記録群』（史料No15「関係書」）、「山縣《ママ》知事が思いついた名案道路共進会　郡市町会議に提案された道路愛護奨励規定実施は四月一日」『大阪時事新報』大正一五年二月一三日付。

17　「昭和十年度　塩根川共同作業組合『契約書』」、同「規約」、前掲（『記録群』No24「文書往復綴」）。

18　「自治祭」というのは、農山漁村経済更生運動推進に際して組織された及位村経済更生委員会による、「及位村　経済更生計画」中、「精神更生ニ関スル事項」として開催が決定された行事であり、1、毎年一回八月二一日（本村経済更生記念日）に、2、及位村役場若シクハ村内小学校で、3、参会員、村内各種団体員（老荘青年婦人ヲ問ハズ）により実行された。内容は、イ、自治功労者ノ追善、ロ、年内事業経過発表、ハ、優良部落又ハ団体表彰、ニ、事業計画発表、ホ、名士ノ講演、ヘ、余興（映画会）などが行われた。前掲『及位村経済更生計画書』昭和一〇年一二月、一六―一七頁。

19　前掲「郷土更生ニ関スル青年協議会決議」八―一一頁。

20　「青年団と政治思想（下）」『山形新聞』「評論」欄、明治四三年六月四日（土）付。

21　伊澤修二『視話応用東北発音矯正法』（一九〇九年、楽石社）、二一―三頁。

22 前掲『東北―つくられた異境』一四〇―一四三頁。
23 前掲『及位小学校沿革史』昭和一七年度、同一八年度欄。
24 前掲〔『記録群』No21「文書往復綴」〕昭和七年八月一一日付「縣下雄辨会ニ関スル件」では指定論題の一部が欠損しているが、これが意図的なものか否か判然としない。

第五章　『塩根川向上会記録群』にみる満州および満州移民

1 鈴木隆史『日本帝国主義と満州一九〇〇―一九四五』上（一九九二年、塙書房）、三頁。
2 農業発達史調査会『日本農業発達史』第七巻（一九五五年、中央公論社）、四三一頁。
3 菅原官兵衛『統計資料集』「最近五ケ年ノ物価ノ趨勢」山形県最上郡真室川町故菅原伴実氏所蔵。
4 「満鉄総裁就任情由書」満州開拓史刊行会編・発行『満州開拓史』一九六六年、二頁。
5 中村哲編、後藤新平『日本植民政策一斑』（一九四四年、日本評論社）、七二頁。
6 喜多一雄は「試験移民の制度は、以上の四次を以て了った」一三〇頁、「第五次は集団移民と改称し、五カ年二萬戸計画の先駆として一千戸入植の決定を見た」、と論じている。喜多一雄『滿洲開拓論』（一九四四年、明文堂）、一五三頁。
7 前掲『滿洲開拓論』六六頁。
8 前掲『日本農村教育』（一九四一年、東洋図書）、八七頁。
9 髙橋泰隆『昭和戦前期の農村と満州移民』（一九九七年、吉川弘文館）、一五〇頁。
10 前掲『滿洲開拓史』「滿洲開拓史序」頁設定なし。
11 前掲『日本帝国主義と満州　一九〇〇～一九四五』下、一七九頁、小林龍夫他編『現代史資料』七「滿洲事変」（一九六四年、みすず書房）、二九一―二九二頁。
12 前掲『現代史資料』七「滿洲事変」二九二頁。
13 滿洲国軍事顧問部調査課編『滿洲共産匪の研究』第二輯、復刻版、一九六九年、極東研究書出版会一〇〇頁、初版は康徳四（昭和一二年）。満州拓殖公社の参事を勤めていた喜多一雄は、自著『滿洲開拓論』において、「満洲開拓の動因」を、経済的・政治的・国防的の三つに整理し、中でも「広義国防的動因の見地」から満州開拓の要求が、総力戦体制構築のための人的要素を組織・統制し、最大限の勢力として之を一元的に運営することであると説く。前掲『滿洲開拓論』一六—五一頁。

14 前出の喜多は加藤とそのグループが「平素の理想とせる農本主義社会の建設を彼地に営まんとする点により強力なる衝動を禁じ得なかったことと思はれる」と述べた、前掲『滿洲開拓論』六七頁。

15 前掲『満州開拓史』一四三—一四四頁。

16 例えば加藤完治「武装移民生ひ立ちの記」(3)「拓け満蒙」一九三六年四月第一巻一号、不二出版『満州移住関係史料集成』第Ⅱ期、二頁、永雄策郎『滿洲農業移民十講』(一九三九年〈昭和十三年初版〉、地人書館)、一〇頁など。

17 前掲『滿洲開拓論』九七—九九頁。

18 前掲『滿洲開拓論』四三〇頁。

19 前掲『日本帝国主義と満州　一九〇〇—一九四六』下、一九八頁。

20 前掲『満洲開拓史』一一九頁。

21 松村高夫「満州国成立以降における移民・労働政策の形成と展開」、満州史研究会編『日本帝国主義下の満州』一九七二、お茶の水書房、二一八頁。

22 前掲『滿洲共産匪の研究』第二輯、一二一頁。

23 山田昭次『近代民衆の記録』6　満州移民(一九七八年、新人物往来社)、三六七—三六九頁、「滿州に於ける移民に関する要綱案」(昭和七年九月一三日、関東軍特務部)。

24 前掲『満洲開拓史』一四九頁。

25 前掲『滿洲共産匪の研究』第二輯、一二〇—一二三頁。

26 前掲『満洲開拓史』一四八—一五〇頁。

27 「東北移民用地買収要綱」、前掲『満洲開拓史』一五一頁。

28 南満洲鉄道株式会社調査部編『北滿農業機構動態調査報告(第二編)北安省綏化県蔡家窩堡』一九四二年、博文館、四七—四八頁から抜粋。

29 「開拓用地整備面積総括表」による、前掲『滿洲開拓論』、三六四頁。
30 前掲『滿洲開拓論』一三〇―一三一頁。
31 前掲『滿洲開拓論』一五〇―一五三頁。
32 前掲『滿洲開拓論』一五〇―一五一頁。
33 松村高夫「滿州国成立以降における移民・労働政策の形成と展開」、前掲『日本帝国主義下の滿州』、二一七頁。
34 前掲『滿洲開拓論』一五二頁。
35 前掲『滿洲開拓論』二一九頁。
36 前掲『滿洲開拓論』二一七頁。
37 前掲『滿洲開拓論』一五六―一六〇頁。
38 島田俊彦・稲葉正夫解説『現代史資料』8　日中戦争（一）、一九六四年、七〇五頁。
39 前掲『滿洲共産匪の研究』第二輯、一〇二―一〇三頁。
40 前掲『滿洲開拓論』一七二頁、明文堂稲垣関東軍顧問が昭和一一年七月上京し、内閣中枢部・陸軍・大蔵・拓務の各省に「熱烈なる折衝運動を展開せる結果、拓務省は海外拓殖委員会に諮問して百万戸計画の実現を決定」した。
41 拓務省『拓務時報』第七一号、一九七二年二月、六九頁。
42 前掲『滿洲開拓論』二三五―二五一頁。
43 前掲『滿洲開拓論』二四八頁。
44 前掲『滿洲開拓論』二四五―二四六頁。
45 前掲『滿洲開拓論』二四九頁。
46 「滿洲拓殖公社設立要綱」、前掲『滿洲開拓史』一九〇―一九一頁。
47 前掲『滿洲開拓論』二〇二―二一四頁。
48 前掲『滿洲開拓論』二一九・二二〇頁。
49 「滿洲農業移民百万戸移住計画案」（昭和一一年五月一一日関東軍司令部）、前掲『滿洲開拓論』一五六頁。

50 「日本人移民用地整備要綱案」（昭和一一年七月九日関東軍参謀長通牒）、前掲『満洲開拓論』一六八頁。
51 前掲『満洲開拓論』二三八頁。
52 拓務省拓北局『開拓資料第六輯　大東亜共栄圏確立と満洲開拓―第二期五箇年計画の全貌―』「附録第一満洲開拓政策基本要綱」一九四二年、六一頁。前掲『満洲開拓論』二五四頁。
53 原　朗「一九三〇年代の満州統制経済政策」、前掲『日本帝国主義下の満州』六七頁。
54 前掲『満洲開拓論』二一七頁。
55 前掲『満洲開拓論』二五三頁。
56 前掲『満洲開拓論』二三八―二三九頁。
57 前掲『満洲開拓論』三〇三頁。
58 前掲『開拓資料第六輯　大東亜共栄圏確立と満洲開拓―第二期五箇年計画の全貌―』「附録第一　満洲開拓政策基本要綱」六二頁。
59 満洲国通信社編「満洲開拓年鑑」昭和一六年版『満州移民関係史料集成』第三三巻一九九二年不二出版六九頁。
60 劉含発「満洲移民の入植による現地中国農民の矯正移住」、新潟大学大学院現代社会文化研究科研究紀要『現代社会文化研究』No21、二〇〇一年、三七一―三七二頁。
61 前掲「満洲開拓年鑑」昭和一六年版『満洲移民関係史料集成』第三三巻、六八―六九頁。
62 前掲「満洲開拓年鑑」昭和一六年版『満洲移民関係史料集成』第三三巻、七二頁。
63 前掲「満洲開拓年鑑」昭和一六年版『満洲移民関係史料集成』第三三巻、六九―七〇頁。
64 これらの具体的な事例は、西田勝・孫継武外編『中国農民が証す「満洲開拓」の実相』に詳細な現地リポートが掲載されている、二〇〇七年、小学館。
65 野村佐太男「満州国開拓地犯罪概要」、「第七章　開拓地買収ヲ繞ル問題」、前掲『近代民衆の記録』6満州移民、四五〇―四六三頁。
66 前掲『開拓資料第六輯　大東亜共栄圏確立と満洲開拓―第二期五箇年計画の全貌―』「附録第一　満洲開拓政策基本要綱」六九頁。

67 前掲『満洲開拓史』二〇四頁。
68 農林省経済更生部　秘「満洲農業集団移民分村計畫要項」昭和一二年七月、武田勉・楠本雅弘編『農山漁村経済更生運動史資料集成』第七巻、一九八五年、柏書房、四八頁。
69 「（未定稿）満州移民を語る」昭和一一年「加藤完治・田中長茂（経済更生部長）・中村孝二郎ほかの座談会」、前掲『近代民衆の記録』6　満州移民、四一〇頁。
70 柚木駿一「農村経済更生計画と分村移民計画の展開過程」、満州移民史研究会編『日本帝国主義下の満州移民』一九七六年、龍渓書舎、二九二頁。「農村経済更生特別助成施設案要綱」昭和一〇年一一月、前掲『農山漁村経済更生運動史資料集成』第七巻、三―五頁。
71 「農山漁村経済更生特別助成規則」「特別助成村ノ経済更生計画樹立上留意スベキ事項」には、「当該村ノ更生上移住ヲ為スヲ必要トスルモノニ付テハ移住計画（内地、朝鮮、満洲等）ヲ立ツルコト」、と明記されている、前掲『農山漁村経済更生運動史資料集成』第七巻。
72 「分村計画提要」「分村計画送出実績」（昭和一四年九月調査）、前掲『農山漁村経済更生運動史資料集成』第七巻、六七―六八頁。
73 前掲「満洲農業移民ニ関スル地方事情調査概要」「満洲農業移民ニ対スル青年ノ意見」「満洲農業集団移民分村計画要項」昭和一二年七月、前掲『農山漁村経済更生運動史資料集成』第七巻三九―六一頁。
74 「特別助成町村ニ於ケル経済更生計画ノ概要」昭和一一年一二月、前掲『農山漁村経済更生運動史資料集成』第7巻、九二―九三頁「移民計画ヲ樹テタ事例」。浅田喬二「満州農業移民政策史」、前掲『近代民衆の記録』6　満州移民、五六二頁。
75 「満洲移民施設ニ関スル件」（昭和一二年七月）、前掲『農山漁村経済更生運動史資料集成』第七巻、五八―五九頁。
76 東宮大佐記念事業委員会『東宮鉄男伝』伝記叢書245（一九九七年、大空社）、一七四頁。
77 内原訓練所史蹟保存会事務局編・発行『満州開拓と青少年義勇軍―創設と訓練』一九九八年、九二頁。昭和九年七月一六日の東宮の日記には「朝饒河上陸、三宅青年と縣城附近、日本村建設計画をなす」、とあり「日本村」建設が具体化しつつあったことが判る。東宮大佐記念事業委員会『東宮鉄男傳』

一九四〇年、五四〇頁。

78 「経済更生村における分村計画事例」農村更生協会、昭和一二年七月によると、南郷村「移民計画具体案」は、(松川指導、南郷満蒙移民講演会創案)と記され、昭和一一年度五〇戸の送出が決定されていた。前掲『満州移民関係資料集成』第七巻、八―九頁。

79 前掲『満洲開拓史』二三二―二三五頁。

80 松田延二「分村運動と青少年義勇軍」『農山漁村経済更生運動正史資料』第9号一九七七。www nouchi.or.jp/GOURIKA/pdfFiles/etc/A03/A03_10.pdf

81 前掲 松田「分村運動と青少年義勇軍」『農山漁村経済更生運動正史資料』第9号。

82 前掲『満洲開拓史』二二九―二三一頁。

「意匠」という語は、白取道博編『満蒙開拓青少年義勇軍関係資料』第一巻(一九九三年、不二出版)、二頁「解題」で、「『青年農民訓練所』に収容すべき未成年者の送出計画は、ほどなく『満蒙開拓青少年義勇軍』の編成・送出という「意匠」を凝らした上で改編される」、と使用された。この名称は当時の少年たちに強い使命感を喚起させたのではないかと推測される。

83 前掲『満州開拓と青少年義勇軍―創設と訓練』一四六頁。

84 前掲『満州開拓と青少年義勇軍―創設と訓練』一五〇―一五四頁。

85 加藤完治「所感」一九三七年一二月、皇国農民団本部『弥栄』第一七七号二―三頁。

86 昭和一二年だけでもソ連と関東軍との間の「国境紛争」が一一三回発生していた。防衛庁防衛研修所戦史室『関東軍』一、一九六九年、朝雲新聞社、三一〇頁。

87 「満洲産業開発五ヶ年計画」では労働力確保と配置政策が軽視されていたため、当初から「労働力不足問題」に対処すべく応急的な労働政策が連続して実施されなければならなかった。松村高夫「日中戦争勃発以降における移民・労働政策の展開過程」、前掲『日本帝国主義下の満州』二七〇頁。

88 例えばコメ(水稲)の増産計画をみると、昭和一二年当時の生産能力、二一万九千トン五年間の合計一五九万三〇〇〇トン年平均約三一万九〇〇〇トンに、つまり例年の一、五倍の増産が指示されている。「産業五箇年計画品種別生産量需給過不足一覧表」満鉄調査部『満洲五箇年計画立案書類付図』一九三七年

刊（復刻版）、龍溪書舎（出版年未記載）。

89　満州青年訓練所の特技訓練には、大工・農機取扱い・建具工・桶工など二〇種類以上が実施されていた。「特技訓練」「訓練制度関連文書」、前掲『満蒙開拓青少年義勇軍関係資料』第二巻四一二―四一五頁。

90　「満洲拓植会社主催第一回移民団長会議議事録」（昭和一二年九月）、「附　同会議に配布せる資料」「青年農民訓練所創設案説明」『満州移民関係資料集成』第二巻　四七、不二出版、二五六―二五七頁。

91　前掲『満州開拓と青少年義勇軍―創設と訓練』一三二―一三五頁。

92　西村富三郎「満洲開拓青少年移民計画について」『農村更生時報』臨時増刊「分村計畫特輯號」一九三七　農村更生協会。

93　満洲移住協会『拓け満蒙』二巻二号、一九三八年二月一日、六頁。

94　「青少年義勇軍内原訓練所」茨城県東茨木郡下中妻村、前掲『満州開拓と青少年義勇軍―創設と訓練』一五八―一五九頁。

95　初年度の府県割当人数は、満鉄東京支社調査室「事変下開拓民募集方策ノ検討」昭和一五年、前掲『満蒙開拓青少年義勇軍関係資料』第一巻、九三―九六頁。

96　満鉄東京支社調査室「事変下開拓民募集方策ノ検討」一九四〇年、前掲『満蒙開拓青少年義勇軍関係資料』第一巻、一二五―一二六頁。

97　白取道博『満蒙開拓青少年義勇軍史研究』（二〇〇八年、北海道大学出版会）、一二一―一二六頁。

98　前掲『満蒙開拓青少年義勇軍史研究』一〇二―一一六頁。

99　前掲『満州開拓と青少年義勇軍―創設と訓練』「表一二　各種資料による義勇隊渡満者数」三五六―三五七頁。

100　前掲『満蒙開拓青少年義勇軍史研究』五頁、「表一満蒙開拓青少年義勇軍　送出状況」より転載。

101　前掲『満洲開拓史』三八八―三八九頁。

102　前掲『満州開拓と青少年義勇軍―創設と訓練』三五四―三五五頁。

103　前掲『開拓資料第六輯　大東亜共栄圏確立と満洲開拓―第二期五箇年計画の全貌―』「第六章　第二期五箇年計画の展望」三九―四〇頁。

104 前掲『大東亜共栄圏確立と満洲開拓—第二期五箇年計画の全貌—』「開拓史料第六輯」七三—七五頁。

105 なお、「第二期五箇年計画要綱」には「計画実行方策案」および同「附属書」が添付されていたと思われるが、前掲拓務省拓北局発行の資料にはこれが省略されている。そのため、本書では省略部分を『満州移民関係資料集成』第五巻（一九九〇年、不二出版）を参考に論述する。

106 『満州移民関係資料集成』第三二巻「第一回開拓全体会議議事録〔秘〕」（一九九二年、不二出版）、三九五—四一一頁。

107 開拓総局長稲垣征夫「開拓事業の新展開」、前掲「満洲開拓年鑑」昭和一六（康徳八）版『満州移民関係資料集成』第三二巻、三三三頁。

108 前掲『満洲開拓論』二三六、二六九頁。

109 前掲『大東亜共栄圏確立と満洲開拓—第二期五箇年計画の全貌—』「開拓史料第六輯」「第二期五箇年計画の展望」四六—四七頁。

110 「人口政策確立要綱」石川準吉『国家総動員史』資料編　第四（一九七六年、国家総動員史刊行会）、一一〇〇—一一〇三頁。

111 前掲『大東亜共栄圏確立と満洲開拓—第二期五箇年計画の全貌—』「開拓史料第六輯」「第二期五箇年計画の展望」四八—四九頁。

112 「開拓地ノ設定並ニ施設ノ充実方策」、前掲『満州移民関係資料集成』第五巻二三五頁。

113 前掲『満洲開拓論』二二六頁。

114 『塩根川向上会記録群』No3「会計簿」昭和四年四月二九日付「臨時費　繁君入営御餞別　一、〇〇円」、昭和五年一二月二日欄「臨時費　入営兵送別会会場ヒ一、〇〇円、歓送用幟旗三流代〇、七五円、入営兵御餞別三名分三、〇〇円」の支出計上など、また枚数は少ないが「文書往復綴」でも確認できる。

115 この件については多少の疑問が残る。すなわち、満州事変が引き起こされた昭和六年㈨月、「向上会」の会計は昭和六年度であり、年度初めの予算計上時点で「社会費」が設定され、「兵役慰問費」が計上されたのだとすると本稿の主張とは異なる。しかし、年度末に「兵役慰問費」が新設され「会計簿」が記載されたのだとすれば矛盾なく説明される。

116 『及位小学校沿革史』昭和六年度欄、真室川町教育委員会所蔵。

117 「満蒙問題」は「日本の生命線である」と、昭和六年一月二四日の第五九回帝国議会衆議院での演説で訴えたのは松岡洋右である。「官報号外」昭和六年一月二四日、第五九回帝国議会第四号、『帝国議会速記録』、国立国会図書館蔵本の複製、一九八三年、東京大学出版会四九頁。

118 『塩根川向上会記録群』(No20「文書往復綴」)には、昭和六年一二月以降及位村長名で配信された「海軍省　海軍志願兵の栞」が毎年ファイルされている。

119 満州報国農場勤労報国隊は、「国民勤労報国協力令」(昭和一六年一一月二二日、勅令第九九五、同年一二月一日施行)、国民勤労報国令(昭和二〇年三月)施行に伴い廃止された、『日本労働年鑑』法政大学大原社会問題研究所HPより。満州報国農場は農林省が関係各県に命じて昭和一七年度に始め食糧増産のため一〇一九名を派遣した。前掲『満洲開拓史』三七五頁。

120 「満州開拓移民府県別送出人数」、前掲『満州開拓史』四六四―四六七頁。

121 山形県『山形県史』本篇四　拓植編、一九七一年、四五一―四五四頁。

122 前掲『山形県史』本篇四　拓植編、四五三頁。

123 「満州移民発祥の地」、前掲『拓け満蒙』第二巻二号、四五頁。

124 前掲『山形県史』本篇四　拓植編、四六八頁。

125 渡邊千代江編『彌榮村建設の五年―第一次特別農業移民團経営記録―』一九三八年、満州移住協会、六二一―六四頁。

126 「開拓民送出状況調」、前掲『山形県史』本篇四拓植編、六四二頁。

127 なお、昭和一一年八月、広田弘毅内閣は「二〇ヶ年一〇〇万戸満州移住計画」を重要国策として閣議決定し、満州への大量「移民」の送出を企図していた。前掲『満洲開拓論』によると、稲垣関東軍顧問が、昭和一一年七月上京し、内閣中枢部・陸軍・大蔵・拓務の各省に「熱烈なる折衝運動を展開せる結果、拓務省は海外拓殖委員会に諮問して百万戸計画の実現を決定」した、という、一七二頁。

128 前掲『山形県史』本篇四　拓殖編、三一四―三一五頁。

129 橋本傳左衛門「満州農業移民の沿革」、前掲『滿洲農業移民十講』二一一頁。

130　昭和一六年二月、奉天省昌図県桜桃村（後の四平省）に建設、昭和一七年、「昌図最上開拓団」と改称。一九八五年、最上郷会『満洲　最上郷覚書』一頁。第二章、第三節参照。

131　佐藤孝治著、山形県農地開拓課拓植係編『大八洲開拓團建設史』一九五八年、山形県農林部農地開拓課、一一頁。

132　石原八重子著・出版『聞き書き　大地を拓いた女たち―満州開拓から近代農法に行き着いて』一九九一年、五三―五四頁。

133　山形県立上山農業高等学校創立五十周年記念誌編集委員会編・発行『山形県立上山農業高等学校創立五十周年記念誌』一九六二年、七〇―七一、七三頁。

134　前掲『山形県立上山農業高等学校創立五十周年記念誌』七三―七五頁。

135　橋本傳左衛門「滿洲農業移民の沿革」、前掲『滿洲農業移民十講』五頁。

136　桑島節郎『満州武装移民』（一九七九年、教育社歴史新書）、七〇頁。ただし、インタビューが何時、どのような文脈で行われたのか、著者は明確にしていない。

137　前掲『東宮鉄男傳』伝記叢書二四五、八六―九二頁。

第六章■満州開拓から国内開拓へ――塩根川向上会初代会長　佐藤孝治の体験を中心に

1　文部省『学制百年史』記述編・史料編、昭和四八年、帝国地方行政学会、四九七頁、「学齢児童数および就学児童数」によると、大正二年時点の学齢児童総数は七四一万三一六八人である。ここでは卒業生の数が必要であるため、これを単純に六で除し、結果約一二〇万人という数字を得た。

2　蘭信三は、「満州移民事業の成立要因」のひとつとして、加藤完治とそのグループが、「満州国の成立後満州側（関東軍）と協力して日本国内での移民事業に対する障害を除去し国内での満州移民実現の推進力となった。彼らは自らの夢と満州側の必要とを結び付け、国内の総体的過剰人口を満州移民に『通路づけ』た」、と論じた。蘭信三『「満州移民」の社会学』（一九九四年、行路社）、五三頁。

3　日本の満州移民事業は、単に余剰人口の国外移転よりも、満州支配のための日本人の植民という性格が強く、「移民」と植民とは区別される必要がある。前掲『「満州移民」の社会学』一九一頁参照。加藤完治は自著のなかで「殖民」という語を使用して当該事業の性格を明確にしている。加藤「殖民問題の解決」『日本農村教育』（一九四一年、東洋図書）、一八五頁。本書では「移民」を使用する。

4 前掲「武装移民生ひ立ちの記」（3）「拓け満蒙」一九三六年六月、第一巻三号『満州移民関係資料集成』第Ⅱ期（不二出版）、六頁。

5 満州開拓史刊行会編・発行『満州開拓史』一九六六年、五九頁。

6 東宮鉄男「第一次滿洲移民沿革ニ関スル参考資料」、東宮大佐記念事業委員会『東宮鉄男伝』「伝記叢書二四五」（一九九七年、大空社）、六二八―六三四頁。

7 前掲『満州開拓史』六七―六八頁。

8 前掲『満州開拓史』八六頁、「選定要領」から抜粋。

9 喜多一雄『満州開拓論』（一九四四年、分明堂）、一〇四頁。

10 前掲『東宮鉄男伝』「伝記叢書二四五」八二頁。

11 前掲『東宮鉄男伝』「伝記叢書二四五」八四―八六頁。

12 桑島節郎『満州武装移民』（一九七九年、教育社歴史新書）、日本史、八八頁。

13 東宮鉄男「第一次滿洲移民沿革ニ関スル参考資料」、前掲『東宮鉄男伝』「伝記叢書二四五」六二八―六三四頁。

14 前掲『満州武装移民』九〇頁。

15 前掲『満州武装移民』七一頁。桑島は本書で明らかにしてはいないが、佐藤孝治が存命中、本人に対するインタビューを行ったものと思われ、本稿で採用したのはその結果である。しかし、聞き取り年月日など調査自体の経緯は不明である。

16 前掲『満州武装移民』七三―七四頁。

17 前掲『満州武装移民』一二六頁。

18 前掲『満州武装移民』一二八頁。

19 「茨城の50年27」「満蒙開拓」『産経新聞』「茨城版」一九七五年二月一四日付。

20 工藤儀三郎『彌榮開拓十年誌』康徳九（一九四二）年、満洲事情案内所、五五頁。

21 渡邊千代江編『彌榮村建設の五年—第一次特別農業移民團経営記録—』一九三八年、満州移住教会一六七頁。

22 前掲『彌榮村建設の五年—第一次特別農業移民團経営記録—』一六六頁。

23 前掲『東宮鉄男伝』「伝記叢書二四五」一一八頁。

24 前掲『満州武装移民』一三八—一四三頁。

25 前掲『満洲開拓史』一〇三頁。前掲『東宮鉄男伝』「伝記叢書二四五」一一八—一一九頁。

26 前掲『彌榮村建設の五年—第一次特別農業移民團経営記録—』一六九頁。

27 前掲『東宮鉄男伝』「伝記叢書二四五」一三七—一三八頁。

28 前掲『満州開拓史』九八—一〇〇頁。

29 前掲『満州開拓史』一九六六年、九九—一〇〇頁によると、移民用地に居住して耕作に従事していた地主や小作はこれより少なかったのであるが、屯墾隊が入植して立退き料を支払うことが発表されたため、匪賊を恐れて逃げていたものも帰って来たから四〇〇人になった、と説明されている。鈴木隆史『日本帝国主義と満州　下、一九〇〇—一九四六』（一九九二、塙書房）、一九四‐一九五頁。前掲『満州開拓論』第四章「試験移民時代」注(2)、一二三頁。山崎芳雄「第一次特別移民用地議定書」『彌榮村要覧』（一九三六年、満洲移住協会）、六一頁。

30 前掲『満洲開拓論』一一九—一二三頁（注2）、「第一次特別移民用地議定書」『彌榮村要覧』五八頁。

31 市川益平『佳木斯移民の実況』講演速記録、一九三三年、東亜経済調査局、一六頁。

32 前掲「第一次特別移民用地議定書」『彌榮村要覧』五九頁。

33 前掲『満州武装移民』二二九頁。

34 前掲『満州開拓史』一〇〇頁。

35 前掲『東宮鉄男伝』「伝記叢書二四五」一五四—一六三頁、長文に付実際の文は省略。

36 前掲『満州武装移民』一八〇・一九六頁。

37 加藤完治「武装移民生ひ立の記（終）」、満洲移住協會『拓け満蒙』復刻版、一九三八年八月号、『満州

38 移民関係資料集成』第Ⅱ期、第二巻八号（不二出版）。
39 前掲『満州武装移民』一八〇・一九六頁。
40 前掲『満州開拓史』一九六六年、一一三―一一四頁。
41 前掲『東宮鉄男伝』「伝記叢書二四五」一七四頁。
42 前掲『東宮鉄男伝』「伝記叢書二四五」一四〇頁。
前掲『満洲開拓論』第四章、注（4）、一二四―一二五頁。小倉圓平宛ての依頼文によると、東宮は原画完成後に帰国し自ら拓務省・陸軍省にポスターを提示し、拓務省から発行したいとの考えを持っていたという。
43 前掲『東宮鉄男伝』「伝記叢書二四五」一七〇頁以降の写真による、頁記載なし。東宮撮影の「武装せる花嫁」の写真には昭和九年四月の日付がみえる。
44 昭和九年の春と秋には一五〇名名の花嫁が招致された。また、同一〇年三月、同府県一名ずつの「花嫁招致隊」が内地に向けて出発し「彼等は同志の花嫁までを殆んど洩れなく調達し了へて、五月一〇日松花江船便にて依蘭に帰着した」。結局この年には一〇〇名の花嫁が招致された。前掲『満州開拓論』一〇九、一三九頁。
45 「満洲開拓政策基本要綱」参考資料、前掲『満州開拓史』七八六頁。
46 満洲国軍事顧問部調査課編『滿洲共産匪の研究』第二輯、復刻版（一九六九年、極東研究書出版会）、一二八頁、初版は康徳四（一九三七）年。
47 前掲「茨城の50年27」『産経新聞』「茨城版」昭和五〇年二月一四日付。
48 前掲『彌榮開拓十年誌』、「彌榮村部落用地ニ関スル議定書」昭和八年四月二一日 一三八―一四一頁。なお、工藤儀三郎は、「弥栄村」建設当初村の助役兼副組合長に、昭和一一年三月の「第三十六回村会」での決議では村長兼組合長の任にあたった、同一二一―一一三頁。満洲事情案内所分所開設は昭和一五年一一月二三日である一二七頁。
49 前掲『彌榮村建設の五年—第一次特別農業移民團經營記録—』三四頁、なお「開拓協同組合法」施行以降は「協同組合」と改称。

50 前掲『彌榮村建設の五年—第一次特別農業移民團経営記録—』六二—六四頁。

51 前掲『彌榮村建設の五年—第一次特別農業移民團経営記録—』六一頁。

52 前掲『満州開拓論』一〇九頁。

53 前掲『彌榮開拓十年誌』六四—八五頁、「特殊班」の記録は一四三—一五九頁を参照。

54 前掲『彌榮開拓十年誌』六〇頁。

55 前掲『彌榮開拓十年誌』一三八頁。

56 「満州開拓基本要綱」拓務省拓北局『大東亜共栄圏確立と満洲開拓—第二期五箇年計画の全貌—』「開拓史料第六輯」一九四二年、六一—七二頁。

57 「満洲開拓政策基本要綱附属書」満洲開拓史刊行会編・発行『満洲開拓史』一九六六年、七八六—八〇一頁。

58 拓務省拓北局『大東亜共栄圏確立と満洲開拓—第二期五箇年計画の全貌—』開拓資料第六輯、一九四二年、六二頁。昭和一四年四月二〇日、満州国勅令第八一号「満洲土地開発株式会社法」により満洲土地開発株式会社が設立され土地整備事業を担当することになった。前掲『満州開拓史』三〇一頁。

59 前掲『彌榮開拓十年誌』一〇〇—一〇四、一〇九頁、昭和一二年一〇月二六日付、満洲拓植公社総裁から「第一次彌榮村用地決定ノ件」。

60 前掲『彌榮開拓十年誌』「彌榮村土地ニ関スル議定書」（昭和一二年九月一〇日）、一〇八—一一一頁。

61 前掲『彌榮開拓十年誌』一一四頁。

62 前掲『彌榮村史—満洲第一次開拓團の記録』六一二頁。

63 松下光男『彌榮村史—満洲第一次開拓團の記録』一九八六年、彌榮村史刊行委員会、一九五頁、斉藤繁次郎による手記「開拓の志士を憶う」。

64 前掲『彌榮村史—満洲第一次開拓團の記録』、髙橋辰左衛門・安孫子正一、斉藤繁治郎の手記—以下当「手記」引用は（松下光男編、髙橋〇〇頁）と表記する。

65 前掲『彌榮村史—満洲第一次開拓團の記録』三七八頁。

66 満洲国史編纂刊行会編『満洲国史　各論』（一九七一年、満蒙同胞援護会）、一七七頁。

67 前掲『彌榮開拓十年誌』一一四—一一五頁。

68　「北満に集団農業移民の経営標準案」（未定稿）「四　移民の営農方針」、前掲『満洲開拓史』一八二―一八五頁、三四九―三五〇頁。

69　満洲国立開拓研究所「彌榮村総合調査」開拓研究所資料第二〇号、一九四二（康徳九）年、前掲『彌榮村史―満洲第一次開拓團の記録』五五五頁。

70　前掲『滿洲共産匪の研究』第二輯、復刻版、一四一―一四五頁。

71　入江久夫著・満鉄弘報課編『開拓民問題』一九四一　中央公論　一四―一五頁。

72　満鉄総裁室弘報課『滿洲農業圖誌』一九四一　非凡閣　六―七頁。

73　前掲『開拓民問題』二四頁。

74　島木健作『満洲紀行』一九四〇　創元社　三八頁。

75　前掲『開拓民問題』一九四一年、三九―四〇頁。

76　満洲国立開拓研究所「彌榮村総合調査」開拓研究所資料第二〇号、前掲『彌榮村史―満洲第一次開拓團の記録』五五四―五五七頁。

77　前掲『大東亜共栄圏確立と満洲開拓―第二期五箇年計画の全貌―』開拓資料第六輯「附録第一　満洲開拓政策基本要綱」六一頁。

78　玉真之介『満州開拓と北海道農法』（一九八五年、北海道大学農經論叢41：1-22）、一一頁。

79　松野傳『滿洲と北海道農法』（一九四三年、北海道農会）、九頁。

80　前掲『滿洲と北海道農法』九―一七頁。

81　前掲『滿洲と北海道農法』三五―四〇頁。

82　日満農政研究会新京事務局編『日滿農政研究会第二回総会速記録』一九四〇年、村山藤四郎満州側専門委員主査による「適正規模」の説明、八六―八八頁。

83　満洲国立開拓研究所『開拓農家経済調査―開拓農場適正規模に関する資料―』一九四二（康徳九）年一月、開拓研究書資料第一七号、一八―一九頁。前掲『滿洲と北海道農法』三八頁。松野は「適正規模調査委員会」の委員を務めた、『日滿農政研究会第二回総会速記録』一〇四頁。

84　拓務省拓務局『滿洲開拓政策基本要綱』「基本要領」七、一九四〇年、三頁。

85 前掲『満洲と北海道農法』四一―七〇頁。

86 前掲『満州開拓と北海道農法』二頁。

87 例えば「日満農政研究会」第二回総会の加藤の発言に次のような内容があった。「北海道農法でやると云ふので旅費をやって、一人幾らと俸給をやってゾロゾロ来て、百人以上が帰りに僕の所へ来、喜んで帰ったと云ふやうな、そう云ふことが果して必要かどうかと云ふ事を、もっと検討したらどうか」、「北の農民は近頃漸く落着いたのですが、昔内地に於て困った者が入り込んで利益を中心として動き廻る事に於ては実に強い。相当に強い」。前掲『満洲と北海道農法』一〇一―一〇二頁、前掲『日満農政研究会第二回総会速記録』一九四〇年、一〇五頁。

88 前掲『日満農政研究会第二回総会速記録』一五九、一六九頁、「開拓挺身隊ニ関スル参考案」、一八九―一九二頁。

89 「満洲建設勤労奉仕隊要綱」「満洲建設勤労奉仕隊中央実践本部」作成、北博昭編・解説、十五年戦争重要文献シリーズ、第14集『満州建設勤労奉仕隊関係資料』付一九九三年、一―二頁。

90 開拓総局『開拓農業実験場営農成績概要』一九四一（康徳八）年二月、開拓総局資料第九号、営農資料第三号、一七―二五頁を要約・掲載した。

91 佐藤孝治編『大八洲開拓史』一九七五年、大八洲開拓農業協同組合。

92 前掲『満洲開拓論』二三八頁。

93 関東軍司令部が作成した、昭和一三年一二月一日付「極秘　移民根本国策決定ノ為ノ重要検討事項（案）」に基づく検討会は、「満洲開拓政策基本要綱」公布前の検討会だと思われる。不二出版『満州移民関係資料集成』第二巻、一九九〇年、二八三―二九七頁。

94 前掲『満洲開拓論』二三八頁。

95 前掲『満洲開拓史』七九七頁。

96 前掲『開拓民問題』三九―四〇頁。

97 佐藤は「満拓借入金」のなかに土地代が計上されていないとするが、前掲喜多は、土地代について以下のように述べ、当初の借入金中に包含されていたことを示唆する。すなわち、「土地購入費は、開拓者がその建設諸費用のために融資を受くる満拓公社の低利貸付中に包含せしめ、五カ年据置、二十五年々賦均等償還の方法により回収すること、している」、前掲『満洲開拓論』三九三頁。

98 前掲『彌榮開拓十年誌』二一九頁、なお「図佳線」は昭和一二年一月仮営業、同年六月本営業開始。

99 前掲『大八洲開拓史』一二頁、造林計画は昭和一八年に樹立し、各家の屋敷、神社の境内、防風林などに三万本、同一九年には八万本、同二〇年には多数の団員が応召したなか、女性・子どもが中心になって一五万本の植林を完遂し苗圃も整備して将来の負債償還計画の一翼に付した。

100 前掲『聞き書き 大地を拓いた女たち―満州開拓から近代農法に行き着いて―』一九九一年、一三四頁。

101 阿部金一（山形県開拓課入植係）から佐藤孝治、髙橋辰左衛門宛書簡『天幕の診療所と白井博士』一一月二五日付（発信年未記載）、加藤光子氏所蔵。

102 「開拓醫師養成機関（佳木斯醫科大學、開拓醫學院）設立趣旨」、「康徳七年度開拓庁長会議々事録」、前掲『満州移民関係資料集成』第四巻一六五―一七〇頁。

103 石原八重子『聞き書き 大地を拓いた女たち―満州開拓から近代農法に行き着いて―』。

104 加藤光子の回想、二〇一四（平成二六）年三月三〇日、同九月九日両日、加藤氏の自宅での聞き取り調査。

105 陳野守正『「満州」に送られた女たち―大陸の花嫁』（一九九二年、梨の木舎、一七二―一九一頁「大陸の花嫁を選んだ動機」。

106 二〇一四（平成二六）年三月三〇日、日置の聞き取り調査による。

107 前掲『彌榮開拓十年誌』二一九頁。

108 前掲『大東亜共栄圏確立と満洲開拓―第二期五箇年計画の全貌―』開拓史料第六輯、七三―七五頁。

109 全国開拓民自興会は、昭和二一年九月一日、満州からの引き揚げ者を中心として、内地入植の促進と就職の世話をするために発足した。茨城県開拓民自興会の発足は、同二二年四月だったが、発起人九名のなかに「大八洲開拓団」の佐藤孝治の名がみえる、茨城県開拓十年史編集委員会『茨城縣開拓十年史』（一九七五年、茨城県開拓十周年祭委員会）、二三五―二三八頁。

110 菊田義男、全國開拓民自興會編『国内開拓はうまくゆくか：開拓地の実例』発行年未記載。

111 満洲移住協会編『拓け満蒙』第二巻三号 昭和一一年三月号 三〇頁。

112　前掲『国内開拓はうまくゆくか：開拓地の実例』「大八洲開拓組合」二〇頁。なお同著は出版年を明記していないが、『大八洲開拓史』に菊田の同文が掲載されており、そこには昭和二二年五月頃の「大八洲開拓組合」の状況が記されているという。ここから同著の出版は昭和二二年五月以降だろうと推測される。

113　前掲『国内開拓はうまくゆくか：開拓地の実例』「大八洲開拓組合」二七頁。

114　加藤恒夫「回想　思い出すままに―開拓医として」（記録年月日未記載）、加藤光子氏所蔵。

115　「開拓年譜」、前掲『大八洲開拓史』一八五頁。

116　前掲『茨城縣開拓十年史』二二四―二二五頁。

117　前掲『茨城縣開拓十年史』一八四―一八五頁。

118　前掲『茨城縣開拓十年史』一三六、一二六―一三〇頁。

119　明田作『農業協同組合法』（二〇一〇〈平成二二〉年、経済法令研究会）、参考資料1、五七四―五九四頁。

おわりに

一、概括

本書の主たる課題は、昭和三年、山形県最上郡及位《のぞき》村塩根川部落（現、真室川町及位地区塩根川）に住む若者が創設した青年団塩根川向上会（以下「向上会」と略称する）独自の運営理念である「自治」と「会員相互の向上弥栄」の実態を究明するとともに、その理念を、退会後の会員が実社会のなかで具現化する過程を、主として彼らが遺した諸記録の分析をつうじて明らかにすることである。

本書の冒頭で明言したとおり、先の戦争で日本国民が無自覚のうちに権力の尖兵となってしまったという事実に考察を加え、庶民レベルで納得できる結論を導き出すことを視点のひとつに据えた。その理由は、近代青年団の成立と展開が、まさに富国強兵・殖産興業をひたすら追求した日本の近代化過程と歩を一にしたからにほかならない。かつて、若者組などと称して共同体運営の一翼を担っていた若者集団が、明治維新社会の激変のなかで変質を余議なくされ、大正期に至ると国際情勢の変化に歩調をあわせるように、青年団としてその系統化が推進されるに至ったという事情がある。その歴史的経過は第一・第二章で論述した。

「向上会」が誕生した昭和初期は、激発した日本資本主義の矛盾を弥縫《びほう》するための無謀な戦争へと突入した時期にあたっていた。一方、文化も情報の流入も緩慢な東北山村は、第一次世界大戦でもたらされた経済繁栄の恩恵に浴することなく、それどころかますます困窮の度を深めていた。多少なりとも大正の自由な空気に触れた塩根川の若者たちから見ると、部落の慣例は余りにも古く、農村の窮乏はそのせいであるかのように思われたのだろう。彼らにとっては、近代の香りのする教養や娯楽は憧れであり、農村を覆う閉塞感からの脱却は切実な問題だったに違いない。そのため、共同体内における旧秩序の埒外で明治以降形成された行政機構や文化システムという回路を梃子《てこ》に、彼らなりの近代的な教養を会得する方法として考案したのが、「向上会」を創設し「自治」と「会員相互の向上弥栄」を理想に掲げて諸活動を展開することだった。

そして、そのための時間と資金をえる方策が、既存の若者組織からの自立だったのではないか。筆者はそのような仮説を設定し、それに則って『塩根川向上会記録群』（以下『記録群』と略称する）の分析・検討を試みた。その結果、そこには「向上会」が追求した理念の特殊性と、「共働」「共有」「公平」の原則を基礎に独自の活動を展開した実態が浮かびあがった。それは第四章で詳述した。

『記録群』には、大正末期から昭和一二年三月まで、及位村役場や青年団から配信された文書類と、それを部落内に再信した文書類がともに遺されていることから、当該文書類は当会の若者たちが次第に戦争を受容し、政治の要請に積極的にこたえていく過程が反映されているのではないかと予測し、その分析を試みた。そしてえられた結論は、それを裏切るもので、彼らは行政指導や要請を極力回避しようとしたことが判明した。しかし、その動向に反するかのように、一部の若者は、昭和七年以降、国の事業として推進された満州移民という道を選択した。それはなぜか、確証をえることはできなかったが、その遠因は当地の自然的条件とそれに規定された社会的条件にあったのではないか。

「向上会」が設立された及位村の自然的、歴史的、社会的背景は、第三章で詳述した。及位村は面積の九割を国有林が占め、反対に農地が少なく、一家の次・三男以下は二五歳を過ぎると他出し独り立ちしなければならないという慣例に緊縛されていたのである。

大不況の昭和初期、独立期を迎えた若者の脳裏には、「向上会」を創設することで、当地の若者たちに文化活動と福利を保障する道を整えた佐藤孝治の後に続くことが、浮かんだのではないか。孝治は二五歳で「向上会」を満期退団した直後の昭和七年初夏、すでに満州に渡り、同年一〇月には、のちに「弥栄村」と命名された開拓団でその建設に従事した。加えて「向上会」の会員にも満州や支那に出征経験がある者が多く、したがって当地に関する情報が村に流入していたこともあって、若者たちは満州への道を選択したのではないかと推測した。

そのような視点でふたたび『記録群』を読み込むと、満州事変以降の通信文書に満州や戦争に関わるものが現れ、それが次第に増加したこと、「向上会」でも、事業を一部変更して対応したことが判明した。それは第五章で詳述した。また、本章ではその予備作業として、「向上会」出身の孝治が満州に新設した開拓団との関連を視野にいれつつ、戦争の拡大とともに満州移民事業の目的が変更された経緯を概観した。第六章では、「向上会」独自の運営理念が、実社会のなかで具現化する過程を、孝治の満州開拓と戦後の国内開拓を事例に究明した。

本書が満州への農業移民を問題にしたのは、戦局の拡大と相まって満州という外国の土地が次第に若者たちに受容され、彼らの独立候補地となった経緯をたどるためであり、まさにそのことで善意の庶民が侵略に加担した経緯のひとつを確認することができるのではないかと期待したからである。第五章で概観したとおり、日本の満州移民事業の中核は、当地の実質支配のための、日本人の再配置であり、若者の側からはその矛盾に満ちた政策に立身出世のチャンスを見出したのだ。そして敗戦、若者たちが選択した満州での農業は見果てぬ夢に終わったが、それで彼らの人生が終わったわけではない。

満州移民といえば敗戦直後の混乱と引き揚げ時の悲惨な体験が強調されがちだが、山田豪一がいうように、日本の満州移民史をそこに移住した人びとの歴史として考えた場合、八・一五後の数年間にこそそれにふさわしい終結をもっているのではないか。本書の課題に則していうならば、満州移民のみならず、「向上会」の歴史もまた、彼らを取り巻く社会情勢の激変のなかで、ともに追求した理念をどのような形で追求し結実させたのか、またはさせなかったのかという実態が確認されなければならないだろうし、同時に満州に移住した者にとっては、そのことで彼らの移民史にも一応の終結が与えられるのではないか。本書の主要課題は第四章から第六章をつうじて明らかにされたものと思われる。

二、結論

後述の諸課題を残したうえで、「向上会」の特殊性を述べるならば、第一に、歴史的に蓄積された習慣や掟のなかにあった塩根川の若者たちが、政治的に公認された青年団への役割期待を鋭く感じとり、自己の意識改革を行って希望する青年団活動を展開したこと。第二に、当時の政治的要請とは相いれない「会員相互の向上弥栄」という理想を掲げ、「自治」によってそれを追求したこと。第三に、一方ではその精神が国家に対する自発的な服従の精神へと転換・拡大され、その延長で無自覚のうちに侵略に加担してしまったこと。第四に、彼らが獲得した新しい精神が次の時代を拓く萌芽となり、戦後復興へのエネルギーへとふたたび転化したこと、などである。

具体的には、「向上会」の運営理念は、東北農民受難の昭和初期、農民のユートピア建設を夢見ただろう佐藤孝治が、満州の地で獲得した近代農法を武器に戦後の国内開拓に挑み、自身の夢の実現と成員の安定した生活を実現したことに現れたといえる。『大八洲開拓史』の次の一文が明らかにするように、孝治は個人の生活の安定と国家への奉仕を等値した。すなわち、「生活に追われ償還に追われ、負担に追われる事は人間が委縮する事で」「借金に災されず、生活に追われず、安心と立命を得て余剰を公共に蓄え、無理なく楽しく理想を抱いて働ける」、そういう人間を育てることが国家に対する最大の奉公だと。

　おそらく彼は「向上会」以来の深い人生経験から、自身の信念の正しさへの確信を深めたのだろう。そしてそれは、本書第一章で述べたような、「忠君愛国の鋳型に青年団をはめこ」むことを意図して組織化を推進した日本陸軍のものとは異質の精神だった。

　とはいえ、イエや部落や国家のためではなく、何より彼ら自身の欲求充足を青年団の「自治」で追求するという発想自体、新しく画期的ではあったが、その理念は、天皇制体制の基礎である部落共同体で生まれ育った若者たちの内部で習慣化されていた価値意識の範囲で喚起され展開されざるをえなかった。

　その理由は、第一に、もっとも重要な「向上会」の運営費を、ケーヤクとよばれた塩根川部落最高の議決機関に依存して獲得せざるをえなかったこと。第二に、彼らが選択した満州への農業移民という道が、天皇制がファシズムへと転化する道程と軌を一にしたこと、最後に、敗戦・難民生活を経て、ふたたび国内開拓の道を選択した孝治が採用した戦略もまた、開拓団をイエとみなし「家族的に団結し」つつ、全般にわたる協同体制で団を運営したことなどに現れた。

　これは自給自足と相互共助という価値観によるムラ的自治の姿そのままではないか。換言すれば、戦後、孝治は新たな装いをまとった天皇制体制のミクロコスモスを茨城県菅生《すがお》沼《ぬま》地区を中心に再建したのであり、昭和初期、ファシズムに転化し侵略と破壊に向った天皇制国家体制擁護のエネルギーが、敗戦後は生存と新たな生産活動の原動力へとふたたび転化したとみられるのである。こうして再編された象徴天皇制のもとで復興と経済成長への欲求が両輪のごとく連結稼働し、それを下支えしたのがイエの精神と個々人の幸福追求だったことと符合する。

三、残された課題

第一に、『記録群』は、そのままでは筆者の疑問に回答を与えることが少なかったため、その分析には一問一問に仮説を設定し、それに見合った記録を析出し、フィールドワークでえた知見と文献研究をつうじて推論を構成、ふたたびそれを記録の抽出によって検証するという手順を踏まざるをえなかった。それは多くの時間と手間を要する作業だったが、仮説自体に間違いがある可能性を排除することができない。とくに故佐藤孝治が「向上会」と「大八洲開拓団」を創設した理由については、本書の中心課題のひとつであるためその不安が強い。記録類はそれについて何も語っておらず、孝治自身も明らかにしなかったからである。

第二に、政治的要請が根拠の指導層の青少年観と、若者自身との感覚的相違の実態を実証的に考察することができなかったことがある。政治は、若者たちを国家に有用な人的資源として把握し、当の若者たちは立身出世の手段として政治を利用した場面が認められた。本書ではそのせめぎ合う部分について充分究明されたとはいい難い。

その例は、大陸の花嫁や労働力として満州に誘導された青少年の内面把握の不充分さである。指導層にとって、青少年は頭数・計画人数としてのみ興味の対象であるのに対して、若者の側では自身の一生を左右する大事件として受けとめたはずだ。ところが当の本人たちは、それを受け入れ自分たちに有用な形に位置づけ直し、そこに自身を嵌《は》めこみ難なくそれを生きてしまうのだ。それが彼らの存在証明のようにみえる。しかし、その言葉にならないほど習慣化された精神の奥深い部分を、的確な文字で表現するだけの感性と能力を筆者自身がもたないことを痛感した。

本書、第六章で述べたように、筆者は「大八洲開拓団」の加藤光子や戦後入植した佐藤加代子にインタビューすることができた。「結婚の強制になぜ我慢できたのか」という問いに対する彼女らの共通した回答は、「だって、しょーねーべ」だった。しかし、その単純なことばに、ただ仕方がないという諦めの気持ちだけが含意されているとは思われず、そこには厳しい自然環境のなかを生き抜いてきた人びとの、予期せぬ事態を受容する従順さと生に向かう挑戦的精神力さえ感じたのだが、それを的確に表現することができなかった。

おそらく、人びとはどんな理不尽な状況でも受け入れ、神仏に祈り、歌い、踊り、笑い飛ばして、まず生きることを優先させてきたのだろう。それが庶民の知恵だったのではないか、何よりも彼女らは不幸な人生を歩んだわけではないのだ、そしてこれは第三の課題につうじる。

第三は、当の若者を満州へと動員した自発性の原動力は何かという問題にまで充分踏み込むことができなかった憾みをのこす。「向上会」の若者たちの場合、満州が独立の地として候補に挙がったと仮定し、そのように推論した。しかし、彼らがそこに至るまでの葛藤や経緯を知ることこそが問題の本質に迫る道ではなかったか。冒頭でのべたとおり、それは課題究明を、政策と『記録群』の分析を中心に展開せざるをえなかったという方法論上の限界だったのかもしれない。

最後に、本書は「向上会」の記録の分析に多くの時間と紙幅を割き、他の同時代の青年団との比較検討を行うことができなかった。本書の冒頭で紹介した大都市近郊に位置する青年団の活動記録は、同時代の山村と大都市圏に位置する農村の青年団活動を比較することができる可能性を有した貴重な記録であるため、その分析を今後の課題に残したい。

なお、本書の研究対象である『塩根川向上会記録群』は、二〇一七年四月、塩根川公民館から真室川町に寄贈されたことを付記しておく。

発刊によせて

本書は二〇一六年の学位論文に修正・加筆を施したものです。ここであらためて本書発刊に至るまでの過程を簡単に述べるとともに、本研究に多大なご協力をいただいた皆様に、感謝とお礼を述べさせていただきます。

筆者が本研究の調査地である山形県最上地方をはじめて訪問したのは、修士一年目の二〇〇三年二月初旬で、雪深い当地での調査に不安を感じたものでした。当地を訪ねたのは、修士論文の主要テーマである昭和の娘身売りの実態とその社会背景をじかに見、聞きたかったからです。折しもテレビの人気ドラマ「おしん」の再放送がはじまった年でした。当地の、温泉が併設された町営宿泊施設のテレビには、大勢の人が集まって口々にドラマの批評をしながら観賞していました。通常、奉公先では労働対価として子どもに米など与えないだろうという皆さんの意見は、筆者には新鮮で驚きでした。

娘身売りの経験者は、町の歴史民俗資料館の当時の館長（故人）からご紹介いただき、そのほかに聞き取り調査にご協力いただける方もご紹介いただきました。また、当地の歴史に詳しい佐藤壽也氏・佐藤貢氏（故人）もご紹介いただき、とりわけ佐藤壽也氏にはそれ以降、山の暮らしのこと、農業のこと、土地の習慣から掟など多くを繰り返し教えていただき、博士論文執筆に際しても多大なご協力をいただきました。

修士論文ではインタビューという質的調査結果を生活史として再構成し、それを分析するという手法を採りました。その結果、山形県最北部の山村における家族と子どもの労働生活が、戦後の急激な経済成長期に大きく変容した実態を究明することができました。また、身売りというのは、保護者が雇用主から前借金を受け取って子どもを年季奉公にだすという、日本の伝統的な特殊雇用形態であることもわかりました。

本書の研究対象である青年団「塩根川向上会」の記録は、当地におけるフィールドワークの過程で偶然出会った史料で、これを保存していた公民館の建て替えに際して焼却処分直前の出会いでした。博士論文でこれを研究課題にしたのは、青年団が修士論文の課題と深く関連すると考えたことと、お世話になった当地の皆様に少しでもお礼がしたかったからです。

ところが、作業に着手すると予想外に時間と手間を要することが判明しました。記録類は半世紀以上も公民館に保存されていたため劣化がひどく、分析資料として使用可能な状態にまで整理し、翻刻するまでに数年を要しました。また、当地が国有林に囲繞された集落だったため、当地における国有林の形成過程をも研究対象に加えました。そのため困難はさらに増しました。勉強不足の筆者は古文書が満足に判読できなかったのです。そこで、当地における歴史研究家の高橋秀弥氏（故人）に教えを乞い、協力を仰ぎました。

さらなる困難は、満州移民を本研究に加える必要が生じたことでした。その理由は、本文で述べたように、先ず「塩根川向上会」の初代会長を務めた佐藤孝治氏（故人）が先駆となって、当地からは多くの人びとを満州に送り出しており、そのため筆者の満州移民に対する関心も高かったからです。次に、青年団の研究をつうじて、若者たちが無自覚のうちに侵略戦争に加担してしまったプロセスを確認することができると考えたこと、最後にそれが本研究に深みを与えると判断したことなどです。

引き揚げ後、入植した茨城県内の利根川と鬼怒川が合流するデルタ地帯で開拓に挑んだ同じ集団（現、大八洲《おおやしま》開拓農業協同組合）でも、予期しない協力者をえることができました。それは、戦後、筆者の調査地から故佐藤孝治氏のご子息に嫁いだ佐藤加代子氏と、故加藤恒夫開拓医師の妻加藤光子氏です。佐藤加代子氏からは、故佐藤孝治氏の人柄や戦後開拓団の日常生活を、また加藤光子氏からは、満州開拓団時代の生活や引き揚げの様子、国内開拓の実態など多くの話をお聞きしました。

こうして皆さんの協力を得て一応の区切りをつけた研究ですが、諸先生方の学恩は筆者に大きな示唆と執筆への力を与えました。佛教大学でご指導いただいた原田敬一先生はじめ、博士課程への進学を粘り強く後押ししていただいた義江明子帝京大学名誉教授、専修大学の図書館を利用できるようご尽力いただいた同校の大谷正文学部教授、そして、在職中の最後の四年間、毎週の大学院ゼミに参加させていただき、つねに有益なご助言をいただいた新井勝紘先生、先生からは「塩根川向上会」の活動が、恵まれない環境で生きる若者たちの権利獲得運動でもあったことに気づくきっかけが与えられました。

四四歳と遅まきの大学入学から学位取得まで二〇年かけて学習を積み重ねてきた筆者ですが、先生方や調査地の皆様に恵まれ、家族の協力もあって博士論文を執筆することができ、本書発刊に至りました。皆様方には書面をつうじてお礼を申し上げます。奇しくも本年度より「道徳」が教科化され、義務教育をつうじて鋳型にはめたような青少年をつくる危険性が我々の前に提起されました。本文第一章で述べたとおり、これは戦前期日本陸軍の青年団対策と同種のものです。

ふたたび「戦争できる国」になりつつある現在の日本において、本書が、善意の国民が戦争に加担したプロセスのひとつを再確認する手掛かりになることができれば幸いです。

末筆ではございますが、本書発刊に際して多大なご協力をいただいた株式会社敬文舎柳町社長様には心からお礼を申し上げます。

二〇一八年七月吉日

日置 麗香

近代天皇制国家の青年団
山形県及位村「塩根川向上会」の組織と活動

2018年８月15日　第１版 第１刷発行

著　者　日置 麗香
発行者　柳町 敬直
発行所　株式会社 敬文舎
〒160-0023　東京都新宿区西新宿３-３-23
ファミール西新宿 405 号
電話　03-6302-0699（編集・販売）
URL　http://k-bun.co.jp
印刷・製本　中央精版印刷株式会社

Printed in Japan ISBN978-4-906822-89-8